2023
유아특수 2차 임용
합격 상자

남해인 · 최은희 공편저

교수·학습과정안 작성,
교직적성 심층면접, 수업실연,
실전 모의고사

스터디원들과 활용할 수 있는
주제 및 유형별 실전 연습문제
모두 수록

합격생만이 알려줄 수 있는
실제 시험 현장의 팁까지

이 책의 머리말

오랜 공부 끝에 드디어 마지막 관문에 오신 예비유아특수선생님들을 환영합니다.

이 책을 쓰는 내내 유아특수교사가 되기 위해 치열하게 달려온 지난날들이 떠올랐습니다.
1차 시험이 끝나자마자 합격 여부도 모른 채 바로 2차 시험 준비를 시작했던 기억이 납니다. 교수·학습 과정안을 작성한 경험도, 면접을 보거나 직접 수업을 진행해본 경험도 부족했기 때문에 모두가 그랬듯 시험 치는 당일까지 걱정이 많았습니다.

시험 준비를 하면서 가장 힘들었던 점은 유아특수 2차 임용시험만을 위한 자료가 부족하다는 것이었습니다. 여러 선배 교사들의 합격 후기, 일반유아 또는 초·중등특수 2차 임용시험 문제집 등을 참고할 수는 있었으나 이 또한 저희 유아특수만을 위해 정리된 자료는 아니었습니다. 때문에 저희는 한 달 내외의 짧은 기간 동안 관련 자료를 하나하나 수집하는 것에 오랜 시간을 투자해야 했습니다. 그때 결심했습니다. 합격한 후 예비유아특수교사들이 참고할 수 있는 2차 임용 서적을 출간하겠다고.

장애, 그중에서도 유아기라는 발달 특성에 따라 유아특수만이 가진 특수성은 분명히 있습니다. 유아특수교사 임용시험 또한 이러한 특수성에 맞춰 출제되고 있습니다. 이제 유아특수교사 선발이라는 시험의 목적에 맞게 현명하게 공부해야 할 때입니다.

2019 개정 누리과정이 시행되며 유아 및 놀이 중심의 교육과정 운영이 더욱 강조되고 있습니다. 개정된 새로운 책에서는 변화하는 교육 현장과 시험 출제 경향을 담고자 노력했습니다.

책을 쓰는 것은 처음이라 아직 미흡한 점이 많습니다. 저희가 작성한 여러 내용들과 예상 문제 및 답안들이 100% 완벽한 정답이라고 할 수도 없습니다. 그럼에도 불구하고 이 책은 선생님들의 2차 임용시험 준비에 도움이 될 것이라 확신합니다. 이 책은 선생님들이 필요한 자료를 직접 수집하고, 정리하고, 유아특수의 상황에 맞게 각색하는 데 걸리는 시간을 과감히 줄여줄 것입니다. 이 책을 토대로 아끼게 된 시간은 모두 선생님들의 실전 연습에 투자할 수 있었으면 합니다.

책을 읽는 모든 예비유아특수선생님들, 여기까지 달려오느라 마음고생 참 많았습니다.

누군가의 삶에 영향을 미친다는 것, 그 수단이 교육이라는 것.
이 얼마나 의미 있고 소중한 일일까요.
저희의 책이 선생님들의 공부에 도움이 되길 바라며, 얼마 남지 않은 여정 온 마음 다해 응원하겠습니다.

감사합니다.
2022년 10월
저자 남해인, 최은희

이 책의 목차

01 교수·학습과정안 작성

Chapter 01 기초
1. 교수·학습과정안 작성 알아보기 ············ 08
2. 교수·학습과정안 작성 양식 ················· 09
3. 수업 순서 ··· 14
4. 놀이 및 활동 유형별 진행 단계 ············ 22
5. 유아별 중재사항 ································ 26
6. 수업조건 및 유의사항 ························ 31

Chapter 02 실전 연습문제
1. 놀이 ·· 36
2. 활동 ·· 60

02 교직적성 심층면접

Chapter 01 기초
1. 교직적성 심층면접 알아보기 ················ 176
2. 교직적성 심층면접 팁 ························· 178
3. 교직적성 심층면접 유형별 만능 틀 ········ 180

Chapter 02 실전 연습문제
1. 전공면접 ·· 192
2. 인성면접 ·· 225

03 수업실연

Chapter 01 기초
1. 수업실연 알아보기 ····························· 256
2. 수업실연 팁 ······································ 258
3. 반성적 성찰 ······································ 260
4. 유형별 만능 틀 ·································· 261

Chapter 02 실전 연습문제
1. 놀이 ·· 262
2. 활동 ·· 271

04 실전 모의고사

Chapter 01 1차 모의고사
1. 학습지도안 ······································· 320
2. 면접 ·· 322
3. 수업실연 ·· 323

Chapter 02 2차 모의고사
1. 학습지도안 ······································· 325
2. 면접 ·· 327
3. 수업실연 ·· 328

Chapter 03 3차 모의고사
1. 학습지도안 ······································· 330
2. 면접 ·· 332
3. 수업실연 ·· 333

■ 참고문헌 ·· 336

이 책의 구성 및 활용방안

유아특수 2차 임용시험에서는 1차 임용시험 합격자를 대상으로 교수·학습과정안 작성, 교직적성 심층면접, 수업실연 시험을 실시한다. 각 시험과목에 따른 배점과 문항 수, 시험 시간은 아래의 표와 같다. 그러나 매년 선발 인원 및 상황, 지역 등에 따라 세부적인 시험 진행 방법이 달라지므로 유의하자.

시험과목	배점 특수학교(유)	문항수		시험시간	비 고
교수·학습과정안 작성	15점	1문항		60분	-
교직적성 심층면접	40점	구상형 1문항		1인당 10~11분 이내 (추가질의 포함 13분 이내)	구상시간 5분
		즉답형 2문항			
		(추가질의 1문항)			
수업실연	45점	수업실연	1문항	1인당 15분 이내	구상시간 15분
		반성적 성찰질문 (즉답형)	1문항		

이 책은 2차 임용시험에서 다루는 교수·학습과정안 작성, 교직적성 심층면접, 수업실연과 이 모두를 종합적으로 담은 실전 모의고사로 구성되어 있다. 각 단원은 시험에 대한 전반적인 이해를 돕는 '기초'와, 실전 감각을 기를 수 있는 '실전 연습문제'로 나누어져 있다.

1. 교수·학습과정안 작성

교수·학습과정안 작성의 기초에서는 교수·학습과정안에 대한 간단한 설명, 교수·학습과정안의 양식, 수업 진행 순서, 놀이 및 활동 유형별 진행 단계, 유아별 중재사항, 수업조건 및 유의사항 등을 소개하였다. 이 중 수업 진행 순서와 놀이 및 활동유형별 진행 단계를 숙지하면 정해진 시간 내에 손쉽게 교수·학습과정안을 작성할 수 있을 것이다. 수업 및 활동의 순서에 따라 교수·학습과정안을 작성하는 것이 익숙해진다면 큰 틀은 유지하되 제시된 문제에 따라 유아의 흥미나 발달 특성을 반영하여 답안을 조금씩 변형하고 응용할 수 있다.

실전 연습문제에는 실제 시험과 유사한 형식의 예상 문제를 각 놀이 및 활동유형별로 담았다. 그러나 놀이중심교육과정이 실시됨에 따라 놀이 및 활동유형이 제시되지 않고 출제되는 경향이 있으므로 한 연습문제를 다양한 놀이 및 활동유형으로 변형하여 연습해보자. 혼자 여러 개의 교수·학습과정안 양식을 활용하여 정해진 시간 내에 교수·학습과정안을 작성하여도 좋고, 뒤의 예시답안을 참고해도 좋으며, 스터디원들과 함께 작성한 후 서로 바꿔 읽으며 피드백을 해도 좋다.

2. 교직적성 심층면접

교직적성 심층면접의 기초에서는 면접에 대한 간략한 설명, 답안 구성에 도움이 되는 팁, 면접 유형별로 활용할 수 있는 만능 틀을 소개하였다. 이 중 면접 유형별 만능 틀은 정해진 답안이라기보다는 저자들이 작성한 예시일 뿐이므로 참고로 활용하길 바란다. 각 유형별로 본인만의 만능 틀을 만든다면 실제 시험 현장에서 더욱 창의적이고 진심이 담긴 답변을 할 수 있을 것이다.

실전 연습문제는 다양한 소주제별로 문항을 구성하였다. 실제 시험에서는 심층면접 네 문항이 모두 다른 소주제에서 출제될 수 있으므로 소주제별 연습이 끝나면 여러 주제를 섞어서 답하는 연습을 해야 한다. 책에 제시된 문제를 충분히 활용했다면 직접 문제를 만들어서 연습할 수도 있다. 이때 답변하는 본인의 모습을 카메라로 촬영하는 것을 추천한다. 본인이 알지 못했던 언어 습관이나 답변 태도 등을 객관적으로 확인할 수 있을 것이다.

3. 수업실연

수업실연의 기초에서는 수업실연에 대한 간략한 설명, 수업실연에서 활용할 수 있는 팁, 반성적 성찰 문항 답변방법 등을 소개하였다. 수업실연에는 교수·학습과정안 작성에서 활용한 수업 진행 순서와 놀이 및 활동유형별 진행 단계가 동일하게 적용되기 때문에 중복된 내용은 앞의 교수·학습과정안 부분을 참고하길 바란다.

실전 연습문제에는 교수·학습과정안 작성 부분과 마찬가지로 실제 시험과 유사한 형식의 예상 문제를 각 놀이 및 활동유형별로 담았다. 예상 문제를 활용해서 내용을 구상하고 실연하는 연습을 반복한다면 시험 직전에는 정해진 시간 내에 모든 요소를 충족하는 수업을 진행할 수 있을 것이다. 수업실연 또한 놀이중심교육과정이 강조되면서 놀이 및 활동유형이 제시되지 않고 출제되는 경향이 나타나므로 한 연습문제를 다양한 놀이 및 활동유형으로 변형하여 연습하자. 연습 시에는 다른 스터디원들의 수업을 관찰하고 그들로부터 수업 피드백을 받는 것이 중요하다. 이때에도 심층면접 연습과 동일하게 본인의 모습을 카메라로 촬영하여 본인의 불필요한 습관들을 확인하고 고쳐보자.

4. 실전 모의고사

실전 모의고사는 실제 2차 임용시험과 유사하게 교수·학습과정안 작성, 교직적성 심층면접, 수업실연을 모두 포함하여 총 3회차로 구성하였다. 실제 시험과 유사한 환경에서 실전 모의고사를 풀어본다면 시험 분위기를 익히는 데 큰 도움이 될 것이다.

"예비 유아특수 선생님을 위한
　　　　　　　　　　임용 합격상자 열기"

PART 01

교수·학습과정안 작성

CHAPTER 01 기 초

01 교수·학습과정안 작성 알아보기

(1) 교수·학습과정안 작성 기본정보

1차 시험이 끝나고 약 한 달이 지나면 각 교육청 홈페이지에 '제1차 시험 합격자 및 제2차 시험 시행계획 공고'가 올라온다. 1차 시험 합격생은 곧바로 2차 시험 시행계획을 주의 깊게 살펴보아야 한다. 시행계획이 매년 크게 달라지진 않지만 약간의 변동은 있을 수 있다.

시험과목	배 점 특수학교(유·초)	문항수	시험시간	비 고
교수·학습과정안 작성	15점	1문항	60분	-

교수·학습과정안 작성은 60분 동안 교수·학습과정안 하나를 완성하는 시험이다. 문제를 잘 읽고 제시된 조건들을 모두 충족하는 활동을 계획하여 답안지 두 페이지에 작성하면 된다. 60분은 수업을 구상하고 직접 손으로 교수·학습과정안을 작성하기에 긴 시간이 아니다. 따라서 주어진 시간 내에 교수·학습과정안을 작성하는 반복적인 연습이 필요하다.

(2) 교수·학습과정안 작성 고사실 구성

교수·학습과정안을 작성하는 고사실은 일반 고등학교 교실 환경과 동일하다. 매년 지원자 수에 따라 한 고사실 안에 배정되는 수험생의 수는 달라질 수 있다.

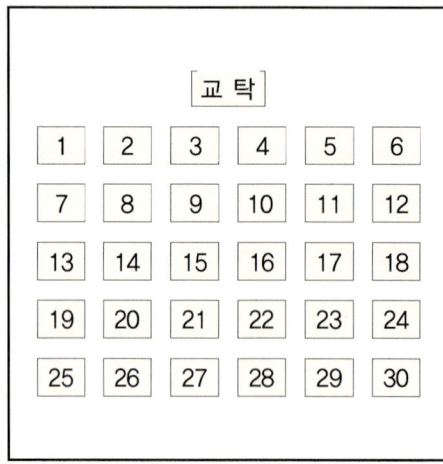

〈고사실〉

02 교수·학습과정안 작성 양식

　유아가 주도하는 놀이중심 교육과정이 강조됨에 따라 교수·학습과정안 작성 양식이 간소화되고 있는 추세이다. 그러나 시험에서 어떠한 작성 양식이 제시될지 알 수 없기 때문에, 교수·학습과정안을 한 가지 양식으로만 작성해본다면 새로 제시되는 교수·학습과정안 양식에 당황할 수 있다. 따라서 연습 단계에서 직접 교수·학습과정안 작성 양식을 다양하게 변형하여 실전 감각을 익히는 것이 중요하다.

　책에서는 두 가지 다른 양식을 예시로 제시해두었다. 양식1은 가장 간소화된 교수·학습과정안 틀로 활동/놀이 지원 계획, 활동/놀이 유형 선정 이유, 활동/놀이 내용 등을 비교적 자유롭게 교사의 필요에 따라 작성하는 것이다. 양식 2는 전형적으로 사용되던 교수·학습과정안 틀로 학습 단계에 따른 교사 및 유아의 활동, 자료 및 유의점 칸을 구분하여 구체적으로 작성하는 것이다. 실제 연습할 때에는 두 양식을 각각 따로 활용하거나, 두 양식을 합쳐서 새로운 틀을 만들어보거나, 누리과정 관련 요소나 생활주제/주제/소주제 등을 추가 및 생략해보며 다양하게 연습해보는 것을 추천한다.

　참고로, 시험장에서는 자를 사용할 수 없으니 미리 A4용지나 신분증 등을 사용해 줄을 긋는 연습을 해봐도 좋다. 뿐만 아니라 교수·학습과정안 작성 양식의 칸이 생각보다 작기 때문에 문제에 제시된 채점 요소를 다 담기 위해서 작고 가독성 있게 글을 쓰는 연습 또한 필요하다.

① 양식 1

○○○○학년도 공립 특수학교(유치원) 교사 임용후보자 선정경쟁시험(2차시험)

교수·학습과정안 작성 답안지(앞)

| 수험번호 | | 성명 | |
| | | 관리번호 | |

활동지원계획 /놀이지원계획	
활동/놀이 유형 선정 이유	

○○○○학년도 공립 특수학교(유치원) 교사 임용후보자 선정경쟁시험(2차시험)
교수·학습과정안 작성 답안지(뒤)

활동/놀이목표			
활동/놀이유형		활동/놀이시간	
내용			

② 양식 2

○○○○학년도 공립 특수학교(유치원) 교사 임용후보자 선정경쟁시험(2차시험)

교수·학습과정안 작성 답안지(앞)

수험번호		성명	
		관리번호	

학습목표	
활동명		활동유형	
활동자료	

학습단계	교수·학습활동		시간(분)	자료 및 유의점
	교사 활동	유아 활동		

○○○○학년도 공립 특수학교(유치원) 교사 임용후보자 선정경쟁시험(2차시험)
교수·학습과정안 작성 답안지(뒤)

학습단계	교수·학습활동		시간(분)	자료 및 유의점
	교사 활동	유아 활동		

평가내용	
평가도구 및 방법	

03 수업 순서

교수·학습과정안 답안지를 받았다면 이제 해당 틀을 하나씩 채워나갈 차례이다. 실제 현장에서 수업 순서는 매일의 상황과 유아들의 특성에 따라 유동적이다. 그러나 수험생들이 참고할 수 있도록 전형적인 수업 순서를 아래에 제시해두었다.

아래 도입과 마무리의 예시들은 교사 활동과 유아 활동을 모두 적어야 하는 교수·학습과정안 양식 2를 바탕으로 제시하였다. 개정 누리과정을 반영한 교수·학습과정안 양식 1은 교사 활동과 유아 활동이 없어지고 활동/놀이 내용 등만 적도록 간소화되었다. 양식1과 양식2를 적절히 활용하며 교수·학습과정안을 작성하는 연습을 해보자.

수업은 보통 크게 〈도입 – 전개 – 마무리〉 세 단계로 진행된다. 표에 요약된 세 단계와 하위 세부 요소를 숙지하면 정해진 시간 내 교수·학습과정안을 작성하는 데 도움이 될 것이다. 자세한 설명은 표 아래에 제시하였다.

🐻 암기포인트

(1) 도입	(2) 전개	(3) 마무리
① 주의집중 ② 전시학습 상기 ③ 동기유발 ④ 활동소개 ⑤ 강화예고	① 활동1 ② 활동2 ③ (활동3)	① 활동평가 ② 강화제공 ③ 확장활동 소개 ④ 전이

(1) 도입

도입은 반에 흩어져 각기 다른 활동을 하는 유아들을 한 자리에 모은 후, 유아들이 새로운 활동에 참여할 수 있도록 이끈다는 점에서 매우 중요하다. 교수·학습과정안의 채점자가 가장 먼저 읽게 되는 부분인 만큼 기본적인 세부 요소를 충족시킴과 동시에 남들과 차별화되는 요소 또한 포함할 수 있어야 한다. 도입은 〈주의집중 – 전시활동 상기 – 동기유발 – 활동소개 – 강화예고〉의 다섯 단계로 진행된다. 분량은 양식 2 답안지 기준 앞 페이지의 1/2 이내가 적절하다.

① 주의집중

〈주의집중〉은 보통 교사가 유아들에게 "모여보세요"라고 이야기를 하고, 모든 유아가 자리에 모여 앉을 때까지의 과정, 또는 모든 유아가 자리에 모여 앉았는지 확인하는 과정을 일컫는다.

이때 교사가 어떤 말을 하는지, 혹은 어떤 노래를 부르는지는 크게 중요하지 않다. 시간적 여유가 있다면 노래를 불러서 유아들의 주의를 집중시켜도 되고, 시간적 여유가 없다면 모두 모였는지 혹은 모두 활동에 참여할 준비가 되었는지 정도만 확인하면 된다. 중요한 것은 〈주의집중〉 과정을 통해 다양한 특성을 지닌 유아들이 모두 교사에게 집중할 수 있어야 한다는 것이다.

실제 교수·학습과정안을 작성할 때에는 고민 시간을 절약하기 위해서 본인이 가장 자신 있는 주의집중 방법 하나를 선택하여 어떠한 유형의 문제가 나오든 만능 틀로 활용하기를 권장한다. 교사가 유아들의 주의를 집중시킬 수 있는 방법은 다음과 같다.

㉠ '모여라' 노래 부르기

교사 활동	유아 활동		
	가	나	다
◎ '모여라' 노래로 주의를 집중시킨다. – 모여라 모두 모여, 기쁨반 모여라	– 노래를 부르며 친구와 손을 잡고 모여 앉는다.	– 노래를 부르며 모여 앉는다.	– 친구와 손을 잡고 모여 앉는다.

㉡ '사랑해' 노래 부르기

교사 활동	유아 활동		
	가	나	다
◎ '사랑해' 노래로 주의를 집중시킨다. – 선생님은 ○○이를 사랑해, 사랑해!		– 자신의 이름이 불리면 "사랑해!"하고 답한다.	– 머리 위로 손을 들어 하트를 만든다.

㉢ 하이파이브하기

교사 활동	유아 활동		
	가	나	다
◎ 하이파이브하며 주의를 집중시킨다. – 기쁨반 어린이들 모두 모였나요? 친구들이 모두 모였는지 옆에 있는 친구들과 하이파이브해볼까요?	– 옆에 있는 친구들과 하이파이브 한다		

② 전시활동 상기

　모든 유아가 교사에게 주의를 집중했다면 교사는 〈전시활동을 상기〉시키며 수업을 이어나간다. 이때 전시활동은 모두가 모여 앉기 직전에 했던 활동일 수도 있고, 오전에 했던 활동일 수도 있으며, 전날 했던 활동일 수도 있다.

　어떠한 활동을 상기시키든 〈전시활동 상기〉는 유아들과 함께 할 본 활동과 연계되어야 한다. 그리고 이 과정에서 개별 유아의 특성이나 발달수준이 명확하게 드러나야 한다. 이때 교사는 사진이나 유아의 작품 등 명확한 시각 자료를 활용해 유아들의 전시활동 상기를 도울 수 있다. 교수·학습과정안 작성은 가상의 상황이기에, 실현 가능성에 대한 부담 없이 본 활동과 관련된 전시활동을 작성하면 된다. 교사가 전시활동을 상기시키는 방법은 다음과 같다.

⊙ 사진 자료 활용하기 (ex. 본 활동이 '봄 음악 감상'인 경우)

교사 활동	유아 활동		
	가	나	다
◎ 사진 자료로 '산책' 전시활동을 상기시킨다. - 지난 시간에 어떤 활동을 했는지 기억나는 어린이 있나요? 선생님이 준비한 사진을 볼까요?	- 사진 자료를 보고 산책 활동에 대해 문장 수준으로 말한다.	- 친구를 모방하여 산책 활동에 대해 두 단어 수준으로 말한다.	- 교사의 구조화된 질문에 대해 그림 카드를 선택하여 답한다.

ⓒ 유아들의 작품 활용하기 (ex. 본 활동이 '세계 여러 나라의 집 쌓기놀이'인 경우)

교사 활동	유아 활동		
	가	나	다
◎ 유아들의 작품으로 '수막새 만들기' 전시 활동을 상기시킨다. - 어린이들이 만든 작품이에요. 지난 시간에 무엇을 만들었나요?	- 문장 수준으로 답한다	- '수막새'라고 말한다.	- 자신이 만든 수막새를 손으로 가리킨다.

ⓒ 퀴즈 활용하기 (ex. 본 활동이 '안전 표지판 만들기 미술 활동'인 경우)

교사 활동	유아 활동		
	가	나	다
◎ 퀴즈로 '교통안전교육' 전시활동을 상기시킨다. - (가),(나) : 지난 시간에 함께 이야기 나누었던 표지판이에요. 이 표지판이 보이면 어떻게 해야 할까요? - (다) : '멈춰요'라는 뜻의 표지판은 어떤 것일까요?	- 교사의 질문에 대해 문장 수준으로 말한다.	- 교사의 질문에 대해 친구를 모방하여 답한다.	- 교사의 구조화된 질문에 따라 표지판을 손으로 가리킨다.

③ 동기유발

전시활동을 상기시킨 후에는 이를 본 활동과 연결해야 한다. 유아들이 본 활동에 관심을 갖고 즐겁게 참여하기 위해서는 활동에 대한 〈동기유발〉이 필요하다. 즉 〈동기유발〉 단계는 〈전시활동 상기〉와 〈활동소개〉를 잇는 중요한 역할을 한다. 따라서 〈동기유발〉 또한 〈주의집중〉

과 마찬가지로 본인에게 가장 잘 맞는 방법 하나를 선택하여 만능 틀로 활용하는 것을 권장한다.

만능 틀이 익숙해지면, 항상 같은 동기유발 방법을 반복하기보다는 유아들의 특성이나 활동의 주제 및 내용 등에 따라 동기유발 방법을 변형하는 연습을 해보자. 이때 사용한 동기유발 자료를 활동/놀이지원계획이나 자료 및 유의점 칸에 기입하는 것 또한 잊지 말아야 한다.

㉠ 부분 보고 전체 맞히기

교사 활동	유아 활동		
	가	나	다
◎ '부분 보고 전체 맞히기'로 동기를 유발한다. - 선생님이 그림/사진의 부분을 보여줄게요. 어떤 그림/사진일까요? - 그림/사진을 조금 더 보여줄게요.		- 부분을 보고 어떤 그림/사진인지 추측하여 답한다.	- 그림카드 중에서 해당 그림/사진을 선택한다.

㉡ 궁금상자 활용하기

교사 활동	유아 활동		
	가	나	다
◎ '궁금상자'로 동기를 유발한다. - 이 상자 안에 무엇이 들어있을까요? - 냄새를 맡아보아요. / 소리를 들어보아요. / 만져보아요. 어떤 느낌이 드나요?	- 오감을 활용하여 탐색한 궁금상자 속 물건에 대해 말한다.	- 친구를 모방하여 궁금상자 속 물건에 대해 단어 수준으로 말한다.	- 친구의 말을 듣고 해당하는 그림카드를 선택한다.

㉢ 손인형 활용하기

교사 활동	유아 활동		
	가	나	다
◎ '손인형'으로 동기를 유발한다. - (똑똑) 우리 반에 누가 왔네요. - 기쁨반 어린이들 안녕. 나는 오늘 이가 아파서 치과에 다녀왔어. 나는 어떤 음식이 이에 좋은 음식인지 잘 몰라. 너희가 이에 좋은 음식을 알려줄 수 있겠니?		- 손인형에게 인사한다.	- 교사의 언어적 촉진을 받아 손인형에게 인사한다.

ㄹ) 우리 반 우체통 활용하기

교사 활동	유아 활동		
	가	나	다
◎ '기쁨반 우체통'으로 동기를 유발한다. - 우리 반 우체통에 편지가 왔네요. 선생님 앞에 앉은 ○○이가 편지를 가져오세요. - 누리가 보낸 편지네요. 편지를 읽어줄 어린이가 있나요?	- 친구와 함께 우체통의 편지를 가져온다. - 기쁨반 어린이들 안녕. 날씨가 너무 추운데 겨울에는 어떤 옷을 입어야 하는지 잘 모르겠어. 겨울에 어떤 옷을 입어야 하는지 알려줄 수 있니?		

④ 활동소개

〈활동소개〉단계에서 교사는 본 활동의 내용과 방법에 대하여 간략하게 설명한다. 〈동기유발〉단계와 연계하여 어떤 활동을 어떻게 진행할 것인지에 대해 유아들에게 전달함으로써 유아들이 활동 목표를 이해하고 활동에 참여할 수 있도록 돕는다. 이 단계는 보통 한두 문장 이내로 간략하게 작성할 수 있다.

교사 활동	유아 활동		
	가	나	다
◎ '삼색 주먹밥' 요리 활동을 소개한다. - 오늘은 이 궁금상자 안에 있던 재료들로 몸에 좋은 삼색 주먹밥을 만들어 볼 거예요.	- 교사의 말에 주의를 집중한다. ⟶		

⑤ 강화예고

활동을 소개했다면 제공할 강화에 대하여 언급할 차례이다. 〈강화예고〉단계는 필수적이지는 않으나 사용하는 것을 권장한다. 개별 유아의 문제를 대집단 상황에서 낙인 없이 중재할 뿐만 아니라, 활동 전개 과정 동안 유아들의 주의를 집중시킬 때 필요하기 때문이다. 혹시 교수·학습과정안 작성 시 칸이 부족하다면, 〈활동소개〉단계와 합쳐서 〈활동소개 및 강화예고〉와 같이 한 번에 작성할 수도 있다.

교사가 〈강화예고〉단계에서 강화의 조건으로 특정 행동을 제시할 때에는 긍정문을 사용해야 한다. 예를 들어 '교실을 돌아다니지 않으면'이라는 말보다는 '의자에 바른 자세로 앉아서 이야기를 나누면' 등과 같은 말을 사용한다. 이를 통해 교사는 유아들이 나타내야 할 바람직한 행동을 제시해줄 수 있다. 도입 단계에서 교사가 활용할 수 있는 강화는 다음과 같다.

㉠ 1차 강화제 : 캐릭터가 그려진 비타민, 간식 등

교사 활동	유아 활동		
	가	나	다
◎ '펭귄 비타민'으로 강화를 예고한다. - 바른 자세로 앉아서 이야기를 나눈 어린이들에게는 선생님이 펭귄 비타민을 선물로 줄게요.	- 바른 자세로 앉아서 교사의 말을 주의 깊게 듣는다.		

ⓒ 2차 강화제 : ㅇㅇ왕 스티커, ㅇㅇ왕 배지 등

교사 활동	유아 활동		
	가	나	다
◎ '미술왕 스티커'로 강화를 예고한다. - 약속을 잘 지키며 그림을 그린 어린이들에게는 선생님이 미술왕 스티커를 선물로 줄게요.	- "네"라고 대답한다. ──────▶		

ⓒ 활동 강화제 : 바깥놀이 시간 10분 더 제공, 점심시간에 가장 먼저 손 씻으러 이동하기 등

교사 활동	유아 활동		
	가	나	다
◎ '곰 사냥을 떠나자' 동화 활동을 소개하고 강화를 예고한다. - 오늘은 배경 음악에 맞추어 '곰 사냥을 떠나자' 동화를 읽어볼 거예요. - 선생님의 목소리에 귀 기울이며 동화를 듣는 어린이들에게는 선생님이 오후 바깥놀이 시간을 10분 더 줄게요.	- 교사의 말을 경청한다. ──────▶ - "네"라고 대답한다. ──────▶		

(2) 전개

전개는 실제 본 활동이 진행되는 단계이다. 따라서 교사는 유아들이 본 활동 전개 단계를 통해 활동 목표를 성취하는 모습을 명확하게 드러내야 한다. 유아특수의 경우 전개 단계는 보통 활동1과 활동2의 두 가지(혹은 활동3까지 세 가지)로 나뉜다. 활동1과 활동2의 진행 단계는 교수·학습과정안 작성 시 제시되는 활동 유형에 따라 달라진다.

2차 임용시험을 준비할 때, 가장 먼저 놀이 및 활동 유형별 진행 단계에 대한 이해가 선행되어야 교수·학습과정안을 작성하기 쉽다. 이후 각 놀이 및 활동 단계에 맞게 구체적인 교사 활동과 유아 활동을 작성해본다. 이때 대부분의 교사 및 유아 발문에서 유아 간 수준차와 특성이 명확하게 드러내야 한다. 뿐만 아니라 문제에서 제시된 활동자료와 유의사항 또한 모두 포함하여 작성해야 한다.

놀이 및 활동 유형별 진행 단계를 익힌다면 교수·학습과정안 작성 시 세부 단계를 놓치지 않을 수 있고, 교수·학습과정안 작성 시간 또한 단축할 수 있다. 그러나 포함해야 하는 내용이 많다 보니 연습 초기에는 교수·학습과정안의 분량을 조절하는 것이 어렵다. 이때 양식 2 기준으로 도입과 활동1은 첫 번째 페이지에, 활동2와 마무리는 두 번째 페이지에 작성하는 연습을 한다면 정해진 시간 내에 필요한 내용을 모두 포함할 수 있다. 각 놀이 및 활동 유형별 진행 단계는 '(4) 놀이 및 활동 유형별 진행 단계 (p.22)'에서 확인하자.

(3) 마무리

마무리는 진행하던 본 활동을 정리하고, 유아들이 활동을 통해 정해진 목표를 달성하였는지 평가하는 단계이다. 그러나 많은 2차 수험생들이 시간과 분량에 쫓기어 교수·학습과정안의 마무리를 완성도 있게 작성하지 못한다. 따라서 적절한 사전 계획을 통해 도입과 비슷한 시간 및 분량을 투자하여 교수·학습과정안의 마무리 단계를 작성하도록 노력해야 한다. 마무리는 〈활동평가 - 강화제공 - 확장활동 소개 - 전이〉의 네 단계로 진행된다.

① 활동평가

〈활동평가〉 단계에서는 교사가 가/나/다 수준의 유아들에게 수준차를 둔 세 가지의 발문을 제공하여 유아들의 목표 성취를 명확하게 확인한다. 보통 어떤 활동을 했는지, 어떤 느낌이 들었는지, 어떤 점이 재미있었는지, 어떤 점이 어려웠는지, 어떤 점을 보완하면 더 좋을지 등에 대해 교사가 유아들에게 질문한다. 이때 단순하게는 가/나/다 수준의 활동 목표를 의문문의 형식으로 바꾸어서 각각의 유아에게 제시할 수도 있다. 어떠한 형식을 활용하든 〈활동평가〉 단계에서 교사의 발문은 유아들의 개별 활동 목표와 관련되거나 활동 내용을 회상하는 것이 좋다.

교사 활동	유아 활동		
	가	나	다
◎ '우리 가족' 미술 활동을 정리하고 평가한다. - (다) : ○○이가 그린 그림이네요. 아빠는 어디 있나요? - (나) : ○○이의 그림을 소개해주세요. 이 사람은 누구인가요? - (가) : 그림을 그리면서 어떤 점이 가장 재미있었나요?	- 그림을 그리면서 재미있었던 점에 대해 문장 수준으로 이야기한다.	- 교사가 가리키는 대상을 단어 수준으로 이야기한다.	- 교사가 말하는 대상을 손으로 가리킨다.

② 강화제공

활동 평가가 끝나면 교사는 유아들에게 도입 단계에서 예고했던 강화를 제공해야 한다. 이때 교사는 유아들의 행동을 구체적이고 긍정적인 언어로 칭찬하고, 이에 대한 보상으로 약속한 강화를 제공한다. 마무리의 〈강화제공〉 또한 도입에서의 〈강화예고〉와 마찬가지로 바로 앞 단계인 〈활동평가〉 단계와 합쳐서 〈활동평가 및 강화제공〉과 같이 작성할 수도 있으니 시간과 분량에 따라 유동적으로 활용하면 된다.

교사 활동	유아 활동		
	가	나	다
◎ '미술왕 스티커' 강화를 제공한다. - 기쁨반 어린이들이 미술 활동 약속을 잘 지키며 그림을 그렸어요. 약속을 지키며 그림을 그린 기쁨반 어린이들에게 미술왕 스티커를 선물로 줄게요.	- '미술왕 스티커'를 받는다.	▶	

③ 확장활동 소개

〈확장활동 소개〉는 교수·학습과정안 작성 시 필수적인 단계는 아니다. 다만 본 활동이 일회성에 그치는 것을 방지하고, 유아들의 관심과 흥미를 개연성 있게 이어나가도록 돕기 위해서는 확장활동을 소개하는 것이 좋다. 이때 교사는 직접 확장활동을 소개할 수도 있고, 유아들에게 어떤 확장활동을 해보면 좋을지 질문하여 유아들의 다양한 의견을 수용할 수도 있다.

확장활동은 유치원의 여러 공간과 가정에서 다양하게 이뤄질 수 있다. 보통 교수·학습과정안 작성 시 두 가지 정도의 확장활동을 소개하는 연습을 하면 충분하다.

교사 활동	유아 활동		
	가	나	다
◎ 확장활동에 대해 이야기 나눈다. – 선생님이 오디오 옆에 노래 테이프를 둘 테니 노래에 맞춰 악기연주를 해보아도 좋아요. 또 여러 가지 재료로 그림 악보를 꾸미거나 직접 만들어 봐도 좋아요.	– 확장활동으로 할 수 있는 놀이에 대해 생각한다.		

④ 전이

전이 단계에서 교사는 활동을 마친 유아들이 다음 활동으로 안전하게 이동하도록 돕는다. 대집단 혹은 소집단으로 모여 있는 유아들이 다음 활동으로 이동하기 위해서는 교사의 명확한 안내가 필요하다. 교수·학습과정안 문제에 세부적인 일일계획안이 제시되어 있다면 제시된 활동으로 유아들의 전이를 돕는다. 이때 두 명의 유아가 짝을 지어서 이동하거나 일반유아와 장애 유아가 함께 손을 잡고 이동하도록 안내한다면 전이 과정에서 유아들 간의 상호작용 또한 증진할 수 있다.

㉠ 앞줄(바닥)에 앉은 유아들 먼저 이동하기

교사 활동	유아 활동		
	가	나	다
◎ '바깥놀이'로 전이한다. – 이제 무슨 시간이지요? – 바닥에 앉은 어린이들 먼저 화장실에 다녀온 후 문 앞에 한 줄로 앉으세요.	– 교사의 안내에 따라 화장실로 이동한다.		

㉡ (다음 활동이 자유놀이시간인 경우) ○○놀이할 유아들 먼저 이동하기

교사 활동	유아 활동		
	가	나	다
◎ '자유놀이시간'으로 전이한다. – 이제 자유놀이 시간이에요. – 쌓기놀이를 하고 싶은 어린이들 먼저 이동하세요.	– 교사의 안내에 따라 이동한다. ⟶		

ⓒ (본 활동과 연계하여) ㅇㅇ을 만든/표현한 유아들 먼저 이동하기

교사 활동	유아 활동		
	가	나	다
◎ '점심시간'으로 전이한다. - 이제 점심시간이에요. - 나비가 되어 움직여 본 어린이들 먼저 화장실에서 손을 씻고 오세요.	- 교사의 안내에 따라 화장실로 이동한다.		

04 놀이 및 활동 유형별 진행 단계

놀이 및 활동 유형별 진행 단계는 본격적으로 교수·학습과정안을 작성하기 전에 미리 숙지하는 것이 좋다. 놀이 및 활동 유형별 진행 단계를 다 숙지하면 이에 따라 교수·학습과정안을 작성하면 된다.

우선 문제의 놀이 및 활동 유형과 제시된 학급의 상황을 보고 어떤 활동을 어떤 순서에 따라 진행할지 계획한다. 아래에 놀이 및 활동 유형과 순서를 제시해두었으니 이를 참고하여 다양한 형태의 교수·학습과정안을 작성해보자.

(1) 놀이

🐻 **암기포인트**

놀이 유형	놀이 순서
쌓기놀이	① 활동1 : 만드는 방법에 대해 이야기나누기 　- 설계도 보고 이야기나누기 　- 재료 정하기 　- 크기 정하기 　- 역할 정하기 　- 약속 정하기 ② 활동2 : 쌓기놀이하기 　- 놀이하기 　- 정리하기
역할놀이	① 활동1 : 역할놀이 준비하기 　- 장소 및 소품 정하기 　- 역할 정하기 　- 약속 정하기 ② 활동2 : 놀이하기 　- 놀이하기 　- 정리하기

바깥놀이	① 활동1 : 바깥놀이 활동에 대해 이야기나누기 　- 탐색/놀이할 것에 대해 이야기나누기 　- 약속 정하기 　- 바깥으로 이동하기 ② 활동2 : 바깥놀이하기 　- 탐색/놀이하기 　- 실내로 이동하기

(2) 활동

🐻 암기포인트

활동 유형	활동 순서
이야기나누기	① 활동1 : 자료 보며 이야기나누기 　- 문제점에 대해 이야기나누기 　- 해결방법에 대해 이야기나누기 ② 활동2 : 이야기 나눈 것 정리하여 표현하기 　- 해결방법 정리하여 표현하기/해결방법 실행하기
미술	① 활동1 : 미술 활동에 대해 이야기나누기 　- 재료 탐색하기 　- 활동 방법에 대해 이야기나누기 　- 약속 정하기 ② 활동2 : 미술 활동하기 　- 앞치마 나눠주기 　- 미술 활동하기 　- 정리하기, 앞치마 걷기 ③ 활동3 : 작품 감상하기 　- 작품 이름 정하기, 작품 소개하기, 공통점/차이점 찾기 등
동화	① 활동1 : 동화 소개하고 들려주기 　- 표지 보고 이야기나누기 　- 동화 들려주기 ② 활동2 : 동화 회상하기 　- 심미적, 정보추출적 발문을 사용하여 동화 회상하기
동시	① 활동1 : 동시 내용에 대해 이야기나누기 　- 동시 소개하기(제목, 지은이) 　- 교사가 배경 음악 틀고 동시 읊어주기 　- 느낌에 대해 이야기나누기 　- 교사가 다시 배경 음악에 동시 읊어주기 　- 동시말 이야기하며 동시판 완성하기

동시	② 활동2 : 동시 읊어보기 　- 다양한 방법으로 나누어 낭송하기(교사-유아, 유아-유아) 　- 다 함께 읊어보기 ③ 활동3 : 확장 활동하기 　- 동시 재구성하기, 몸으로 표현하기 등
동극	① 활동1 : 동극 준비하기 　- 동화 회상 및 대사 연습하기 　- 무대 꾸미기 　- 역할 정하기 　- 약속 정하기 　- 공간 정하기 (무대, 기다릴 곳, 등장, 퇴장) ② 활동2 : 동극하기 　- 역할 소개 및 첫 번째 동극하기 　- 첫 번째 동극 평가하기 　- 두 번째 동극하기 　- 무대 정리하기
과학(실험)	① 활동1 : 과학 실험에 대해 이야기나누기 　- 준비물과 도구 탐색하기 　- 방법 또는 결과 예측하기 ② 활동2 : 실험하기 　- 실험 및 기록하기 　- 정리하기 ③ 활동3 : 실험 과정/결과에 대해 이야기나누기
요리	① 활동1 : 요리 준비하기 　- 요리 재료 및 도구 탐색하기(냄새, 촉감, 맛) 　- 요리 순서도 보며 요리 방법 소개하기 　- 약속 정하기 　- 손 씻고 앞치마 하기 ② 활동2 : 요리하기 　- 요리 순서도에 따라 요리하기 　- 정리하기, 앞치마 걷기 　- 요리한 음식 맛있게 먹기
음악감상	① 활동1 : 경험에 대해 이야기나누기 　- 음악과 관련된 경험 떠올리기 ② 활동2 : 음악 감상하기 　- 음악 감상하기 　- 음악 감상 후 느낀 점 이야기나누기 　- 음악 소개하기 (작곡가, 음악의 예술적 요소 등) 　- 음악 다시 감상하기

음악감상	③ 활동3 : 확장 활동하기 – 다른 악기로 연주한 음악 감상하기, 빠르기/셈여림이 변화된 음악 감상하기 등
새노래배우기	① 활동1 : 노래에 대해 이야기나누기 – 노랫말 소개하며 동기유발 (손인형/그림/동화 사용하기) – 교사가 노래 전체 불러주기 – 노랫말에 대해 이야기나누기 (노랫말 회상하며 융판에 붙이기) ② 활동2 : 새 노래 부르기 – 반주 없이 멜로디만 들어보기 – 한 가지 소리로 부르기 – 다양한 방법으로 나눠 부르기(교사–유아, 유아–유아) – 처음부터 끝까지 부르기 – 다양하게 확장하여 부르기(노랫말 바꾸기, 율동 넣기, 악기연주하기)
악기연주	① 활동1 : 악기 탐색하기 – 그림 악보 보며 노래 부르기 – 악기 소개하기(이름, 소리, 연주 방법) – 악기 탐색하기(셈여림, 빠르기) – 악기연주 시 지켜야 할 규칙/약속 정하기 ② 활동2 : 악기연주하기 – 그림 악보 보며 연주 연습하기 – 그림 악보 보며 악기연주하기 – 정리하기
신체표현	① 활동1 : 신체표현 활동에 대해 이야기나누기 – 자료 보고 앉아서 움직임 표현하기 – 배경 음악을 듣고 셈여림, 빠르기 등에 따른 움직임을 이야기하고 표현하기 – 유아가 시범 보이기 – 약속 정하기 ② 활동2 : 신체표현 활동하기 – 반집단으로 나누어 신체표현하기 – 다 함께 신체표현하기
율동	① 활동1 : 율동에 대해 이야기나누기 – 배운 노래 부르기 – 앉아서 율동 따라 해보기 – 유아가 시범 보이기 – 약속 정하기

율동	② 활동2 : 율동하기 – 반집단으로 나누어 율동하기 – 다 함께 율동하기
게임	① 활동1 : 게임에 대해 이야기나누기 – 게임 자료 탐색하기 – 게임 방법 이야기나누기 – 시범 보이기 – 규칙 및 약속 정하기 ② 활동2 : 게임하기 – 인원수 확인 및 편 이름 정하기 – 1차 게임하기 – 1차 게임 평가하기 – 2차 게임하기 – 2차 게임 평가 및 정리하기
현장체험	① 활동1 : 현장체험 준비하기 – 질문목록 만들기 – 소요시간, 위치, 이동 경로, 이동 방법 등에 대해 이야기나누기 – 약속 정하기 – 화장실 다녀오기 – 명단 확인하기 – 안전띠 확인하기 ② 활동2 : 현장체험하기 – 질문목록 바탕으로 현장체험하기 – 화장실 다녀오기 – 유치원으로 돌아오기

05 유아별 중재사항

교수·학습과정안을 작성하거나 수업실연을 할 때 문제에 제시된 유아의 특성을 고려하여 수업해야 한다. 문제에 제시된 유아의 특성 하나하나는 모두 채점 요소가 되므로, 교수·학습과정안을 작성하거나 수업실연을 할 때 유아 특성에 따른 중재들을 채점자의 눈에 보이도록 명백히 제시해야 한다. 유아에게 제공되어야 하는 중재는 활동과 유치원 상황에 따라 달라질 수 있으나, 대부분의 상황에서 교사가 활용할 수 있는 중재는 다음과 같다.

암기포인트

특성	중재방안
저시력 유아	① 교사 가까이에 자리 배치하기 　- 선생님 가까이에 있는 의자에 앉아요. ② 확대된 자료 제시하기 　- 선생님이 자리에 앉아서도 잘 볼 수 있도록 아주 큰 그림을 준비했어요. ③ 자료를 앞에 나와 볼 수 있도록 하기 　- 가까이서 보고 싶으면 앞에 나와서 봐도 좋아요.
전맹 유아	① 착석 시 친구와 손잡고 모이도록 하기 　- 오늘의 도우미 ○○가 △△가 모이는 것을 도와주세요. ② 촉각 자료 제시하기 　- 선생님이 ○○이 손 앞에 밀가루가 있는 그릇을 두었어요. 한 번 만져보세요. ③ 자료를 자세하게 묘사해주기 　- 사진에 빨간색 옷을 입고 모래놀이를 하는 어린이가 있네요.
난청 유아	① 활동 전에 인공와우/보청기 점검하기 　- 선생님 앞으로 와요. 뒤돌아서 선생님이 뭐라고 말하는지 따라 말해보세요. 쉬, 우, 이, 스, 아 　- 선생님이 보청기 배터리를 한번 확인해줄게요. ② 스피커 가까이에 앉도록 하기 　- 스피커 가까이에 있는 의자에 앉아요.
전농 유아	① 교사 가까이에 앉도록 하기 　- (손으로 의자를 가리키며) 선생님 앞쪽 의자에 앉아요. ② 간단한 수어 사용하기 　- (박수를 의미하는 수어를 사용하며) 친구를 도와준 ○○에게 '칭찬 별~'을 해줄게요.
휠체어를 타는 유아	① 친구가 해당 유아의 휠체어를 밀어주도록 하기 　- 정리정돈을 잘하는 어린이에게 ○○이의 휠체어를 밀어줄 수 있는 기회를 줄게요. 　- 오늘은 어떤 친구가 ○○이의 휠체어를 밀어주면 좋을 것 같나요? ○○이가 직접 손으로 가리켜보세요. ② 특수교육실무사 활용하기 　- ○○이 체간 다시 한번 정렬해주세요. 　- 다른 친구들이랑 부딪히지 않게 특수교육실무사님과 ○○이 먼저 이동해주세요.
'아', '우' 발화가 가능한 유아	① 유아의 발화 의도를 파악하여 반응해주기 　- '아'하고 손을 뻗은 것을 보니, ○○도 얼른 토마토주스를 만들어 먹고 싶나 봐요.

'아', '우' 발화가 가능한 유아	② 구조화된 질문 제공하기 - 친구가 한 말이 맞다고 생각하면 '아'하고 말해보세요. ③ 한 가지 소리로 노래 부르기 - 모두 다 함께 '우' 한 가지 소리로 노래를 불러요.
AAC를 사용하는 유아	① 특수교육실무사 활용하기 - 특수교육실무사님, ㅇㅇ에게 AAC를 가져다주세요. ② 대답 기회 자주 제공하기 - AAC를 눌러서 대답해보세요. ③ 친구와의 상호작용 유도하기 - ㅇㅇ이가 어떤 그림을 선택했는지 바로 옆에 앉은 △△가 말해주세요.
소근육 조절이 어려운 유아	① 수정된 도구 제공하기 - 선생님이 더 잡기 쉽도록 손잡이가 있는 악기를 준비했어요.
반사를 보이는 유아	① 자리 배치하기 - 선생님을 가운데에서 볼 수 있게 선생님 바로 앞에 있는 의자에 앉아요. (비대칭성 긴장성 경부반사를 보이는 유아) ② 특수교육실무사 활용하기 - ㅇㅇ이 체간 다시 한번 정렬해주세요. ③ 자료 제시하기 - 고개를 숙이지 않아도 되도록 AAC를 눈높이에 맞춰서 둘게요. (대칭성 긴장성 경부반사를 보이는 유아)
말을 더듬는 유아	① 친구와 함께 말하게 하기 - 옆에 앉은 ㅇㅇ이와 함께 말해요. ② 다른 친구에게 먼저 답변을 들은 후 질문하기 - ㅇㅇ가 잘 말해주었네요. △△이도 주말에 무엇을 하였는지 이야기해주세요. ③ 천천히 말할 수 있게 하기 - 천천히 말해도 돼요. (시간 두기)
교사의 말을 잘 이해하지 못하는 유아	① 다양한 감각 자료 사용하기 - 선생님이 재미있는 영상을 준비했으니 모두 귀 쫑긋하고 잘 보아요. ② 친구 시범을 볼 수 있게 하기 - 어려우면 옆에 앉은 친구를 보면서 따라 해요.
지시 따르기에 어려움이 있는 유아	① 약속카드 제시하기 - 약속카드를 보세요. 선생님이 활동 시간에 의자에 바르게 앉아있으면 어떤 선물을 준다고 했죠? 그래요. ㅇㅇ이가 좋아하는 트램펄린을 3분 동안 뛰게 해줄 거예요. ② 강화예고 상기시키기 - 오늘 ㅇㅇ가 약속을 잘 지키며 활동하네요. 활동이 끝나면 토끼 스티커를 받을 수 있을 것 같아요.

자리이탈 하는 유아	① 파워카드 제시하기 　- ○○가 좋아하는 토끼가 어떻게 하고 있어요? 그래요. 바른 자세로 앉아있네요. ○○도 토끼처럼 이야기나누기 시간에 바른 자세로 앉아있기로 약속해요. ② 좋아하는 의자에 앉게 하기 　- ○○이가 좋아하는 토끼 의자에 앉아요. ③ 수업 중간에 칭찬 제공하기 　- 바르게 앉아있는 ○○이가 한 번 대답해보세요.
주의집중을 하지 못하는 유아	① 선호도 활용하기 　- 우와 이게 뭘까요? ○○가 좋아하는 잠자리네요. ② 발언 기회 자주 제공하기 　- 선생님을 반짝반짝하는 눈으로 바라보고 있는 ○○이가 대답해보세요.
참여에 소극적인 유아	① 강화 활용하기 　- 오늘 친구들과 율동을 열심히 하면 ○○가 좋아하는 반짝이 스티커를 선물로 줄게요. ② 좋아하는 친구 활용하기 　- ○○랑 △△가 함께 앞에 나와서 해보세요. ③ 과제분석을 통한 성공 경험 제공하기 　- 옷에 팔 넣기 전에 선생님 따라서 팔 부분 먼저 벌려보세요. 우와 정말 잘했어요. ④ 또래 도우미 활용하기 　- ○○가 △△에게 어떻게 하는지 시범 보여주세요.
발표하기를 꺼리는 유아	① 귓속말로 말할 기회 제공하기 　- 선생님에게 귓속말로 작게 말해주세요. ② 친구와 함께 말할 기회 제공하기 　- '하나, 둘, 셋'하면 ○○이와 △△가 함께 말해보세요.
다른 사람에게 의존적인 유아	① 특수교육실무사와 협의하기 　- 특수교육실무사님, ○○가 오늘 스스로 율동 할 수 있도록 필요할 경우에만 최소한으로 도와주세요. ② 수업 중간에 칭찬 제공하기 　- ○○가 스스로 의자를 가져와 모여줬어요.
관심받기 위해 문제행동을 보이는 유아	① 미리 관심 제공하기 　- 오늘 ○○가 멋있는 주황색 티셔츠를 입었네요. ② 상반행동 차별강화 제공하기 　- 기쁨반 어린이들 모두 ○○이를 보세요. ○○이가 두 손을 무릎에 두고 선생님을 바라보고 있네요. 모두 함께 칭찬의 박수를 쳐주세요.
활동에 방해될 정도로 질문을 많이 하는 유아	① 질문카드 제공하기 　- 오늘은 3장의 질문카드를 줄게요. 질문이 하고 싶을 때는 약속한 대로 선생님에게 질문카드를 한 장씩 주세요.

활동에 방해될 정도로 질문을 많이 하는 유아	② 이야기나누기 전 약속 정하기 - 친구들과 이야기할 때 어떤 약속을 지켜야 한다고 했었죠? 그래요. 친구가 말하고 있을 때는 먼저 친구의 말을 들어줘요.
상동행동을 보이는 유아	① 긍정적으로 중재하기 (ex. 박수치는 상동행동) - ○○이가 △△이의 작품을 보고 멋지다고 박수를 쳐주었네요. - 규칙을 지키며 안전하게 게임을 한 기쁨반 어린이들 모두에게 어떻게 칭찬해주면 좋을까요? 그래요. 모두 ○○이처럼 박수쳐요.
전이에 어려움이 있는 유아	① 시각적 일과표 활용하기 - 우리 반 기차가 어디를 향하고 있나요? ○○가 기차를 옮겨보세요. 수저 사진이 있는 걸 보니 다음 시간은 점심시간이네요. ② 선호하는 또래 활용하기 - 친구와 함께 손을 잡고 문 앞에 한 줄로 서요.
또래에게 무관심한 유아	① 친구와 짝지어 참여하는 활동 제공하기 - 오늘 율동은 2명씩 짝을 지어서 할 거예요. ○○이도 △△와 함께 서 보세요. ② 친구와 관련된 활동 삽입하기 - 동시말 중에 친구에게 해주고 싶은 말을 골라서 귓속말을 해요. ③ 사회적상황이야기 활용하기 - (상황이야기 카드를 보여주며) 실험할 때 물에 손을 담그고 장난치면 옆에 있는 친구들은 어떤 기분이 들까요? 그래요. 물이 튀어서 불편할 수 있어요.
특정 물건에 집착하는 유아	① 활동 참여에 활용하기 - ○○이는 동극에서 어떤 역할을 맡고 싶어요? 좋아요. ○○이가 좋아하는 토끼 역할을 해요. ② 강화로 활용하기 - 나비가 되어 음악에 맞춰 열심히 몸을 움직이면 ○○이가 좋아하는 나비 스티커를 선물로 줄게요.
순서를 기다리지 못하는 유아	① 대기지원 활용하기 - 그네를 타려면 모래시계의 모래가 모두 떨어질 때까지 기다려야 해요. ○○이가 좋아하는 토끼 인형을 만지면서 기다려요. ② 반 전체 약속 활용하기 - 게임을 할 때 어떤 약속이 필요할까요? 그래요. 차례를 지켜서 게임을 해요.
빛에 대한 시각적 매료를 느끼는 유아	① 조도 낮춰주기 - 어린이들이 화면을 잘 볼 수 있도록 교실 앞에 있는 조명을 하나 꺼줄게요. ② 커튼 달아주기 - 특수교육실무사님, 교실 뒤쪽의 커튼 좀 쳐주세요.

또래에게 공격행동을 보이는 유아	① 약속카드 제시하기 - 친구가 ○○이가 놀이하는 놀잇감을 만졌을 때 어떻게 하기로 약속했었죠? 친구에게 '내 차례야. 조금만 기다려줘.'하고 이야기하기로 약속했어요. ② 대체행동 차별강화 사용하기 - 친구에게 화를 내고 싶어도 꾹 참고 고운 말로 이야기를 해주었네요. 약속을 잘 지킨 ○○에게 칭찬 스티커를 선물로 줄게요. ③ 상반행동 차별강화 사용하기 - 우리 ○○이가 두 손을 무릎에 두고 친구들의 이야기를 잘 듣고 있네요. 우리 모두 바른 자세로 앉아있는 ○○에게 칭찬의 박수를 보내줘요. ④ 사회적상황이야기 활용하기 - (상황이야기 카드를 보여주며) 친구에게 나쁜 말을 하면 친구가 어떤 기분이 든다고 했죠? 그래요, 친구가 속상해요. 친구에게 바르고 고운 말을 사용하도록 해요.
물건을 입에 넣는 유아	① 입에 넣어도 되는 재료 사용하기 - 선생님이 오늘은 밀가루로 만든 점토를 준비해보았어요. 입에 조금 넣어서 맛을 보아도 좋아요. ② 특수교육실무사 활용하기 - 빵칼 같은 자료는 입에 넣으면 위험할 수 있으니 특수교육실무사님이 ○○이 옆에서 ○○이가 안전하게 활동하도록 지켜봐 주세요.

06 수업 조건 및 유의사항

(1) 협력교수를 실시하시오.

협력교수란 특수교사와 일반교사가 통합된 유치원 환경 내에서 함께 교수를 계획하고 실행하는 것을 의미한다. 이러한 유의사항이 제시된다면 교수·학습과정안에서 특수교사와 일반교사가 사전협의 하에 협력하여 특수교육대상유아를 활동에 참여시키는 모습이 드러나야 한다. 협력교수와 관련된 내용은 교수·학습과정안 내에 한 문장만 포함하는 것으로도 충분하다. 두 교사가 협력할 수 있는 방안은 다양하나, 교수·학습과정안에서 협력하는 모습을 두드러지게 나타내기 위해서는 다음과 같은 협력교수 방안을 활용하는 것이 좋다.

① 스테이션 교수

스테이션 교수란 유아들이 준비된 스테이션을 순회하면서 각 스테이션에서 제공하는 학습 활동에 참여하는 것으로 소주제들이 합쳐져서 대주제를 이룰 때, 주제를 보다 심층적으로 학습할 때, 대집단 활동보다 모둠별 활동이 더 필요한 경우에 효과적이다.

Ex 새봄반 선생님은 '나뭇잎 프로타주' 미술 활동, 기쁨반 선생님은 '나뭇잎이 자라요' 동화 활동, 온누리반 선생님은 '나뭇잎 관찰하기' 활동을 진행하는 스테이션 교수를 실시한다. 이때 유아들은 교사가 사전에 전략적으로 구성한 소집단 별로 스테이션을 돌아다니며 활동에 참여한다.

② 평행교수(병행교수)

평행교수란 두 교사가 두 혼합능력 집단으로 나뉜 유아들에게 각각 같은 내용을 동시에 교수하는 것으로 최초학습보다는 반복학습이나 프로젝트학습에 활용하는 것이 효과적이다. 보통 도입단계에서는 대집단으로 시작하고 전개단계에서 평행교수를 활용한다.

> **Ex** 사전에 협의된 바와 같이 바닥에 앉은 어린이들은 일반교사와, 의자에 앉은 어린이들은 특수교사와 함께 두 집단으로 나뉘어 원 게임에 참여한다.

③ 팀티칭

팀티칭이란 두 교사가 짧은 간격을 두고 번갈아 가며 교수 역할을 공유하는 것으로 교사 상호 간의 신뢰와 협력이 가장 많이 요구되는 협력교수 형태이다. 개념지도 활용에 효과적이며 모형화와 역할놀이 기술을 가르칠 수 있다는 장점이 있다.

> **Ex** 일반교사는 '게임 자료 탐색'과 '시범 보이기' 활동을, 특수교사는 '게임 방법 이야기나누기'와 '규칙 및 약속 정하기' 활동을 맡아 사전에 협의한 대로 5~10분 간격으로 번갈아 가며 팀티칭을 한다.

(2) 창의성 교육 요소를 포함하시오.

창의성 교육 요소는 다음과 같다.

인지적 요소	사고의 확장	확산적 사고	다양한 각도에서 새로운 가능성이나 아이디어를 다양하게 생성해내는 사고능력
		상상력/시각화 능력	이미지나 생각을 정신적으로 조작할 수 있고 마음의 눈으로 사물을 그릴 수 있는 능력
		유추/은유적 사고	둘 혹은 그 이상의 사물이나 현상 또는 복잡한 현상들 사이에서 기능적으로 유사하거나 일치하는 내적 관련성을 알아내는 사고능력
	사고의 수렴	논리/분석적 사고	부적절한 것에서 적절한 것을 분리해내고 합리적인 결론을 이끌어내는 능력
		비판적 사고	편견, 불일치, 견해 등을 인식할 수 있는 능력
	문제 해결력	문제 발견	새로운 문제를 찾고 형성하고 창조하는 것
		문제 해결	문제를 인식하고 현재 상태에서 목표 상태에 도달하기 위해 진행해가는 일련의 복잡한 사고 활동
성향적 요소	독립성	용기	모험심이나 개척자 정신이 강하고 위험을 무릅쓰더라도 원하는 것을 성취하려는 성향
		자율성	자신만의 원칙에 따라 어떤 일을 하거나 스스로 자신을 통제하여 절제하는 성질이나 특성
		독창성	생각이 유연하고 재치있으며 관습적이고 상투적인 것에 싫증을 내는 성향
	개방성	다양성	새로운 아이디어나 다른 견해를 잘 수용하고 새로운 경험과 성장에 개방적이며 편견이 없고 진보적인 성향

성향적 요소	개방성	복합적 성격	서로 모순되는 정반대의 성격을 동시에 가지고 있으면서도 아무런 갈등도 느끼지 않고 똑같은 정도로 두 가지를 모두 경험하게 되는 성향
		애매모호함에 대한 참을성	애매모호함을 잘 견뎌냄으로써 문제의 어려운 측면이 해결될 수 있는 시간을 충분히 가지는 성향
		감수성	미세하고 미묘한 뉘앙스를 잘 느끼고 감지하는 성향
동기적 요소		호기심/흥미	항상 생동감 있게 주변의 사물이나 현상에 대해 의문을 갖고 끊임없이 질문을 제기하는 성향
		몰입	어떤 일에 시간이 가는 줄 모르고 몰두하게 되는 완벽한 주의집중 상태

창의·인성교육 활성화 방안 연구(2011), 한국과학창의재단

Ex 유아들이 오감을 활용해 궁금상자 내의 물건을 탐색할 수 있도록 하여 동기적 요소 중 호기심/흥미를 충족시킨다.

Ex 유아들이 게임 자료를 보고 게임 방법을 다양하게 유추할 수 있는 기회를 제공하여 유아들의 확산적 사고를 돕는다.

(3) 인성교육 요소를 포함하시오.

지도안에 인성교육 요소를 담기 위해서는 교사나 유아의 발문에 관련 내용을 삽입한 후, 유의점에 '유아들이 서로 도울 수 있는 기회를 제공하여 인성교육 요소 중 배려를 교수한다.'와 같이 한 번 더 명확하게 표기하는 것이 좋다. 인성교육 요소는 다음과 같다.

인간관계 중심의 덕목	정직	객관적인 기준에 따라 있는 그대로의 결과를 인정하고 받아들일 수 있는 것
	약속	자신에게 주어진 역할을 정확하게 이행하는 것
	용서	비록 자신의 견해에 반대하거나 비판을 한다고 하더라도 타인의 입장과 견해를 이해하고 받아들일 수 있는 열린 마음
	배려	다문화, 다학문 등의 다양성을 받아들이고 상충되는 의견과 합의에 이르는 능력
	책임	자신의 능력을 조절하여 하고자 하는 인물을 완성하고 나아가 자신의 역할을 다해 세상에 기여하고자 하는 것
	소유	타인의 지적, 물적 능력, 성과 등을 인정하고 자신의 역량에 맞는 결과를 받아들이는 것
인성의 판단 능력	도덕적 예민성	사태를 도덕적 관점에서 받아들이고 인식할 수 있는 능력
	도덕적 판단력	정의롭고 공공의 관점에서 상황을 판단하여 행동 선택에 있어서 보다 바람직한 이유와 정당성을 추구하고 판단할 수 있는 능력
	의사결정능력	보다 바람직한 가치를 판단하고 이해할 수 있는 능력
	행동실천력	바람직한 행동을 선택한 후에 그것을 직접적인 행동으로 보일 수 있고 실천할 수 있는 능력

창의·인성교육 활성화 방안 연구(2011), 한국과학창의재단

> **Ex** 큰 소리를 듣는 것이 어려운 청각장애 유아의 특성을 고려해 유아들이 작은 목소리로 노래를 부를 수 있도록 지도한다. 이를 통해 유아들이 자신과 다른 또래의 특성을 '배려'하는 인성적 태도를 배울 수 있도록 돕는다.
>
> **Ex** 유아들이 스스로 활동에 필요한 약속들에 대해 생각해보고 교사가 활동 중 이를 상기시킴으로써, 인성적 요소 중 '약속'을 바탕으로 활동에 참여할 수 있도록 지도한다.

(4) 장애공감문화를 반영하시오.

장애공감문화를 조성하기 위해서는 유치원의 일반유아, 학부모, 교직원 등을 대상으로 다양한 장애이해교육을 실시하고 장애인식 개선을 강화하여 현장의 통합교육 분위기를 확산해야 한다. 이를 위해서 교사가 장애이해교육 자료를 직접적으로 활용할 수도 있고, 유치원에서 다양한 놀이 및 활동을 진행할 때 해당 내용을 자연스럽게 삽입할 수도 있다. 따라서 장애공감문화를 반영하라는 유의사항이 제시되면 교사는 일반유아들이 장애 유아의 입장이 되어 활동 중 어떠한 도움/수정을 필요로 할 것 같은지, 어떠한 태도를 가져야 할지에 대해 생각해보도록 발문할 수 있다. 뿐만 아니라 교사가 일반유아에게 장애 유아가 사용하는 수정된 자료나 도구에 대한 추가적인 설명을 제공할 수 있다.

> **Ex** 워커를 사용하는 유아, 시각장애 유아, 청각장애 유아 등을 위한 게임 수정 방법에 대해 학급 차원에서 논의하여 다양한 요구를 가진 유아들이 게임에 참여할 수 있도록 도와 장애공감문화를 형성한다.

(5) 확장활동을 2가지 이상 포함하시오.

확장활동은 본 활동이 일회성에 그치지 않도록 하기 위해서 필수적이다. 보통 자유놀이 시간에 할 수 있는 활동이나 가정 연계 활동을 제시할 수 있다.

> **Ex** 본 활동이 '세계 여러나라 건축물 이야기나누기 활동'인 경우
> - 세계 여러나라 건축물 블록 쌓기
> - '나는 이글루에 살아요' 동화 읽기
>
> **Ex** 본 활동이 '몸에 좋은 삼색 주먹밥 요리 활동'인 경우
> - 부모님과 몸에 좋은 음식에 대해 이야기나누기
> - 주먹밥 가게 놀이하기

(6) 특수교육실무사 1명이 배치되어 있다고 가정하시오.

지역마다 특수교육실무사, 특수교육실무원, 특수교육보조원 등 특수교육실무사를 지칭하는 방법이 다르므로 본인이 응시하는 지역에서 사용하는 정확한 명칭을 미리 알고 있어야 한다. 장애인 등에 대한 특수교육법에 따르면 특수교육실무사(서울시)의 역할에는 교사의 지시에 따른 교수·학습활동 지원, 신변처리, 급식, 교내외 활동, 등하교 등이 있다. 따라서 특수교육실무사를 활용하라는 유의사항이 나온다면 특수교육실무사가 본 활동에서 맡는 역할에 대해 유의점에서 명확하게 제시해야 한다. 이때 교사와 특수교육실무사 간에 협력하는 태도를 강조하고자 '사전에 협의한 대로' 등과 같은 말을 추가하는 것이 좋다.

> **Ex** 교사가 '모여라' 노래를 부르면, 특수교육실무사는 워커를 착용한 지체장애 유아가 안전하게 자리에 모일 수 있도록 교사와 사전에 협의한 대로 유아 옆에서 언어적 촉진을 제공한다.

> **Ex** 특수교육실무사는 교사와 사전에 협의한 대로 동영상에 나오는 장면을 시각장애 유아 옆에서 작은 목소리로 묘사해주어 해당 유아의 활동 참여를 지원한다.

(7) 공간, 자료, 상호작용, 안전을 포함하여 작성하시오.

해당 수업 조건 및 유의사항이 제시되면 양식1의 활동/놀이지원계획이나 양식2의 자료 및 유의점 부분에 네 가지 요소를 포함하여 작성한다. 먼저 공간의 측면에서 놀이공간을 어떻게 융통성 있게 배치할지, 놀이공간의 크기를 어떻게 제시할지, 유아 스스로 놀이 공간을 배치하거나 변경할 수 있는 기회를 어떻게 삽입할지, 교실 밖 유치원 공간들을 어떻게 활용할지 등을 포함할 수 있다. 자료의 측면에서는 유아가 스스로 자료 활용 방법을 결정하도록 하거나, 자연물이나 자연 현상, 다양한 일상의 사물 등을 놀이 자료로 활용하는 것, 기존의 자료도 새롭게 활용하거나 놀이 자료 없이도 놀이하는 것 등을 포함할 수 있다. 다음으로 상호작용의 측면에서는 유아-유아, 유아-환경 간의 상호작용을 어떻게 촉진할 수 있을지와, 이를 위해 교사가 수행해야 하는 놀이관찰자, 놀이지원자, 놀이참여자 역할들에 대해 설명할 수 있다. 마지막으로 안전의 측면에서는 안전을 강조하되 유아들의 놀이를 지나치게 제한하지 않도록 주의해야 한다. 뿐만 아니라 위험한 도구를 사용하는 활동이나 신체를 적극적으로 움직이는 활동을 할 때 유아들이 스스로 안전을 점검해보고 안전하게 활동할 수 있는 방법에 대해서 함께 이야기나누는 것을 포함한다.

> **Ex** 놀이 영역을 고정해두지 않고 유아의 놀이에 따라 공간을 자유롭게 사용하며 놀이할 수 있도록 지원한다.
> **Ex** 가정에서 재활용품을 가져와서 새로운 놀잇감을 만들고 친구들에게 소개한다.
> **Ex** 교사는 유아에게 인지적 갈등을 일으키는 질문을 함으로써 유아들의 놀이를 확장한다.
> **Ex** 유아들과 함께 이야기 나눈 후 '게임 중에는 걸어서 이동해요'를 활동 약속으로 정하여 유아들이 안전하게 게임 활동에 참여하도록 돕는다.

(8) 교사 간 협의 내용을 포함하시오.

교사 간 협의 내용은 활동/놀이지원계획이나 자료 및 유의점란에 작성할 수 있다. 협의 내용은 보편적 학습설계나 교수적 수정 전략, 놀이 상황에서 장애 유아에게 예상되는 어려움이나 지원방안, 각 교사의 역할 등을 포함한다. 이때 협력적 태도를 바탕으로 각자의 교수접근 및 전문성에 대해 인정하는 것이 중요하다.

> **Ex** 자폐성장애 유아는 편게임 시 유아가 선호하는 일반 유아 A와 함께 짝을 지어 참여할 수 있도록 일반교사와 특수교사가 게임 전 사전 협의한다.
> **Ex** 두 교사는 청각장애 유아가 교사를 정면으로 바라볼 수 있는 자리에 앉아서 활동에 참여하도록 활동 대형 배치에 대해 사전 협의한다.

CHAPTER 02 실전 연습문제

01 놀이

(1) 쌓기놀이

〈놀이 상황 관찰 기록〉

상황1
지난주 어린이 과학전시관으로 현장체험학습을 다녀온 후 만 5세 유아들은 다양한 멸종위기 동물들에 관심을 갖게 되었다. 교사는 유아들의 흥미를 고려하여, 유아들과 함께 북극곰, 펭귄, 반달가슴곰, 하늘다람쥐 등의 멸종위기 동물들에 대해 이야기를 나누었다. 유아들은 특히 이러한 멸종위기 동물들의 서식지에 대해 궁금해하였다.

상황2
유아들은 교사에게 친구들과 힘을 합쳐 하나의 큰 동물 서식지를 만들고 싶다고 하였다.

〈교사의 고민〉

일반교사는 유아들이 과학전시관에 다녀온 이후로 멸종위기 동물에 관심을 가지는 것을 보고 이를 놀이로 확장해줘야겠다는 생각을 했다. 특수교사는 특수교육대상유아 또한 일반유아들과 함께 놀이할 수 있도록 놀이 중 적절한 지원을 제공하고자 한다. 두 교사는 모든 유아들의 참여를 위해 교실 내 공간을 어떻게 활용해야 할지, 어떤 자료들을 제공해야할지 고민이다.

〈개별 유아 특성〉

일반유아 5명	자신이 관심 있는 멸종위기 동물들의 특징에 대해 말할 수 있고, 멸종위기 동물이 사는 서식지를 알고 있음. 다양한 놀이에 적극적으로 참여하며 통합 경험이 풍부함.
○○ (지체장애)	근이영양증으로 인하여 평소 휠체어를 사용하며 교사의 질문에 한 단어로 답할 수 있음. 다양한 자유 놀이에 큰 흥미가 없음.
△△ (시각장애)	다양한 크기의 레고 블록을 3개 이상 쌓을 수 있으며 반 친구들과 교우관계가 좋음. 동물 그림카드를 10cm 이내의 거리에서 제시하면 해당 동물의 이름을 말할 수 있음.
□□ (발달지체)	다른 동물들에는 관심이 없으나 북극곰 인형을 좋아하여 활동 전이에 어려움이 있음. 자신의 의사를 자발적으로 표현하는 것에 어려움이 있으나 두 가지 그림카드가 제시되었을 때 선호하는 한 가지를 선택할 수 있음.

〈수업 조건 및 유의사항〉

- 유아의 놀이 흐름을 고려하여 활동유형은 자유롭게 선정하시오.
- 공간, 자료, 상호작용, 안전 관련 지원 방안을 포함하시오.
- 개별 장애 유아의 특성에 따른 중재방안을 한 가지씩 포함하시오.
- 일반교사와 특수교사 간 협의 내용을 포함하시오.
- 특수교육실무사 1명이 배치되어 있다고 가정하시오.
- 도입-전개-마무리를 포함하고, 전시활동과 확장활동을 안내하시오.

○○○○학년도 공립 특수학교(유치원) 교사 임용후보자 선정경쟁시험(2차시험)

교수·학습과정안 작성 답안지(앞)

수험번호		성명	
		관리번호	

학습목표	가 : 설계도를 보고 북극곰의 서식지를 만들 수 있다. 나 : 수정된 블록을 활용하여 북극곰의 서식지를 만들 수 있다. 다 : 친구를 모방하여 북극곰의 서식지를 만들 수 있다.

학습단계		교수·학습활동				시간(분)	자료 및 유의점
		교사 활동	유아 활동				
			가	나	다		
도입	주의집중	◎ '모여라' 노래로 주의를 집중시킨다. - 모여라 모두 모여. 기쁨반 모여라.	- 노래를 부르며 모인다.	- 특수교육실무사나 또래의 도움을 받아 모인다.		5분	㉮ 사진 (멸종위기 동물, 서식지), 기쁨반 우체통/편지, 포비 스티커 ㉯ 두 교사는 다양한 발문으로 나, 다 유아의 참여를 독려하고, 충분한 놀이공간을 제공하기로 사전협의한다. ㉰ 두 교사는 지체장애 유아가 선호하는 강화제를 사용하기로 협의한다.
	전시활동 상기	◎ 퀴즈로 '이야기나누기' 전시활동을 상기시킨다. - (가) : 이 동물의 특징은 무엇인가요? - (나) : 이 서식지에 사는 멸종위기동물은 누구일까요? - (다) : 멸종위기 동물 중 가장 좋아하는 동물은 무엇이었나요?	- 교사의 질문에 답한다.	- 친구의 도움을 받아 동물을 선택한다.	- 선호하는 사진을 선택한다.		
	동기유발	◎ '기쁨반 우체통'으로 동기유발한다. - 북극곰이 편지를 보냈네요. - 기쁨반 어린이들 안녕. 함께 힘을 합쳐서 내가 사는 집을 만들어줘.	- 북극곰의 편지를 함께 읽는다. ▶				
	활동소개	◎ '쌓기놀이 활동'을 소개한다. - 어린이들이 직접 아주 큰 북극곰의 집을 만들어주세요.	- 교사의 말을 경청한다. ▶				
	강화예고	◎ '포비 스티커'로 강화를 예고한다. - 약속을 잘 지키며 놀이한 어린이들에게는 포비 스티커를 줄게요.	- 교사의 말을 경청한다. ▶				
전개	활동1 : 서식지 만드는 방법 이야기나누기	◎ 북극곰 서식지 설계도를 그린다. - 북극곰이 사는 곳은 어떻게 생겼나요? ◎ 재료와 크기에 대해 이야기 나눈다. - 어떤 재료로 만들 수 있을까요? - 어느 정도의 크기로 만들어볼까요? ◎ 역할을 나눈다. - 이 부분을 만들어보고 싶은 어린이 있나요? ◎ 약속을 정한다. - 안전하고 재미있게 놀이하기 위해서 어떤 약속이 필요할까요? - 첫째, 키보다 높게 쌓을 때는 선생님이 도와줘요. 둘째, 함께 힘을 합쳐요. 셋째, 친구에게 블록을 양보해요.	- 서식지 특징을 말한다. - 교사의 질문에 대답한다. - 손을 든다. - 약속에 대해 이야기 나눈다.	- 친구의 말을 경청한다. ▶		20분	㉮ 화이트보드, 마커, 기쁨반 약속판, 동물 모형 ㉯ 안전을 이유로 유아들의 놀이를 제한하지 않되, 최소한의 기준을 유아와 함께 정한다. ㉰ 약속을 통해 유아들이 협동하도록 한다.

○○○○학년도 공립 특수학교(유치원) 교사 임용후보자 선정경쟁시험(2차시험)
교수·학습과정안 작성 답안지(뒤)

수험번호 [   ]   성명 [   ]
                         관리번호 [   ]

학습단계		교수·학습활동				시간(분)	자료 및 유의점
		교사 활동	유아 활동				
			가	나	다		
전개	활동2 : 동물 서식지 만들기	◎ 북극곰의 서식지를 만든다. - (가) : 어떤 부분을 만들고 있나요? 왜 이렇게 만들었나요? - (나) : 손잡이가 달린 블록도 있어요. 자유롭게 블록을 사용해서 북극곰이 사는 집을 만들어요. - (다) : 친구가 만드는 것 보세요. 어떻게 블록을 쌓고 있나요? ◎ 쌓기놀이 활동을 정리한다. - 이제 정리할 시간이에요. 어린이들이 이야기해준 것처럼 이글루는 전시할 수 있도록 두고, 바닥에 떨어진 블록만 정리해볼까요?	- 설계도를 보며 북극곰의 서식지를 만든다. - 스스로 정리한다.	- 수정된 블록을 사용하여 레고 블록을 세 개 이상 쌓는다.	- 친구를 모방하여 북극곰 서식지를 만든다.	5분	㉮ 유니트 블록, 종이벽돌 블록, 레고, 수정된 블록 ㉯ 나 유아는 선호하는 동물 모형과 수정된 블록을 사용해서 쌓기놀이에 참여한다. 지체장애 유아는 피더시트에 앉아 활동에 참여한다.
마무리	평가 강화제공 확장활동 소개 전이	◎ '쌓기놀이 활동'을 평가한다. - (다) : 어떤 동물의 서식지를 만들었는지 사진을 짚어보세요. - (나) : (다)가 짚은 사진의 동물은 무엇인가요? - (가) : 활동을 하면서 어떤 기분이 들었나요? ◎ '포비 스티커'를 강화로 제공한다. ◎ 확장활동에 대해 이야기 나눈다. - 미술 재료들을 사용해서 북극곰의 서식지를 꾸며보세요. - 북극곰에게 편지를 쓰는 것도 재밌겠네요. ◎ '점심시간'으로 전이한다. - 점심 먹을 시간이에요. 문쪽에 앉은 어린이들부터 차례로 일어나서 화장실에서 손을 씻고 오세요.	- 교사의 질문에 대답한다. - 강화를 제공받는다. - 확장활동으로 할 수 있는 놀이에 대해 생각한다. - 교사의 안내에 따라 이동한다.	- 북극곰이라고 말한다.	- 북극곰 사진을 손으로 짚는다.	5분	㉮ 사진 (멸종위기 동물, 서식지) ㉯ 시각장애 유아가 사진을 볼 수 있도록 10cm 이내의 거리에서 제시한다. ㉰ 교사는 강화물로 발달지체 유아의 전이를, 특수교육실무사는 지체장애 유아의 이동을 돕는다.

평가내용	가 : 설계도를 보고 북극곰의 서식지를 만들 수 있는가? 나 : 수정된 블록을 활용하여 북극곰의 서식지를 만들 수 있는가? 다 : 친구를 모방하여 북극곰의 서식지를 만들 수 있는가?
평가도구 및 방법	평가도구 : 관찰법 및 포트폴리오 평가시기 : 활동 중 및 활동 후

(1) 도입

① 주의집중

* 교사 활동
  ◎ '모여라' 노래로 주의를 집중시킨다.
  – 모여라 모두 모여. 기쁨반 모여라.

* 유아 활동
  – (가) : 노래를 부르며 모인다.
  – (나)(다) : 특수교육실무사나 또래의 도움을 받아 모인다.

② 전시활동 상기

* 교사 활동
  ◎ 퀴즈로 '이야기나누기' 전시활동을 상기시킨다.
  – (가) : 이 동물의 특징은 무엇인가요?
  – (나) : 이 서식지에 사는 멸종위기동물은 누구일까요?
  – (다) : 멸종위기 동물 중 가장 좋아하는 동물은 무엇이었나요?

* 유아 활동
  – (가) : 교사의 질문에 답한다.
  – (나) : 친구의 도움을 받아 동물을 선택한다.
  – (다) : 선호하는 사진을 선택한다.

③ 동기유발

* 교사 활동
  ◎ '기쁨반 우체통'으로 동기유발한다.
  – 북극곰이 편지를 보냈네요.
  – 기쁨반 어린이들 안녕. 함께 힘을 합쳐서 내가 사는 집을 만들어줘.

* 유아 활동
  – (가)(나)(다) : 북극곰의 편지를 함께 읽는다.

④ 활동소개

* 교사 활동
  ◎ '쌓기놀이 활동'을 소개한다.
  – 어린이들이 직접 아주 큰 북극곰의 집을 만들어주세요.

* 유아 활동
  – (가)(나)(다) : 교사의 말을 경청한다.

⑤ 강화예고

* 교사 활동

◎ '포비 스티커'로 강화를 예고한다.
  - 약속을 잘 지키며 놀이한 어린이들에게는 포비 스티커를 줄게요.
* 유아 활동
  - (가)(나)(다) : 교사의 말을 경청한다.

⑥ 도입의 자료 및 유의점
  �자 사진 (멸종위기 동물, 서식지), 기쁨반 우체통/편지, 포비 스티커
  ㉠ 두 교사는 다양한 발문으로 나, 다 유아의 참여를 독려하고, 충분한 놀이공간을 제공하기로 사전협의한다.
  ㉠ 두 교사는 지체장애 유아가 선호하는 강화제를 사용하기로 협의한다.

(2) 전개

① **활동1** : 서식지 만드는 방법 이야기나누기
  * 교사 활동
    ◎ 북극곰 서식지 설계도를 그린다.
      - 북극곰이 사는 곳을 어떻게 생겼나요?
    ◎ 재료와 크기에 대해 이야기 나눈다.
      - 어떤 재료로 만들 수 있을까요?
      - 어느 정도의 크기로 만들어볼까요?
    ◎ 역할을 나눈다.
      - 이 부분을 만들어보고 싶은 어린이 있나요?
    ◎ 약속을 정한다.
      - 안전하고 재미있게 놀이하기 위해서 어떤 약속이 필요할까요?
      - 첫째, 키보다 높게 쌓을 때는 선생님이 도와줘요. 둘째, 함께 힘을 합쳐요. 셋째, 친구에게 블록을 양보해요.
  * 유아 활동
    ◎ - (가) : 서식지 특징을 말한다.
      - (나)(다) : 친구의 말을 경청한다.
    ◎ - (가)(나)(다) : 교사의 질문에 대답한다.
    ◎ - (가)(나)(다) : 손을 든다.
    ◎ - (가)(나)(다) : 약속에 대해 이야기 나눈다.

② **자료 및 유의점**
  �자 화이트보드, 마커, 기쁨반 약속판, 동물 모형
  ㉠ 교사는 다양한 발문을 사용하여 나, 다 수준 유아가 활동에 참여하도록 돕는다.
  ㉠ 약속을 통해 유아들이 협동하도록 한다.

③ 활동2 : 동물 서식지 만들기
  * 교사 활동
    ◎ 북극곰의 서식지를 만든다.
      – (가) : 어떤 부분을 만들고 있나요? 왜 이렇게 만들었나요?
      – (나) : 손잡이가 달린 블록도 있어요. 자유롭게 블록을 사용해서 북극곰이 사는 집을 만들어요.
      – (다) : 친구가 만드는 것 보세요. 어떻게 블록을 쌓고 있나요?
    ◎ 쌓기놀이 활동을 정리한다.
      – 이제 정리할 시간이에요. 어린이들이 이야기해준 것처럼 이글루는 전시할 수 있도록 두고, 바닥에 떨어진 블록만 정리해볼까요?
  * 유아 활동
    ◎ – (가) : 설계도를 보며 북극곰의 서식지를 만든다.
      – (나) : 수정된 블록을 사용하여 레고블록을 세 개 이상 쌓는다.
      – (다) : 친구를 모방하여 북극곰 서식지를 만든다.
    ◎ – (가)(나)(다) : 스스로 정리한다.
④ 자료 및 유의점
  ㉝ 유니트 블록, 종이벽돌 블록, 레고, 수정된 블록
  ㉴ 나 유아는 선호하는 동물 모형과 수정된 블록을 사용해서 쌓기놀이에 참여한다. 지체장애 유아는 피더시트에 앉아 활동에 참여한다.

(3) 마무리
  ① 평가
    * 교사 활동
      ◎ '쌓기놀이 활동'을 평가한다.
        – (다) : 어떤 동물의 서식지를 만들었는지 사진을 짚어보세요.
        – (나) : (다)가 짚은 사진의 동물은 무엇인가요?
        – (가) : 활동을 하면서 어떤 기분이 들었나요?
    * 유아 활동
      – (가) : 교사의 질문에 대답한다.
      – (나) : 북극곰이라고 말한다.
      – (다) : 북극곰 사진을 손으로 짚는다.
  ② 강화제공
    * 교사 활동
      ◎ '포비 스티커'를 강화로 제공한다.

* 유아 활동
    - (가)(나)(다) : 강화를 제공받는다.

③ **확장활동 소개**
* 교사 활동
    ◎ 확장활동에 대해 이야기 나눈다.
        - 미술 재료들을 사용해서 북극곰의 서식지를 꾸며보세요.
        - 북극곰에게 편지를 쓰는 것도 재밌겠네요.
* 유아 활동
    - (가)(나)(다) : 확장활동으로 할 수 있는 놀이에 대해 생각한다.

④ **전이**
* 교사 활동
    ◎ '점심시간'으로 전이한다.
        - 점심 먹을 시간이에요. 문쪽에 앉은 어린이들부터 차례로 일어나서 화장실에서 손을 씻고 오세요.
* 유아 활동
    - (가)(나)(다) : 교사의 안내에 따라 이동한다.

⑤ **자료 및 유의점**
    ㉠ 사진 (멸종위기 동물, 서식지)
    ㉡ 시각장애 유아가 사진을 볼 수 있도록 10cm 이내의 거리에서 제시한다.
    ㉢ 교사는 강화물로 발달지체 유아의 전이를, 특수교육실무사는 지체장애 유아의 이동을 돕는다.

(2) 역할놀이

〈놀이 상황 관찰 기록〉

상황1
기쁨반 유아들은 책 읽기를 좋아한다. 자유놀이시간이 되면 대부분의 유아는 책을 읽으며 시간을 보낸다. 학기 초에는 책 읽는 것을 좋아하는 유아들을 위해 일반교사와 특수교사가 다양한 동화책을 제공해주었다.

상황2
일반교사와 특수교사는 유아들이 좋아하는 동화책을 직접 선택하고 대여할 수 있도록 유아들과 함께 한 달에 한 번 지역사회 어린이 도서관을 방문한다. 그러나 두 교사는 월 1회 방문만으로 유아들의 흥미를 확장해주는 것에 어려움을 느끼고 있다.

〈교사의 고민〉

유아들이 다양한 유형의 동화책에 관심을 갖는 것은 좋으나, 다른 놀이에는 흥미를 보이지 않고 정적인 놀이에만 참여하는 것이 걱정이다. 지역사회 도서관에 방문할 때에도 여전히 도서관 예절이나 도서 대출 절차 등에 대해 익숙하지 않은 유아들이 있어서 많은 어려움을 느낀다. 두 교사는 유아들의 관심사인 동화책을 이용하되 유아들이 동적인 놀이에도 참여할 수 있도록 지원해주고, 도서관 예절 등을 익힐 수 있는 기회를 제공하고자 한다. 이를 위해 교실 내 공간은 어떻게 활용해야 할지, 어떤 자료들을 제공해야 할지, 동적인 활동 속에서 유아들 간의 상호작용은 어떻게 촉진해야 할지 고민이다.

〈개별 유아 특성〉

일반유아 10명	대부분 도서관에서 도서 대출 경험이 있으나, 책을 빌리는 것에 익숙하지 않은 유아들이 일부 포함되어 있음. 정적인 놀이를 선호하고 자신이 좋아하는 책을 스스로 선택할 수 있음. 긍정적인 통합 경험이 있음.
○○ (발달지체)	전형적인 수용언어 능력을 보이며 자신의 생각을 한 두 단어로 표현할 수 있음. 한 줄로 서서 기다리는 것에 어려움이 있고, 친구가 들고 있는 놀잇감을 자주 빼앗아 또래수용도가 낮은 편임.
△△ (자폐성장애)	한 단어 수준으로 반향어를 나타내며 무료할 때 큰 소리로 박수를 치는 특성이 있음. 활동 전이에 어려움이 있음.
□□ (지적장애)	AAC를 사용하여 한 단어 수준으로 자신의 의사를 표현할 수 있고 도서관 예절에 대해 이해하는 것에 어려움이 있음. 친구나 교사의 관심을 얻기 위해서 책을 찢는 행동을 보일 때가 있음.

〈수업 조건 및 유의사항〉

- 유아의 놀이 흐름을 고려하여 활동유형은 자유롭게 선정하시오.
- 공간, 자료, 상호작용, 안전 관련 지원 방안을 포함하시오.
- 개별 장애 유아의 특성에 따른 중재방안을 한 가지씩 포함하시오.
- 일반교사와 특수교사 간 협의 내용을 포함하시오.
- 특수교육실무사 1명이 배치되어 있다고 가정하시오.
- 도입-전개-마무리를 포함하고, 전시활동과 확장활동을 안내하시오.

○○○○학년도 공립 특수학교(유치원) 교사 임용후보자 선정경쟁시험(2차시험)

교수·학습과정안 작성 답안지(앞)

수험번호		성명	
		관리번호	

학습목표	가 : 도서관 예절을 지키며 역할놀이에 참여할 수 있다. 나 : 약속판을 보고 도서관 예절을 지키며 역할놀이에 참여할 수 있다. 다 : 친구를 모방하여 역할놀이에 참여할 수 있다.

학습단계		교수·학습활동				시간(분)	자료 및 유의점
		교사 활동	유아 활동				
			가	나	다		
도입	주의집중	◎ '사랑해' 노래로 주의를 집중시킨다. - 선생님은 ○○이를 사랑해, 사랑해!	- 자신의 차례에 "사랑해"라고 답한다.		- 친구를 모방해/AAC로 답한다.	5분	㉮ 삽화(도서대출증, 사서 이름표), AAC ㉯ 지적장애 유아는 특수교육 실무사와, 발달지체 유아는 또래와 함께 모이도록 한다. ㉰ 두 교사는 지적장애 유아에게 자주 질문하여 문제행동을 예방하고, 자폐성장애 유아에게 활동 중 칭찬 박수를 칠 수 있는 기회를 자주 제공하기로 협의한다.
	전시활동 상기	◎ 도서관 사진 자료를 활용해 '현장체험' 전시활동을 상기시킨다. - 우리 지난 시간에 어디에 갔었죠?	- "도서관"이라고 답한다.		- 친구를 모방해/AAC로 답한다.		
	동기유발	◎ '부분 보고 전체 맞히기'로 동기를 유발한다. - 어떤 그림일까요?	- 문장 수준으로 답한다.	- 한두 단어로 답한다.	- 친구를 모방해/AAC로 답한다.		
	활동소개 강화예고	◎ '역할놀이 활동'을 소개한다. ◎ '사서 선생님 배지'로 강화예고한다. - 약속을 지키며 놀이한 어린이들에게 사서 선생님 배지를 선물로 줄게요.	- 교사의 말을 경청한다. - 교사의 말을 경청한다. ——→				
전개	활동1 : 역할놀이 준비하기	◎ 장소 및 소품을 정한다. - 어디서 놀이하면 좋을까요? - 어떤 책들이 필요할까요? - 또 어떤 소품이 필요할까요? ◎ 역할을 정한다. - 책을 빌리는 어린이 역할을 하고 싶은 어린이 손 들어보세요. ◎ 약속을 정한다. - 재미있게 놀이하기 위해 어떤 약속이 필요할까요? - 첫째, 책을 빌리는 어린이들은 한 줄로 서서 기다려요. 둘째, 친구에게 놀잇감을 양보해요.	- 문장 수준으로 답한다. - 손을 든다. ——→ - 문장 수준으로 답한다.	- 한두 단어로 답한다. - 약속판을 보며 약속 내용을 기억한다.	- 친구를 모방해/AAC로 답한다.	20분	㉮ 약속판, 도서관 예절 사진 ㉯ 유아들이 자유롭게 놀이공간을 선택하도록 한다. ㉰ 약속판과 도서관 예절 사진을 사용해 유아들이 약속을 지키도록 돕는다.

○○○○학년도 공립 특수학교(유치원) 교사 임용후보자 선정경쟁시험(2차시험)

교수·학습과정안 작성 답안지(뒤)

수험번호		성명	
		관리번호	

학습단계		교수·학습활동				시간(분)	자료 및 유의점
		교사 활동	유아 활동				
			가	나	다		
전개	활동2 : 도서관 역할 놀이 하기	◎ 역할놀이를 한다. - 사서 선생님 역할을 맡은 어린이는 어디에 있으면 좋을까요? - 책을 빌리는 어린이들은 어떻게 해야 할까요? - 어린이들이 약속을 잘 기억하고 있네요. ◎ 역할놀이를 정리한다. - 모래시계가 끝날 때까지 놀이해요. - 놀이를 끝낸 어린이들은 정리해요. - 바닥에 떨어진 놀잇감들을 밟으면 다치거나 넘어질 수 있으니 조심해서 정리해요.	- 선호하는 책을 선택하고, 도서관 예절을 지키며 놀이한다.	- 약속판을 보며 도서관 예절을 지키며 친구와 놀이한다.	- 친구를 모방하여 역할놀이에 참여한다. - 교사의 안내에 따라 정리한다. →	5분	㉯ 도서관 간판, 책, 책꽂이, 책상, 바코드 리더기 ㉯ 발달지체 유아에게 약속을 상기시켜 문제행동을 예방하고 또래수용도와 상호작용을 증진한다. ㉯ 정리 전 미리 안내한다.
마무리	평가	◎ '역할놀이 활동'을 평가한다. - 오늘 어떤 놀이를 했나요? - 어떤 점이 가장 재미있었나요? - 어떻게 하면 더 재미있게 놀이할 수 있을까요? - (나) : ○○이가 이야기 해준 것처럼 역할을 바꿔서 놀이할 수도 있어요.	- 문장 수준으로 답한다.	- 한두 단어 수준으로 답한다.	- 친구를 모방해 /AAC를 사용해 답한다.	5분	㉯ 사서 선생님 배지 ㉯ 놀이를 정리하고 모인 자폐성장애 유아에게 칭찬을 제공하고, 지적장애 유아에게 지속적으로 관심을 제공한다. ㉯ 자폐성장애 유아의 반향어를 완전한 문장으로 확대/확장한다.
	강화제공 확장활동 소개	◎ '사서 선생님 배지'를 제공한다. ◎ 확장활동에 대해 이야기 나눈다. - 어린이들 말처럼 블록으로 도서관을 만들어 봐도 재미있겠네요. 동생반 어린이들을 도서관에 초대하는 초대장을 만들 수도 있겠어요.	- 강화를 제공받는다. → - 확장활동으로 할 수 있는 놀이에 대해 생각한다.				
	전이	◎ '오전 간식'으로 전이한다. - 왼쪽에 앉은 어린이들부터 화장실로 이동해서 손 씻으세요.	- 교사의 안내에 따라 이동한다. →				

평가내용	가 : 도서관 예절을 지키며 역할놀이에 참여할 수 있는가? 나 : 약속판을 보고 도서관 예절을 지키며 역할놀이에 참여할 수 있는가? 다 : 친구를 모방하여 역할놀이에 참여할 수 있는가?
평가도구 및 방법	평가도구 : 관찰법 및 포트폴리오 평가시기 : 활동 중 및 활동 후

(1) 도입

　① 주의집중

　　* 교사 활동

　　　◎ '사랑해' 노래로 주의를 집중시킨다.
　　　　- 선생님은 ○○이를 사랑해, 사랑해!

　　* 유아 활동

　　　- (가)(나) : 자신의 차례에 "사랑해"라고 답한다.
　　　- (다) : 친구를 모방해/AAC로 답한다.

　② 전시활동 상기

　　* 교사 활동

　　　◎ 도서관 사진 자료를 활용해 '현장체험' 전시활동을 상기시킨다.
　　　　- 우리 지난 시간에 어디에 갔었죠?

　　* 유아 활동

　　　- (가)(나) : "도서관"이라고 답한다.
　　　- (다) : 친구를 모방해/AAC로 답한다.

　③ 동기유발

　　* 교사 활동

　　　◎ '부분 보고 전체 맞히기'로 동기를 유발한다.
　　　　- 어떤 그림일까요?

　　* 유아 활동

　　　- (가) : 문장 수준으로 답한다.
　　　- (나) : 한두 단어로 답한다.
　　　- (다) : 친구를 모방해/AAC로 답한다.

　④ 활동소개

　　* 교사 활동

　　　◎ '역할놀이 활동'을 소개한다.

　　* 유아 활동

　　　- (가)(나)(다) : 교사의 말을 경청한다.

　⑤ 강화예고

　　* 교사 활동

　　　◎ '사서 선생님 배지'로 강화예고한다.
　　　　- 약속을 지키며 놀이한 어린이들에게 사서 선생님 배지를 선물로 줄게요.

　　* 유아 활동

- (가)(나)(다) : 교사의 말을 경청한다.

⑥ 도입의 자료 및 유의점
- ㉔ 삽화(도서대출증, 사서 이름표), AAC
- ㉕ 지적장애 유아는 특수교육실무사와, 발달지체 유아는 또래와 함께 모이도록 한다.
- ㉖ 두 교사는 지적장애 유아에게 자주 질문하여 문제행동을 예방하고, 자폐성장애 유아에게 활동 중 칭찬 박수를 칠 수 있는 기회를 자주 제공하기로 협의한다.

(2) 전개

① **활동1** : 역할놀이 준비하기
- * 교사 활동
    - ◎ 장소 및 소품을 정한다.
        - – 어디서 놀이하면 좋을까요?
        - – 어떤 책들이 필요할까요?
        - – 또 어떤 소품이 필요할까요?
    - ◎ 역할을 정한다.
        - – 책을 빌리는 어린이 역할을 하고 싶은 어린이 손 들어보세요.
    - ◎ 약속을 정한다.
        - – 재미있게 놀이하기 위해 어떤 약속이 필요할까요?
        - – 첫째, 책을 빌리는 어린이들은 한 줄로 서서 기다려요. 둘째, 친구에게 놀잇감을 양보해요.
- * 유아 활동
    - ◎ – (가) : 문장 수준으로 답한다.
        - – (나) : 한두 단어로 답한다.
        - – (다) : 친구를 모방해 /AAC로 답한다.
    - ◎ – (가)(나)(다) : 손을 든다.
    - ◎ – (가) : 문장 수준으로 답한다.
        - – (나)(다) : 약속판을 보며 약속 내용을 기억한다.

② 자료 및 유의점
- ㉔ 약속판, 도서관 예절 사진
- ㉕ 유아들이 자유롭게 놀이공간을 선택하도록 한다.
- ㉖ 약속판과 도서관 예절 사진을 사용해 유아들이 약속을 지키도록 돕는다.

③ **활동2** : 도서관 역할놀이 하기
- * 교사 활동
    - ◎ 역할놀이를 한다.
        - – 사서 선생님 역할을 맡은 어린이는 어디에 있으면 좋을까요?

- 책을 빌리는 어린이들은 어떻게 해야 할까요?
- 어린이들이 약속을 잘 기억하고 있네요.
◎ 역할놀이를 정리한다.
- 모래시계가 끝날 때까지 놀이해요.
- 놀이를 끝낸 어린이들은 정리해요.
- 바닥에 떨어진 놀잇감들을 밟으면 다치거나 넘어질 수 있으니 조심해서 정리해요.

* 유아 활동
◎ - (가) : 선호하는 책을 선택하고, 도서관 예절을 지키며 놀이한다.
- (나) : 약속판을 보며 도서관 예절을 지켜 친구와 놀이한다.
- (다) : 친구를 모방하여 역할놀이에 참여한다.
◎ - (가)(나)(다) : 교사의 안내에 따라 정리한다.

④ 자료 및 유의점
㉴ 도서관 간판, 책, 책꽂이, 책상, 바코드 리더기
㉵ 발달지체 유아에게 약속을 상기시켜 문제행동을 예방하고 또래수용도와 상호작용을 증진한다.
㉶ 정리 전 미리 안내한다.

(3) 마무리

① 평가

* 교사 활동
◎ '역할놀이 활동'을 평가한다.
- 오늘 어떤 놀이를 했나요?
- 어떤 점이 가장 재미있었나요?
- 어떻게 하면 더 재미있게 놀이할 수 있을까요?
- (나) : ○○이가 이야기 해준 것처럼 역할을 바꿔서 놀이할 수도 있어요.

* 유아 활동
- (가) : 문장 수준으로 답한다.
- (나) : 한두 단어 수준으로 답한다.
- (다) : 친구를 모방해 /AAC를 사용해 답한다.

② 강화제공

* 교사 활동
◎ '사서 선생님 배지'를 제공한다.

* 유아 활동
- (가)(나)(다) : 강화를 제공받는다.

③ 확장활동 소개
- ＊ 교사 활동
    - ◎ 확장활동에 대해 이야기 나눈다.
        - – 어린이들 말처럼 블록으로 도서관을 만들어봐도 재미있겠네요. 동생반 어린이들을 도서관에 초대하는 초대장을 만들 수도 있겠어요.
- ＊ 유아 활동
    - – (가)(나)(다) : 확장활동으로 할 수 있는 놀이에 대해 생각한다.

④ 전이
- ＊ 교사 활동
    - ◎ '오전 간식'으로 전이한다.
        - – 왼쪽에 앉은 어린이들부터 화장실로 이동해서 손 씻으세요.
- ＊ 유아 활동
    - – (가)(나)(다) : 교사의 안내에 따라 이동한다.

⑤ 자료 및 유의점
- ㉲ 사서 선생님 배지
- ㉳ 놀이를 정리하고 모인 자폐성장애 유아에게 칭찬을 제공하고, 지적장애 유아에게 지속적으로 관심을 제공한다.
- ㉴ 자폐성장애 유아의 반향어를 완전한 문장으로 확대/확장한다.

(3) 바깥놀이

〈놀이 상황 관찰 기록〉

> **상황1**
>
> 가을이 되어 날씨가 서늘해지면서 유아들은 계절의 변화에 관심을 갖게 되었다. 가을에 볼 수 있는 자연의 모습들에 대해 이야기를 나눈 유아들은 교실의 한쪽 벽면을 가을 동산으로 만들자고 제안하였다. 이를 위해 유아들은 직접 바깥에 나가 가을의 모습이 잘 드러나는 단풍잎과 은행잎을 주워오기로 하였다.
>
> **상황2**
>
> 두 교사는 유치원 앞마당에 나가서 단풍잎과 은행잎을 주울 수 있는 바깥놀이 시간을 계획하였다.

〈교사의 고민〉

> 일반교사와 특수교사는 바깥놀이 시간을 계획하여 유아들이 직접 오감을 활용해 계절의 변화를 느낄 수 있는 기회를 제공해줘야겠다는 생각을 했다. 동시에 가을 동산 꾸미기에 필요한 여러 나뭇잎을 관찰하고 그 특성과 변화에 관심을 갖도록 적절한 지원을 제공하고자 팀티칭을 실시할 예정이다. 특히 두 교사는 특수교육대상유아들 또한 또래와 함께 바깥놀이 활동에 적극적으로 참여할 수 있도록 도울 수 있는 방안에 대해 고민 중이다.

〈개별 유아 특성〉

일반유아 20명	바깥놀이 활동을 좋아하며 바깥놀이 활동 약속들을 잘 지키는 편이나 실내활동으로의 전이가 어려운 유아들이 일부 포함되어 있음. 장애 유아에 대한 또래수용도가 높은 편임.
○○ (시각장애)	수용언어 및 표현언어에서 전형적인 발달을 보이며 색 지각에 어려움이 있음. 대부분의 활동에 독립적으로 참여하고 싶어 하나 바깥놀이 활동에서는 성인의 보조가 필요함.
△△ (지체장애)	AAC를 사용하여 한 단어 수준으로 자신의 의사를 표현할 수 있고 휠체어를 사용하여 이동할 수 있음. 소근육 조절에 어려움이 있어 신체적인 보조가 필요함.
□□ (발달지체)	'아' 또는 '오'로 발화할 수 있으며 물체를 색, 모양 등과 같은 특징에 따라 분류하는 것에 어려움이 있음. 이동 시 자주 줄을 이탈하고 이를 제지할 때 친구나 교사의 손을 꼬집는 행동을 보임.

〈수업 조건 및 유의사항〉

- 유아의 놀이 흐름을 고려하시오.
- 공간, 자료, 상호작용, 안전 관련 지원 방안을 포함하시오.
- 개별 장애 유아의 특성에 따른 중재방안을 한 가지씩 포함하시오.
- 팀티칭을 실시하시오. 이때 교사 간 협의 내용과 각 교사의 역할을 포함하시오.
- 특수교육실무사가 배치되어 있지 않다고 가정하시오.
- 도입-전개-마무리를 포함하고, 전시활동과 확장활동을 안내하시오.

○○○○학년도 공립 특수학교(유치원) 교사 임용후보자 선정경쟁시험(2차시험)

교수·학습과정안 작성 답안지(앞)

수험번호		성명	
		관리번호	

학습목표	가 : 나뭇잎의 특성을 문장 수준으로 말할 수 있다. 나 : 단풍잎과 은행잎의 모양을 구분할 수 있다. 다 : 성인의 신체적 촉진을 받아서 바깥놀이 활동에 참여할 수 있다.

학습단계		교수·학습활동				시간(분)	자료 및 유의점
		교사 활동	유아 활동				
			가	나	다		
도입	주의집중	◎ 하이파이브하며 주의집중시킨다. - 기쁨반 어린이들 모두 모였나요? 친구들이 모두 모였는지 옆에 있는 친구들과 하이파이브해요.	- 옆에 앉은 친구들과 하이파이브 한다.			10분	㉮ 가을 풍경 사진, 단풍잎/나뭇잎 실물 자료, 궁금상자, AAC
	전시활동 상기	◎ 가을 풍경 사진을 보고 '이야기나누기' 활동을 상기시킨다. - 가을의 모습이 어떻게 변했나요? - 어떤 모습이 가장 기억에 남나요?	- 교사의 질문에 문장 수준으로 답한다.		- AAC/ 한 음절로 답한다.		㉯ 일반유아가 지체장애 유아의 휠체어를 밀어 함께 모인다.
	동기유발	◎ '궁금상자'를 활용해 동기유발한다. - 이 상자 안에 무엇이 들어있을까요? 만져보세요./ 냄새 맡아보세요./ 소리를 들어보세요.	- 궁금상자에 무엇이 들어있는지 추측한다.				㉰ 발달지체 유아가 한 음절로 답하도록 구조화된 질문을 제공한다.
	활동소개	◎ '바깥놀이 활동'을 소개한다. - 오늘은 바깥놀이를 나가서 궁금상자에 있던 단풍잎과 나뭇잎을 주워볼 거예요.	- 교사의 말을 경청한다.		▶		㉱ 일반교사는 탐색대상, 특수교사는 약속을 설명하고 탐색시간에는 두 교사가 함께 지원하기로 한다.
	강화예고	◎ '나뭇잎 목걸이'로 강화예고한다. - 약속을 잘 지키며 놀이한 어린이들에게는 나뭇잎 목걸이를 줄게요.	- 교사의 말을 경청한다.		▶		
전개	활동1 : 바깥놀이에 대해 이야기나누기	◎ 탐색할 것에 대해 이야기 나눈다. - 바깥에 나가서 어떤 것을 관찰하기로 했죠? - 어디서 찾을 수 있을까요? 어떤 모양일까요? - 바닥에 떨어져 있는 단풍잎과 나뭇잎을 주워오기로 해요. ◎ 바깥놀이 시 지켜야 할 약속에 대해 이야기 나눈다. - 안전하고 재미있게 놀이하기 위해서는 어떤 약속이 필요할까요? - 첫째, 선생님과 친구들을 따라 줄을 서서 움직여요. 둘째, 탬버린을 치면 선생님 앞에 모여요.	- 문장 수준으로 답한다. - 교사의 말을 경청한다. - 문장 수준으로 답한다.		- AAC/ 한 음절로 답한다. ▶ - 경청한다.	40분	㉲ 색 지각이 어려운 시각장애 유아를 위해 나뭇잎의 모양과 색을 연결지어 상세히 설명한다. ㉳ 발달지체 유아가 나뭇잎을 특징에 따라 구분할 수 있도록 가외자극촉구를 사용한다.

○○○○학년도 공립 특수학교(유치원) 교사 임용후보자 선정경쟁시험(2차시험)
교수·학습과정안 작성 답안지(뒤)

수험번호 [ ]   성명 [ ]
관리번호 [ ]

학습단계		교수·학습활동				시간(분)	자료 및 유의점
		교사 활동	유아 활동				
			가	나	다		
전개	활동2 : 바깥놀이를 하며 탐색하기	◎ 탐색할 공간을 정해준다. - 울타리 바깥 부분은 차가 지나다니니 울타리 안에서만 놀이해요. ◎ 은행잎과 단풍잎을 탐색한다. - 은행잎과 단풍잎을 찾아서 주머니에 담아요. - 가을이 되니 나뭇잎이 어떻게 변했나요? - 은행잎/단풍잎은 어떻게 생겼나요? ◎ 실내로 이동한다. - 탬버린 소리를 듣고 우리 기쁨반 어린이들이 모두 잘 모여주었어요. - 한 줄로 서서 교실로 돌아가요.	- 교사가 정해준 공간에서 탐색한다. - 나뭇잎의 특성을 문장 수준으로 말한다. - 교사의 안내에 따라 이동한다. ▶	- 단풍잎과 은행잎의 모양을 구분하여 말한다.	- 성인의 신체적 촉진을 받아서 바깥놀이 활동에 참여한다.	10분	㉮ 유아용 비닐장갑, 나뭇잎 주머니 ㉯ 시각장애 유아를 보조하되, 또래와 함께 상호작용하며 독립적으로 활동에 참여하도록 격려한다. ㉰ 지체장애 유아가 나뭇잎을 탐색할 때 최소한의 신체적 촉진을 제공한다.
마무리	평가 강화제공 확장활동 소개 전이	◎ '바깥놀이 활동'을 평가한다. - (가):오늘 바깥놀이 활동에서 무엇을 했나요? - (나) : 은행잎과 단풍잎 모양이 어떤가요? 어떻게 구분할 수 있나요? - (다) : 은행잎을 가리켜보세요. ◎ '나뭇잎 목걸이' 강화를 제공한다. - 약속을 잘 지키며 바깥놀이를 한 어린이들에게 나뭇잎 목걸이를 선물로 줄게요. ◎ 확장활동에 대해 이야기 나눈다. - 돋보기로 우리가 주워온 나뭇잎을 관찰해요. 유치원의 가을 풍경을 그려봐도 좋아요. ◎ '점심시간'으로 전이한다. - 앞줄에 앉은 어린이들부터 화장실로 가서 손을 씻어요.	- 문장 수준으로 답한다. - 강화제를 받는다. ▶ - 확장활동으로 할 수 있는 놀이에 대해 생각한다. - 교사의 안내에 따라 이동한다. ▶	- 문장 수준으로 모양을 구분해 답한다.	- 손으로 은행잎을 가리킨다.	10분	㉱ 나뭇잎 목걸이 ㉲ 특수교육실무사가 지체장애 유아의 실내 이동을 돕는다. ㉳ 모든 유아가 교사와 친구들을 따라 안전하고 질서 있게 이동한 것에 대해 사회적 강화를 제공한다. ㉴ 발달지체 유아에게 사회적 상황이야기를 상기시켜 문제행동을 예방한다.

평가내용	가 : 나뭇잎의 특성을 문장 수준으로 말할 수 있는가? 나 : 단풍잎과 은행잎의 모양을 구분할 수 있는가? 다 : 성인의 신체적 촉진을 받아서 바깥놀이 활동에 참여할 수 있는가?
평가도구 및 방법	평가도구 : 관찰법 및 포트폴리오 평가시기 : 활동 중 및 활동 후

(1) 도입

　① 주의집중

　　＊ 교사 활동

　　　◎ 하이파이브하며 주의집중시킨다.
　　　　- 기쁨반 어린이들 모두 모였나요? 친구들이 모두 모였는지 옆에 있는 친구들과 하이파이브해요.

　　＊ 유아 활동

　　　- (가)(나)(다) : 옆에 앉은 친구들과 하이파이브 한다.

　② 전시활동 상기

　　＊ 교사 활동

　　　◎ 가을 풍경 사진을 보고 '이야기나누기' 활동을 상기시킨다.
　　　　- 가을의 모습이 어떻게 변했나요?
　　　　- 어떤 모습이 가장 기억에 남나요?

　　＊ 유아 활동

　　　- (가)(나) : 교사의 질문에 문장 수준으로 답한다.
　　　- (다) : AAC/ 한 음절로 답한다.

　③ 동기유발

　　＊ 교사 활동

　　　◎ '궁금상자'를 활용해 동기유발한다.
　　　　- 이 상자 안에 무엇이 들어있을까요? 만져보세요./ 냄새 맡아보세요./ 소리를 들어보세요.

　　＊ 유아 활동

　　　- 궁금상자에 무엇이 들어있는지 추측한다.

　④ 활동소개

　　＊ 교사 활동

　　　◎ '바깥놀이 활동'을 소개한다.
　　　　- 오늘은 바깥놀이를 나가서 궁금상자에 있던 단풍잎과 나뭇잎을 주워볼 거예요.

　　＊ 유아 활동

　　　- (가)(나)(다) : 교사의 말을 경청한다.

　⑤ 강화예고

　　＊ 교사 활동

　　　◎ '나뭇잎 목걸이'로 강화예고한다.
　　　　- 약속을 잘 지키며 놀이한 어린이들에게는 나뭇잎 목걸이를 줄게요.

* 유아 활동
    - (가)(나)(다) : 교사의 말을 경청한다.
⑥ 도입의 자료 및 유의점
    ㉣ 가을 풍경 사진, 단풍잎/나뭇잎 실물 자료, 궁금상자, AAC
    ㉤ 일반유아가 지체장애 유아의 휠체어를 밀어 함께 모인다.
    ㉥ 발달지체 유아가 한 음절로 답하도록 구조화된 질문을 제공한다.
    ㉦ 일반교사는 탐색대상, 특수교사는 약속을 설명하고 탐색 시간에는 두 교사가 함께 지원하기로 한다.

(2) 전개
  ① 활동1 : 바깥놀이에 대해 이야기나누기
    * 교사 활동
        ◎ 탐색할 것에 대해 이야기 나눈다.
            - 바깥에 나가서 어떤 것을 관찰하기로 했죠?
            - 어디서 찾을 수 있을까요? 어떤 모양일까요?
            - 바닥에 떨어져 있는 단풍잎과 나뭇잎을 주워오기로 해요.
        ◎ 바깥놀이 시 지켜야 할 약속에 대해 이야기 나눈다.
            - 안전하고 재미있게 놀이하기 위해서는 어떤 약속이 필요할까요?
            - 첫째, 선생님과 친구들을 따라 줄을 서서 움직여요. 둘째, 탬버린을 치면 선생님 앞에 모여요.
    * 유아 활동
        ◎ - (가)(나) : 문장 수준으로 답한다.
            - (다) : AAC/ 한 음절로 답한다.
            - (가)(나)(다) : 교사의 말을 경청한다.
        ◎ - (가)(나) : 문장 수준으로 답한다.
            - (다) : 경청한다.
  ② 자료 및 유의점
    ㉠ 색 지각이 어려운 시각장애 유아를 위해 나뭇잎의 모양과 색을 연결지어 상세히 설명한다.
    ㉡ 발달지체 유아가 나뭇잎을 특징에 따라 구분할 수 있도록 가외자극촉구를 사용한다.
  ③ 활동2 : 바깥놀이를 하며 탐색하기
    * 교사 활동
        ◎ 탐색할 공간을 정해준다.
            - 울타리 바깥 부분은 차가 지나다니니 울타리 안에서만 놀이해요.
        ◎ 은행잎과 단풍잎을 탐색한다.
            - 은행잎과 단풍잎을 찾아서 주머니에 담아요.

- 가을이 되니 나뭇잎이 어떻게 변했나요?
- 은행잎/단풍잎은 어떻게 생겼나요?
◎ 실내로 이동한다.
- 탬버린 소리를 듣고 우리 기쁨반 어린이들이 모두 잘 모여주었어요.
- 한 줄로 서서 교실로 돌아가요.

* 유아 활동
◎ - (가)(나)(다) : 교사가 정해준 공간에서 탐색한다.
◎ - (가) : 나뭇잎의 특성을 문장 수준으로 말한다.
- (나) : 단풍잎과 은행잎의 모양을 구분하여 말한다.
- (다) : 성인의 신체적 촉진을 받아서 바깥놀이 활동에 참여한다.
◎ - (가)(나)(다) : 교사의 안내에 따라 이동한다.

④ 자료 및 유의점
㉙ 유아용 비닐장갑, 나뭇잎 주머니
㉴ 시각장애 유아를 보조하되, 또래와 함께 상호작용하며 독립적으로 활동에 참여하도록 격려한다.
㉴ 지체장애 유아가 나뭇잎을 탐색할 때 최소한의 신체적 촉진을 제공한다.

(3) 마무리

① 평가

* 교사 활동
◎ '바깥놀이 활동'을 평가한다.
- (가) : 오늘 바깥놀이 활동에서 무엇을 했나요?
- (나) : 은행잎과 단풍잎 모양이 어떤가요? 어떻게 구분할 수 있나요?
- (다) : 은행잎을 가리켜보세요.

* 유아 활동
- (가) : 문장 수준으로 답한다.
- (나) : 문장 수준으로 모양을 구분해 답한다.
- (다) : 손으로 은행잎을 가리킨다.

② 강화제공

* 교사 활동
◎ '나뭇잎 목걸이' 강화를 제공한다.
- 약속을 잘 지키며 바깥놀이를 한 어린이들에게 나뭇잎 목걸이를 선물로 줄게요.

* 유아 활동
- (가)(나)(다) : 강화제를 받는다.

③ 확장활동 소개
- * 교사 활동
    - ◎ 확장활동에 대해 이야기 나눈다.
        - – 돋보기로 우리가 주워온 나뭇잎을 관찰해요. 유치원의 가을 풍경을 그려봐도 좋아요.
- * 유아 활동
    - – (가)(나)(다) : 확장활동으로 할 수 있는 놀이에 대해 생각한다.

④ 전이
- * 교사 활동
    - ◎ '점심시간'으로 전이한다.
        - – 앞줄에 앉은 어린이들부터 화장실로 가서 손을 씻어요.
- * 유아 활동
    - – (가)(나)(다) : 교사의 안내에 따라 이동한다.

⑤ 자료 및 유의점
- ㉝ 나뭇잎 목걸이
- ㉤ 모든 유아가 교사와 친구들을 따라 안전하고 질서 있게 이동한 것에 대해 사회적 강화를 제공한다.
- ㉤ 발달지체 유아에게 사회적상황이야기를 상기시켜 문제행동을 예방한다.

02 활동

(1) 이야기나누기

〈놀이 상황 관찰 기록〉

상황1

식목일을 맞이해서 유아들과 자원을 절약하는 방법에 대해 이야기를 나누었다. 물과 나무의 소중함을 알게 된 유아들은 유치원 물 지도를 직접 그려보기도 하고, 교실 내에 나무로 만들어진 놀잇감을 찾아보기도 하였다. 유아들은 유치원 내에서 물을 절약하고 나무를 아낄 수 있는 방법에 대해 고민하였다.

상황2

일반교사와 특수교사는 교실 내에서 자원을 절약할 수 있는 방법에 대해 유아들과 함께 토의하고, 이를 '우리 반 약속'으로 정해 유아들이 자발적으로 약속을 지킬 수 있는 분위기를 형성하고자 한다.

〈교사의 고민〉

유아들이 자원 절약에 대해 이야기 나누었으나 이를 실제 유치원 생활에 적용하는 것을 어려워하여 고민이다. 두 교사는 유아들이 스스로 유치원에서의 약속을 정하고 지킬 수 있는 분위기를 형성하기 위해 협력교수를 활용하고자 한다.

⟨개별 유아 특성⟩

일반유아 20명	활동에 적극적으로 참여하나 토의하기 활동 경험이 부족하여 차례를 지켜 자신의 생각을 말하는 것에 어려움이 있음. 장애 유아와의 통합 경험이 풍부함.
○○ (발달지체)	완전한 문장으로 발화할 수 있으나 말을 더듬는 특성이 있으며 노래 부르는 것을 좋아함. 교사의 지시를 잘 이해하고 따르는 편임.
△△ (청각장애)	부정확한 발음이지만 문장 수준으로 발화할 수 있음. 보청기를 착용하나 보청기를 자주 귀에서 빼는 행동 특성을 보임. 큰 소리가 들리면 놀라서 귀를 막고 소리를 지름. 기관 경험이 처음이라 아직 교실 환경을 완벽하게 파악하지 못함.
□□ (자폐성장애)	자유놀이 시 놀잇감이나 재료를 아껴 사용하는 것에 어려움이 있어 이에 대한 추가적인 지도가 필요함. 무료할 때 몸을 앞뒤로 흔드는 상동 행동을 보이고 친구들과 함께 하는 활동에 관심이 없어 활동 참여도가 낮음. 그림카드를 선택하여 자신의 의사를 표현할 수 있음.

⟨수업 조건 및 유의사항⟩

- 유아의 놀이 흐름을 고려하여 활동유형은 자유롭게 선정하시오.
- 공간, 자료, 상호작용, 안전 관련 지원 방안을 포함하시오.
- 개별 장애 유아의 특성에 따른 중재방안을 한 가지씩 포함하시오.
- 협력교수를 실시하시오. 이때 교사 간 협의 내용과 각 교사의 역할을 포함하시오.
- 특수교육실무사가 배치되어 있지 않다고 가정하시오.
- 도입-전개-마무리를 포함하고, 전시활동과 확장활동을 안내하시오.

○○○○학년도 공립 특수학교(유치원) 교사 임용후보자 선정경쟁시험(2차시험)

교수·학습과정안 작성 답안지(앞)

수험번호		성명	
		관리번호	

학습목표	가 : 자원을 절약하는 방법에 대해 문장 수준으로 말할 수 있다. 나 : 자원을 절약하는 방법에 대해 언어적 촉진을 받아 문장 수준으로 말할 수 있다. 다 : 자원을 절약하는 방법이 그려진 그림카드를 선택할 수 있다.

학습단계		교수·학습활동				시간(분)	자료 및 유의점
		교사 활동	유아 활동				
			가	나	다		
도입	주의집중	◎ '모여라' 노래로 주의를 집중시킨다. - (다 유아와 함께) 모여라 모두 모여. 기쁨반 모여라. - 이야기 매트 안으로 모이세요.	- 노래를 듣고 모여 앉는다.		- 친구와 함께 모인다.	5분	㉮ 동화 '오늘은 식목일', 손인형, 그림카드 ㉯ 특수교사는 활동 전 청각장애 유아의 보청기를 확인하고, 노래 시 큰 소리에 놀라지 않도록 사전 예고한다. ㉰ 발달지체 유아의 선호를 고려해 주의집중을 노래로 한다. ㉱ 일반교사는 활동1, 특수교사는 활동2를 진행하기로 한다.
	전시활동 상기	◎ 동화책을 보며 '동화' 전시활동을 회상한다. - '오늘은 식목일'에는 어떤 등장인물이 나왔나요?	- 교사의 질문에 문장 수준으로 답한다.		- 그림카드를 선택한다.		
	동기유발	◎ '손인형'으로 동기유발한다. - 안녕 기쁨반 친구들. 우리 기쁨반에서 물과 나무를 절약할 수 있는 방법에 대해 말해줄래?	- 교사의 말을 경청한다. ▶				
	활동소개	◎ '이야기나누기 활동'을 소개한다. - 오늘은 우리 교실에서 물과 나무를 절약할 수 있는 방법에 대해 이야기 나눠보아요.	- 교사의 말을 경청한다. ▶				
	강화예고	◎ '절약왕 목걸이' 강화를 예고한다. - 차례를 지키며 이야기 나눈 어린이들에게 절약왕 목걸이를 선물로 줄게요.	- "네"라고 대답한다.		- 고개를 끄덕인다.		
전개	활동1 : 교실 사진 보고 이야기나누기	◎ 교실 사진을 보고 이야기 나눈다. - (나) 기쁨반의 모습이에요. 여기가 어디인가요? - 무엇을 하는 장면인가요? - 어떤 문제가 있나요? - 어떻게 하면 물을 절약할 수 있을까요? - 어떻게 하면 나무를 소중히 아낄 수 있을까요? - 다른 좋은 생각이 있는 어린이들 있나요?	- 자원을 절약하는 방법을 문장 수준으로 말한다.	- 교실 환경을 파악하고 답한다. - 언어적 촉진을 받아 문장 수준으로 말한다.	- 자원을 절약하는 방법이 그려진 그림카드를 선택한다.	20분	㉲ 교실 사진 ㉳ 청각장애 유아가 보청기를 빼지 않도록 두 교사가 번갈아 관찰한다. ㉴ 교실 사진으로 청각장애 유아가 교실 환경을 파악할 기회를 제공한다.

○○○○학년도 공립 특수학교(유치원) 교사 임용후보자 선정경쟁시험(2차시험)
교수·학습과정안 작성 답안지(뒤)

| 수험번호 | | 성명 | |
| | | 관리번호 | |

학습단계		교수·학습활동				시간(분)	자료 및 유의점
		교사 활동	유아 활동				
			가	나	다		
전개	활동2 : 이야기 나눈 것 정리해서 표현하기	◎ 해결방법을 글과 그림으로 정리해서 표현한다. - 지금까지 물과 나무의 소중함과 자원을 절약하는 방법에 대해 이야기 나눴어요. - 어린이들이 말해준 것처럼 절약 약속판을 만들면 약속을 기억하고 지키기 좋겠네요. - 칠판 앞에 나와서 약속판 그림을 그려볼 어린이 있나요? - 앞에 나올 때는 친구들 사이로 걸어나오지 않고 안전하게 친구들을 빙 둘러서 나오세요. - (다) : 물과 나무를 아끼는 그림카드를 골라보세요. 약속을 잘 기억하고 있네요.	- 교사의 말을 경청하며 이야기 나눈 내용을 상기한다. - 자원 절약 방법을 글과 그림으로 표현한다.	- 언어적 촉진을 받아 자원 절약 방법을 글과 그림으로 표현한다.	- 자원 절약 방법이 그려진 그림카드를 따라 그림을 그린다.	5분	㉮ 칠판, 마커 ㉯ 두 교사는 나수준 유아가 천천히 또박또박 말할 수 있도록 충분한 시간을 기다려주기로 협의한다. ㉰ 자폐성장애 유아가 친구와 함께 나가 발표할 수 있는 기회를 제공한다.
마무리	평가	◎ '이야기나누기 활동'을 평가한다. - 오늘 어떤 활동을 했나요? - 기쁨반 약속에는 어떤 것들이 있었나요?	- 교사의 질문에 답한다.		- 그림카드를 선택한다.	5분	㉱ 자폐성장애 유아가 올바른 내용의 그림카드를 선택하도록 약속 내용을 상기시킨다. ㉲ 자폐성장애 유아가 무료함을 느끼지 않도록 평가 시에도 참여 기회를 제공한다. 적극적으로 활동할 시 칭찬한다.
	강화제공	◎ '절약왕 목걸이' 강화를 제공한다.	- 강화를 받는다.				
	확장활동 소개	◎ 확장활동에 대해 이야기 나눈다. - 교실 곳곳에 붙여둘 수 있는 우리 반 약속판을 만들어보세요. 집에 가서도 약속을 부모님께 알려드리고 함께 지켜요.	- 확장활동으로 할 수 있는 놀이에 대해 생각한다.				
	전이	◎ '자유놀이시간'으로 전이한다. - 역할놀이를 하고 싶은 어린이들 먼저 일어나세요.	- 교사의 안내에 따라 이동한다.				

평가내용	가 : 자원을 절약하는 방법에 대해 문장 수준으로 말할 수 있는가? 나 : 자원을 절약하는 방법에 대해 언어적 촉진을 받아 문장 수준으로 말할 수 있는가? 다 : 자원을 절약하는 방법이 그려진 그림카드를 선택할 수 있는가?
평가도구 및 방법	평가도구 : 관찰법 및 포트폴리오 평가시기 : 활동 중 및 활동 후

(1) 도입

① 주의집중

* 교사 활동

    ◎ '모여라' 노래로 주의를 집중시킨다.
    - (다 유아와 함께) 모여라 모두 모여. 기쁨반 모여라.
    - 이야기 매트 안으로 모이세요.

* 유아 활동
    - (가)(나) : 노래를 듣고 모여 앉는다.
    - (다) : 친구와 함께 모인다.

② 전시활동 상기

* 교사 활동

    ◎ 동화책을 보며 '동화' 전시활동을 회상한다.
    - '오늘은 식목일'에는 어떤 등장인물이 나왔나요?

* 유아 활동
    - (가)(나) : 교사의 질문에 문장 수준으로 답한다.
    - (다) : 그림카드를 선택한다.

③ 동기유발

* 교사 활동

    ◎ '손인형'으로 동기유발한다.
    - 안녕 기쁨반 친구들. 우리 기쁨반에서 물과 나무를 절약할 수 있는 방법에 대해 말해줄래?

* 유아 활동
    - (가)(나)(다) : 교사의 말을 경청한다.

④ 활동소개

* 교사 활동

    ◎ '이야기나누기 활동'을 소개한다.
    - 오늘은 우리 교실에서 물과 나무를 절약할 수 있는 방법에 대해 이야기 나눠보아요.

* 유아 활동
    - (가)(나)(다) : 교사의 말을 경청한다.

⑤ 강화예고

* 교사 활동

    ◎ '절약왕 목걸이' 강화를 예고한다.
    - 차례를 지키며 이야기 나눈 어린이들에게 절약왕 목걸이를 선물로 줄게요.

* 유아 활동
  - (가)(나) : "네"라고 대답한다.
  - (다) : 고개를 끄덕인다.

⑥ 도입의 자료 및 유의점
  ㉯ 동화 '오늘은 식목일', 손인형, 그림카드
  ㉯ 특수교사는 활동 전 청각장애 유아의 보청기를 확인하고, 노래 시 큰 소리에 놀라지 않도록 사전 예고한다.
  ㉯ 발달지체 유아의 선호를 고려해 주의집중을 노래로 한다.
  ㉯ 일반교사는 활동1, 특수교사는 활동2를 진행하기로 한다.

(2) 전개

① 활동1 : 교실 사진 보고 이야기나누기
  * 교사 활동
    ◎ 교실 사진을 보고 이야기 나눈다.
      - (나) : 기쁨반의 모습이에요. 여기가 어디인가요?
      - 무엇을 하는 장면인가요?
      - 어떤 문제가 있나요?
      - 어떻게 하면 물을 절약할 수 있을까요?
      - 어떻게 하면 나무를 소중히 아낄 수 있을 있을까요?
      - 다른 좋은 생각이 있는 어린이들 있나요?
  * 유아 활동
    - (가) : 자원을 절약하는 방법을 문장 수준으로 말한다.
    - (나) : 교실 환경을 파악하고 답한다.
    - (나) : 언어적 촉진을 받아 문장 수준으로 말한다.
    - (다) : 자원을 절약하는 방법이 그려진 그림카드를 선택한다.

② 자료 및 유의점
  ㉯ 교실 사진
  ㉯ 청각장애 유아가 보청기를 빼지 않도록 두 교사가 번갈아 관찰한다.
  ㉯ 교실 사진으로 청각장애 유아가 교실 환경을 파악할 기회를 제공한다.

③ 활동2 : 이야기 나눈 것 정리해서 표현하기
  * 교사 활동
    ◎ 해결방법을 글과 그림으로 정리해서 표현한다.
      - 지금까지 물과 나무의 소중함과 자원을 절약하는 방법에 대해 이야기 나눴어요.
      - 어린이들이 말해준 것처럼 절약 약속판을 만들면 약속을 기억하고 지키기 좋겠네요.

- 칠판 앞에 나와서 약속판 그림을 그려볼 어린이 있나요?
- 앞에 나올 때는 친구들 사이로 걸어나오지 않고 안전하게 친구들을 빙 둘러서 나오세요.
- (다) : 물과 나무를 아끼는 그림카드를 골라보세요. 약속을 잘 기억하고 있네요.

* 유아 활동

- (가)(나)(다) : 교사의 말을 경청하며 이야기 나눈 내용을 상기한다.
- (가) : 자원 절약 방법을 글과 그림으로 표현한다.
- (나) : 언어적 촉진을 받아 자원 절약 방법을 글과 그림으로 표현한다.
- (다) : 자원 절약 방법이 그려진 그림카드를 따라 그림을 그린다.

④ 자료 및 유의점

㉶ 칠판, 마커

㊀ 두 교사는 나 수준 유아가 천천히 또박또박 말할 수 있도록 충분한 시간을 기다려주기로 협의한다.

㊀ 자폐성장애 유아가 친구와 함께 나가 발표할 수 있는 기회를 제공한다.

(3) 마무리

① 평가

* 교사 활동

◎ '이야기나누기 활동'을 평가한다.

- 오늘 어떤 활동을 했나요?
- 기쁨반 약속에는 어떤 것들이 있었나요?

* 유아 활동

- (가)(나) : 교사의 질문에 답한다.
- (다) : 그림카드를 선택한다.

② 강화제공

* 교사 활동

◎ '절약왕 목걸이' 강화를 제공한다.

* 유아 활동

- (가)(나)(다) : 강화를 받는다.

③ 확장활동 소개

* 교사 활동

◎ 확장활동에 대해 이야기 나눈다.

- 교실 곳곳에 붙여둘 수 있는 우리 반 약속판을 만들어보세요. 집에 가서도 약속을 부모님께 알려드리고 함께 지켜요.

* 유아 활동
    - (가)(나)(다) : 확장활동으로 할 수 있는 놀이에 대해 생각한다.
④ 전이
  * 교사 활동
    ◎ '자유놀이시간'으로 전이한다.
      - 역할놀이를 하고 싶은 어린이들 먼저 일어나세요.
  * 유아 활동
    - (가)(나)(다) : 교사의 안내에 따라 이동한다.
⑤ **자료 및 유의점**
  ㉮ 자폐성장애 유아가 올바른 내용의 그림카드를 선택하도록 약속 내용을 상기시킨다.
  ㉮ 자폐성장애 유아가 무료함을 느끼지 않도록 평가 시에도 참여 기회를 제공한다. 적극적으로 활동할 시 칭찬한다.

(2) 미술활동

〈놀이 상황 관찰 기록〉

상황1
유아들이 놀이 시간에 친구와 다투는 일이 빈번해졌다. 오랜 관찰 결과, 교사는 많은 유아가 상대의 표정을 보고 감정을 파악하는 것에 어려움이 있어 이를 고려하지 않은 채 놀이한다는 것을 알게 되었다. 오늘은 열심히 쌓아올린 블록이 무너져서 속상해하고 있는 유아에게 다른 유아가 다가가 "무너졌대요~"하고 놀려서 갈등상황이 벌어졌다.

상황2
유아들은 다양한 미술 재료와 그림 자료들에 흥미를 보인다. 교사는 이러한 유아들의 관심사를 활용하여 갈등 상황을 중재하고자 한다.

〈교사의 고민〉

일반교사와 특수교사는 유아들이 상대의 표정을 보고 감정을 파악할 수 있도록 지원하여 놀이 중에 일어나고 있는 다양한 갈등 상황을 중재하고자 한다. 두 교사는 유아들이 관심을 보이는 다양한 그림 자료를 활용하고자 한다. 그러나 구체적으로 어떤 자료들을 어떻게 제공해야할지, 교실 내 공간을 어떻게 활용해야 할지, 활동 중 유아 간 상호작용은 어떻게 증진시켜야 할지 고민이다.

〈개별 유아 특성〉

일반유아 15명	장애 유아와 상호작용 하는 것에 어려움이 없음. 자신의 생각과 느낌을 문장 수준으로 표현할 수 있으며 다양한 활동에 적극적으로 참여함.
○○ (시각장애)	20cm 이내의 사물을 변별할 수 있으며 기쁘다/슬프다/화난다 등의 간단한 감정 단어를 사용할 수 있음. 감각 역치가 높아 자신의 눈을 세게 누르는 자기자극 행동을 보임.
△△ (발달지체)	색의 이름을 말할 수 있으나 색 개념은 형성되어 있지 않았으며 학습된 무기력으로 인해 활동 참여에 소극적임. 교사의 지시는 잘 따르나 다른 성인의 지시를 거부하는 경향이 있음.
□□ (자폐성장애)	교사나 또래를 모방하여 한두 단어 수준으로 발화할 수 있음. 규칙을 지키는 것에 어려움이 있어 또래 간의 갈등이 잦고 또래와 함께하는 활동을 선호하지 않아 자주 자리를 이탈함.

〈수업 조건 및 유의사항〉

- 유아의 놀이 흐름을 고려하여 활동유형은 자유롭게 선정하시오.
- 공간, 자료, 상호작용, 안전 관련 지원 방안을 포함하시오.
- 개별 장애 유아의 특성에 따른 중재방안을 한 가지씩 포함하시오.
- 협력교수를 실시하시오. 이때 교사 간 협의 내용과 각 교사의 역할을 포함하시오.
- 특수교육실무사가 배치되어 있지 않다고 가정하시오.
- 도입-전개-마무리를 포함하고, 전시활동과 확장활동을 안내하시오.

예비 유아특수 선생님을 위한

○○○○학년도 공립 특수학교(유치원) 교사 임용후보자 선정경쟁시험(2차시험)
교수·학습과정안 작성 답안지(앞)

수험번호		성명	
		관리번호	

학습목표	가 : 다양한 미술 재료를 사용하여 명화의 배경을 그릴 수 있다. 나 : 교사의 언어적 촉진을 받아 명화의 배경을 그릴 수 있다. 다 : 스티커를 붙여 명화의 배경을 완성할 수 있다.

학습단계		교수·학습활동				시간(분)	자료 및 유의점
		교사 활동	유아 활동				
			가	나	다		
도입	주의집중	◎ '사랑해' 노래로 주의를 집중시킨다. - 선생님은 ○○이를 사랑해, 사랑해!	- 사랑해"라고 대답한다.			5분	㉮ 이야기나누기 그림 자료(명화), 기쁨반 우체통 ㉯ 두 교사는 자폐성장애 유아의 착석을 위해 파워카드를 사전제시하기로 협의한다. ㉰ 전개 단계는 두 교사가 모둠을 둘로 나눠 평행교수를 진행한다. ㉱ 발달지체 유아가 모이도록 특수교사가 직접 안내한다.
	전시활동 상기	◎ 그림 자료를 보고 '이야기나누기' 전시활동을 상기시킨다. - (가) : 어떤 미술작품들을 보고 이야기 나눈 었나요? - (나) : 인물의 표정은 어땠나요? - (다) : 웃는 인물을 가리켜보세요.	- 문장 수준으로 답한다.	- 감정 단어를 사용하여 답한다.	- 손가락으로 인물을 가리킨다.		
	동기유발	◎ '기쁨반 우체통'으로 동기유발한다. - 기쁨반 우체통에 기쁨반의 요정 '기쁨이'가 편지를 두고 갔어요. 선생님이 편지를 읽어 줄 테니 잘 들어보세요.	- 편지의 내용을 추측한다. ─────▶				
	활동소개	◎ '미술활동'을 소개한다. - 오늘은 명화의 배경을 직접 그림으로 그려볼 거예요.	- 교사의 말을 경청한다. ─────▶				
	강화예고	◎ '표정 스티커' 강화를 예고한다. - 약속을 잘 지키면서 미술 활동에 적극적으로 참여해준 어린이들에게는 표정 스티커를 선물로 줄게요.	- 교사의 말을 경청한다. ─────▶				
전개	활동1 : 미술활동에 대해 이야기 나누기	◎ 충분한 공간을 활용하기 위해 한 모둠은 특수학급으로 이동한다. ◎ 재료를 탐색한다. - 선생님이 여러 명화 등장인물이 그려진 도화지를 준비했어요. - 또 다른 재료들은 무엇이 있나요? ◎ 활동 방법에 대해 이야기 나눈다. - 인물의 표정이 어떤가요? - 왜 이런 표정을 짓고 있을까요? - 어떤 배경을 그리면 좋을까요? ◎ 약속을 정한다. - 첫째, 친구와 재료를 나눠서 사용해요. - 둘째, 자리에 바르게 앉아서 그림 그려요. - 셋째, 미술도구를 안전하게 사용해요.	- 문장 수준으로 답한다. - 문장 수준으로 답한다.	- 교사나 또래를 모방하여 단어 수준으로 답한다. - 약속판을 보고 약속 내용을 상기한다.		20분	㉮ 미술 활동자료, 약속판, 앞치마 ㉯ 시각장애 유아에게 확대된 그림 자료를 제공한다. ㉰ 자폐성장애 유아가 약속을 지키며 또래와 함께 활동할 수 있도록 약속판을 활용한다.

○○○○학년도 공립 특수학교(유치원) 교사 임용후보자 선정경쟁시험(2차시험)
교수·학습과정안 작성 답안지(뒤)

수험번호 [   ]   성명 [   ]
                      관리번호 [   ]

학습단계		교수·학습활동				시간(분)	자료 및 유의점
		교사 활동	유아 활동				
			가	나	다		
전개	활동2 : 미술활동 하기	◎ 미술활동을 한다. - (다) : 친구에게 앞치마를 나눠줘요. - (가) : 다양한 미술 재료를 활용해서 명화의 배경을 그려요. - (나) : 남자가 왜 웃고 있을까요? 어떤 기쁜 일이 있었을까요? 색연필로 그려보세요. - (다) : 종이에 여러 가지 스티커를 붙여서 그림을 완성해요. - 친구들이 어떤 그림을 그리고 있는지 주변을 둘러보세요. - 선생님에게 하고 싶은 말이 있는 어린이들은 손을 들고 한 명씩 차례를 지켜 말해요. ◎ 미술활동을 정리한다. - 앞치마를 모아요. - 앉았던 자리를 정리해요.	- 다양한 미술 재료를 사용해 명화 배경을 그린다. - 앞치마를 모은다. - 앉았던 자리를 정리한다.	- 교사의 언어적 촉진을 받아 명화의 배경을 그린다.	- 친구들에게 앞치마를 나눠준다. - 스티커를 붙여 명화의 배경을 완성한다.	5분	㉮ 역할 부여로 자폐성장애 유아의 또래 상호작용을 돕는다. ㉯ 시각장애 유아의 손에 미술 재료를 쥐여 줘 눈을 누르지 않고 재료를 탐색하도록 한다. ㉰ 발달지체 유아가 색 이름을 말하면 동시에 그 색을 제시한다.
마무리	평가 강화제공 확장활동 소개 전이	◎ 작품을 감상하고 '미술활동'을 평가한다. - 자기가 만든 작품을 친구들 앞에서 소개해요. - 어떤 그림을 그렸나요? 어떤 표정을 짓고 있나요? ◎ '표정 스티커' 강화를 제공한다. - 약속을 잘 지키며 그림을 그린 어린이들에게 표정 스티커를 선물로 줄게요. ◎ 확장활동에 대해 이야기 나눈다. - '내 기분은요' 동화책을 읽어보세요. - 기쁨반 기분 그래프에 내 기분을 표시해요. ◎ '점심시간'으로 전이한다. - 슬퍼하는 노인 그림을 그린 어린이들 먼저 화장실에서 손을 씻어요.	- 작품을 소개한다. - "네"라고 대답한다. - 확장활동으로 할 수 있는 놀이에 대해 생각한다. - 교사의 안내에 따라 이동한다.		- 교사를 모방해 작품을 소개한다.	5분	㉱ 표정 스티커 ㉲ 발달지체 유아에게도 발표 기회를 제공하고 칭찬하여 활동에 적극적으로 참여하도록 돕는다. ㉳ 확장활동으로 자폐성장애 유아에게 사회적상황이야기를 제시한다.
평가내용		가 : 다양한 미술 재료를 사용하여 명화의 배경을 그릴 수 있는가? 나 : 교사의 언어적 촉진을 받아 명화의 배경을 그릴 수 있는가? 다 : 스티커를 붙여 명화의 배경을 완성할 수 있는가?					
평가도구 및 방법		평가도구 : 관찰법 및 포트폴리오 평가시기 : 활동 중 및 활동 후					

(1) 도입

① 주의집중

* 교사 활동
    ◎ '사랑해' 노래로 주의를 집중시킨다.
    - 선생님은 ○○이를 사랑해, 사랑해!

* 유아 활동
    - (가)(나)(다) : 사랑해"라고 대답한다.

② 전시활동 상기

* 교사 활동
    ◎ 그림 자료를 보고 '이야기나누기' 전시활동을 상기시킨다.
    - (가) : 어떤 미술작품들을 보고 이야기 나누었나요?
    - (나) : 인물의 표정은 어땠나요?
    - (다) : 웃는 인물을 가리켜보세요.

* 유아 활동
    - (가) : 문장 수준으로 답한다.
    - (나) : 감정 단어를 사용하여 답한다.
    - (다) : 손가락으로 인물을 가리킨다.

③ 동기유발

* 교사 활동
    ◎ '기쁨반 우체통'으로 동기유발한다.
    - 기쁨반 우체통에 기쁨반의 요정 '기쁨이'가 편지를 두고 갔어요. 선생님이 편지를 읽어줄 테니 잘 들어보세요.

* 유아 활동
    - (가)(나)(다) : 편지의 내용을 추측한다.

④ 활동소개

* 교사 활동
    ◎ '미술활동'을 소개한다.
    - 오늘은 명화의 배경을 직접 그림으로 그려볼 거예요.

* 유아 활동
    - (가)(나)(다) : 교사의 말을 경청한다.

⑤ 강화예고

* 교사 활동
    ◎ '표정 스티커' 강화를 예고한다.

- 약속을 잘 지키면서 미술 활동에 적극적으로 참여해준 어린이들에게는 표정 스티커를 선물로 줄게요.
* 유아 활동
  - (가)(나)(다) : 교사의 말을 경청한다.
⑥ 도입의 자료 및 유의점
  ㉜ 이야기나누기 그림 자료(명화), 기쁨반 우체통
  ㉴ 두 교사는 자폐성장애 유아의 착석을 위해 파워카드를 사전제시하기로 협의한다.
  ㉴ 전개 단계는 두 교사가 모둠을 둘로 나눠 평행교수를 진행한다.
  ㉴ 발달지체 유아가 모이도록 특수교사가 직접 안내한다.

(2) 전개
  ① 활동1 : 미술활동에 대해 이야기나누기
  * 교사 활동
    ◎ 충분한 공간을 활용하기 위해 한 모둠은 특수학급으로 이동한다.
    ◎ 재료를 탐색한다.
      - 선생님이 여러 명화 등장인물이 그려진 도화지를 준비했어요.
      - 또 다른 재료들은 무엇이 있나요?
    ◎ 활동 방법에 대해 이야기 나눈다.
      - 인물의 표정이 어떤가요?
      - 왜 이런 표정을 짓고 있을까요?
      - 어떤 배경을 그리면 좋을까요?
    ◎ 약속을 정한다.
      - 첫째, 친구와 재료를 나눠서 사용해요.
      - 둘째, 자리에 바르게 앉아서 그림 그려요.
      - 셋째, 미술도구를 안전하게 사용해요.
  * 유아 활동
    ◎ - (가)(나) : 문장 수준으로 답한다.
      - (다) : 교사나 또래를 모방하여 단어 수준으로 답한다.
    ◎ - (가)(나) : 문장 수준으로 답한다.
      - (다) : 약속판을 보고 약속 내용을 상기한다.
  ② 자료 및 유의점
    ㉜ 미술 활동자료, 약속판, 앞치마
    ㉴ 시각장애 유아에게 확대된 그림 자료를 제공한다.
    ㉴ 자폐성장애 유아가 약속을 지키며 또래와 함께 활동할 수 있도록 약속판을 활용한다.

③ 활동2 : 미술활동 하기
   * 교사 활동
     ◎ 미술활동을 한다.
       - (다) : 친구에게 앞치마를 나눠줘요.
       - (가) : 다양한 미술 재료를 활용해서 명화의 배경을 그려요.
       - (나) : 남자가 왜 웃고 있을까요? 어떤 기쁜 일이 있었을까요? 색연필로 그려보세요.
       - (다) : 종이에 여러 가지 스티커를 붙여서 그림을 완성해요.
       - 친구들이 어떤 그림을 그리고 있는지 주변을 둘러보세요.
       - 선생님에게 하고 싶은 말이 있는 어린이들은 손을 들고 한 명씩 차례를 지켜 말해요.
     ◎ 미술활동을 정리한다.
       - 앞치마를 모아요.
       - 앉았던 자리를 정리해요.
   * 유아 활동
     ◎ - (가) : 다양한 미술 재료를 사용해 명화 배경을 그린다.
       - (나) : 교사의 언어적 촉진을 받아 명화의 배경을 그린다.
       - (다) : 친구들에게 앞치마를 나눠준다.
       - (다) : 스티커를 붙여 명화의 배경을 완성한다.
     ◎ - (가)(나)(다) : 앞치마를 모은다.
       - (가)(나)(다) : 앉았던 자리를 정리한다.

④ 자료 및 유의점
   ㉮ 역할 부여로 자폐성장애 유아의 또래상호작용을 돕는다.
   ㉮ 시각장애 유아의 손에 미술 재료를 쥐여 줘 눈을 누르지 않고 재료를 탐색하도록 한다.
   ㉮ 발달지체 유아가 색 이름을 말하면 동시에 그 색을 제시한다.

(3) 마무리
  ① 평가
   * 교사 활동
     ◎ 작품을 감상하고 '미술활동'을 평가한다.
       - 자기가 만든 작품을 친구들 앞에서 소개해요.
       - 어떤 그림을 그렸나요? 어떤 표정을 짓고 있나요?
   * 유아 활동
     - (가)(나) : 작품을 소개한다.
     - (다) : 교사를 모방해 작품을 소개한다.

② 강화제공

* 교사 활동
    ◎ '표정 스티커' 강화를 제공한다.
    - 약속을 잘 지키며 그림을 그린 어린이들에게 표정 스티커를 선물로 줄게요.
* 유아 활동
    - (가)(나)(다) : "네"라고 대답한다.

③ 확장활동 소개

* 교사 활동
    ◎ 확장활동에 대해 이야기 나눈다.
    - '내 기분은요' 동화책을 읽어보세요.
    - 기쁨반 기분 그래프에 내 기분을 표시해요.
* 유아 활동
    - (가)(나)(다) : 확장활동으로 할 수 있는 놀이에 대해 생각한다.

④ 전이

* 교사 활동
    ◎ '점심시간'으로 전이한다.
    - 슬퍼하는 노인 그림을 그린 어린이들 먼저 화장실에서 손을 씻어요.
* 유아 활동
    - (가)(나)(다) : 교사의 안내에 따라 이동한다.

⑤ 자료 및 유의점

- ㉂ 표정 스티커
- ㉄ 발달지체 유아에게도 발표 기회를 제공하고 칭찬하여 활동에 적극적으로 참여하도록 돕는다.
- ㉄ 확장활동으로 자폐성장애 유아에게 사회적상황이야기를 제시한다.

(3) 동화

〈놀이 상황 관찰 기록〉

> **상황1**
> 교사는 유아들과 주말 지낸 이야기를 함께 나눈 이후 낚시 게임 교구를 새로 제공해주었다. 낚시 게임 교구에 흥미를 가진 유아들은 종이 벽돌 블록으로 큰 배와 낚싯대를 만들기 시작하였다. 유아들은 이후 파란색 비닐을 교실 바닥에 넓게 깔고 여러 가지 물고기 그림을 그려 낚시놀이를 했으며, 어부가 타는 작은 배와 바다 속 잠수함도 만드는 등 놀이를 확장하였다.
>
> **상황2**
> 유아들의 낚시 놀이를 관찰한 교사는 유아들에게 배뿐만 아니라 더욱 다양한 해상 교통기관을 소개하고자 한다.

〈교사의 고민〉

> 일반교사는 배를 이용하여 낚시 놀이를 하는 유아들을 보고, 재미있는 동화를 통해 다양한 해상 교통기관을 소개함으로써 유아들의 놀이를 확장해주고자 한다. 특수교사는 특수교육대상유아들이 동화에 몰입하여 활동에 참여할 수 있도록 지원할 예정이다. 두 교사는 동화 활동을 유아 주도적으로 진행하기 위해 어떤 방안을 사용할지, 특수교육대상유아들에게 어떠한 개별적인 지원을 제공해야 할지 고민이다.

〈개별 유아 특성〉

일반유아 20명	유치원의 다양한 활동에 흥미를 가지고 있음. 교통기관에 대한 이해가 풍부한 유아와 그렇지 않은 유아가 혼합되어 있음.
○○ (시각장애)	저시력 유아로 15cm 거리에 있는 사물을 식별할 수 있고 두 단어 수준으로 발화할 수 있음. 활동 중 자주 고개를 아래로 숙이고 바닥을 보는 행동 특성을 보임.
△△ (지체장애)	AAC를 활용하여 두 단어 수준으로 자신의 의사를 표현할 수 있음. 또래 관계가 원만하고 평소 휠체어를 사용하며 대칭성 긴장성 경부반사(STNR)가 있음.
□□ (발달지체)	교사를 모방하여 한 단어로 말할 수 있음. 교통기관에 관심이 많으나 착석이 어려워 동화 활동 참여도가 매우 낮음. 착석 시 또래에게 몸을 기대려는 특성을 보임.

〈수업 조건 및 유의사항〉

- 유아의 놀이 흐름을 고려하시오.
- 공간, 자료, 상호작용, 안전 관련 지원 방안을 포함하시오.
- 개별 장애 유아의 특성에 따른 중재방안을 한 가지씩 포함하시오.
- 협력교수를 실시하시오. 이때 교사 간 협의 내용과 각 교사의 역할을 포함하시오.
- 특수교육실무사 1명이 배치되어 있다고 가정하시오.
- 도입-전개-마무리를 포함하고, 전시활동과 확장활동을 안내하시오.

〈동화 '쪼꼼 나라의 게으른 공주'(김혜선, 김보미, 별똥별, 2009)〉

1. 쪼꼼 나라는 참 신기한 곳이야. 바삭바삭 고소한 과자 나무와 달콤한 아이스크림 산이 있거든. 그곳에서 왕과 왕비, 게으른 공주 그리고 백성 딱 한 명만이 살고 있지. 왕과 왕비는 늘 한숨을 폭폭 내쉬었어. "공주는 너무 게으르고 백성이 딱 한 명뿐이니 걱정이구나."
2. 왕과 왕비는 공주를 불러 걱정을 털어놓았지. 공주는 느릿느릿 말했어. "백성이 많아지고, 내가 부지런해지면 되지요? 내가 나가서 백성들을 모아볼게요. 부지런해지는 건 그 다음에 생각할래요."
3. 게으른 공주는 딱 한 명뿐인 백성을 불렀어. "난 한숨 잘 테니, 배를 만들어줘." 게으른 공주는 이내 쿨쿨 잠이 들었지. 딱 한 명뿐인 백성은 백 번쯤 실패한 끝에, 꽤 훌륭한 배를 만들었어. 공주는 그제야 배를 타고 출발했지.
4. 얼마 후, 모터보트를 본 공주가 하품을 쩍! "아함, 졸려. 쪼꼼 나라로 와요!" 모터보트 아저씨는 공주를 보고 콧방귀를 팽! "게으른 공주가 사는 곳은 안가!" 공주는 그러거나 말거나 배를 타고 다른 곳으로 갔어.
5. 쿵짝 쿵짝, 시끌시끌. 유람선이 막 출발하려는 참이야. 공주는 기지개를 켜며 조금 친절하게 말했지. "쪼꼼나라에 와서 함께 놀아요!" 하지만 사람들은 게으른 공주를 비웃었어. "게으른 공주랑은 안 놀아!" 공주는 하는 수 없이 파도를 따라갔지.
6. 공주는 사람들을 가득 실은 여객선을 만났어. '이렇게 많은 사람과 함께 산다면 얼마나 좋을까?' 공주는 자리에서 벌떡 일어나 소리쳤어. "여러분! 과자 나무와 아이스크림 산이 있는 쪼꼼 나라로 오세요!" 사람들은 고개를 갸웃갸웃. "과자 나무? 아이스크림 산?" "에이, 세상에 그런 게 어디 있어?" 아주 조금 부지런해진 공주는 가던 길을 재촉했어.
7. 그날 밤, 기름을 가득 실은 유조선을 만났어. 그런데 갑자기 파도가 거세지는 거야. "어어, 큰일 났다!" 공주는 유조선에게 쪼꼼 나라로 오라는 말도 못 하고 배 안에 찬 물을 퍼냈어. 흔들흔들, 아슬아슬한 밤이 겨우 지났어. 게으른 공주가 태어나 처음으로 바쁘게 지낸 밤이었어.
8. 날이 밝자마자 해양 구조선이 왔어. "큰일 날 뻔했습니다. 바다에서 뭘 하는 거죠?" "쪼꼼 나라에서 함께 살 백성들을 찾고 있었어요." 그러자 해양 구조대원은 마이크를 들고 바다를 향해 소리쳤어. "아아, 쪼꼼 나라에 공주님이 백성을 구합니다! 부지런한 공주님과 함께 살 사람들은 모두 모이세요!"
9. 그때 저 멀리에서 여러 척의 배들이 보였어. 그동안 공주가 만났던 배들이었지. "부지런한 공주님과 함께라면 좋아요!" "쪼꼼 나라로 어서 갑시다!" 공주는 배들을 이끌고 쪼꼼 나라로 갔지.
10. 그래서 어떻게 되었냐고? 사람들은 쪼꼼 나라의 백성이 되어 과자와 아이스크림을 먹으며 재미있게 잘 살았어. 그리고 게으른 공주 아니, 이제 부지런해진 공주는 새로운 백성 중 가장 부지런한 사람과 결혼을 했대. 그리고 정말 지혜로운 여왕이 되었단다.

○○○○학년도 공립 특수학교(유치원) 교사 임용후보자 선정경쟁시험(2차시험)

교수·학습과정안 작성 답안지(앞)

수험번호		성명	
		관리번호	

학습목표	가 : 동화를 듣고 자신의 생각을 문장으로 말할 수 있다. 나 : 동화를 듣고 자신의 생각을 두 단어 수준으로 말할 수 있다. 다 : 동화를 듣고 자신의 생각을 교사를 모방하여 한 단어로 말할 수 있다.

학습단계		교수·학습활동				시간(분)	자료 및 유의점
		교사 활동	유아 활동				
			가	나	다		
도입	주의집중	◎ 하이파이브하며 주의집중시킨다. - 기쁨반 어린이들 모두 매트로 모였나요? 친구들이 모두 모였는지 옆에 있는 친구들과 하이파이브해요.	- 교사의 안내에 따라 옆에 앉은 친구들과 하이파이브 한다.			5분	㉮ 전시활동 자료, 손인형, AAC, 아이패드 ㉯ 또래가 지체장애 유아의 휠체어를 밀도록 한다. AAC는 유아의 눈높이에 두어 반사가 일어나지 않도록 한다. ㉯ 시각장애 유아가 동화를 가까이 볼 수 있게 아이패드를 준다. ㉯ 착석을 위해 발달지체 유아가 선호하는 타요 의자를 준비한다.
	전시활동 상기	◎ 사진 자료를 보고 '자유놀이' 전시활동을 회상한다. - 사진 속 어린이들이 어떤 놀이를 하고 있나요? - 어떤 놀잇감으로 놀이하고 있나요?	- 문장 수준으로 답한다.	- 두 단어/AAC로 답한다.	- 교사를 모방하여 한 단어로 답한다.		
	동기유발	◎ '쪼꼼 나라 공주 손인형'으로 동기를 유발한다. - 안녕, 나는 쪼꼼 나라 공주야. 내가 오늘 우리나라의 이야기를 담은 동화를 들려줄게.	- 교사의 말을 경청한다. →				
	활동소개	◎ '동화 활동'을 소개한다.	- 교사의 말을 경청한다. →				
	강화예고	◎ '배 배지'로 강화를 예고한다. - 바르게 앉아서 동화를 듣고, 친구의 이야기에 귀 기울이는 어린이들에게는 쪼꼼 나라 배 배지를 선물로 줄게요.	- "네"라고 대답한다. →				
전개	활동1 : 동화 소개하고 들려주기	◎ 동화를 소개하고 들려준다. - 동화책의 표지를 보세요. 무엇이 그려져 있나요? - 동화책의 제목을 다 함께 읽어요. 선생님이 먼저 읽을게요. - 이제 동화를 읽어줄게요. - (동화를 읽으며) 방금 공주가 누구를 만났나요? - 유조선이 무엇인지 아는 어린이 있나요?	- 문장 수준으로 답한다.	- 두 단어/AAC로 답한다.	- 교사를 모방하여 한 단어로 답한다.	20분	㉮ 동화 '쪼꼼 나라의 게으른 공주' ㉯ 두 교사가 등장인물을 나눠 팀티칭으로 동화를 읽는다. ㉯ 시각장애 유아가 바닥을 보면 특수교육실무사가 어깨에 손을 얹도록 사전 협의한다.

Chapter 02 실전 연습문제

○○○○학년도 공립 특수학교(유치원) 교사 임용후보자 선정경쟁시험(2차시험)
교수・학습과정안 작성 답안지(뒤)

수험번호 [   ]   성명 [   ]

관리번호 [   ]

학습단계		교수・학습활동				시간(분)	자료 및 유의점
		교사 활동	유아 활동				
			가	나	다		
전개	활동2 : 동화 회상하기	◎ 동화를 듣고 내용, 느낌, 생각을 이야기 나눈다. - 동화에는 누가 나왔나요? - 어떤 일이 있었나요? - 공주는 무엇을 했나요? - 바다에서 어떤 교통기관들을 만났는지 기억나는 어린이 있나요? - 책을 읽으니 어떤 기분이 들었나요?	- 동화를 듣고 자신의 생각을 문장 수준으로 답한다.	- 동화를 듣고 자신의 생각을 두 단어/AAC로 답한다.	- 동화를 듣고 자신의 생각을 교사를 모방하여 한 단어로 답한다.	5분	㉙ 발달지체 유아가 착석 시 친구에게 기대지 않고 바른 자세로 앉도록 파워카드를 제시한다.
마무리	평가	◎ '동화 활동'을 평가한다. - 책에 누가 나왔나요? - 기억에 남는 교통기관은 무엇인가요?	- 문장 수준으로 답한다.	- 두 단어/AAC로 답한다.	- 교사를 모방하여 한 단어로 답한다.	5분	㉙ 유아들의 교통기관 이해 정도가 모두 다르므로 동화 회상시 관련 내용을 한 번 더 짚어주기로 교사간 협의한다.
	강화제공	◎ '배 배지' 강화를 제공한다. - 바르게 앉아서 동화를 듣고, 친구의 이야기에 귀 기울인 어린이들에게 쪼끔 나라 배 배지를 선물로 줄게요.	- 강화를 받는다. ─────▶				㉙ 확장활동을 소개하여 일반유아와 장애 유아가 통합된 환경에서 놀이할 수 있는 기회를 제공한다.
	확장활동 소개	◎ 확장활동에 대해 이야기 나눈다. - 다양한 바다 교통기관을 만들어도 좋고, '쪼끔 나라의 게으른 공주' 동극을 준비해봐도 좋아요.	- 확장활동으로 할 수 있는 놀이에 대해 생각한다..				
	전이	◎ '점심시간'으로 전이한다. - 앞줄에 앉은 어린이들부터 화장실에 가서 손 씻고 오세요.	- 교사의 안내에 따라 이동한다. ─────▶				㉙ 안전을 위해 휠체어를 탄 지체장애 유아 먼저 이동한다.

평가내용	가 : 동화를 듣고 자신의 생각을 문장으로 말할 수 있는가? 나 : 동화를 듣고 자신의 생각을 두 단어 수준으로 말할 수 있는가? 다 : 동화를 듣고 자신의 생각을 교사를 모방하여 한 단어로 말할 수 있는가?
평가도구 및 방법	평가도구 : 관찰법 및 포트폴리오 평가시기 : 활동 중 및 활동 후

(1) 도입

① 주의집중

* 교사 활동

◎ 하이파이브하며 주의집중시킨다.
- 기쁨반 어린이들 모두 매트로 모였나요? 친구들이 모두 모였는지 옆에 있는 친구들과 하이파이브해요.

* 유아 활동
- (가)(나)(다) : 교사의 안내에 따라 옆에 앉은 친구들과 하이파이브 한다.

② 전시활동 상기

* 교사 활동

◎ 사진 자료를 보고 '자유놀이' 전시활동을 회상한다.
- 사진 속 어린이들이 어떤 놀이를 하고 있나요?
- 어떤 놀잇감으로 놀이하고 있나요?

* 유아 활동
- (가) : 문장 수준으로 답한다.
- (나) : 두 단어/AAC로 답한다.
- (다) : 교사를 모방하여 한 단어로 답한다.

③ 동기유발

* 교사 활동

◎ '쪼꼼 나라 공주 손인형'으로 동기를 유발한다.
- 안녕, 나는 쪼꼼 나라 공주야. 내가 오늘 우리나라의 이야기를 담은 동화를 들려줄게.

* 유아 활동
- (가)(나)(다) : 교사의 말을 경청한다.

④ 활동소개

* 교사 활동

◎ '동화 활동'을 소개한다.

* 유아 활동
- (가)(나)(다) : 교사의 말을 경청한다.

⑤ 강화예고

* 교사 활동

◎ '배 배지'로 강화를 예고한다.
- 바르게 앉아서 동화를 듣고, 친구의 이야기에 귀 기울이는 어린이들에게는 쪼꼼

나라 배 배지를 선물로 줄게요.
* 유아 활동
  - (가)(나)(다) : "네"라고 대답한다.

⑥ 도입의 자료 및 유의점
  ㉙ 전시활동 자료, 손인형, AAC, 아이패드
  ㉤ 또래가 지체장애 유아의 휠체어를 밀도록 한다. AAC는 유아의 눈높이에 두어 반사가 일어나지 않도록 한다.
  ㉤ 시각장애 유아가 동화를 가까이 볼 수 있게 아이패드를 준다.
  ㉤ 착석을 위해 발달지체 유아가 선호하는 타요 의자를 준비한다.

(2) 전개
① 활동1 : 동화 소개하고 들려주기
  * 교사 활동
    ◎ 동화를 소개하고 들려준다.
      - 동화책의 표지를 보세요. 무엇이 그려져 있나요?
      - 동화책의 제목을 다 함께 읽어요. 선생님이 먼저 읽을게요.
      - 이제 동화를 읽어줄게요.
      - (동화를 읽으며) 방금 공주가 누구를 만났나요?
      - 유조선이 무엇인지 아는 어린이 있나요?
  * 유아 활동
    - (가) : 문장 수준으로 답한다.
    - (나) : 두 단어/AAC로 답한다.
    - (다) : 교사를 모방하여 한 단어로 답한다.

② 자료 및 유의점
  ㉙ 동화 '쪼꼼 나라의 게으른 공주'
  ㉤ 두 교사가 등장인물을 나눠 팀티칭으로 동화를 읽는다.
  ㉤ 시각장애 유아가 바닥을 보면 특수교육실무사가 어깨에 손을 얹도록 사전 협의한다.

③ 활동2 : 동화 회상하기
  * 교사 활동
    ◎ 동화를 듣고 내용, 느낌, 생각을 이야기 나눈다.
      - 동화에는 누가 나왔나요?
      - 어떤 일이 있었나요?
      - 공주는 무엇을 했나요?
      - 바다에서 어떤 교통기관들을 만났는지 기억나는 어린이 있나요?
      - 책을 읽으니 어떤 기분이 들었나요?

* 유아 활동
  - (가) : 동화를 듣고 자신의 생각을 문장 수준으로 답한다.
  - (나) : 동화를 듣고 자신의 생각을 두 단어/AAC로 답한다.
  - (다) : 동화를 듣고 자신의 생각을 교사를 모방하여 한 단어로 답한다.

④ 자료 및 유의점
  ㉮ 발달지체 유아가 착석 시 친구에게 기대지 않고 바른 자세로 앉도록 파워카드를 제시한다.

(3) 마무리

① 평가
  * 교사 활동
    ◎ '동화 활동'을 평가한다.
      - 책에 누가 나왔나요?
      - 기억에 남는 교통기관은 무엇인가요?
  * 유아 활동
    - (가) : 문장 수준으로 답한다.
    - (나) : 두 단어/AAC로 답한다.
    - (다) : 교사를 모방하여 한 단어로 답한다.

② 강화제공
  * 교사 활동
    ◎ '배 배지' 강화를 제공한다.
      - 바르게 앉아서 동화를 듣고, 친구의 이야기에 귀 기울인 어린이들에게 쪼꼼 나라 배 배지를 선물로 줄게요.
  * 유아 활동
    - (가)(나)(다) : 강화를 받는다.

③ 확장활동 소개
  * 교사 활동
    ◎ 확장활동에 대해 이야기 나눈다.
      - 다양한 바다 교통기관을 만들어도 좋고, '쪼꼼 나라의 게으른 공주' 동극을 준비해 봐도 좋아요.
  * 유아 활동
    - (가)(나)(다) : 확장활동으로 할 수 있는 놀이에 대해 생각한다.

④ 전이
  * 교사 활동

◎ '점심시간'으로 전이한다.
- 앞줄에 앉은 어린이들부터 화장실에 가서 손 씻고 오세요.

＊ 유아 활동
- (가)(나)(다) : 교사의 안내에 따라 이동한다.

⑤ **자료 및 유의점**
- ㉴ 유아들의 교통기관 이해 정도가 모두 다르므로 동화 회상 시 관련 내용을 한 번 더 짚어주기로 교사간 협의한다.
- ㉴ 확장활동을 소개하여 일반유아와 장애 유아가 통합된 환경에서 놀이할 수 있는 기회를 제공한다.
- ㉴ 안전을 위해 휠체어를 탄 지체장애 유아 먼저 이동한다.

(4) 동시

〈놀이 상황 관찰 기록〉

상황 1

교사는 만 3세 유아들이 자기 자신에게 관심을 가지게 되자 유아들과 다양한 놀이를 하였다. 유아들과 사진 액자를 만들어 꾸미기도 하고, 거울을 보고 여러 가지 표정을 지으며 놀기도 했으며, 벽에 유아들의 키를 기록하는 판을 만들기도 했다. 어제는 유아들과 함께 레고 블록으로 나의 몸을 만들어보기도 했다.

상황 2

A 유아 : 너 몇 살이야?
B 유아 : (열 손가락을 모두 펴며) 나는 다섯 살이야.
A 유아 : (세 손가락을 펴며) 나는 백 살이야.

〈교사의 고민〉

만 3세 유아들이 자신에 대해 흥미를 보이기 시작하면서 자신의 나이에도 관심을 갖게 되었다. 두 교사는 유아들의 흥미를 고려하여 재미있는 동시 활동을 진행하고자하나, 숫자를 거꾸로 셀 수 있는 유아, 숫자를 순차적으로 셀 수 있는 유아, 숫자를 기계적으로 셀 수 있으나 손가락과 일대일 대응에 어려움이 있는 유아 등 수 개념에 대한 유아들의 현행 수준이 모두 달라 어떻게 활동을 진행해야 할지 고민이다.

〈개별 유아 특성〉

일반유아 15명	숫자를 10까지 순차적으로 또는 거꾸로 셀 수 있음. '나'에 관심이 많으나 동시활동 경험이 없음.
○○ (발달지체)	1부터 10까지 숫자를 기계적으로 셀 수 있으나 손가락과 일대일로 대응하는 것에는 성인이나 또래의 도움이 필요함. 두 단어 수준으로 발화할 수 있고 조사나 접속사 등을 사용하는 것에 어려움이 있음. 선호하는 일반유아가 있음.
△△ (청각장애)	양쪽 귀에 인공와우를 착용하고 있음. 활동 중 집중하지 못하고 인공와우의 체외부에 손을 가져다 대고, 큰 소리를 들으면 놀라서 우는 행동 특성을 보임.
□□ (자폐성장애)	자신의 생각과 느낌을 한 단어 수준의 반향어로 나타냄. 자신뿐만 아니라 또래에게 전혀 관심이 없으며 활동 중 정해진 자리에 5분 정도 착석할 수 있음. 손가락을 정교하게 움직이는 소근육 조절에 어려움이 있음.

〈수업 조건 및 유의사항〉

- 유아의 놀이 흐름을 고려하시오.
- 공간, 자료, 상호작용, 안전 관련 지원 방안을 포함하시오.
- 개별 장애 유아의 특성에 따른 중재방안을 한 가지씩 포함하시오.
- 협력교수를 실시하시오. 이때 교사 간 협의 내용과 각 교사의 역할을 포함하시오.
- 특수교육실무사 1명이 배치되어 있다고 가정하시오.
- 도입-전개-마무리를 포함하고, 전시활동과 확장활동을 안내하시오.

📖 〈동시 '다섯 살 (이경우, 1993)'〉

애들아! 날 좀 봐! / 나, 다섯 살이다
하나, 둘, 셋, 넷, 다섯 / 이렇게 다섯 살이다
어제 네 살은 '안녕'했다 / 넷, 셋, 둘, 하나, 안녕!
애들아! 날 좀 봐! / 나, 다섯 살이다
일, 이, 삼, 사, 오 / 나, 다섯 살 됐다.

○○○○학년도 공립 특수학교(유치원) 교사 임용후보자 선정경쟁시험(2차시험)
교수·학습과정안 작성 답안지(앞)

수험번호		성명	
		관리번호	

학습목표	가 : 동시를 듣고 자신의 생각을 문장으로 표현할 수 있다. 나 : 동시를 듣고 또래를 모방하여 손가락으로 나이를 셀 수 있다. 다 : 성인의 신체적 촉진을 받아 손가락으로 나이를 셀 수 있다.

학습단계		교수·학습활동				시간(분)	자료 및 유의점
		교사 활동	유아 활동				
			가	나	다		
도입	주의집중	◎ '모여라' 노래로 주의를 집중시킨다. - 모여라 모두 모여, 기쁨반 모여라. - 모두 이야기 매트로 모여요.	- 노래를 듣고 모여 앉는다.			5분	㉮ 유아 작품, 기쁨반 우체통 ㉯ 수업 전 청각장애 유아의 인공와우 상태를 점검하고, 노래 부르기 전 사전 안내한다. ㉰ 두 교사는 발달지체 유아가 선호하는 또래 옆에 앉도록 하여 참여도를 높이기로 한다.
	전시활동 상기	◎ 유아 작품을 소개하며 '자유놀이' 전시활동을 회상한다. - 자유놀이시간에 어떤 놀이를 했나요? - 이 작품은 누가 만든 것인가요?	- 문장 수준으로 답한다.	- 두 단어로 답한다.	- 또래를 모방해 답한다.		
	동기유발	◎ '기쁨반 우체통'으로 동기유발한다. - 우리 반 우체통에 편지가 왔어요. 편지를 읽어보세요.	- 교사의 말을 경청한다.				
	활동소개	◎ '동시 활동'을 소개한다. - 오늘은 함께 동시를 읊어볼 거예요. - 동시는 무엇일까요?	- 문장 수준으로 답한다.	- 또래의 말을 경청한다.			
	강화예고	◎ '손가락 스티커' 강화를 예고한다. - 바른 자세로 동시를 듣고 함께 읊는 어린이들에게는 손가락 스티커를 선물로 줄게요.	- 교사의 말을 경청한다.				
전개	활동1 : 동시 내용에 대해 이야기 나누기	◎ 일반교사가 동시를 소개한다. - 오늘 읊어볼 동시의 제목은 '다섯 살'이에요. 이경우라는 사람이 지었어요.	- 교사의 말을 경청한다.			10분	㉮ 동시판, 배경 음악 ㉯ 발달지체 유아가 말로 수를 세며 손가락을 펼 수 있도록 또래 모방 기회를 제공한다. ㉰ 발달지체 유아와 자폐성장애 유아의 불완전한 문장과 반향어를 교사가 완전한 문장으로 확장/확대하여 준다.
		◎ 특수교사가 배경 음악을 틀고 동시를 읊어준다.	- 동시를 듣는다.				
		◎ 일반교사와 느낌에 대해 이야기 나눈다. - 동시를 들어보니 어떤 느낌이 드나요? - 동시에서 주인공은 몇 살이라고 했나요? - 손가락으로 다섯 살을 한 번 나타내보세요. 일, 이, 삼, 사, 오	- 동시를 듣고 자신의 생각을 문장으로 답한다.	- 또래를 모방해서 손가락으로 나이를 센다.	- 신체적 촉진을 받아 손가락으로 나이를 센다.		
		◎ 특수교사가 다시 배경 음악에 동시를 읊어준다. - 동시를 한 번 더 읊을 테니 손가락으로 다섯을 세어요.	- 손가락으로 숫자를 세며 동시를 듣는다.				
		◎ 일반교사와 동시말에 대해 이야기하면서 동시판을 완성한다.					

○○○○학년도 공립 특수학교(유치원) 교사 임용후보자 선정경쟁시험(2차시험)
교수·학습과정안 작성 답안지(뒤)

| 수험번호 | | 성명 | |
| | | 관리번호 | |

학습단계		교수·학습활동				시간(분)	자료 및 유의점
		교사 활동	유아 활동				
			가	나	다		
전개	활동2 : 동시 읊어보기	◎ 특수교사와 다양한 방법으로 나누어 낭송한다. - 손가락으로 세면서 함께 읊어볼 거예요. 처음에는 선생님과 함께 읊어요. - 이제 빨간색 동시말은 선생님이, 파란색 동시말은 어린이들이 읊어요. - 앞에 나와서 동시를 읊어보고 싶은 어린이가 있나요? 친구들이 다치지 않게 매트를 빙 둘러서 나오세요. ◎ 일반교사와 다 함께 읊는다. - 다 함께 처음부터 끝까지 읊어요.	- 교사의 안내에 따라 동시를 읊는다.	- 또래를 모방하여 손가락으로 나이를 세며 동시를 읊는다.	- 교사의 신체적 촉진을 받아 손가락으로 나이를 세며 동시를 읊는다.	5분	㉕ 두 교사가 팀티칭한다. ㉖ 청각장애 유아가 인공와우에 손을 대지 않도록 언어적 촉진을 제공한다. ㉗ 자폐성장애 유아에게 5분마다 탈석 기회를 제공한다.
마무리	평가	◎ '동시 활동'을 평가한다. - 다섯 살을 손가락으로 한 번 나타내보세요. - 옆에 있는 친구들이 손가락을 잘 펴고 있는지 함께 확인해봐요.	- 손가락을 편다.	- 또래를 모방하여 손가락을 편다.	- 교사의 도움을 받아 손가락을 편다.	5분	㉘ 손가락 스티커 ㉙ 특수교육실무사는 자폐성장애 유아의 소근육 조절을 돕는다. 두 교사는 자폐성장애 유아가 또래에게 관심 갖도록 친구의 손을 서로 확인할 기회를 제공하기로 한다.
	강화제공	◎ '손가락 스티커' 강화를 제공한다. - 바른 자세로 동시를 듣고 함께 읊은 어린이들에게는 손가락 스티커를 선물로 줄게요.	- "네"라고 대답한다. ➔				
	확장활동 소개	◎ 확장활동에 대해 이야기 나눈다. - 손가락 게임을 해봐요. 집에 가서 가족들의 나이는 손가락으로 어떻게 나타낼 수 있을지 생각해보세요.	- 확장활동으로 할 수 있는 놀이에 대해 생각한다.				
	전이	◎ '점심시간'으로 전이한다. - 앞줄에 앉은 어린이들 먼저 일어나서 화장실에 가서 손을 씻어요.	- 교사의 안내에 따라 화장실로 이동한다.		- 일반유아와 이동한다.		

평가내용	가 : 동시를 듣고 자신의 생각을 문장으로 표현할 수 있는가? 나 : 동시를 듣고 또래를 모방하여 손가락으로 나이를 셀 수 있는가? 다 : 성인의 신체적 촉진을 받아 손가락으로 나이를 셀 수 있는가?
평가도구 및 방법	평가도구 : 관찰법 및 포트폴리오 평가시기 : 활동 중 및 활동 후

(1) 도입

① 주의집중

* 교사 활동
  ◎ '모여라' 노래로 주의를 집중시킨다.
  - 모여라 모두 모여. 기쁨반 모여라.
  - 모두 이야기 매트로 모여요.

* 유아 활동
  - (가)(나)(다) : 노래를 듣고 모여 앉는다.

② 전시활동 상기

* 교사 활동
  ◎ 유아 작품을 소개하며 '자유놀이' 전시활동을 회상한다.
  - 자유놀이시간에 어떤 놀이를 했나요?
  - 이 작품은 누가 만든 것인가요?

* 유아 활동
  - (가) : 문장 수준으로 답한다.
  - (나) : 두 단어로 답한다.
  - (다) : 또래를 모방해 답한다.

③ 동기유발

* 교사 활동
  ◎ '기쁨반 우체통'으로 동기유발한다.
  - 우리 반 우체통에 편지가 왔어요. 편지를 읽어보세요.

* 유아 활동
  - (가)(나)(다) : 교사의 말을 경청한다.

④ 활동소개

* 교사 활동
  ◎ '동시 활동'을 소개한다.
  - 오늘은 함께 동시를 읊어볼 거예요.
  - 동시는 무엇일까요?

* 유아 활동
  - (가) : 문장 수준으로 답한다.
  - (나)(다) : 또래의 말을 경청한다.

⑤ 강화예고

* 교사 활동

◎ '손가락 스티커' 강화를 예고한다.
- 바른 자세로 동시를 듣고 함께 읊는 어린이들에게는 손가락 스티커를 선물로 줄 게요.
* 유아 활동
- (가)(나)(다) : 교사의 말을 경청한다.
⑥ 도입의 자료 및 유의점
㉮ 유아 작품, 기쁨반 우체통
㉯ 수업 전 청각장애 유아의 인공와우 상태를 점검하고, 노래 부르기 전 사전 안내한다.
㉰ 두 교사는 발달지체 유아가 선호하는 또래 옆에 앉도록 하여 참여도를 높이기로 한다.

(2) 전개

① 활동1 : 동시 내용에 대해 이야기나누기
* 교사 활동
◎ 일반교사가 동시를 소개한다.
- 오늘 읊어볼 동시의 제목은 '다섯 살'이에요. 이경우라는 사람이 지었어요.
◎ 특수교사가 배경 음악을 틀고 동시를 읊어준다.
◎ 일반교사와 느낌에 대해 이야기 나눈다.
- 동시를 들어보니 어떤 느낌이 드나요?
- 동시에서 주인공은 몇 살이라고 했나요?
- 손가락으로 다섯 살을 한 번 나타내보세요. 일, 이, 삼, 사, 오
◎ 특수교사가 다시 배경 음악에 동시를 읊어준다.
- 동시를 한 번 더 읊을 테니 손가락으로 다섯을 세어요.
◎ 일반교사와 동시말에 대해 이야기하면서 동시판을 완성한다.
* 유아 활동
◎ - (가)(나)(다) : 교사의 말을 경청한다.
◎ - (가)(나)(다) : 동시를 듣는다.
◎ - (가) : 동시를 듣고 자신의 생각을 문장으로 답한다.
- (나) : 또래를 모방해서 손가락으로 나이를 센다.
- (다) : 신체적 촉진을 받아 손가락으로 나이를 센다.
◎ - (가)(나)(다) : 손가락으로 숫자를 세며 동시를 듣는다.

② 자료 및 유의점
㉮ 동시판, 배경 음악
㉯ 발달지체 유아가 말로 수를 세며 손가락을 펼 수 있도록 또래 모방 기회를 제공한다.
㉰ 발달지체 유아와 자폐성장애 유아의 불완전한 문장과 반향어를 교사가 완전한 문장으로 확장/확대하여 준다.

③ 활동2 : 동시 읊어보기
  * 교사 활동
    ◎ 특수교사와 다양한 방법으로 나누어 낭송한다.
      - 손가락으로 세면서 함께 읊어볼 거예요. 처음에는 선생님과 함께 읊어요.
      - 이제 빨간색 동시말은 선생님이, 파란색 동시말은 어린이들이 읊어요.
      - 앞에 나와서 동시를 읊어보고 싶은 어린이가 있나요? 친구들이 다치지 않게 매트를 빙 둘러서 나오세요.
    ◎ 일반교사와 다 함께 읊는다.
      - 다 함께 처음부터 끝까지 읊어요.
  * 유아 활동
    - (가) : 교사의 안내에 따라 동시를 읊는다.
    - (나) : 또래를 모방하여 손가락으로 나이를 세며 동시를 읊는다.
    - (다) : 교사의 신체적 촉진을 받아 손가락으로 나이를 세며 동시를 읊는다.

④ 자료 및 유의점
  ㉮ 두 교사가 팀티칭한다.
  ㉮ 청각장애 유아가 인공와우에 손을 대지 않도록 언어적 촉진을 제공한다.
  ㉮ 자폐성장애 유아에게 5분마다 탈석 기회를 제공한다.

(3) 마무리
  ① 평가
    * 교사 활동
      ◎ '동시 활동'을 평가한다.
        - 다섯 살을 손가락으로 한 번 나타내보세요.
        - 옆에 있는 친구들이 손가락을 잘 펴고 있는지 함께 확인해봐요.
    * 유아 활동
      - 손가락을 편다.
      - 또래를 모방하여 손가락을 편다.
      - 교사의 도움을 받아 손가락을 편다.
  ② 강화제공
    * 교사 활동
      ◎ '손가락 스티커' 강화를 제공한다.
        - 바른 자세로 동시를 듣고 함께 읊은 어린이들에게는 손가락 스티커를 선물로 줄게요.
    * 유아 활동
      - (가)(나)(다) : "네"라고 대답한다.

③ 확장활동 소개
- * 교사 활동
    - ◎ 확장활동에 대해 이야기 나눈다.
        - 손가락 게임을 해봐요. 집에 가서 가족들의 나이는 손가락으로 어떻게 나타낼 수 있을지 생각해보세요.
- * 유아 활동
    - (가)(나)(다) : 확장활동으로 할 수 있는 놀이에 대해 생각한다.

④ 전이
- * 교사 활동
    - ◎ '점심시간'으로 전이한다.
        - 앞줄에 앉은 어린이들 먼저 일어나서 화장실에 가서 손을 씻어요.
- * 유아 활동
    - (가)(나) : 교사의 안내에 따라 화장실로 이동한다.
    - (다) : 일반유아와 이동한다.

⑤ 자료 및 유의점
- ㉓ 손가락 스티커
- ㉔ 특수교육실무사는 자폐성장애 유아의 소근육 조절을 돕는다. 두 교사는 자폐성장애 유아가 또래에게 관심 갖도록 친구의 손을 서로 확인할 기회를 제공하기로 한다.

(5) 동극

〈놀이 상황 관찰 기록〉

상황1

지난주 유치원 인근 어린이 도서관에 견학을 다녀온 이후로, 유아들은 우리 동네의 기관들에 관심을 갖게 되었다. 교사는 이러한 유아들에게 '동물 친구들의 동네 산책'이라는 동화를 들려주었다.

상황2

유아들이 동화에 큰 흥미를 보이자 일반교사와 특수교사는 '동물 친구들의 동네 산책' 동극 활동을 계획하였다. 유아들이 직접 동극에 필요한 소품과 머리띠를 제작할 수 있도록 하였고, 동극에 필요한 배경 그림은 교사가 파워포인트를 활용하여 제작하였다. 교사는 유아들의 인원수를 고려하여 오늘 1차 동극을 진행하고, 내일 2차 동극을 재진행할 예정이다.

〈교사의 고민〉

일반교사는 동화 내용을 기반으로 유아들이 우리 동네의 다양한 기관에 대해 알고, 동극 활동에 즐겁게 참여하기를 희망한다. 특수교사는 특수교육대상유아 또한 일반유아들과 함께 동극 활동에 참여할 수 있도록 적절한 지원을 제공하고자 한다. 두 교사는 모든 유아들의 참여를 위해 교실 내 공간을 어떻게 활용해야 할지, 어떤 자료들을 제공해야할지, 어떻게 유아들 간 상호작용을 증진할 수 있을지 고민이다.

〈개별 유아 특성〉

일반유아 17명	우리 동네의 다양한 건물들에 관심이 많으나 동극 활동 경험이 없음. 자신이 맡은 역할의 대사와 동작을 기억하기 위해 교사의 해설이 필요함. 장애 유아와의 통합 경험이 풍부함.
○○ (발달지체)	5분 이상 활동에 착석하는 것이 어려움. 자신의 의사를 한 문장으로 표현할 수 있으나 존댓말 사용에 어려움이 있음. 특수교육실무사와 교사를 포함한 성인과 긍정적인 관계를 형성하고 있어 성인의 지시를 잘 따르는 행동 특성을 보이나 활동 중 약속을 기억하고 지키는 것에 어려움이 있음.
△△ (자폐성장애)	감각 역치가 낮아 촉각에 예민함. 자신의 의사를 한 단어 수준으로 표현하나 교사가 확장·확대해주면 이를 모방하여 문장 수준으로 발화할 수 있음. 또래에게 관심이 없음.
□□ (지체장애)	근이영양증 유아로 휠체어를 사용하여 유치원 일과에 참여함. 동물에 대한 선호가 높고 특히 토끼를 가장 좋아함. 표현언어의 어려움이 있어 AAC를 활용함. 침을 자주 흘려 또래로부터 거부당한 경험이 있어 또래와 함께 하는 활동 참여에 소극적임.

〈수업 조건 및 유의사항〉

- 유아의 놀이 흐름을 고려하시오. 이때, 두 명 이상의 특수교육대상유아가 동극 등장인물 역할로 참여할 수 있도록 활동을 계획하시오.
- 공간, 자료, 상호작용, 안전 관련 지원 방안을 포함하시오.
- 개별 장애 유아의 특성에 따른 중재방안을 한 가지씩 포함하시오.
- 협력교수를 실시하시오. 이때 교사 간 협의 내용과 각 교사의 역할을 포함하시오.
- 특수교육실무사 1명이 배치되어 있다고 가정하시오.
- 도입-전개-마무리를 포함하고, 전시활동과 확장활동을 안내하시오.

〈동화 '동물 친구들의 동네 산책' 동극용 대본 (교육과학기술부, 2009)〉

등장인물 : 해설, 토순이, 멍멍이, 꿀꿀이, 염소, 경찰 아저씨, 소방관 아저씨

해설 : 깡충깡충 토순이는 심심해서 산책을 하려고 모자를 쓰고 집을 나왔어요. 토순이는 우체국 앞에서 멍멍이를 만났어요.
토순이 : 멍멍아! 안녕! 우리 같이 산책하러 갈래?
멍멍이 : 그래. 내가 편지 부치고 올게. 잠깐만 기다려줘.
해설 : 토순이와 멍멍이는 산책을 가다가 경찰서 앞에서 경찰 아저씨를 만났어요.
토순이, 멍멍이 : 경찰 아저씨! 안녕하세요?
경찰 아저씨 : 안녕? 토순이와 멍멍이는 어디를 가니?
토순이, 멍멍이 : 우리는 산책을 가는 길이에요.
경찰 아저씨 : 그래. 길 다닐 때 차 조심하고 다니거라.
해설 : 토순이와 멍멍이는 산책을 가다가 슈퍼마켓 앞에서 꿀꿀이를 만났어요. 꿀꿀이는 과자를 사고 있었어요.
토순이, 멍멍이 : 꿀꿀아! 안녕? 우리 같이 산책하러 갈래?
꿀꿀이 : 그래. 내가 산 과자도 같이 나누어 먹자.
해설 : 토순이와 멍멍이와 꿀꿀이는 산책을 가다가 병원 앞에서 염소를 만났어요. 병원에는 아픈 환자들이 아주 많았어요.
토순이, 멍멍이, 꿀꿀이 : 염소야! 안녕? 우리 같이 산책하러 갈래?
염소 : 그래. 같이 가자.
해설 : 토순이와 멍멍이와 꿀꿀이와 염소는 산책을 가다가 소방서 앞에서 소방관 아저씨를 만났어요.
토순이, 멍멍이, 꿀꿀이, 염소 : 아저씨 안녕하세요? 아저씨는 무얼 하세요?
소방관 아저씨 : 나는 우리 친구들 집에 불이 났을 때 도와주려고 기다리고 있단다.
토순이, 멍멍이, 꿀꿀이, 염소 : 그래요! 아저씨, 고맙습니다. 안녕히 계세요.
해설 : 토순이와 멍멍이와 꿀꿀이와 염소는 공원에 가서 맛있는 과자를 나누어 먹고 사이좋게 놀았답니다.

○○○○학년도 공립 특수학교(유치원) 교사 임용후보자 선정경쟁시험(2차시험)
교수·학습과정안 작성 답안지(앞)

수험번호		성명	
		관리번호	

학습목표	가 : 등장인물의 특성을 말과 동작으로 표현할 수 있다. 나 : 교사의 언어적 촉진을 받아 동극 대사를 표현할 수 있다. 다 : AAC를 사용하여 동극 대사를 표현할 수 있다.

학습단계		교수·학습활동				시간(분)	자료 및 유의점
		교사 활동	유아 활동				
			가	나	다		
도입	주의집중	◎ '사랑해' 노래로 주의를 집중시킨다. - 선생님은 ○○이를 사랑해, 사랑해! - 모두 잘 모여주었어요.	- "사랑해"라고 답한다.		- AAC로 답한다	10분	㉮ 동기유발 자료, AAC ㉯ 두 교사가 팀티칭하기로 협의한다. ㉰ 특수교육실무사는 발달지체 유아가 선호하는 공룡의자에 착석하도록 돕는다. ㉱ 지체장애 유아가 스스로 침 닦도록 손수건을 손목에 묶어준다.
	전시활동 상기	◎ '동화' 전시활동을 상기시킨다. - 책의 제목은 무엇이었나요?	- 질문에 답한다. →		- AAC로 답한다.		
	동기유발	◎ '그림자 보고 동물 맞히기'로 동기를 유발한다. - 어떤 동물의 그림자일까요?	- 질문에 답한다. →		- AAC로 답한다.		
	활동소개	◎ '동극 활동'을 소개한다. - 오늘은 '동물 친구들의 동네 산책'을 동극으로 나타내볼 거예요. - 동극이 무엇일까요?	- 교사의 말을 경청한다. ————→				
	강화예고	◎ '동극왕 스티커' 강화를 예고한다. - 약속을 잘 지키며 동극 활동을 하는 어린이들에게는 동극왕 스티커를 선물로 줄게요.	- 교사의 말을 경청한다. ————→				
전개	활동1 : 동극 준비하기	◎ 특수교사와 동화를 회상하며 대사를 연습한다. - 토순이가 어떻게 인사했나요? - 토순이와 멍멍이가 길을 가다가 누구를 만났나요? ◎ 일반교사와 무대를 꾸민다. - 동극 무대를 어떻게 꾸며볼까요? ◎ 특수교사와 역할을 정한다. - 토순이 역할을 하고 싶은 어린이 있나요? - 멍멍이 역할을 하고 싶은 어린이 있나요? ◎ 일반교사와 약속을 정한다. - 안전하고 즐겁게 동극을 하기 위해서는 어떤 약속이 필요할까요? ◎ 특수교사와 공간을 정한다. - 동물 역할을 맡은 어린이들은 어디서 기다리는 것이 좋을까요? - 어디로 등장하는 것이 좋을까요?	- 문장으로 답한다. - 손을 든다. ————→ - 문장으로 답한다.	- 교사의 언어적 촉진을 받아 문장으로 답한다. - 교사의 언어적 촉진을 받아 문장으로 답한다.	- AAC로 답한다. - AAC로 답한다.	20분	㉲ 동화책, 유아들이 제작한 동극 소품 및 머리띠, 동극 배경 그림 ppt 자료, 빔프로젝터, 약속판 ㉳ 약속판으로 발달지체 유아에게 자주 약속을 상기시킨다. ㉴ 촉각 예민한 자폐성장애 유아에게 목걸이 대신 역할스티커를 붙여준다.

Chapter 02 실전 연습문제

○○○○학년도 공립 특수학교(유치원) 교사 임용후보자 선정경쟁시험(2차시험)
교수·학습과정안 작성 답안지(뒤)

수험번호 [   ]   성명 [   ]
관리번호 [   ]

학습단계		교수·학습활동				시간(분)	자료 및 유의점
		교사 활동	유아 활동				
			가	나	다		
전개	활동2 : 동극하기	◎ 일반교사와 역할을 소개한다. - 안녕하세요, 저는 해설을 맡은 기쁨반 선생님입니다. - 한 명씩 역할을 소개해요. ◎ 두 교사와 함께 동극을 한다. - 지금부터 기쁨반의 '동물 친구들의 동네 산책' 동극을 시작하겠습니다. - (다) : 토순이는 "멍멍아! 안녕! 우리 산책하러 갈래?"라고 말했어요. - (나) : 멍멍이는 경찰 아저씨에게 "안녕하세요?"라고 말했어요. 경찰 아저씨는 멍멍이보다 나이가 많은 어른이시기 때문에 아주 공손하게 존댓말을 사용했네요. - 동극에 참여한 어린이들 모두 모여서 관객들에게 인사드려요. ◎ 특수교사와 무대를 정리한다. - 무대 정리를 도와줄 어린이 있나요?	- 역할을 소개한다. - 등장인물의 특성을 말과 동작으로 표현한다. - 인사한다. ───▶ - 무대를 정리한다. ───▶	- 친구를 모방하여 역할을 소개한다. - 교사의 언어적 촉진을 받아 동극 대사를 표현한다.	- AAC로 역할을 소개한다. - AAC를 사용하여 동극 대사를 표현한다.	10분	㉮ 지체장애 유아가 토끼 역할을 하여 활동 참여를 높이고 교사는 AAC에 대사를 사전 녹음한다. ㉯ 발달지체 유아가 존댓말을 사용하도록 언어적 촉진한다. ㉰ 자폐성장애 유아의 말을 확대/확장해준 후 이를 모방하도록 한다.
마무리	평가 강화제공 확장활동 소개 전이	◎ '동극 활동'을 평가한다. - 동극에는 누가 나왔나요? - 동극에서 등장인물 역할을 한 어린이들은 어떤 기분이 들었나요? - 어떤 점을 바꾸면 더 재미있는 2차 동극을 할 수 있을까요? ◎ '동극왕 스티커' 강화를 제공한다. ◎ 확장활동에 대해 이야기 나눈다. - 동극 소품을 더 만들거나, 여러 가지 악기로 동극에 필요한 배경 음악을 연주해봐도 좋아요. ◎ '점심시간'으로 전이한다. - 소품을 만들어준 어린이들부터 화장실에 가서 손을 씻어요.	- 교사의 질문에 문장으로 답한다. - 확장활동으로 할 수 있는 놀이에 대해 생각한다. - 교사의 안내에 따라 이동한다. ───▶		- 교사의 질문에 AAC로 답한다.	10분	㉱ 동극왕 스티커 ㉲ 자폐성장애 유아가 강화제를 나눠주도록 역할 부여한다. ㉳ 일반유아가 지체장애 유아의 휠체어를 밀도록 해 또래 상호작용 경험을 제공한다.

평가내용	가 : 등장인물의 특성을 말과 동작으로 표현할 수 있는가? 나 : 교사의 언어적 촉진을 받아 동극 대사를 표현할 수 있는가? 다 : AAC를 사용하여 동극 대사를 표현할 수 있는가?
평가도구 및 방법	평가도구 : 관찰법 및 포트폴리오 평가시기 : 활동 중 및 활동 후

(1) 도입

　① 주의집중

　　　* 교사 활동

　　　　◎ '사랑해' 노래로 주의를 집중시킨다.
　　　　　　- 선생님은 ○○이를 사랑해, 사랑해!
　　　　　　- 모두 잘 모여주었어요.

　　　* 유아 활동

　　　　　- (가)(나) : "사랑해"라고 답한다.
　　　　　- (다) : AAC로 답한다

　② 전시활동 상기

　　　* 교사 활동

　　　　◎ '동화' 전시활동을 상기시킨다.
　　　　　　- 책의 제목은 무엇이었나요?

　　　* 유아 활동

　　　　　- (가)(나) : 질문에 답한다.
　　　　　- (다) : AAC로 답한다.

　③ 동기유발

　　　* 교사 활동

　　　　◎ '그림자 보고 동물 맞히기'로 동기를 유발한다.
　　　　　　- 어떤 동물의 그림자일까요?

　　　* 유아 활동

　　　　　- (가)(나) : 질문에 답한다.
　　　　　- (다) : AAC로 답한다.

　④ 활동소개

　　　* 교사 활동

　　　　◎ '동극 활동'을 소개한다.
　　　　　　- 오늘은 '동물 친구들의 동네 산책'을 동극으로 나타내볼 거예요.
　　　　　　- 동극이 무엇일까요?

　　　* 유아 활동

　　　　　- (가)(나)(다) : 교사의 말을 경청한다.

　⑤ 강화예고

　　　* 교사 활동

　　　　◎ '동극왕 스티커' 강화를 예고한다.

- 약속을 잘 지키며 동극 활동을 하는 어린이들에게는 동극왕 스티커를 선물로 줄게요.
* 유아 활동
    - (가)(나)(다) : 교사의 말을 경청한다.
⑥ 도입의 자료 및 유의점
    ㉑ 동기유발 자료, AAC
    ㉒ 두 교사가 팀티칭하기로 협의한다.
    ㉓ 특수교육실무사는 발달지체 유아가 선호하는 공룡 의자에 착석하도록 돕는다.
    ㉔ 지체장애 유아가 스스로 침 닦도록 손수건을 손목에 묶어준다.

(2) 전개

① 활동1 : 동극 준비하기
* 교사 활동
    ◎ 특수교사와 동화를 회상하며 대사를 연습한다.
        - 토순이가 어떻게 인사했나요?
        - 토순이와 멍멍이가 길을 가다가 누구를 만났나요?
    ◎ 일반교사와 무대를 꾸민다.
        - 동극 무대를 어떻게 꾸며볼까요?
    ◎ 특수교사와 역할을 정한다.
        - 토순이 역할을 하고 싶은 어린이 있나요?
        - 멍멍이 역할을 하고 싶은 어린이 있나요?
    ◎ 일반교사와 약속을 정한다.
        - 안전하고 즐겁게 동극을 하기 위해서는 어떤 약속이 필요할까요?
    ◎ 특수교사와 공간을 정한다.
        - 동물 역할을 맡은 어린이들은 어디서 기다리는 것이 좋을까요?
        - 어디로 등장하는 것이 좋을까요?
* 유아 활동
    ◎ - (가) : 문장으로 답한다.
        - (나) : 교사의 언어적 촉진을 받아 문장으로 답한다.
        - (다) : AAC로 답한다.
    ◎ - (가)(나)(다) : 손을 든다.
    ◎ - (가) : 문장으로 답한다.
        - (나) : 교사의 언어적 촉진을 받아 문장으로 답한다.
        - (다) : AAC로 답한다.

② 자료 및 유의점
  ㉮ 동화책, 유아들이 제작한 동극 소품 및 머리띠, 동극 배경 그림 ppt 자료, 빔프로젝터, 약속판
  ㉯ 약속판으로 발달지체 유아에게 자주 약속을 상기시킨다.
  ㉰ 촉각 예민한 자폐성장애 유아에게 목걸이 대신 역할스티커를 붙여준다.

③ 활동2 : 동극하기
  * 교사 활동
    ◎ 일반교사와 역할을 소개한다.
      - 안녕하세요. 저는 해설을 맡은 기쁨반 선생님입니다.
      - 한 명씩 역할을 소개해요.
    ◎ 두 교사와 함께 동극을 한다.
      - 지금부터 기쁨반의 '동물 친구들의 동네 산책' 동극을 시작하겠습니다.
      - (다) : 토순이는 "멍멍아! 안녕! 우리 산책하러 갈래?"라고 말했어요.
      - (나) : 멍멍이는 경찰 아저씨에게 "안녕하세요?"라고 말했어요. 경찰 아저씨는 멍멍이보다 나이가 많은 어른이시기 때문에 아주 공손하게 존댓말을 사용했네요.
      - 동극에 참여한 어린이들 모두 모여서 관객들에게 인사드려요.
    ◎ 특수교사와 무대를 정리한다.
      - 무대 정리를 도와줄 어린이 있나요?
  * 유아 활동
    ◎ - (가) : 역할을 소개한다.
      - (나) : 친구를 모방해 역할 소개한다.
      - (다) : AAC로 역할을 소개한다.
    ◎ - (가) : 등장인물의 특성을 말과 동작으로 표현한다.
      - (나) : 교사의 언어적 촉진을 받아 동극 대사를 표현한다.
      - (다) : AAC를 사용하여 동극 대사를 표현한다.
    ◎ - (가)(나)(다) : 인사한다.
    ◎ - (가)(나)(다) : 무대를 정리한다.

④ 자료 및 유의점
  ㉮ 지체장애 유아가 토끼 역할을 하여 활동 참여를 높이고 교사는 AAC에 대사를 사전 녹음한다.
  ㉯ 발달지체 유아가 존댓말을 사용하도록 언어적 촉진한다.
  ㉰ 자폐성장애 유아의 말을 확대/확장해준 후 이를 모방하도록 한다.

(3) 마무리
  ① 평가

* 교사 활동
    ◎ '동극 활동'을 평가한다.
        - 동극에는 누가 나왔나요?
        - 동극에서 등장인물 역할을 한 어린이들은 어떤 기분이 들었나요?
        - 어떤 점을 바꾸면 더 재미있는 2차 동극을 할 수 있을까요?
* 유아 활동
    - (가)(나) : 교사의 질문에 문장으로 답한다.
    - (다) : 교사의 질문에 AAC로 답한다.

② 강화제공
* 교사 활동
    ◎ '동극왕 스티커' 강화를 제공한다.
* 유아 활동

③ 확장활동 소개
* 교사 활동
    ◎ 확장활동에 대해 이야기 나눈다.
        - 동극 소품을 더 만들거나, 여러 가지 악기로 동극에 필요한 배경 음악을 연주해 봐도 좋아요.
* 유아 활동
    - (가)(나)(다) : 확장활동으로 할 수 있는 놀이에 대해 생각한다.

④ 전이
* 교사 활동
    ◎ '점심시간'으로 전이한다.
        - 소품을 만들어준 어린이들부터 화장실에 가서 손을 씻어요.
* 유아 활동
    - (가)(나)(다) : 교사의 안내에 따라 이동한다.

⑤ 자료 및 유의점
    ㉐ 동극왕 스티커
    ㉠ 자폐성장애 유아가 강화제를 나눠주도록 역할 부여한다.
    ㉠ 일반유아가 지체장애 유아의 휠체어를 밀도록 해 또래 상호작용 경험을 제공한다.

(6) 과학

〈놀이 상황 관찰 기록〉

상황1
바깥놀이를 다녀온 유아들이 유치원 놀이터의 나뭇잎을 주워서 반에 가져왔다. 교사는 유아들이 나뭇잎을 놀이에 활용할 수 있도록 잎을 깨끗이 씻은 후 바구니에 내어 주었다. 유아들은 자유놀이시간에 나뭇잎을 돋보기로 관찰하기도 하고, 라이트박스 위에 조약돌과 함께 올려두기도 했으며, 나뭇잎 모양을 본떠 종이에 그림을 그리기도 했다.

상황2
A 유아 : 너는 어떤 나뭇잎을 주워왔어?
B 유아 : 나는 은행잎을 주워왔어.
A 유아 : 우와 은행잎은 정말 크다. 나는 소나무 잎을 주워왔어.
B 유아 : 소나무 잎은 길쭉하게 생겼구나.

〈교사의 고민〉

일반교사와 특수교사는 협력교수를 통해 나뭇잎의 모양과 특성에 관심을 보이는 만 4세 유아들에게 나뭇잎의 잎맥에 관심을 가지고 탐색할 수 있는 기회를 제공하고자 한다. 두 교사는 교사 간 역할을 어떻게 분배할지, 특수교육대상유아를 활동에 어떻게 참여시킬지, 어떤 자료들을 어떻게 활용할지 고민이다.

〈개별 유아 특성〉

일반유아 20명	바깥놀이 중에 나뭇잎을 직접 주워서 교실로 가져와 놀이한 경험이 있음. 자신의 생각을 문장 수준으로 표현할 수 있으며 활동에 적극적으로 참여함. 장애 유아와의 통합교육 경험이 풍부함.
○○ (발달지체)	자신의 생각을 한 두 단어로 표현할 수 있음. 동식물에 관심이 많고 본인이 관심 있는 활동을 할 때에는 착석하지 않고 교사의 앞으로 걸어 나오는 문제행동을 보임. 활동 중에 주변을 돌아보는 행동 특성이 있음.
△△ (청각장애)	청력의 손상으로 양이에 보청기를 착용함. 자신의 생각을 한 두 단어 수준으로 표현할 수 있으나 말을 더듬는 특성이 있음. 심리적인 위축으로 인해 또래와의 상호작용에 소극적임.
□□ (지적장애)	교사의 질문에 그림카드를 선택해서 대답할 수 있음. 무료할 때 옆에 있는 친구의 머리를 잡아당기는 문제행동을 보임. 활동 자료를 당기거나 찢곤 하며 특수교육실무사의 지시를 잘 따르지 않음.

〈수업 조건 및 유의사항〉

- 유아의 놀이 흐름을 고려하여 활동유형은 자유롭게 선정하시오.
- 공간, 자료, 상호작용, 안전 관련 지원 방안을 포함하시오.
- 개별 장애 유아의 특성에 따른 중재방안을 한 가지씩 포함하시오.
- 협력교수를 실시하시오. 이때 교사 간 협의 내용과 각 교사의 역할을 포함하시오.
- 특수교육실무사 1명이 배치되어 있다고 가정하시오.
- 도입-전개-마무리를 포함하고, 전시활동과 확장활동을 안내하시오.

○○○○학년도 공립 특수학교(유치원) 교사 임용후보자 선정경쟁시험(2차시험)

교수·학습과정안 작성 답안지(앞)

수험번호		성명	
		관리번호	

학습목표	가 : 관찰한 내용을 문장 수준으로 표현할 수 있다. 나 : 구조화된 질문에 따라 관찰한 내용을 한두 단어로 표현할 수 있다. 다 : 관찰한 내용에 대한 설명을 듣고 그림카드를 선택해서 말할 수 있다.

학습단계		교수·학습활동				시간(분)	자료 및 유의점
		교사 활동	유아 활동				
			가	나	다		
도입	주의집중	◎ 하이파이브를 하며 주의집중시킨다. - 기쁨반 어린이들 모두 모였나요? 친구들이 모두 모였는지 옆에 있는 친구들과 하이파이브 해요.	- 교사의 안내에 따라 옆에 앉은 친구들과 하이파이브 한다.			5분	㉮ 사진자료, 궁금상자, 그림카드 ㉯ 사전에 교사가 지적장애 유아에게 상황이야기를 들려주어 머리 잡아 당기기 문제행동을 예방한다. ㉰ 교사는 활동 전 청각장애 유아의 보청기 상태를 점검한다. ㉱ 발달지체 유아가 착석을 유지하도록 파워카드를 보여주고, 유아가 선호하는 호랑이 의자에 앉도록 한다.
	전시활동 상기	◎ 사진자료를 보고 '자유놀이' 전시활동을 상기시킨다. - 어린이들이 무엇을 가지고 놀이하고 있나요?	- 문장 수준으로 답한다.	- 구조화된 질문에 한두 단어 수준으로 답한다.	- 그림카드를 선택해서 답한다.		
	동기유발	◎ '궁금상자'로 동기를 유발한다. - 궁금상자에 무엇이 들어있을까요? - 소리를 들어보세요. / 냄새를 맡아보세요. / 손으로 만져보세요.					
	활동소개	◎ '과학 활동'을 소개한다. - 오늘은 어린이들이 주워온 나뭇잎을 함께 관찰해보는 시간이에요. - 관찰이 무슨 말일까요?	- 교사의 말을 경청한다. ⎯⎯⎯⎯⎯→				
	강화예고	◎ '나뭇잎 모양 이름 스티커'로 강화를 예고한다. - 약속을 지키며 과학 활동에 적극적으로 참여하는 어린이들에게는 나뭇잎 모양 이름 스티커를 선물로 줄게요.	- 교사의 말을 경청한다. ⎯⎯⎯⎯⎯→				
전개	활동1 : 과학 활동에 대해 이야기 나누기	◎ 준비물과 도구를 탐색한다. - 어린이들이 어떤 나뭇잎을 주워왔는지 볼까요? ◎ 활동 방법을 예측을 한다. - 나뭇잎을 어떻게 관찰할 수 있을까요? ◎ 관찰 결과를 예측한다. - 소나무 잎을 솔잎이라고 해요. 솔잎은 어떤 모양일까요?	- 문장 수준으로 답한다.	- 구조화된 질문에 한두 단어 수준으로 답한다.	- 그림카드를 선택해서 답한다.	20분	㉮ 다양한 종류의 나뭇잎, OHP ㉯ 전개 단계는 두 교사가 모둠을 둘로 나눠 평행교수를 진행하고, 한 모둠은 특수학급 공간을 이용한다.

○○○○학년도 공립 특수학교(유치원) 교사 임용후보자 선정경쟁시험(2차시험)
교수·학습과정안 작성 답안지(뒤)

수험번호		성명	
		관리번호	

학습단계		교수·학습활동				시간(분)	자료 및 유의점
		교사 활동	유아 활동				
			가	나	다		
전개	활동2 : 과학 활동하기	◎ 관찰하고 기록한다. - (가) : OHP 기계로 확대해서 보여줄게요. 은행잎을 자세히 보니 어떻게 생겼나요? - 나뭇잎에 보이는 작은 선들을 잎맥이라고 해요. - (나) : 은행잎의 잎맥은 어떤 모양인가요? 길쭉한가요, 동그랗나요? - (다) : 은행잎의 잎맥이 어떻게 생겼는지 그림카드로 골라보세요. 친구가 뭐라고 했는지 잘 생각하면서 골라봐요. - 그래요. 은행잎에는 잎맥이 숫자 1 모양으로 무수히 많이 나타나있어요. 칠판 앞에 나와서 은행잎 잎맥의 모양을 그려줄 어린이 있나요? - 앞으로 나올 때는 친구들과 부딪히지 않도록 안전하게 의자 뒤로 둘러서 나오세요. ◎ 정리한다. - 나뭇잎을 제 자리에 정리해줄 어린이 있나요?	- 관찰한 내용을 문장 수준으로 말한다. - 칠판 앞에 나와 관찰한 내용을 기록한다.	- 관찰한 내용에 대한 교사의 구조화된 질문에 한두 단어 수준으로 말한다.	- 관찰한 내용에 대한 설명을 듣고, 그림카드에서 선택해서 말한다. - 과학 활동을 정리한다.	5분	㉮ 칠판, 마커, 약속판 ㉯ 발달지체 유아가 활동 중 주변을 돌아보면 등에 손을 얹도록 특수교육실무사와 사전 협의한다. ㉰ 지적장애 유아가 활동자료를 찢지 않도록 교사가 직접 약속을 상기시킨다. ㉱ 청각장애 유아가 일반유아와 함께 상호작용할 수 있는 기회를 제공한다.
마무리	평가 강화제공 확장활동 소개 전이	◎ '과학 활동'을 평가한다. - 어떤 것이 가장 재미있었나요? - 관찰 중에 가장 어려웠던 점은 무엇인가요? ◎ '나뭇잎 모양 이름 스티커' 강화를 제공한다. ◎ 확장활동에 대해 이야기 나눈다. - 나뭇잎 잎맥 그림을 그리거나 '나뭇잎' 노래를 듣고 악기를 연주해요. ◎ '하원'으로 전이한다.	- 교사의 질문에 답한다. - '나뭇잎 모양 이름 스티커'를 받는다. - 교사의 안내에 따라 이동한다.	- 한두 단어 수준으로 말한다.	- 그림카드로 답한다. - 확장활동으로 할 수 있는 놀이에 대해 생각한다.	5분	㉲ 나뭇잎 모양 이름 스티커 ㉳ 두 교사는 청각장애 유아에게 질문하기 전 일반유아에게 같은 질문을 해 말더듬을 줄인다.
평가내용		가 : 관찰한 내용을 문장 수준으로 표현할 수 있는가? 나 : 구조화된 질문에 따라 관찰한 내용을 한두 단어로 표현할 수 있는가? 다 : 관찰한 내용에 대한 설명을 듣고 그림카드를 선택해서 말할 수 있는가?					
평가도구 및 방법		평가도구 : 관찰법 및 포트폴리오 평가시기 : 활동 중 및 활동 후					

(1) 도입

① 주의집중

* 교사 활동

◎ 하이파이브를 하며 주의집중시킨다.
- 기쁨반 어린이들 모두 모였나요? 친구들이 모두 모였는지 옆에 있는 친구들과 하이파이브 해요.

* 유아 활동
- (가)(나)(다) : 교사의 안내에 따라 옆에 앉은 친구들과 하이파이브 한다.

② 전시활동 상기

* 교사 활동

◎ 사진자료를 보고 '자유놀이' 전시활동을 상기시킨다.
- 어린이들이 무엇을 가지고 놀이하고 있나요?

* 유아 활동
- (가) : 문장 수주으로 답한다.
- (나) : 구조화된 질문에 한두 단어 수준으로 답한다.
- (다) : 그림카드를 선택해서 답한다.

③ 동기유발

* 교사 활동

◎ '궁금상자'로 동기를 유발한다.
- 궁금상자에 무엇이 들어있을까요?
- 소리를 들어보세요. / 냄새를 맡아보세요. / 손으로 만져보세요.

* 유아 활동

④ 활동소개

* 교사 활동

◎ '과학 활동'을 소개한다.
- 오늘은 어린이들이 주워온 나뭇잎을 함께 관찰해보는 시간이에요.
- 관찰이 무슨 말일까요?

* 유아 활동
- (가)(나)(다) : 교사의 말을 경청한다.

⑤ 강화예고

* 교사 활동

◎ '나뭇잎 모양 이름 스티커'로 강화를 예고한다.
- 약속을 지키며 과학 활동에 적극적으로 참여하는 어린이들에게는 나뭇잎 모양

이름 스티커를 선물로 줄게요.

* 유아 활동
  - (가)(나)(다) : 교사의 말을 경청한다.

⑥ 도입의 자료 및 유의점
  ㉔ 사진자료, 궁금상자, 그림카드
  ㉴ 사전에 교사가 지적장애 유아에게 상황이야기를 들려주어 머리 잡아 당기기 문제행동을 예방한다.
  ㉴ 교사는 활동 전 청각장애 유아의 보청기 상태를 점검한다.
  ㉴ 발달지체 유아가 착석을 유지하도록 파워카드를 보여주고, 유아가 선호하는 호랑이 의자에 앉도록 한다.

(2) 전개

① 활동1 : 과학 활동에 대해 이야기나누기

* 교사 활동
  ◎ 준비물과 도구를 탐색한다.
    - 어린이들이 어떤 나뭇잎을 주워왔는지 볼까요?
  ◎ 활동 방법을 예측을 한다.
    - 나뭇잎을 어떻게 관찰할 수 있을까요?
  ◎ 관찰 결과를 예측한다.
    - 소나무 잎을 솔잎이라고 해요. 솔잎은 어떤 모양일까요?

* 유아 활동
  - (가) : 문장 수주으로 답한다.
  - (나) : 구조화된 질문에 한두 단어 수준으로 답한다.
  - (다) : 그림카드를 선택해서 답한다.

② 자료 및 유의점
  ㉔ 다양한 종류의 나뭇잎, OHP
  ㉴ 전개 단계는 두 교사가 모둠을 둘로 나눠 평행교수를 진행하고, 한 모둠은 특수학급 공간을 이용한다.

③ 활동2 : 과학 활동하기

* 교사 활동
  ◎ 관찰하고 기록한다.
    - (가) : OHP 기계로 확대해서 보여줄게요. 은행잎을 자세히 보니 어떻게 생겼나요?
    - 나뭇잎에 보이는 작은 선들을 잎맥이라고 해요.
    - (나) : 은행잎의 잎맥은 어떤 모양인가요? 길쭉한가요 동그랗나요?
    - (다) : 은행잎의 잎맥이 어떻게 생겼는지 그림카드로 골라보세요. 친구가 뭐라고

했는지 잘 생각하면서 골라봐요.
- 그래요. 은행잎에는 잎맥이 숫자 1 모양으로 무수히 많이 나타나있어요. 칠판 앞에 나와서 은행잎 잎맥의 모양을 그려줄 어린이 있나요?
- 앞으로 나올 때는 친구들과 부딪히지 않도록 안전하게 의자 뒤로 둘러서 나오세요.

◎ 정리한다.
- 나뭇잎을 제 자리에 정리해줄 어린이 있나요?

* 유아 활동
  ◎ - (가) : 관찰한 내용을 문장 수준으로 말한다.
  - (나) : 관찰한 내용에 대한 교사의 구조화된 질문에 한두 단어 수준으로 말한다.
  - (다) : 관찰한 내용에 대한 설명을 듣고, 그림카드에서 선택해서 말한다.
  - (가)(나) : 칠판 앞에 나와 관찰한 내용을 기록한다.
  ◎ - (가)(나)(다) : 과학 활동을 정리한다.

④ **자료 및 유의점**
  ㉧ 칠판, 마커, 약속판
  ㉤ 발달지체 유아가 활동 중 주변을 돌아보면 등에 손을 얹도록 특수교육실무사와 사전 협의한다.
  ㉤ 지적장애 유아가 활동자료를 찢지 않도록 교사가 직접 약속을 상기시킨다.
  ㉤ 청각장애 유아가 일반유아와 함께 상호작용할 수 있는 기회를 제공한다.

(3) 마무리

① **평가**
  * 교사 활동
    ◎ '과학 활동'을 평가한다.
    - 어떤 것이 가장 재미있었나요?
    - 관찰 중에 가장 어려웠던 점은 무엇인가요?
  * 유아 활동
    - (가) : 교사의 질문에 답한다.
    - (나) : 한 두 단어 수준으로 말한다.
    - (다) : 그림카드로 답한다.

② **강화제공**
  * 교사 활동
    ◎ '나뭇잎 모양 이름 스티커' 강화를 제공한다.
  * 유아 활동
    - (가)(나)(다) : '나뭇잎 모양 이름 스티커'를 받는다.

③ 확장활동 소개
- * 교사 활동
  - ◎ 확장활동에 대해 이야기 나눈다.
    - – 나뭇잎 잎맥 그림을 그리거나 '나뭇잎' 노래를 듣고 악기를 연주해요.
- * 유아 활동
  - – (가)(나)(다) : 확장활동으로 할 수 있는 놀이에 대해 생각한다.

④ 전이
- * 교사 활동
  - ◎ '하원'으로 전이한다.
- * 유아 활동
  - – (가)(나)(다) : 교사의 안내에 따라 이동한다.

⑤ 자료 및 유의점
- ㉴ 나뭇잎 모양 이름 스티커
- ㉲ 두 교사는 청각장애 유아에게 질문하기 전 일반유아에게 같은 질문을 해 말더듬을 줄인다.

(7) 요리

〈놀이 상황 관찰 기록〉

상황1

교사는 어버이날을 맞아 유아들과 부모님을 위해 할 수 있는 일에 대해 이야기를 나누었다. 유아들은 투표를 통해 다음과 같이 의견을 내었다.
- 투표결과 : 요리해드리기 7표 / 편지쓰기 4표 / 그림 선물하기 3표 / 안마해드리기 2표.

상황2

기쁨반 유아들은 최근 자신이 스스로 할 수 있는 일에 대해 관심이 많다. 놀이 및 활동 중에도 다른 사람의 도움을 받기보다 스스로 하고자 하는 시도가 많아지고 있다.

〈교사의 고민〉

일반교사는 최근 유아들이 스스로 할 수 있는 일에 관심을 가지는 것을 보고 유아들이 주도적으로 할 수 있는 다양한 놀이 및 활동을 진행하고자 한다. 특수교사는 특수교육대상유아 또한 주도성을 가지고 활동에 참여할 수 있도록 지원하고자 한다. 두 교사는 기쁨반 유아들의 성향과 흥미를 반영한 어버이날 활동을 진행하고자 하며, 이때 활동 공간과 자료를 어떻게 제공할지 고민이다.

〈개별 유아 특성〉

일반유아 5명	장애 유아와의 통합 경험이 풍부함. 활동에 필요한 자료와 활동 방법에 대해 문장 수준으로 이야기할 수 있음.
○○ (지적장애)	프래더 윌리 증후군 유아로 먹는 것을 좋아하나 체중 조절이 필요함. 정교한 소근육 사용에 어려움이 있고 교사의 말로 하는 지시를 이해하지 못함. 또래와의 교우관계가 좋음.
△△ (시각장애)	저시력 유아로 10cm이내의 사물을 변별할 수 있음. 전형적인 언어 발달을 보이나 촉각에 대한 두려움이 강하여 활동 참여에 소극적임. 주의집중에 어려움이 있음.
□□ (지체장애)	'아' 또는 '우' 수준으로 발화함. 비대칭성 긴장성 경부반사를 보이며 팔과 손목의 각도 조절이 어려움. 그림 상징을 이해하는 것에 어려움이 있음.

〈수업 조건 및 유의사항〉

- 유아의 놀이 흐름을 고려하여 활동유형은 자유롭게 선정하시오.
- 공간, 자료, 상호작용, 안전 관련 지원 방안을 포함하시오.
- 개별 장애 유아의 특성에 따른 중재방안을 한 가지씩 포함하시오.
- 유아 간 상호작용을 촉진할 수 있는 방안을 활용하시오.
- 장애공감문화를 포함하시오.
- 일반교사와 특수교사 간 협의 내용을 포함하시오.
- 특수교육실무사가 배치되어 있지 않다고 가정하시오.
- 도입-전개-마무리를 포함하고, 전시활동과 확장활동을 안내하시오.

○○○○학년도 공립 특수학교(유치원) 교사 임용후보자 선정경쟁시험(2차시험)
교수·학습과정안 작성 답안지(앞)

수험번호		성명	
		관리번호	

학습목표	가 : 요리 순서표에 따라 다양한 재료를 사용하여 요리할 수 있다. 나 : 요리 순서표에 따라 건네주는 재료를 사용하여 요리할 수 있다. 다 : 성인의 신체적 보조를 받아 요리할 수 있다.

학습단계		교수·학습활동				시간(분)	자료 및 유의점
		교사 활동	유아 활동				
			가	나	다		
도입	주의집중 전시활동 상기 동기유발 활동소개 강화예고	◎ '모여라' 노래로 주의를 집중시킨다. - 모여라 모두 모여, 파랑모둠 모여라. ◎ '이야기나누기' 전시활동을 상기시킨다. - 지난 시간에 무엇에 대해 이야기를 나누었나요? - 어버이날을 맞아 부모님을 위해 무엇을 하기로 했나요? ◎ '투표결과'로 동기를 유발한다. ◎ 요리 활동을 소개한다. ◎ '요리왕 스티커'로 강화를 예고한다. - 약속을 잘 지키면서 요리 활동을 하는 어린이들에게는 요리왕 스티커를 선물로 줄게요.	- 노래를 듣고 모여 앉는다. - 문장 수준으로 답한다. - 교사의 말을 경청한다. - 교사의 말을 경청한다.		- 구조화된 질문에 아/우로 답한다.	5분	㉮ 투표 결과 ㉯ 세대네 쪽 책상을 요리 공간으로 한다. ㉰ 지체장애 유아는 교사 맞은 편에 앉게 하여 반사를 최소화한다. ㉱ 두 교사는 시각장애 유아가 집중하도록 자주 발문하고 칭찬하기로 한다.
전개	활동1 : 요리 준비하기	◎ 요리 재료와 도구를 탐색한다. - 이것은 무엇인가요? 어떤 냄새가 나나요? - 어떻게 사용하는 도구일까요? ◎ 요리 순서도를 보며 요리 방법을 소개한다. - (가)(나) : 감자를 으깬 다음에는 어떻게 해야 할까요? - (다) : 감자샐러드를 어디에 바르면 될까요? 직접 골라보세요. ◎ 약속을 정한다. - 모두가 안전하고 재미있게 요리하기 위해서는 어떤 약속이 필요할까요? - 첫째, 요리 도구를 안전하게 사용해요. 둘째, 선물을 드려야 하니 조금만 맛봐요. ◎ 손을 씻고 앞치마를 한다. - 책꽂이 근처에 앉은 어린이들부터 화장실에 가서 손 씻고 오세요. - (나) : 친구들에게 앞치마를 나눠줘요.	- 문장 수준으로 답한다. - 문장 수준으로 답한다. - 문장 수준으로 답한다. - 교사의 안내에 따라 이동한다. - 앞치마를 나눠준다.		- 구조화된 질문에 아/우로 답한다. - 빵을 직접 고른다. - 구조화된 질문에 아/우로 답한다.	20분	㉮ 요리재료/도구, 요리순서표, 약속판, 수정된 도구 ㉯ 작은 숟가락을 사용하기 어려운 유아는 누구든 큰 숟가락으로 요리할 수 있음을 언급하여 수정된 도구를 통해 장애 공감 문화를 조성한다. ㉰ 두 교사는 장애 유아에게 역할을 부여하여 상호작용을 촉진하기로 사전 협의한다.

예비 유아특수 선생님을 위한

○○○○학년도 공립 특수학교(유치원) 교사 임용후보자 선정경쟁시험(2차시험)
교수·학습과정안 작성 답안지(뒤)

수험번호 [   ]   성명 [   ]
관리번호 [   ]

학습단계		교수·학습활동				시간(분)	자료 및 유의점
		교사 활동	유아 활동				
			가	나	다		
전개	활동2 : 요리하기	◎ 요리 순서도에 따라 요리한다. - (가) : 요리 순서표를 보고 순서대로 감자샐러드 샌드위치를 만들어봐요. - (나) : 요리 순서표 1단계가 뭘까요? 계란을 으깨는 거네요. 여기 선생님이 계란을 줄게요. - (다) : (계란과 감자를 제시하며) 계란을 골라보세요. 선생님과 함께 손을 잡고 계란을 으깨요. ◎ 정리한다. - 요리를 마친 어린이들은 그릇에 샌드위치를 담아요. - 사용한 재료를 모두 정리해요. - (나) : 친구들의 앞치마를 걷어주세요. ◎ 요리한 음식을 맛본다	- 요리 순서표에 따라 다양한 재료를 사용하여 요리한다.	- 요리 순서표에 따라 건네주는 재료를 사용하여 요리한다. - 교사의 안내에 따라 정리한다. ▶ - 친구들의 앞치마를 걷는다. - 친구들과 함께 요리한 음식을 맛본다.	- 교사의 신체적 보조를 받아 요리한다.	5분	㉯ 시각장애 유아가 재료를 충분히 탐색하는 기회를 제공하여 두려움을 줄이고 활동에 적극적으로 참여하도록 돕는다. 순서표는 10cm 이내 거리에서 제공한다. ㉯ 지적장애 유아가 적정량만 맛볼 수 있도록 약속 내용을 상기시킨다.
마무리	평가 강화제공 확장활동 소개 전이	◎ '요리 활동'을 평가한다. - 어떤 점이 가장 재미있었나요? - 맛이 어땠나요? ◎ '요리왕 스티커' 강화를 제공한다. - 약속을 잘 지키며 요리한 어린이들에게 요리왕 스티커를 줄게요. ◎ 확장활동에 대해 이야기 나눈다. - 부모님께 드릴 편지를 써도 되고, 샌드위치 가게 놀이를 해도 좋아요. ◎ '바깥놀이'로 전이한다. - 왼쪽에 앉은 어린이들부터 화장실 다녀와서 선생님 앞에 모여요.	- 문장 수준으로 답한다. - 확장활동으로 할 수 있는 놀이에 대해 생각한다. - 교사의 안내에 따라 이동한다. ▶	- 구조화된 질문에 예/아니오로 답한다.		5분	㉯ 요리왕 스티커 ㉯ 지적장애 유아와 지체장애 유아에게는 사진이나 실물자료로 이해를 돕는다. ㉯ 장애 유아와 일반 유아가 함께 이동하도록 한다.

평가내용	가 : 요리 순서표에 따라 다양한 재료를 사용하여 요리할 수 있는가? 나 : 요리 순서표에 따라 건네주는 재료를 사용하여 요리할 수 있는가? 다 : 성인의 신체적 보조를 받아 요리할 수 있는가?
평가도구 및 방법	평가도구 : 관찰법 및 포트폴리오 평가시기 : 활동 중 및 활동 후

(1) 도입

① 주의집중

* 교사 활동

◎ '모여라' 노래로 주의를 집중시킨다.

- 모여라 모두 모여. 파랑모둠 모여라.

* 유아 활동

- (가)(나)(다) : 노래를 듣고 모여 앉는다.

② 전시활동 상기

* 교사 활동

◎ '이야기나누기' 전시활동을 상기시킨다.

- 지난 시간에 무엇에 대해 이야기를 나누었나요?
- 어버이날을 맞아 부모님을 위해 무엇을 하기로 했나요?

* 유아 활동

- (가)(나) : 문장 수준으로 답한다.
- (다) : 구조화된 질문에 아/우로 답한다.

③ 동기유발

* 교사 활동

◎ '투표결과'로 동기를 유발한다.

* 유아 활동

④ 활동소개

* 교사 활동

◎ 요리 활동을 소개한다.

* 유아 활동

- (가)(나)(다) : 교사의 말을 경청한다.

⑤ 강화예고

* 교사 활동

◎ '요리왕 스티커'로 강화를 예고한다.

- 약속을 잘 지키면서 요리 활동을 하는 어린이들에게는 요리왕 스티커를 선물로 줄게요.

* 유아 활동

- (가)(나)(다) : 교사의 말을 경청한다.

⑥ 도입의 자료 및 유의점

㉶ 투표 결과

㉮ 세면대 쪽 책상을 요리 공간으로 한다.
㉯ 지체장애 유아는 교사 맞은편에 앉게 하여 반사를 최소화한다.
㉰ 두 교사는 시각장애 유아가 집중하도록 자주 발문하고 칭찬하기로 한다.

(2) 전개

① **활동1** : 요리 준비하기

  * 교사 활동

    ◎ 요리 재료와 도구를 탐색한다.
      - 이것은 무엇인가요? 어떤 냄새가 나나요?
      - 어떻게 사용하는 도구일까요?
    ◎ 요리 순서도를 보며 요리 방법을 소개한다.
      - (가)(나) : 감자를 으깬 다음에는 어떻게 해야 할까요?
      - (다) : 감자샐러드를 어디에 바르면 될까요? 직접 골라보세요.
    ◎ 약속을 정한다.
      - 모두가 안전하고 재미있게 요리하기 위해서는 어떤 약속이 필요할까요?
      - 첫째, 요리 도구를 안전하게 사용해요. 둘째, 선물을 드려야 하니 조금만 맛봐요.
    ◎ 손을 씻고 앞치마를 한다.
      - 책꽂이 근처에 앉은 어린이들부터 화장실에 가서 손 씻고 오세요.
      - (나) : 친구들에게 앞치마를 나눠줘요.

  * 유아 활동

    ◎ - (가)(나) : 문장 수준으로 답한다.
      - (다) : 구조화된 질문에 아/우로 답한다.
    ◎ - (가)(나) : 문장 수준으로 답한다.
      - (다) : 빵을 직접 고른다.
    ◎ - (가)(나) : 문장 수준으로 답한다.
      - (다) : 구조화된 질문에 아/우로 답한다.
    ◎ - (가)(나)(다) : 교사의 안내에 따라 이동한다.
      - (나) : 앞치마를 나눠준다.

② **자료 및 유의점**

  ㉠ 요리재료/도구, 요리순서표, 약속판, 수정된 도구
  ㉯ 작은 숟가락을 사용하기 어려운 유아는 누구든 큰 숟가락으로 요리할 수 있음을 언급하여 수정된 도구를 통해 장애공감문화를 조성한다.
  ㉰ 두 교사는 장애 유아에게 역할을 부여하여 상호작용을 촉진하기로 사전 협의한다.

③ **활동2** : 요리하기

  * 교사 활동

◎ 요리 순서도에 따라 요리한다.
- (가) : 요리 순서표를 보고 순서대로 감자샐러드 샌드위치를 만들어봐요.
- (나) : 요리 순서표 1단계가 뭘까요? 계란을 으깨는 거네요. 여기 선생님이 계란을 줄게요.
- (다) : (계란과 감자를 제시하며) 계란을 골라보세요. 선생님과 함께 손을 잡고 계란을 으깨요.

◎ 정리한다.
- 요리를 마친 어린이들은 그릇에 샌드위치를 담아요.
- 사용한 재료를 모두 정리해요.
(나) : 친구들의 앞치마를 걷어주세요.

◎ 요리한 음식을 맛본다

* 유아 활동
  ◎ - (가) : 요리 순서표에 따라 다양한 재료를 사용하여 요리한다.
  - (나) : 요리 순서표에 따라 건네주는 재료를 사용하여 요리한다.
  - (다) : 교사의 신체적 보조를 받아 요리한다.
  ◎ - (가)(나)(다) : 교사의 안내에 따라 정리한다.
  - (나) : 친구들의 앞치마를 걷는다.
  ◎ - (가)(나)(다) : 친구들과 함께 요리한 음식을 맛본다.

④ **자료 및 유의점**
㉮ 시각장애 유아가 재료를 충분히 탐색하는 기회를 제공하여 두려움을 줄이고 활동에 적극적으로 참여하도록 돕는다. 순서표는 10cm 이내 거리에서 제공한다.
㉯ 지적장애 유아가 적당량만 맛볼 수 있도록 약속 내용을 상기시킨다.

(3) 마무리

① **평가**

* 교사 활동
  ◎ '요리 활동'을 평가한다.
  - 어떤 점이 가장 재미있었나요?
  - 맛이 어땠나요?

* 유아 활동
  - (가)(나) : 문장 수준으로 답한다.
  - (다) : 구조화된 질문에 아/우로 답한다.

② **강화제공**

* 교사 활동
  ◎ '요리왕 스티커' 강화를 제공한다.

- 약속을 잘 지키며 요리한 어린이들에게 요리왕 스티커를 줄게요.
  * 유아 활동

③ **확장활동 소개**
  * 교사 활동
    ◎ 확장활동에 대해 이야기 나눈다.
      - 부모님께 드릴 편지를 써도 되고, 샌드위치 가게 놀이를 해도 좋아요.
  * 유아 활동
    - (가)(나)(다) : 확장활동으로 할 수 있는 놀이에 대해 생각한다.

④ **전이**
  * 교사 활동
    ◎ '바깥놀이'로 전이한다.
      - 왼쪽에 앉은 어린이들부터 화장실 다녀와서 선생님 앞에 모여요.
  * 유아 활동
    - (가)(나)(다) : 교사의 안내에 따라 이동한다.

⑤ **자료 및 유의점**
  ㉧ 요리왕 스티커
  ㉮ 지적장애 유아와 지체장애 유아에게는 사진이나 실물자료로 이해를 돕는다.
  ㉮ 장애 유아와 일반유아가 함께 이동하도록 한다.

(8) 음악 감상

〈놀이 상황 관찰 기록〉

상황1
추석이 지나고 유치원에 돌아온 유아들은 옛 어른들이 즐겨하던 우리나라의 전통 놀이에 관심을 갖게 되었다. 이에 따라 교사는 유아들과 윷놀이 1차 게임활동을 진행하고, 게임 평가 시간을 가졌다. 게임 도중 배경음악이 있으면 더 재미있을 것 같다는 유아의 의견을 듣고, 교사는 우리나라의 전통 음악을 윷놀이 2차 게임의 배경음악으로 활용하였다.

상황2
유아들은 자유놀이 시간에 윷놀이 도구들로 다시 한 번 게임을 하기도 하고, 2차 게임에 배경음악으로 사용되었던 우리나라 전통 음악을 들으며 악기를 연주하거나 춤을 추기도 하였다.

〈교사의 고민〉

일반교사는 추석 이후 유아들이 우리나라의 전통 놀이와 음악에 관심을 가지는 것을 보고 유아들의 관심을 확장해주어야겠다고 생각하였다. 특수교사는 특수교육대상유아들이 다른 음악을 들을 때보다 전통 음악을 들을 때 훨씬 더 관심을 보이고 집중하는 모습을 관찰하였다. 두 교사는 유아들의 관심을 확장해주기 위해 어떤 놀이 및 활동유형을 선정할지, 활동 중 교사와 유아 간 상호작용을 어떻게 촉진할지 고민이다.

⟨개별 유아 특성⟩

일반유아 17명	기관 경험이 풍부하며 장애 유아에 대한 사회적 수용도가 높음. 자신의 생각과 느낌을 문장 수준으로 표현할 수 있음.
○○ (발달지체)	자신의 생각과 느낌을 한 두 단어 수준으로 표현함. 교사의 관심을 얻기 위해 큰 소리로 박수를 치는 행동을 보이고 활동 중 옆에 앉아있는 친구에게 기대는 특성이 있음.
△△ (자폐성장애)	자신의 생각과 느낌을 한 단어 수준의 반향어로 나타냄. 빛에 대한 시각적 매료로 천장을 보고 눈 앞에서 손을 흔드는 행동을 보임. 친구에게 관심이 없음.
□□ (청각장애)	양이에 인공와우를 착용하고 있으나 왼쪽 귀로는 소리를 거의 듣지 못함. 교사의 입모양을 모방하여 한 음절 수준으로 발화할 수 있음. 자극 역치가 높아 주먹으로 자신의 머리를 반복적으로 치는 행동 특성을 보임.

⟨수업 조건 및 유의사항⟩

- 유아의 놀이 흐름을 고려하여 활동유형은 자유롭게 선정하시오.
- 공간, 자료, 상호작용, 안전 관련 지원 방안을 포함하시오.
- 개별 장애 유아의 특성에 따른 중재방안을 한 가지씩 포함하시오.
- 팀 티칭을 실시하시오. 이때 교사 간 협의 내용과 각 교사의 역할을 포함하시오.
- 특수교육실무사가 배치되어 있지 않다고 가정하시오.
- 도입-전개-마무리를 포함하고, 전시활동과 확장활동을 안내하시오.

○○○○학년도 공립 특수학교(유치원) 교사 임용후보자 선정경쟁시험(2차시험)

교수·학습과정안 작성 답안지(앞)

수험번호		성명	
		관리번호	

학습목표	가 : 음악을 듣고 자신의 생각을 문장 수준으로 나타낼 수 있다. 나 : 음악을 듣고 자신의 생각을 한 두 단어 수준으로 나타낼 수 있다. 다 : 음악을 듣고 교사를 모방해 자신의 생각을 한 단어로 나타낼 수 있다.

학습단계		교수·학습활동				시간(분)	자료 및 유의점
		교사 활동	유아 활동				
			가	나	다		
도입	주의집중	◎ '사랑해' 노래로 주의를 집중시킨다. - 선생님은 ○○이를 사랑해, 사랑해! - 모두 잘 모여주었어요.	- "사랑해"라고 답한다. →			5분	㉳ 전시활동 사진 자료, 기쁨반 우체통 ㉴ 두 교사는 커튼을 치고 교실 조도를 낮춰 시각적 자극을 줄이기로 한다. ㉵ 활동 전 청각장애 유아의 인공와우를 확인하고, 왼쪽 끝에 앉아 오른쪽 귀로 음악을 듣게 한다. ㉶ 일반교사와 팀티칭으로 활동한다.
	전시활동 상기	◎ 사진 자료를 활용해 '게임' 전시활동을 상기시킨다. - 지난 시간에 어떤 게임을 했는지 기억나는 어린이가 있나요?	- 문장 수준으로 답한다.	- 한 두 단어로 답한다.	- 교사를 모방해 대답한다.		
	동기유발	◎ '기쁨반 우체통'으로 동기유발한다. - (나) : 두 어린이가 함께 손을 잡고 가서 우체통의 편지를 가져오세요. - 굴렁이가 굴렁쇠 게임을 더 재미있게 하기 위해서 신나는 음악을 선물해줬다고 하네요.		- 두 유아가 함께 편지를 가져온다.			
	활동소개	◎ '음악 감상 활동'을 소개한다. - 오늘은 '어린이 아리랑'이라는 노래를 들어 볼 거예요.	- 경청한다. →				
	강화예고	◎ '으뜸왕 스티커'로 강화를 예고한다. - 약속을 잘 지키며 노래를 감상한 어린이들에게는 으뜸왕 스티커를 선물로 줄게요.	- "네"라고 대답한다. →				
전개	활동1 : 경험에 대해 이야기나누기	◎ 일반교사와 '아리랑' 그림자료를 보고 음악과 관련된 경험을 떠올린다. - 아리랑이 무엇인 줄 아는 어린이가 있나요? - 아리랑 노래를 들어본 적 있나요?	- 문장 수준으로 답한다.	- 한 두 단어 수준으로 답한다.	- 교사를 모방해 질문에 답한다.	20분	㉳ 음원, CD 플레이어, 아리랑 그림자료 ㉴ 발달지체 유아가 기대지 않고 바르게 앉도록 사전에 파워카드를 읽는다. ㉵ 두 교사는 청각장애 유아가 교사의 말을 모방하여 말하도록 협의한다.
	활동2 : 음악 감상하기	◎ 특수교사와 음악을 감상한다. - '어린이 아리랑'을 들어보세요. - 노래를 들어보니 어떤 느낌이 들었나요? 어떤 장면이 떠오르나요? - '어린이 아리랑'은 '아리랑'이라는 노래를 어린이들이 재미있게 들을 수 있도록 바꾼 음악이에요. - 노래를 다시 들어보세요.	- 음악을 듣고 자신의 생각을 문장 수준으로 말한다.	- 음악을 듣고 자신의 생각을 한 두 단어 수준으로 말한다.	- 음악을 듣고 교사를 모방해 자신의 생각을 한 단어로 말한다.		

○○○○학년도 공립 특수학교(유치원) 교사 임용후보자 선정경쟁시험(2차시험)
교수·학습과정안 작성 답안지(뒤)

| 수험번호 | | 성명 | |
| | | 관리번호 | |

학습단계		교수·학습활동				시간(분)	자료 및 유의점
		교사 활동	유아 활동				
			가	나	다		
전개	활동3 : 확장활동하기	◎ 일반교사와 다른 악기로 연주한 음악을 감상한다. - '어린이 아리랑'을 다른 악기로 연주한 것을 들려줄게요. - 어떤 악기로 연주했을까요? - 어떤 느낌이 드나요? - 피아노로 연주한 아리랑과 어떤 점이 다른 것 같나요? ◎ 특수교사와 여러 지역의 아리랑을 감상한다. ◎ 일반교사와 장구 소리에 맞춰 앉은 자리에서 몸을 움직여본다. - 아리랑 노랫말에 맞춰서 어떻게 몸을 움직여 볼 수 있을까요? - 친구와 함께 몸을 움직여볼까요?	- 음악을 듣고 자신의 생각을 문장 수준으로 말한다. - 몸으로 자유롭게 표현한다. ▶ - 친구와 함께 몸을 자유롭게 움직인다.	- 음악을 듣고 자신의 생각을 한 두 단어 수준으로 말한다.	- 음악을 듣고 교사를 모방해 자신의 생각을 한 단어로 말한다.	5분	㉮ 장구 ㉯ 두 교사는 발달지체 유아에게 지속적으로 발문하고 관심을 제공해 문제행동을 사전 예방하기로 한다. ㉰ 청각장애 유아가 활동 중 촉감 공을 손에 꽉 쥐고 있도록 하여 위험행동을 예방한다.
마무리	평가 강화제공 확장활동 소개 전이	◎ '음악 감상 활동'을 평가한다. - 오늘 어떤 음악을 감상했나요? - 어떤 부분이 가장 기억에 남나요? ◎ '으뜸왕 스티커' 강화를 제공한다. - 약속을 잘 지키며 음악을 감상한 어린이들에게 으뜸왕 스티커를 선물로 줄게요. ◎ 확장활동에 대해 이야기 나눈다. - '어린이 아리랑' 노래에 맞춰 악기연주를 해 봐도 좋아요. 선생님이 아리랑 이야기가 담긴 동화책을 둘게요. ◎ '바깥놀이'로 전이한다. - 앞 줄에 앉은 어린이들 먼저 화장실 다녀온 후에 선생님 앞에 다시 한 줄로 모여 앉으세요.	- 자신의 생각을 문장 수준으로 말한다. - 확장활동으로 할 수 있는 놀이에 대해 생각한다. - 교사의 안내에 따라 이동한다. ▶	- 자신의 생각을 한 두 단어 수준으로 말한다.	- 교사를 모방해 자신의 생각을 한 단어로 말한다.	5분	㉮ 으뜸왕 스티커 ㉯ 나 수준 유아의 언어를 교사가 확장/확대한다. ㉰ 자폐성장애 유아에게 강화제를 나눠주도록 해 또래 상호작용을 돕는다. 전이 시에는 또래와 함께 이동하도록 한다.

평가내용	가 : 음악을 듣고 자신의 생각을 문장 수준으로 나타낼 수 있는가? 나 : 음악을 듣고 자신의 생각을 한 두 단어 수준으로 나타낼 수 있는가? 다 : 음악을 듣고 교사를 모방해 자신의 생각을 한 단어로 나타낼 수 있는가?
평가도구 및 방법	평가도구 : 관찰법 및 포트폴리오 평가시기 : 활동 중 및 활동 후

(1) 도입
    ① 주의집중
        * 교사 활동
            ◎ '사랑해' 노래로 주의를 집중시킨다.
                - 선생님은 ○○이를 사랑해, 사랑해!
                - 모두 잘 모여주었어요.
        * 유아 활동
            - (가)(나)(다) : "사랑해"라고 답한다.
    ② 전시활동 상기
        * 교사 활동
            ◎ 사진 자료를 활용해 '게임' 전시활동을 상기시킨다.
                - 지난 시간에 어떤 게임을 했는지 기억나는 어린이 있나요?
        * 유아 활동
            - (가) : 문장 수준으로 답한다.
            - (나) : 한 두 단어로 답한다.
            - (다) : 교사를 모방해 대답한다.
    ③ 동기유발
        * 교사 활동
            ◎ '기쁨반 우체통'으로 동기유발한다.
                - (나) : 두 어린이가 함께 손을 잡고 가서 우체통의 편지를 가져오세요.
                - 굴렁이가 굴렁쇠 게임을 더 재미있게 하기 위해서 신나는 음악을 선물해줬다고 하네요.
        * 유아 활동
            - (나) : 두 유아가 함께 편지를 가져온다.
    ④ 활동소개
        * 교사 활동
            ◎ '음악 감상 활동'을 소개한다.
            - 오늘은 '어린이 아리랑'이라는 노래를 들어볼 거예요.
        * 유아 활동
            - (가)(나)(다) : 경청한다.
    ⑤ 강화예고
        * 교사 활동
            ◎ '으뜸왕 스티커'로 강화를 예고한다.
                - 약속을 잘 지키며 노래를 감상한 어린이들에게는 으뜸왕 스티커를 선물로 줄게요.

* 유아 활동
  - (가)(나)(다) : "네"라고 대답한다.

⑥ 도입의 자료 및 유의점

㉶ 전시활동 사진 자료, 기쁨반 우체통

㊒ 두 교사는 커튼을 치고 교실 조도를 낮춰 시각적 자극을 줄이기로 한다.

㊒ 활동 전 청각장애 유아의 인공와우를 확인하고, 왼쪽 끝에 앉아 오른쪽 귀로 음악을 듣게 한다.

㊒ 일반교사와 팀티칭으로 활동한다.

(2) 전개

① 활동1 : 경험에 대해 이야기나누기

* 교사 활동

◎ 일반교사와 '아리랑' 그림자료를 보고 음악과 관련된 경험을 떠올린다.
- 아리랑이 무엇인 줄 아는 어린이 있나요?
- 아리랑 노래를 들어본 적 있나요?

* 유아 활동
  - (가) : 문장 수준으로 답한다.
  - (나) : 한 두 단어 수준으로 답한다.
  - (다) : 교사를 모방해 질문에 답한다.

② 활동2 : 음악 감상하기

* 교사 활동

◎ 특수교사와 음악을 감상한다.
- '어린이 아리랑'을 들어보세요.
- 노래를 들어보니 어떤 느낌이 들었나요? 어떤 장면이 떠오르나요?
- '어린이 아리랑'은 '아리랑'이라는 노래를 어린이들이 재미있게 들을 수 있도록 바꾼 음악이에요.
- 노래를 다시 들어보세요.

* 유아 활동
  - (가) : 음악을 듣고 자신의 생각을 문장 수준으로 말한다.
  - (나) : 음악을 듣고 자신의 생각을 한 두 단어 수준으로 말한다.
  - (다) : 음악을 듣고 교사를 모방해 자신의 생각을 한 단어로 말한다.

③ 자료 및 유의점

㉶ 음원, CD 플레이어, 아리랑 그림자료

㊒ 발달지체 유아가 기대지 않고 바르게 앉도록 사전에 파워카드를 읽는다.

㊒ 두 교사는 청각장애 유아가 교사의 말을 모방하여 말하도록 협의한다.

④ 활동3 : 확장활동하기
  * 교사 활동
    ◎ 일반교사와 다른 악기로 연주한 음악을 감상한다.
      – '어린이 아리랑'을 다른 악기로 연주한 것을 들려줄게요.
      – 어떤 악기로 연주했을까요?
      – 어떤 느낌이 드나요?
      – 피아노로 연주한 아리랑과 어떤 점이 다른 것 같나요?
    ◎ 특수교사와 여러 지역의 아리랑을 감상한다.
    ◎ 일반교사와 장구 소리에 맞춰 앉은 자리에서 몸을 움직여본다.
      – 아리랑 노랫말에 맞춰서 어떻게 몸을 움직여볼 수 있을까요?
      – 친구와 함께 몸을 움직여볼까요?
  * 유아 활동
    ◎ – (가) : 음악을 듣고 자신의 생각을 문장 수준으로 말한다.
      – (나) : 음악을 듣고 자신의 생각을 한 두 단어 수준으로 말한다.
      – (다) : 음악을 듣고 교사를 모방해 자신의 생각을 한 단어로 말한다.
    ◎ – (가)(나)(다) : 몸으로 자유롭게 표현한다.
      – (가)(나)(다) : 친구와 함께 몸을 자유롭게 움직인다.

⑤ 자료 및 유의점
  �자 장구
  ㉠ 두 교사는 발달지체 유아에게 지속적으로 발문하고 관심을 제공해 문제행동을 사전 예방하기로 한다.
  ㉡ 청각장애 유아가 활동 중 촉감 공을 손에 꽉 쥐고 있도록 하여 위험행동을 예방한다.

(3) 마무리
  ① 평가
    * 교사 활동
      ◎ '음악 감상 활동'을 평가한다.
        – 오늘 어떤 음악을 감상했나요?
        – 어떤 부분이 가장 기억에 남나요?
    * 유아 활동
      – (가) : 자신의 생각을 문장 수준으로 말한다.
      – (나) : 자신의 생각을 한 두 단어 수준으로 말한다.
      – (다) : 교사를 모방해 자신의 생각을 한 단어로 말한다.
  ② 강화제공
    * 교사 활동

◎ '으뜸왕 스티커' 강화를 제공한다.
- 약속을 잘 지키며 음악을 감상한 어린이들에게 으뜸왕 스티커를 선물로 줄게요.

* 유아 활동

③ **확장활동 소개**

* 교사 활동

◎ 확장활동에 대해 이야기 나눈다.
- '어린이 아리랑' 노래에 맞춰 악기연주를 해봐도 좋아요. 선생님이 아리랑 이야기가 담긴 동화책을 둘게요.

* 유아 활동
- (가)(나)(다) : 확장활동으로 할 수 있는 놀이에 대해 생각한다.

④ **전이**

* 교사 활동

◎ '바깥놀이'로 전이한다.
- 앞 줄에 앉은 어린이들 먼저 화장실 다녀온 후에 선생님 앞에 다시 한 줄로 모여 앉으세요.

* 유아 활동
- (가)(나)(다) : 교사의 안내에 따라 이동한다.

⑤ **자료 및 유의점**

ⓐ 으뜸왕 스티커
ⓤ 나 수준 유아의 언어를 교사가 확장/확대한다.
ⓤ 자폐성장애 유아에게 강화제를 나눠주도록 해 또래 상호작용을 돕는다. 전이 시에는 또래와 함께 이동하도록 한다.

(9) 새노래배우기

〈놀이 상황 관찰 기록〉

상황1
지난 주 '나의 몸을 살펴보아요' 그림책을 읽은 후 유아들은 신체기관의 명칭과 움직임에 대해 관심을 갖게 되었다. 교사는 유아들이 자신의 신체를 활용하여 즐겁게 참여할 수 있는 놀이 및 활동을 진행하고자 한다.

상황2
김 교사와 박 교사는 팀 티칭을 통해 유아들이 직접 자신의 신체기관을 움직이며 신체기관의 명칭을 알아볼 수 있도록 활동을 진행할 예정이다.

〈교사의 고민〉

일반교사는 '나의 몸을 살펴보아요' 그림책을 읽은 이후로 유아들이 신체기관의 명칭과 움직임에 관심을 가지는 것을 보고 유아들의 관심을 더욱 확장해주어야겠다고 생각하였다. 특수교사는 특수교육대상유아들의 선호도를 고려하여 유아들이 통합학급에서 진행되는 활동에 흥미를 느낄 수 있도록 지원하고자 한다. 두 교사는 신체기관의 명칭과 움직임에 대한 유아들의 흥미를 확장하기 위해 어떤 활동 유형을 선택할지, 교실 내 공간과 자료를 어떻게 활용할지 고민이다.

〈개별 유아 특성〉

일반유아 20명	음악이나 노래가 있는 활동을 좋아하며 다양한 신체 기관의 명칭을 구체적으로 말할 수 있음. 결석으로 인해 전시 활동에 참여하지 못한 유아가 포함되어 있음.
○○ (의사소통장애)	정확한 발음으로 말하는 것에 어려움이 있어 활동 참여에 소극적임. 친구들이 유아의 발음을 이해하는 것에 어려움이 있어 친구와 함께 하는 활동에 흥미를 느끼지 못하며 성인의 옆에만 있으려고 함.
△△ (발달지체)	또래를 모방하여 간단한 문장으로 말할 수 있음. 소근육 및 대근육 발달이 지연되어 있으며 큰 소리로 말하거나 노래 부르는 것을 좋아함.
□□ (지체장애)	불수의운동형 뇌성마비로 진단받아 유치원 내에서 휠체어를 사용하고 교사의 질문에 그림카드나 몸동작으로 대답할 수 있음. 처음 듣는 음악이나 노래가 나오면 소리를 지르며 우는 행동 특성이 있음.

〈수업 조건 및 유의사항〉

- 유아의 놀이 흐름을 고려하여 활동유형은 자유롭게 선정하시오.
- 공간, 자료, 상호작용, 안전 관련 지원 방안을 포함하시오.
- 개별 장애 유아의 특성에 따른 중재방안을 한 가지씩 포함하시오.
- 팀 티칭을 실시하시오. 이때 교사 간 협의 내용과 각 교사의 역할을 포함하시오.
- 특수교육실무사 1명이 배치되어 있다고 가정하시오.
- 도입-전개-마무리를 포함하고, 전시활동과 확장활동을 안내하시오.

○○○○학년도 공립 특수학교(유치원) 교사 임용후보자 선정경쟁시험(2차시험)
교수·학습과정안 작성 답안지(앞)

수험번호		성명	
		관리번호	

학습목표	가 : 노랫말 판을 보고 노래를 부를 수 있다. 나 : 노랫말 판을 보고 노래의 반복되는 구절을 따라 부를 수 있다. 다 : 노랫말 그림카드를 보고 관련된 동작을 따라할 수 있다.

학습단계		교수·학습활동	유아 활동			시간(분)	자료 및 유의점
		교사 활동	가	나	다		
도입	주의집중	◎ '기쁨반 어린이들' 노래로 주의를 집중시킨다. - 모여라 모두 모여, 기쁨반 모여라. - 모두 이야기 매트로 모여요.	- 모여 앉는다.	- 교사와 노래 부른다.	- 모여 앉는다.	5분	㉮ 동화, 동기유발 자료, 그림카드 ㉯ 두 교사는 전개 단계에서 역할을 수시로 바꾼다. ㉰ 발달지체 유아가 교사와 함께 노래를 불러 친구들을 모으도록 한다. ㉱ 두 교사는 전시활동에 참여하지 못한 유아를 위해 동화책을 간단히 넘기며 보여주기로 계획한다.
	전시활동 상기	◎ '동화' 전시활동을 회상한다. - 그림책에 내 몸의 어떤 부분들이 나왔나요?	- 동화책의 내용을 회상한다. ──▶				
	동기유발	◎ '부분 보고 전체 맞히기'로 동기를 유발한다. - 이 그림 조각을 보세요. 어떤 그림일까요?	- 퀴즈를 맞힌다. ──▶		- 그림카드를 선택한다.		
	활동소개	◎ '새노래배우기 활동'을 소개한다. - 오늘은 이렇게 내 몸의 여러 부분들이 나오는 신나는 노래를 불러볼 거예요.	- 교사의 말을 경청한다. ──▶				
	강화예고	◎ '신비한 내 몸' 수조작교구로 강화를 예고한다. - 기쁨반의 어린이들이 모두 약속을 잘 지키며 노래를 부르면 선생님이 '신비한 내 몸' 게임을 기쁨반에 둘게요.	- "네"라고 대답한다.		- 고개를 끄덕인다.		
전개	활동1 : 노래에 대해 이야기 나누기	◎ 특수교사가 손인형으로 노랫말을 소개하며 동기를 유발한다. ◎ 일반교사가 노래를 불러준다. - 선생님이 피아노 반주에 맞춰서 노래를 불러줄게요. 잘 들어봐요. ◎ 특수교사와 노랫말에 대해 이야기 나눈다. - 어떤 노랫말이 가장 기억에 남나요? - 몸의 어떤 부분들이 노랫말에 나왔나요? - 목을 어떻게 움직인다고 했나요? - 그래요. 목을 빙글빙글 돌린다고 했죠. (노랫말을 붙이며) '빙글빙글 빙글빙글 움직이는 내 목'	- 교사가 불러주는 노래를 주의 깊게 듣는다. - 노랫말에 대해 문장 수준으로 말한다.	- 노랫말에 대해 친구를 모방해 간단한 문장 수준으로 말한다.	- 노랫말 내용을 간단한 동작으로 나타낸다.	20분	㉮ 음원, 노랫말 판, 피아노, '신비한 내 몸' 수조작교구 ㉯ 두 교사는 지체장애 유아에게 자유놀이 시간 동안 미리 노래를 들려주어 문제행동을 예방하기로 한다.

○○○○학년도 공립 특수학교(유치원) 교사 임용후보자 선정경쟁시험(2차시험)
교수·학습과정안 작성 답안지(뒤)

수험번호 [   ]   성명 [   ]

관리번호 [   ]

학습단계		교수·학습활동				시간(분)	자료 및 유의점
		교사 활동	유아 활동				
			가	나	다		
전개	활동2 : 새노래 부르기	◎ 일반교사와 멜로디만 들어본다. - 이번에는 선생님이 노래의 멜로디만 들려줄게요. ◎ 특수교사와 한 가지 소리로 불러본다. - 어떤 소리로 불러보고 싶나요? - '아' 소리로 노래를 불러요. ◎ 일반교사와 다양한 방법으로 나눠서 불러본다. - 빨간색 노랫말은 선생님이, 파란색 노랫말은 어린이들이 불러요. ◎ 특수교사와 처음부터 끝까지 불러본다. - 기쁨반 어린이들 모두가 노래를 처음부터 끝까지 불러요. ◎ 일반교사와 율동을 넣어 불러본다. - 노래를 부르면서 앉은 자리에서 몸을 움직여 보세요. - '빙글빙글 빙글빙글 움직이는 내 목'에서는 목을 어떻게 움직여볼까요?	- 반주 없이 멜로디만 듣는다. → - '아' 소리로 노래를 부른다. → - 노랫말 판을 보고 노래를 부른다.	- 노랫말 판을 보고 노래의 반복되는 구절을 따라 부른다.	- 노랫말 그림카드를 보고 관련된 동작을 따라한다. - 목으로 원을 그리며 움직인다. →	5분	⊕ 친구와의 접촉이 있는 동작을 넣어 의사소통장애 유아가 또래와의 활동에 흥미를 느끼게 한다. 성인의 도움은 필요할 때만 받도록 한다. ⊕ 특수교육실무사가 발달지체 유아에게 최소한의 신체적 보조를 한다.
마무리	평가 강화제공 확장활동 소개 전이	◎ '새노래배우기 활동'을 평가한다. - 몸의 어떤 부분들이 나왔나요? - 가장 기억에 남는 노랫말이 있나요? ◎ '신비한 내 몸' 수조작교구를 강화로 제공한다. - 모두가 약속을 잘 지키며 노래를 불러주었어요. '신비한 내 몸' 게임을 기쁨반에 둘게요. ◎ 확장활동에 대해 이야기 나눈다. - 오늘 부른 노래에 맞춰 악기연주를 해도 좋아요. 집에 가서 가족들에게 오늘 배운 노래를 불러주세요. ◎ '자유놀이시간'으로 전이한다. - 쌓기놀이를 하고 싶은 어린이들 먼저 이동하세요.	- 문장 수준으로 말한다. - 확장활동으로 할 수 있는 놀이에 대해 생각한다. - 교사의 안내에 따라 이동한다. →	- 친구를 모방하여 간단한 문장 수준으로 말한다.	- 간단한 동작으로 답한다.	5분	⊕ 두 교사는 의사소통장애 유아가 발표하면 크게 칭찬해주고, 발표내용을 한 번 더 언급하여 일반유아의 이해를 돕기로 한다. ⊕ 안전을 위해 휠체어를 탄 지체장애 유아 먼저 이동한다.
평가내용		가 : 노랫말 판을 보고 노래를 부를 수 있는가? 나 : 노랫말 판을 보고 노래의 반복되는 구절을 따라 부를 수 있는가? 다 : 노랫말 그림카드를 보고 관련된 동작을 따라할 수 있는가?					
평가도구 및 방법		평가도구 : 관찰법 및 포트폴리오 평가시기 : 활동 중 및 활동 후					

(1) 도입

① 주의집중

* 교사 활동
  ◎ '기쁨반 어린이들' 노래로 주의를 집중시킨다.
    - 모여라 모두 모여. 기쁨반 모여라.
    - 모두 이야기 매트로 모여요.

* 유아 활동
  - (가) : 모여 앉는다.
  - (나) : 교사와 노래 부른다.
  - (다) : 모여 앉는다.

② 전시활동 상기

* 교사 활동
  ◎ '동화' 전시활동을 회상한다.
    - 그림책에 내 몸의 어떤 부분들이 나왔나요?

* 유아 활동
  - (가)(나)(다) : 동화책의 내용을 회상한다.

③ 동기유발

* 교사 활동
  ◎ '부분 보고 전체 맞히기'로 동기를 유발한다.
    - 이 그림 조각을 보세요. 어떤 그림일까요?

* 유아 활동
  - (가)(나) : 퀴즈를 맞힌다.
  - (다) : 그림카드를 선택한다.

④ 활동소개

* 교사 활동
  ◎ '새노래배우기 활동'을 소개한다.
    - 오늘은 이렇게 내 몸의 여러 부분들이 나오는 신나는 노래를 불러볼 거예요.

* 유아 활동
  - (가)(나)(다) : 교사의 말을 경청한다.

⑤ 강화예고

* 교사 활동
  ◎ '신비한 내 몸' 수조작교구로 강화를 예고한다.
    - 기쁨반의 어린이들이 모두 약속을 잘 지키며 노래를 부르면 선생님이 '신비한 내

몸' 게임을 기쁨반에 둘게요.
* 유아 활동
- (가)(나) : "네"라고 대답한다.
- (다) : 고개를 끄덕인다.

⑥ 도입의 자료 및 유의점
- ㉗ 동화, 동기유발 자료, 그림카드
- ㉤ 두 교사는 전개 단계에서 역할을 수시로 바꾼다.
- ㉤ 발달지체 유아가 교사와 함께 노래를 불러 친구들을 모으도록 한다.
- ㉤ 두 교사는 전시활동에 참여하지 못한 유아를 위해 동화책을 간단히 넘기며 보여주기로 계획한다.

(2) 전개
① 활동1 : 노래에 대해 이야기나누기
* 교사 활동
◎ 특수교사가 손인형으로 노랫말을 소개하며 동기를 유발한다.
◎ 일반교사가 노래를 불러준다.
- 선생님이 피아노 반주에 맞춰서 노래를 불러줄게요. 잘 들어봐요.
◎ 특수교사와 노랫말에 대해 이야기 나눈다.
- 어떤 노랫말이 가장 기억에 남나요?
- 몸의 어떤 부분들이 노랫말에 나왔나요?
- 목을 어떻게 움직인다고 했나요?
- 그래요. 목을 빙글빙글 돌린다고 했죠. (노랫말을 붙이며) '빙글빙글 빙글빙글 움직이는 내 목'
* 유아 활동
◎ - (가)(나)(다) : 교사가 불러주는 노래를 주의 깊게 듣는다.
◎ - (가) : 노랫말에 대해 문장 수준으로 말한다.
- (나) : 노랫말에 대해 친구를 모방해 간단한 문장 수준으로 말한다.
- (다) : 노랫말 내용을 간단한 동작으로 나타낸다.

② 자료 및 유의점
- ㉗ 음원, 노랫말 판, 피아노, '신비한 내 몸' 수조작교구
- ㉤ 두 교사는 지체장애 유아에게 자유놀이 시간 동안 미리 노래를 들려주어 문제행동을 예방하기로 한다.

③ 활동2 : 새노래 부르기
* 교사 활동
◎ 일반교사와 멜로디만 들어본다.

- 이번에는 선생님이 노래의 멜로디만 들려줄게요.
◎ 특수교사와 한 가지 소리로 불러본다.
- 어떤 소리로 불러보고 싶나요?
- '아' 소리로 노래를 불러요.
◎ 일반교사와 다양한 방법으로 나눠서 불러본다.
- **빨간색** 노랫말은 선생님이, **파란색** 노랫말은 어린이들이 불러요.
◎ 특수교사와 처음부터 끝까지 불러본다.
- 기쁨반 어린이들 모두가 노래를 처음부터 끝까지 불러요.
◎ 일반교사와 율동을 넣어 불러본다.
- 노래를 부르면서 앉은 자리에서 몸을 움직여 보세요.
- '빙글빙글 빙글빙글 움직이는 내 목'에서는 목을 어떻게 움직여볼까요?

* 유아 활동
◎ - (가)(나)(다) : 반주 없이 멜로디만 듣는다.
◎ - (가)(나)(다) : '아' 소리로 노래를 부른다.
◎ - (가) : 노랫말 판을 보고 노래를 부른다.
- (나) : 노랫말 판을 보고 노래의 반복되는 구절을 따라 부른다.
- (다) : 노랫말 그림카드를 보고 관련된 동작을 따라한다.
◎ - (가)(나)(다) : 목으로 원을 그리며 움직인다.

④ **자료 및 유의점**
㉮ 친구와의 접촉이 있는 동작을 넣어 의사소통장애 유아가 또래와의 활동에 흥미를 느끼게 한다. 성인의 도움은 필요할 때만 받도록 한다.
㉮ 특수교육실무사가 발달지체 유아에게 최소한의 신체적 보조를 한다.

(3) **마무리**
① **평가**
* 교사 활동
◎ '새노래배우기 활동'을 평가한다.
- 몸의 어떤 부분들이 나왔나요?
- 가장 기억에 남는 노랫말이 있나요?

* 유아 활동
- (가) : 문장 수준으로 말한다.
- (나) : 친구를 모방해 간단한 문장 수준으로 말한다.
- (다) : 간단한 동작으로 답한다.

② **강화제공**
* 교사 활동

◎ '신비한 내 몸' 수조작교구를 강화로 제공한다.
- 모두가 약속을 잘 지키며 노래를 불러주었어요. '신비한 내 몸' 게임을 기쁨반에 둘게요.

　＊ 유아 활동

③ **확장활동 소개**

　＊ 교사 활동

◎ 확장활동에 대해 이야기 나눈다.
- 오늘 부른 노래에 맞춰 악기연주를 해도 좋아요. 집에 가서 가족들에게 오늘 배운 노래를 불러주세요.

　＊ 유아 활동
- (가)(나)(다) : 확장활동으로 할 수 있는 놀이에 대해 생각한다.

④ **전이**

　＊ 교사 활동

◎ '자유놀이시간'으로 전이한다.
- 쌓기놀이를 하고 싶은 어린이들 먼저 이동하세요.

　＊ 유아 활동
- (가)(나)(다) : 교사의 안내에 따라 이동한다.

⑤ **자료 및 유의점**

㉮ 두 교사는 의사소통장애 유아가 발표하면 크게 칭찬해주고, 발표내용을 한번 더 언급하여 일반유아의 이해를 돕기로 한다.
㉮ 안전을 위해 휠체어를 탄 지체장애 유아 먼저 이동한다.

(10) 악기연주

〈놀이 상황 관찰 기록〉

상황1

A 유아 : 나 오늘 유치원 올 때 삐용삐용 봤다.
B 유아 : 나는 부우우웅 비행기 봤어.
C 유아 : 나는 어제 텔레비전에서 빵빵 하는 거 봤어.

상황2

교사는 등원 후 유아들이 다양한 교통기관과 그것들의 소리에 대해 이야기를 나누는 것을 관찰하였다. 교사는 교통기관에 대한 유아들의 흥미를 확장해주고자 한다.

〈교사의 고민〉

일반교사는 기쁨반의 많은 유아들이 교통기관과 그것들의 소리에 관심을 가지는 것을 보고 유아들의 관심을 더욱 확장해주어야겠다고 생각하였다. 특수교사는 특수교육대상유아들의 발달수준과 선호도를 고려하여 교통기관과 관련한 놀이 및 활동에 함께 참여할 수 있도록 지원하고자 한다. 두 교사는 교통기관에 대한 유아들의 흥미를 확장하기 위해 어떤 활동이 효과적일지, 교실 내 자료를 어떻게 활용할지 고민이다.

〈개별 유아 특성〉

일반유아 15명	여러 가지 교통기관에 관심이 많으며 도서나 애니메이션 자료 등을 통한 교통기관 관련 사전 경험이 풍부함. 기관 적응에 어려움이 있는 유아들이 일부 포함되어 있음.
○○ (발달지체)	그림을 보면 해당하는 교통기관을 단어로 말할 수 있음. 또래를 모방하여 교통기관의 소리를 간단한 의성어로 표현할 수 있음. 손을 들지 않고 큰 소리로 말하는 행동을 보임.
△△ (자폐성장애)	자신의 생각을 한 단어 수준으로 말할 수 있음. 동물을 선호하나 교통기관에는 흥미를 보이지 않음. 교사의 지시를 따르는 것에 어려움이 있음.
□□ (지적장애)	교사가 질문하면 두 개의 교통기관 그림카드 중에 해당하는 것을 선택하여 답할 수 있음. 모방에 어려움이 있음. 활동 중에 교사의 관심을 얻기 위해 바닥에 드러눕는 행동을 보이고 10분 이상 착석하지 못함.

〈수업 조건 및 유의사항〉

- 유아의 놀이 흐름을 고려하여 활동유형은 자유롭게 선정하시오.
- 공간, 자료, 상호작용, 안전 관련 지원 방안을 포함하시오.
- 개별 장애 유아의 특성에 따른 중재방안을 한 가지씩 포함하시오.
- 협력교수를 실시하시오. 이때 교사 간 협의 내용과 각 교사의 역할을 포함하시오.
- 특수교육실무사 1명이 배치되어 있다고 가정하시오.
- 도입-전개-마무리를 포함하고, 전시활동과 확장활동을 안내하시오.

○○○○학년도 공립 특수학교(유치원) 교사 임용후보자 선정경쟁시험(2차시험)
교수·학습과정안 작성 답안지(앞)

수험번호		성명	
		관리번호	

학습목표	가 : 여러 가지 교통기관의 소리를 연주할 수 있다. 나 : 또래를 모방하여 여러 가지 교통기관의 소리를 연주할 수 있다. 다 : 신체적 촉진을 받아 여러 가지 교통기관의 소리를 연주할 수 있다.

학습단계		교수·학습활동				시간(분)	자료 및 유의점
		교사 활동	유아 활동				
			가	나	다		
도입	주의집중	◎ 하이파이브를 하며 주의집중시킨다. - 기쁨반 어린이들 모두 매트로 모였나요? 친구들이 모두 모였는지 옆에 있는 친구들과 하이파이브 해요.	- 교사의 안내에 따라 옆에 앉은 친구들과 하이파이브 한다.			5분	㉮ 교통기관 도서, 그림카드 ㉯ 두 교사가 팀티칭으로 활동한다. ㉰ 자폐성장애 유아가 교사의 지시를 따를 수 있도록 토끼 그림 파워카드를 사용한다. ㉱ 자폐성장애 유아가 교통기관에 흥미를 갖도록 토끼 스티커로 강화를 예고한다.
	전시활동 상기	◎ 교통기관 동화책을 보며 '동화' 전시활동을 상기시킨다.					
	동기유발	◎ '부분보고 전체 맞히기'로 동기를 유발한다. - 그림을 살짝 보여줄 테니 어떤 교통기관인지 맞혀보세요.	- 어떤 교통기관인지 맞힌다.		- 그림카드를 선택한다.		
	활동소개	◎ '악기연주 활동'을 소개한다. - 오늘은 우리 기쁨반에 있는 여러 가지 악기와 물건들로 교통기관의 소리를 표현해볼 거예요.	- 교사의 말을 경청한다. ▶				
	강화예고	◎ '자동차 스티커'로 강화를 예고한다. - 약속을 잘 지키는 어린이들에게는 자동차 스티커를 선물로 줄게요. 자동차 스티커에는 우리 △△가 좋아하는 토끼도 타고 있네요.	- 교사의 말을 경청한다. ▶				
전개	활동1 : 악기 탐색하기	◎ 일반교사와 교통기관 소리를 들어본다. - 선생님이 여러 교통기관의 소리를 들려줄게요. - 어떤 교통기관의 소리일까요?	- 듣고 답한다. ▶		- 그림카드를 고른다.	12분	㉮ 테이프, 악기/물건, 약속판 ㉯ 두 교사는 지적장애 유아에게 자주 탈석의 기회를 제공하여 자리 이탈을 사전에 방지하고, 교사가 지속적으로 관심을 보여 바닥에 드러눕는 문제행동을 예방하기로 협의한다.
		◎ 특수교사와 악기를 탐색한다. - 우리 반의 어떤 물건/악기로 이 소리를 나타낼 수 있을까요? - 얼마나 빠르게 연주해야 할까요? - (다) : 소리의 크기는 어떻게 하는 것이 좋을까요?	- 문장 수준으로 답한다.	- 단어 수준으로 답한다.	- 큰/작은 소리로 악기를 연주해본다.		
		◎ 일반교사와 악기연주 약속을 정한다. - 모두가 안전하고 재미있게 악기를 연주하기 위해서는 어떤 약속이 필요할까요? - 첫째, 악기로 장난치지 않고 손으로 잘 쥐고 있어요. 둘째, 친구와 악기를 나눠서 사용해요.	- 문장 수준으로 답한다.	- 약속판을 보고 약속을 숙지한다.			

○○○○학년도 공립 특수학교(유치원) 교사 임용후보자 선정경쟁시험(2차시험)
교수·학습과정안 작성 답안지(뒤)

수험번호		성명	
		관리번호	

학습단계		교수·학습활동				시간(분)	자료 및 유의점
		교사 활동	유아 활동				
			가	나	다		
전개	활동2 : 악기연주하기	◎ 특수교사와 악기연주 연습을 한다. - 선생님이 들려주는 교통기관 소리에 맞춰서 악기연주 연습을 해요. - 소리가 작아지는 부분에서는 악기를 어떻게 연주하면 좋을까요? - 경찰차 소리에는 어떤 악기 소리가 가장 잘 어울리는 것 같나요? ◎ 두 교사와 악기를 연주한다. - 앞줄에 앉은 어린이들 먼저 구급차 소리에 맞춰서 악기를 연주해요. - 뒷줄에 앉은 어린이들은 배 소리에 맞춰서 악기를 연주해요. - 선생님이 어린이들이 연주한 소리를 녹음해 볼게요. ◎ 악기를 정리한다. - 사용한 악기/물건은 모두 정리해요.	- 여러 교통기관의 소리를 연주한다.	- 또래를 모방하여 여러 교통기관의 소리를 의성어로 표현한다/연주한다.	- 교사의 신체적 촉진을 받아 여러 교통기관의 소리를 연주한다.	3분	㉔ 그림카드 ㉕ 모방이 어려운 지적장애 유아에게 부분적 신체적 촉진을 제공하도록 특수교육실무사와 협의한다. ㉖ 두 교사는 기관 적응이 필요한 유아들에게 교실 내 물건을 탐색할 시간을 제공한다.
			- 사용한 악기/물건을 정리한다. ▶				
마무리	평가	◎ '악기연주 활동'을 평가한다. - 어떤 악기/물건을 사용해서 소리를 냈나요? - 악기연주를 하면서 가장 재미있었던 점은 무엇인가요?	- 문장 수준으로 답한다.	- 단어 수준으로 답한다.	- 그림카드를 고른다.	3분	㉗ 자동차 스티커 ㉘ 활동 중 발달지체 유아가 손을 들고 말하도록 언어적으로 촉진한다. ㉙ 유아들에게 발언 기회를 골고루 제공한다. ㉚ 지적장애 유아는 특수교육실무사와 함께 화장실로 이동한다.
	강화제공	◎ '자동차 스티커' 강화를 제공한다. - 약속을 지키며 악기연주를 해준 어린이들에게 토끼가 타고 있는 자동차 스티커를 선물로 줄게요.	- 강화를 받는다. ▶				
	확장활동 소개	◎ 확장활동에 대해 이야기 나눈다. - 자동차 놀이를 할 때 자동차 소리를 악기로 연주해봐도 좋아요. - 집에 가서 집에 있는 물건들로 새로운 소리를 만들어봐요.	- 확장활동으로 할 수 있는 놀이에 대해 생각한다.				
	전이	◎ '점심시간'으로 전이한다. - 트라이앵글을 연주했던 어린이들 먼저 화장실에서 손을 씻고 오세요.	- 교사의 안내에 따라 이동한다. ▶				

평가내용	가: 여러 가지 교통기관의 소리를 연주할 수 있는가? 나: 또래를 모방하여 여러 가지 교통기관의 소리를 연주할 수 있는가? 다: 신체적 촉진을 받아 여러 가지 교통기관의 소리를 연주할 수 있는가?
평가도구 및 방법	평가도구: 관찰법 및 포트폴리오 평가시기: 활동 중 및 활동 후

(1) 도입

① 주의집중

* 교사 활동

    ◎ 하이파이브를 하며 주의집중시킨다.
    - 기쁨반 어린이들 모두 매트로 모였나요? 친구들이 모두 모였는지 옆에 있는 친구들과 하이파이브 해요.

* 유아 활동
    - (가)(나)(다) : 교사의 안내에 따라 옆에 앉은 친구들과 하이파이브 한다.

② 전시활동 상기

* 교사 활동

    ◎ 교통기관 동화책을 보며 '동화' 전시활동을 상기시킨다.

* 유아 활동

③ 동기유발

* 교사 활동

    ◎ '부분보고 전체 맞히기'로 동기를 유발한다.
    - 그림을 살짝 보여줄 테니 어떤 교통기관인지 맞혀보세요.

* 유아 활동
    - (가)(나) : 어떤 교통기관인지 맞힌다.
    - (다) : 그림카드를 선택한다.

④ 활동소개

* 교사 활동

    ◎ '악기연주 활동'을 소개한다.
    - 오늘은 우리 기쁨반에 있는 여러 가지 악기와 물건들로 교통기관의 소리를 표현해볼 거예요.

* 유아 활동
    - (가)(나)(다) : 교사의 말을 경청한다.

⑤ 강화예고

* 교사 활동

    ◎ '자동차 스티커'로 강화를 예고한다.
    - 약속을 잘 지키는 어린이들에게는 자동차 스티커를 선물로 줄게요. 자동차 스티커에는 우리 △△가 좋아하는 토끼도 타고 있네요.

* 유아 활동
    - (가)(나)(다) : 교사의 말을 경청한다.

⑥ 도입의 자료 및 유의점
- ㉾ 교통기관 도서, 그림카드
- ㉾ 두 교사가 팀티칭으로 활동한다.
- ㉾ 자폐성장애 유아가 교사의 지시를 따를 수 있도록 토끼 그림 파워카드를 사용한다.
- ㉾ 자폐성장애 유아가 교통기관에 흥미를 갖도록 토끼 스티커로 강화를 예고한다.

(2) 전개

① **활동1 : 악기 탐색하기**

* 교사 활동
  - ◎ 일반교사와 교통기관 소리를 들어본다.
    - – 선생님이 여러 교통기관의 소리를 들려줄게요.
    - – 어떤 교통기관의 소리일까요?
  - ◎ 특수교사와 악기를 탐색한다.
    - – 우리 반의 어떤 물건/악기로 이 소리를 나타낼 수 있을까요?
    - – 얼마나 빠르게 연주해야 할까요?
    - – (다) : 소리의 크기는 어떻게 하는 것이 좋을까요?
  - ◎ 일반교사와 악기연주 약속을 정한다.
    - – 모두가 안전하고 재미있게 악기를 연주하기 위해서는 어떤 약속이 필요할까요?
    - – 첫째, 악기로 장난치지 않고 손으로 잘 쥐고 있어요. 둘째, 친구와 악기를 나눠서 사용해요.

* 유아 활동
  - ◎ – (가)(나) : 듣고 답한다.
    - – (다) : 그림카드를 고른다.
  - ◎ – (가) : 문장 수준으로 답한다.
    - – (나) : 단어 수준으로 답한다.
    - – (다) : 큰/작은 소리로 악기를 연주해본다.
  - ◎ – (가) : 문장 수준으로 답한다.
    - – (나)(다) : 약속판을 보고 약속을 숙지한다.

② **자료 및 유의점**
- ㉾ 테이프, 악기/물건, 약속판
- ㉾ 두 교사는 지적장애 유아에게 자주 탈석의 기회를 제공하여 자리 이탈을 사전에 방지하고, 교사가 지속적으로 관심을 보여 바닥에 드러눕는 문제행동을 예방하기로 협의한다.

③ **활동2 : 악기연주하기**

* 교사 활동
  - ◎ 특수교사와 악기연주 연습을 한다.

- 선생님이 들려주는 교통기관 소리에 맞춰서 악기연주 연습을 해요.
- 소리가 작아지는 부분에서는 악기를 어떻게 연주하면 좋을까요?
- 경찰차 소리에는 어떤 악기 소리가 가장 잘 어울리는 것 같나요?

◎ 두 교사와 악기를 연주한다.
- 앞줄에 앉은 어린이들 먼저 구급차 소리에 맞춰서 악기를 연주해요.
- 뒷줄에 앉은 어린이들은 배 소리에 맞춰서 악기를 연주해요.
- 선생님이 어린이들이 연주한 소리를 녹음해볼게요.

◎ 악기를 정리한다.
- 사용한 악기/물건은 모두 정리해요.

* 유아 활동
  ◎ - (가) : 여러 교통기관의 소리를 연주한다.
  - (나) : 또래를 모방하여 여러 교통기관의 소리를 의성어로 표현한다/연주한다.
  - (다) : 교사의 신체적 촉진을 받아 여러 교통기관의 소리를 연주한다.
  ◎ - (가)(나)(다) : 사용한 악기/물건을 정리한다.

④ **자료 및 유의점**
  ㉠ 그림카드
  ㉡ 모방이 어려운 지적장애 유아에게 부분적 신체적 촉진을 제공하도록 특수교육실무사와 협의한다.
  ㉢ 두 교사는 기관 적응이 필요한 유아들에게 교실 내 물건을 탐색할 시간을 제공한다.

(3) 마무리

① **평가**

  * 교사 활동
    ◎ '악기연주 활동'을 평가한다.
    - 어떤 악기/물건을 사용해서 소리를 냈나요?
    - 악기연주를 하면서 가장 재미있었던 점은 무엇인가요?

  * 유아 활동
    - (가) : 문장 수준으로 답한다.
    - (나) : 단어 수준으로 답한다.
    - (다) : 그림카드를 고른다.

② **강화제공**

  * 교사 활동
    ◎ '자동차 스티커' 강화를 제공한다.
    - 약속을 지키며 악기연주를 해준 어린이들에게 토끼가 타고 있는 자동차 스티커를 선물로 줄게요.

* 유아 활동
    - (가)(나)(다) : 강화를 받는다.

③ **확장활동 소개**

* 교사 활동

    ◎ 확장활동에 대해 이야기 나눈다.
    - 자동차 놀이를 할 때 자동차 소리를 악기로 연주해봐도 좋아요.
    - 집에 가서 집에 있는 물건들로 새로운 소리를 만들어봐요.

* 유아 활동
    - (가)(나)(다) : 확장활동으로 할 수 있는 놀이에 대해 생각한다.

④ **전이**

* 교사 활동

    ◎ '점심시간'으로 전이한다.
    - 트라이앵글을 연주했던 어린이들 먼저 화장실에서 손을 씻고 오세요.

* 유아 활동
    - (가)(나)(다) : 교사의 안내에 따라 이동한다.

⑤ **자료 및 유의점**

   ㉤ 자동차 스티커
   ㉮ 활동 중 발달지체 유아가 손을 들고 말하도록 언어적으로 촉진한다.
   ㉮ 유아들에게 발언 기회를 골고루 제공한다.
   ㉮ 지적장애 유아는 특수교육실무사와 함께 화장실로 이동한다.

(11) 신체표현

〈놀이 상황 관찰 기록〉

> **상황1**
> 유아들은 여름이 되어 변화하는 날씨에 관심을 갖게 되었다. 교사는 유아들의 흥미를 고려하여 매일 내리는 비의 양을 측정하거나 바깥의 기온을 재는 등 유아들과 함께 여름 날씨를 다양한 방법으로 탐색해보았다.
>
> **상황2**
> A 유아 : 선생님 지난 주에는 비가 엄청 많이 왔었죠? 하늘에 구멍이 난 것 같았어요.
> B 유아 : 오늘 유치원 올 때에는 비가 한 방울씩 내렸어.
> C 유아 : 밖을 봐! 지금은 보슬보슬 내리고 있어.

〈교사의 고민〉

> 일반교사는 유아들이 여름이 되어 자주 내리는 비에 관심을 가지는 것을 보고 유아들의 관심을 더욱 확장해주어야겠다고 생각하였다. 특수교사는 특수교육대상유아들의 선호도를 반영하여 비와 관련된 다양한 활동에 적극적으로 참여할 수 있도록 지원하고자 한다. 두 교사는 유아들의 관심을 확장하기 위하여 어떤 활동 유형을 선택할지, 유아들의 상호작용을 증진하기 위해 어떻게 해야 할지, 교실 내 공간을 어떻게 활용할지 고민이다.

〈개별 유아 특성〉

일반유아 19명	여름철 날씨에 관심이 많으며 비가 내리는 모습을 다양한 몸동작으로 표현할 수 있음. 통합 경험이 풍부하고 몸으로 하는 활동에 적극적으로 참여함.
○○ (시각장애)	저시력 유아로 10cm이내 사물의 형태를 구분할 수 있으나 완벽하게 변별하는 것에는 어려움이 있음. 전형적인 표현 및 수용언어 발달을 보임. 넓은 공간을 사용하며 움직이는 것에 두려움이 있어 대근육 활동에 소극적임.
△△ (자폐성장애)	교사의 한 문장 수준 지시를 이해하는 것에 어려움이 없으며 반향어의 형태로 자신의 의사를 표현함. 무료할 때 한 자리에서 빙글빙글 도는 행동 특성이 있고 또래와 함께하는 활동에 관심이 없음.
□□ (발달지체)	교사의 음성을 음절 수준으로 모방하여 발화할 수 있고 신체를 움직이는 활동에 적극적으로 참여함. 말로 하는 규칙이나 약속을 잘 이해하지 못하고 친구의 물건을 빼앗는 행동을 자주 보여 또래로부터 사회적으로 수용되는 것에 어려움이 있음.

〈수업 조건 및 유의사항〉

- 유아의 놀이 흐름을 고려하여 활동유형은 자유롭게 선정하시오.
- 공간, 자료, 상호작용, 안전 관련 지원 방안을 포함하시오.
- 개별 장애 유아의 특성에 따른 중재방안을 한 가지씩 포함하시오.
- 협력교수를 실시하시오. 이때 교사 간 협의 내용과 각 교사의 역할을 포함하시오.
- 특수교육실무사가 배치되어 있지 않다고 가정하시오.
- 도입-전개-마무리를 포함하고, 전시활동과 확장활동을 안내하시오.

○○○○학년도 공립 특수학교(유치원) 교사 임용후보자 선정경쟁시험(2차시험)
교수・학습과정안 작성 답안지(앞)

수험번호		성명	
		관리번호	

학습목표	가 : 스카프로 빗방울의 움직임을 자유롭게 표현할 수 있다. 나 : 언어적 촉진을 받아 스카프로 빗방울의 움직임을 표현할 수 있다. 다 : 친구와 손을 마주 잡고 스카프로 빗방울의 움직임을 표현할 수 있다.

학습단계		교수・학습활동				시간(분)	자료 및 유의점
		교사 활동	유아 활동				
			가	나	다		
도입	주의집중	◎ '모여라' 노래로 주의를 집중시킨다. - 모여라 모두 모여, 기쁨반 모여라.	- 노래를 듣고 모여 앉는다. →			5분	㉮ 비 그래프, 우체통 ㉯ 두 교사가 탬버 칭한다. ㉰ 두 교사는 시각장애 유아에게 확대자료를 제시하고, 유아가 변별을 어려워하면 알려주기로 한다. ㉱ 발달지체 유아가 친구 스카프를 뺏지 않도록 상황이야기를 활용한다.
	전시활동 상기	◎ 비 그래프를 보며 '이야기나누기' 전시활동을 회상한다. - 기쁨반 어린이들이 지난 주에 기록한 비 그래프예요.	- 그래프를 살펴본다. →				
	동기유발	◎ '기쁨반 우체통'으로 동기유발한다. - (가)(나) : 친구와 함께 기쁨반 우체통에 가서 편지를 가지고 오세요.	- 편지를 가지고 온다.				
	활동소개	◎ '신체표현 활동'을 소개한다. - 오늘은 편지에서 방울이가 말했던 것처럼, 음악에 맞추어 빗방울이 되어서 움직여볼 거예요.	- 편지내용을 떠올린다. →				
	강화예고	◎ '입체 빗방울 스티커'로 강화예고한다. - 약속을 잘 지키며 신체표현에 적극적으로 참여한 어린이들에게는 올록볼록 빗방울 모양 스티커를 줄게요.	- 교사의 말을 경청한다. →				
전개	활동1 : 신체표현 활동에 대해 이야기나누기	◎ 특수교사와 동영상을 보고 앉아서 움직임을 표현한다. - 빗방울 영상이에요. 천천히 조금씩 내리는 비는 어떤 움직임으로 나타낼 수 있을까요? ◎ 일반교사와 배경음악의 셈여림, 빠르기에 따른 움직임을 이야기해본다. - 비발디의 '사계' 중 여름을 나타낸 부분이에요. 음악을 들으니 어떤 기분이 드나요? - 음악의 소리가 커지는 부분에서는 어떻게 움직여보면 좋을까요? ◎ 특수교사와 시범을 보인다. - (다) : 친구들 앞에 나와서 시범을 보여 주세요. ◎ 일반교사와 약속을 정한다. - 모두가 안전하고 재미있게 신체표현을 하기 위해서는 어떤 약속이 필요할까요?	- 교사의 질문에 적절히 대답한다. - 앉아서 움직임을 표현한다. - 친구의 시범을 본다. - 약속에 대해 이야기 나눈다.	- 교사의 언어적 촉진을 받아 앉아서 움직임을 표현한다.	- 친구의 움직임을 모방하여 앉아서 움직임을 표현한다. - 시범 보인다. - 경청한다.	20분	㉲ 빗방울 동영상, '여름' 음악, 블루투스 스피커, 약속판, 다양한 스카프 ㉳ 두 교사는 유아들이 의태어를 사용할 수 있는 기회를 충분히 제공하기로 한다. ㉴ 시각장애 유아가 공간을 충분히 탐색할 수 있도록 해 대근육 활동 참여를 높인다.

○○○○학년도 공립 특수학교(유치원) 교사 임용후보자 선정경쟁시험(2차시험)
교수·학습과정안 작성 답안지(뒤)

수험번호: _____   성명: _____
관리번호: _____

학습단계		교수·학습활동				시간(분)	자료 및 유의점
		교사 활동	유아 활동				
			가	나	다		
전개	활동2: 신체표현 활동하기	◎ 특수교사와 반집단으로 나누어 신체표현한다. - 앞 줄에 앉은 어린이들 먼저 앞으로 나와서 빗방울이 되어요. - 여러 가지 색과 모양의 스카프 중 원하는 스카프를 하나 골라가요. - 친구와 부딪히지 않게 팔을 조금 넓게 벌리고 서요. - 이제 뒷 줄에 앉은 어린이들 앞으로 나오세요. ◎ 일반교사와 다 함께 신체표현한다. - 기쁨반 어린이들 모두 일어나서 빗방울이 되어 보아요. - △△처럼 빙글빙글 돌아보기도 해요.	- 스카프로 빗방울의 움직임을 자유롭게 표현한다.	- 교사의 언어적 촉진을 받아 스카프로 빗방울의 움직임을 표현한다.	- 친구와 손을 마주잡고 스카프로 빗방울의 움직임을 표현한다.	5분	⊕ 자폐성장애 유아의 반향어를 확대/확장해준다. ⊕ 발달지체 유아가 약속을 이해할 수 있도록 그림단서를 준다. ⊕ 미리 교구장들을 밀어 충분한 공간을 확보한다.
				- 스카프로 빗방울의 움직임을 표현한다.			
마무리	평가	◎ '신체표현 활동'을 평가한다. - 오늘 어떤 활동을 했나요? - 어떤 점이 가장 기억에 남나요? - 힘들었던 점은 무엇인가요?	- 문장 수준으로 답한다.		- 한 음절씩 모방하여 한 단어로 답한다.	5분	⊕ 자폐성장애 유아가 무료해 하지 않도록 발문 기회를 자주 제공한다. ⊕ 발달지체 유아가 강화제를 나눠주도록 하여 또래 수용을 돕는다. ⊕ 자폐성 장애 유아가 친구와 함께 전이하도록 하여 또래에게 관심을 갖도록 한다.
	강화제공	◎ '입체 빗방울 스티커' 강화를 제공한다. - 약속을 잘 지키며 놀이한 어린이들에게 선생님이 올록볼록한 빗방울 스티커를 선물로 줄게요.		- '입체 빗방울 스티커'를 받는다.			
	확장활동 소개	◎ 확장활동에 대해 이야기 나눈다. - 비발디의 '사계' 음악에 맞춰 악기연주를 해 보세요. '빗방울의 여행' 동화책을 둘테니 관심있는 어린이들은 읽어보세요.	- 확장활동으로 할 수 있는 놀이에 대해 생각한다.				
	전이	◎ '점심시간'으로 전이한다. - 파란색 스카프로 빗방울의 모습을 표현했던 어린이들 먼저 화장실에 가서 손 씻어요.	- 교사의 안내에 따라 이동한다.				

평가내용	가: 스카프로 빗방울의 움직임을 자유롭게 표현할 수 있는가? 나: 언어적 촉진을 받아 스카프로 빗방울의 움직임을 표현할 수 있는가? 다: 친구와 손을 마주 잡고 스카프로 빗방울의 움직임을 표현할 수 있는가?
평가도구 및 방법	평가도구: 관찰법 및 포트폴리오 평가시기: 활동 중 및 활동 후

(1) 도입

　① 주의집중

　　* 교사 활동
　　　◎ '모여라' 노래로 주의를 집중시킨다.
　　　　- 모여라 모두 모여. 기쁨반 모여라.

　　* 유아 활동
　　　- (가)(나)(다) : 노래를 듣고 모여 앉는다.

　② 전시활동 상기

　　* 교사 활동
　　　◎ 비 그래프를 보며 '이야기나누기' 전시활동을 회상한다.
　　　　- 기쁨반 어린이들이 지난 주에 기록한 비 그래프예요.

　　* 유아 활동
　　　- (가)(나)(다) : 그래프를 살펴본다.

　③ 동기유발

　　* 교사 활동
　　　◎ '기쁨반 우체통'으로 동기유발한다.
　　　　- (가)(나) : 친구와 함께 기쁨반 우체통에 가서 편지를 가지고 오세요.

　　* 유아 활동
　　　- (가)(나) : 편지를 가지고 온다.

　④ 활동소개

　　* 교사 활동
　　　◎ '신체표현 활동'을 소개한다.
　　　　- 오늘은 편지에서 방울이가 말했던 것처럼, 음악에 맞추어 빗방울이 되어서 움직여볼 거예요.

　　* 유아 활동
　　　- (가)(나)(다) : 편지내용을 떠올린다.

　⑤ 강화예고

　　* 교사 활동
　　　◎ '입체 빗방울 스티커'로 강화예고한다.
　　　　- 약속을 잘 지키며 신체표현에 적극적으로 참여한 어린이들에게는 올록볼록 빗방울 모양 스티커를 줄게요.

　　* 유아 활동
　　　- (가)(나)(다) : 교사의 말을 경청한다.

⑥ 도입의 자료 및 유의점
- ㉵ 비 그래프, 우체통
- ㉶ 두 교사가 팀티칭한다.
- ㉶ 두 교사는 시각장애 유아에게 확대자료를 제시하고, 유아가 변별을 어려워하면 알려주기로 한다.
- ㉶ 발달지체 유아가 친구 스카프를 뺏지 않도록 상황이야기를 활용한다.

(2) 전개

① **활동1 : 신체표현 활동에 대해 이야기나누기**

- * 교사 활동
    - ◎ 특수교사와 동영상을 보고 앉아서 움직임을 표현한다.
        - – 빗방울 영상이에요. 천천히 조금씩 내리는 비는 어떤 움직임으로 나타낼 수 있을까요?
    - ◎ 일반교사와 배경음악의 셈여림, 빠르기에 따른 움직임을 이야기해본다.
        - – 비발디의 '사계' 중 여름을 나타낸 부분이에요. 음악을 들으니 어떤 기분이 드나요?
        - – 음악의 소리가 커지는 부분에서는 어떻게 움직여보면 좋을까요?
    - ◎ 특수교사와 시범을 보인다.
        - – (다) : 친구들 앞에 나와서 시범을 보여 주세요.
    - ◎ 일반교사와 약속을 정한다.
        - – 모두가 안전하고 재미있게 신체표현을 하기 위해서는 어떤 약속이 필요할까요?

- * 유아 활동
    - ◎ – (가) : 교사의 질문에 적절히 대답한다.
        - – (가) : 앉아서 움직임을 표현한다.
        - – (나) : 교사의 언어적 촉진을 받아 앉아서 움직임을 표현한다.
        - – (다) : 친구의 움직임을 모방하여 앉아서 움직임을 표현한다.
    - ◎ – (가)(나) : 친구의 시범을 본다.
        - – (다) : 시범 보인다.
    - ◎ – (가)(나) : 약속에 대해 이야기 나눈다.
        - – (다) : 경청한다.

② **자료 및 유의점**
- ㉵ 빗방울 동영상, '여름' 음악, 블루투스 스피커, 약속판, 다양한 스카프
- ㉶ 두 교사는 유아들이 의태어를 사용할 수 있는 기회를 충분히 제공하기로 한다.
- ㉶ 시각장애 유아가 공간을 충분히 탐색할 수 있도록 해 대근육 활동 참여를 높인다.

③ **활동2 : 신체표현 활동하기**

- * 교사 활동

◎ 특수교사와 반집단으로 나누어 신체표현한다.
- 앞 줄에 앉은 어린이들 먼저 앞으로 나와서 빗방울이 되어요.
- 여러 가지 색과 모양의 스카프 중 원하는 스카프를 하나 골라가요.
- 친구와 부딪히지 않게 팔을 조금 넓게 벌리고 서요.
- 이제 뒷 줄에 앉은 어린이들 앞으로 나오세요.
◎ 일반교사와 다 함께 신체표현한다.
- 기쁨반 어린이들 모두 일어나서 빗방울이 되어 보아요.
- △△처럼 빙글빙글 돌아보기도 해요.

* 유아 활동
◎ - (가) : 스카프로 빗방울의 움직임을 자유롭게 표현한다.
- (나) : 교사의 언어적 촉진을 받아 스카프로 빗방울의 움직임을 표현한다.
- (다) : 친구와 손을 마주잡고 스카프로 빗방울의 움직임을 표현한다.
◎ - (가)(나)(다) : 스카프로 빗방울의 움직임을 표현한다.

④ 자료 및 유의점
㊛ 자폐성장애 유아의 반향어를 확대/확장해준다.
㊛ 발달지체 유아가 약속을 이해할 수 있도록 그림단서를 준다.
㊛ 미리 교구장들을 밀어 충분한 공간을 확보한다.

(3) 마무리

① 평가
* 교사 활동
◎ '신체표현 활동'을 평가한다.
- 오늘 어떤 활동을 했나요?
- 어떤 점이 가장 기억에 남나요?
- 힘들었던 점은 무엇인가요?
* 유아 활동
- (가)(나) : 문장 수준으로 답한다.
- (다) : 한 음절씩 모방해 한 단어로 답한다.

② 강화제공
* 교사 활동
◎ '입체 빗방울 스티커' 강화를 제공한다.
- 약속을 잘 지키며 놀이한 어린이들에게 선생님이 올록볼록한 빗방울 스티커를 선물로 줄게요.
* 유아 활동
- (가)(나)(다) : '입체 빗방울 스티커'를 받는다.

③ 확장활동 소개
* 교사 활동
  ◎ 확장활동에 대해 이야기 나눈다.
    - 비발디의 '사계' 음악에 맞춰 악기연주를 해보세요. '빗방울의 여행' 동화책을 둘테니 관심있는 어린이들은 읽어보세요.
* 유아 활동
    - (가)(나)(다) : 확장활동으로 할 수 있는 놀이에 대해 생각한다.

④ 전이
* 교사 활동
  ◎ '점심시간'으로 전이한다.
    - 파란색 스카프로 빗방울의 모습을 표현했던 어린이들 먼저 화장실에 가서 손 씻어요.
* 유아 활동
    - (가)(나)(다) : 교사의 안내에 따라 이동한다.

⑤ 자료 및 유의점
  ㉠ 자폐성장애 유아가 무료해 하지 않도록 발문 기회를 자주 제공한다.
  ㉠ 발달지체 유아가 강화제를 나눠주도록 하여 또래 수용을 돕는다.
  ㉠ 자폐성 장애 유아가 친구와 함께 전이하도록 하여 또래에게 관심을 갖도록 한다.

(12) 율동

〈놀이 상황 관찰 기록〉

상황1

3월 새 학기가 되었다. 교사는 기쁨반 유아들의 성향을 파악하기 위해 유아들의 놀이와 행동을 관찰하고 있다. 만 3세반 유아들은 친구에게 관심을 보이기는 하나 아직 혼자서만 놀이한다. 교사는 유아들이 서로에게 더 관심을 갖고 함께 놀이할 수 있도록 도와주고자 한다.

상황2

유아들은 친구에게 말보다 행동으로 애정표현 하는 것을 더 선호하는 편이다.

〈교사의 고민〉

일반교사는 또래에 대한 관심이 높아진 유아들이 같은 반 친구들에게 더욱 애정을 가지고 함께 놀이할 수 있도록 지원하고자 한다. 특수교사는 성공적인 사회적 통합을 위해 특수교육대상유아 또한 친구와 친해질 수 있는 기회를 제공하고자 한다. 두 교사는 어떤 활동유형이 유아들 간 친밀감 형성을 위해 가장 효과적일지, 교실 내 공간 및 자료는 어떻게 제공해야할지 고민이다.

〈개별 유아 특성〉

일반유아 7명	기관 경험이 처음인 유아들이 일부 있음. 자신의 신체를 인식하고 적절하게 조절하여 표현할 수 있으며 친구에게 관심이 많음. 통합경험이 없음.
○○ (발달지체)	두 단어 수준으로 발화할 수 있음. 친구를 좋아하여 옆에 있는 친구를 끌어안는 행동 특성이 있고 친구와 함께 하는 활동에 적극적으로 참여함. 약속이나 순서를 지키는 것에 어려움이 있음.
△△ (지체장애)	편마비로 왼쪽 팔다리 사용에 어려움이 있음. 교사의 질문에 한 단어 수준으로 자신의 생각과 느낌을 표현할 수 있음. 교사나 특수교육실무사 등 성인에 대한 애착이 커서 또래와의 놀이와 활동에 흥미를 느끼지 못함.
□□ (자폐성장애)	눈맞춤이 어려움. 몸짓으로 자신의 의사를 표현할 수 있음. 음악이 들리면 앞으로 튀어나가는 행동 특성이 있고 무료할 때 큰 소리로 박수를 치는 상동행동을 보임.

〈수업 조건 및 유의사항〉

- 유아의 놀이 흐름을 고려하여 활동유형은 자유롭게 선정하시오.
- 공간, 자료, 상호작용, 안전 관련 지원 방안을 포함하시오.
- 개별 장애 유아의 특성에 따른 중재방안을 한 가지씩 포함하시오.
- 협력교수를 실시하시오. 이때 교사 간 협의 내용과 각 교사의 역할을 포함하시오.
- 특수교육실무사 1명이 배치되어 있다고 가정하시오.
- 도입-전개-마무리를 포함하고, 전시활동과 확장활동을 안내하시오.

○○○○학년도 공립 특수학교(유치원) 교사 임용후보자 선정경쟁시험(2차시험)
교수·학습과정안 작성 답안지(앞)

수험번호		성명	
		관리번호	

학습목표	가 : 노래에 맞춰 율동을 할 수 있다. 나 : 또래를 모방하여 노래에 맞춰 율동을 할 수 있다. 다 : 신체적 촉진을 받아 노래에 맞춰 율동을 할 수 있다.

학습단계		교수·학습활동				시간(분)	자료 및 유의점
		교사 활동	유아 활동				
			가	나	다		
도입	주의집중	◎ '사랑해' 노래로 주의를 집중시킨다. - 선생님은 ○○이를 사랑해, 사랑해! - 모두 잘 모여주었어요.	- "사랑해"라고 답한다.		- 손으로 하트를 만든다.	5분	㉮ 손인형 ㉯ 두 교사가 팀티칭한다. ㉰ 기관 및 통합 경험이 모두 다르므로 교사는 유아들의 자리를 적절히 섞어 배치한다. ㉱ 자폐성장애 유아는 교사와의 눈맞춤이 쉬운 자리에 배치한다. ㉲ 활동 전 충분한 율동 공간을 마련한다.
	전시활동 상기	◎ '새노래배우기' 전시활동을 상기시킨다. - 어제 어떤 노래를 불렀나요?	- 어제 부른 노래를 떠올린다. ⟶				
	동기유발	◎ '손인형'으로 동기를 유발한다. - 우리 반에 토토가 찾아왔어요. - 안녕 기쁨반 친구들. 너희들이 부르는 노래 잘 들었어. 이 노래에 맞춰서 함께 율동을 해보지 않을래?	- 손인형 토토의 이야기를 경청한다.				
	활동소개	◎ '율동 활동'을 소개한다. - 오늘은 '친구하고 마주보고' 노래에 맞춰서 율동을 할 거예요.	- "네"라고 답한다. ⟶		- 고개를 끄덕인다.		
	강화예고	◎ '율동왕 뱃지'로 강화예고한다. - 약속을 잘 지키며 율동을 하는 어린이들에게는 선물로 율동왕 뱃지를 줄게요.	- 교사의 말을 경청한다. ⟶				
전개	활동1 : 율동에 대해 이야기나누기	◎ 특수교사와 노래를 부른다. - '친구하고 마주보고' 노래를 처음부터 끝까지 다함께 불러요.	- 함께 노래 부른다. ⟶			20분	㉳ 악보, 음원 ㉴ 두 교사는 지체장애 유아가 율동 중 왼쪽 팔다리도 활용할 수 있도록 지원하기로 한다. ㉵ 두 교사는 발달지체 유아가 친구와 안을 수 있도록 율동에 안는 동작을 삽입하기로 한다.
		◎ 일반교사와 앉아서 율동을 따라 해본다. - 선생님이 율동을 보여줄게요. 앉아서 하나씩 따라해봐요.	- 앉은 자세에서 율동한다.	- 친구를 모방하여 앉은 자세에서 율동한다.	- 특수교육실무사의 신체적 보조를 받아 앉은 자세에서 율동한다.		
		◎ 특수교사와 시범을 보인다. - 선생님과 함께 앞에 나와서 율동을 시범 보여 줄 어린이가 있나요?					
		◎ 일반교사와 약속을 정한다. - 모두가 안전하고 재미있게 율동하기 위해서는 어떤 약속이 필요할까요?	- 문장으로 답한다.	- 한 두 단어로 답한다.	- 몸짓으로 답한다.		

○○○○학년도 공립 특수학교(유치원) 교사 임용후보자 선정경쟁시험(2차시험)
교수·학습과정안 작성 답안지(뒤)

수험번호 [   ]   성명 [   ]
                              관리번호 [   ]

학습단계		교수·학습활동				시간(분)	자료 및 유의점
		교사 활동	유아 활동				
			가	나	다		
전개	활동2 : 율동하기	◎ 특수교사와 반집단으로 나누어 율동한다. - 앞 줄에 앉은 어린이들부터 앞으로 나오세요. 옆에 있는 친구와 둘 씩 짝을 지어 율동해요. - 뒷 줄에 앉아있는 어린이들은 친구들이 어떻게 율동을 하는지 바른 자세로 살펴보세요. - 이번에는 뒷 줄에 앉은 어린이들이 노래에 맞춰 율동해요. ◎ 일반교사와 다 함께 율동한다. - 기쁨반 어린이들 모두가 함께 노래에 맞춰 율동할 거예요. - 다른 친구들과 부딪히지는 않는지 옆을 둘러보세요.	- 노래에 맞춰 율동을 한다.	- 또래를 모방하여 노래에 맞춰 율동을 한다.	- 특수교육실무사의 신체적 보조를 받아 노래에 맞춰 율동을 한다.	5분	㉔ 발달지체 유아가 활동 중 약속판으로 약속을 상기시킨다. ㉕ 지체장애 유아가 또래와 활동할 기회를 충분히 제공한다. ㉖ 자폐성장애 유아가 음악 소리에도 착석을 유지하도록 파워카드를 상기시킨다.
마무리	평가	◎ '율동 활동'을 평가한다. - 오늘 어떤 노래에 맞춰 율동했나요? - 가장 기억에 남는 동작이 있나요? - 어떤 점이 어려웠나요?	- 문장으로 답한다.	- 한 두 단어로 답한다.	- 몸짓으로 답한다.	5분	㉗ 율동왕 뱃지 ㉘ 자폐성장애 유아가 무료하지 않게 지속적으로 관심 갖고, 평가 시 박수칠 기회를 제공한다. ㉙ 지체장애 유아가 또래와 함께 화장실로 이동하도록 안내한다.
	강화제공	◎ '율동왕 뱃지' 강화를 제공한다. - 약속을 잘 지키며 율동을 한 어린이들에게 율동왕 뱃지를 선물로 줄게요.	- "네"라고 답한다. →		- 고개를 끄덕인다.		
	확장활동 소개	◎ 확장활동에 대해 이야기 나눈다. - '친구하고 마주보고' 노래에 맞춰 악기를 연주해봐요. - 바깥놀이 시간에 유치원 앞마당에서 다른 친구와 함께 율동을 해도 좋아요.	- 확장활동으로 할 수 있는 놀이에 대해 생각한다.				
	전이	◎ '바깥놀이'로 전이한다. - 뒷 줄의 어린이들 먼저 화장실 다녀온 후에 문 앞에 한 줄로 앉아요.	- 교사의 안내에 따라 이동한다. →				
평가내용		가 : 노래에 맞춰 율동을 할 수 있는가? 나 : 또래를 모방하여 노래에 맞춰 율동을 할 수 있는가? 다 : 신체적 촉진을 받아 노래에 맞춰 율동을 할 수 있는가?					
평가도구 및 방법		평가도구 : 관찰법 및 포트폴리오 평가시기 : 활동 중 및 활동 후					

(1) 도입

① 주의집중

* 교사 활동
    ◎ '사랑해' 노래로 주의를 집중시킨다.
    - 선생님은 ○○이를 사랑해, 사랑해!
    - 모두 잘 모여주었어요.

* 유아 활동
    - (가)(나) : "사랑해"라고 답한다.
    - (다) : 손으로 하트를 만든다.

② 전시활동 상기

* 교사 활동
    ◎ '새노래배우기' 전시활동을 상기시킨다.
    - 어제 어떤 노래를 불렀나요?

* 유아 활동
    - (가)(나)(다) : 어제 부른 노래를 떠올린다.

③ 동기유발

* 교사 활동
    ◎ '손인형'으로 동기를 유발한다.
    - 우리 반에 토토가 찾아왔어요.
    - 안녕 기쁨반 친구들. 너희들이 부르는 노래 잘 들었어. 이 노래에 맞춰서 함께 율동을 해보지 않을래?

* 유아 활동
    - (가)(나)(다) : 손인형 토토의 이야기를 경청한다.

④ 활동소개

* 교사 활동
    ◎ '율동 활동'을 소개한다.
    - 오늘은 '친구하고 마주보고' 노래에 맞춰서 율동을 할 거예요.

* 유아 활동
    - (가)(나) : "네"라고 답한다.
    - (다) : 고개를 끄덕인다.

⑤ 강화예고

* 교사 활동
    ◎ '율동왕 뱃지'로 강화예고한다.

- 약속을 잘 지키며 율동을 하는 어린이들에게는 선물로 율동왕 뱃지를 줄게요.
* 유아 활동
  - (가)(나)(다) : 교사의 말을 경청한다.
⑥ 도입의 자료 및 유의점
  ㉧ 손인형
  ㉤ 두 교사가 팀티칭한다.
  ㉤ 기관 및 통합 경험이 모두 다르므로 교사는 유아들의 자리를 적절히 섞어 배치한다.
  ㉤ 자폐성장애 유아는 교사와의 눈맞춤이 쉬운 자리에 배치한다.
  ㉤ 활동 전 충분한 율동 공간을 마련한다.

(2) 전개
  ① 활동1 : 율동에 대해 이야기나누기
    * 교사 활동
      ◎ 특수교사와 노래를 부른다.
        - '친구하고 마주보고' 노래를 처음부터 끝까지 다함께 불러요.
      ◎ 일반교사와 앉아서 율동을 따라 해본다.
        - 선생님이 율동을 보여줄게요. 앉아서 하나씩 따라해봐요.
      ◎ 특수교사와 시범을 보인다.
        - 선생님과 함께 앞에 나와서 율동을 시범 보여줄 어린이 있나요?
      ◎ 일반교사와 약속을 정한다.
        - 모두가 안전하고 재미있게 율동하기 위해서는 어떤 약속이 필요할까요?
    * 유아 활동
      ◎ - (가)(나)(다) : 함께 노래 부른다.
      ◎ - (가) : 앉은 자세에서 율동한다.
        - (나) : 친구를 모방하여 앉은 자세에서 율동한다.
        - (다) : 특수교육실무사의 신체적 보조를 받아 앉은 자세에서 율동한다.
      ◎ - (가) : 문장으로 답한다.
        - (나) : 한 두 단어로 답한다.
        - (다) : 몸짓으로 답한다.
  ② 자료 및 유의점
    ㉧ 악보, 음원
    ㉤ 두 교사는 지체장애 유아가 율동 중 왼쪽 팔다리도 활용할 수 있도록 지원하기로 한다.
    ㉤ 두 교사는 발달지체 유아가 친구와 안을 수 있도록 율동에 안는 동작을 삽입하기로 한다.
  ③ 활동2 : 율동하기
    * 교사 활동

◎ 특수교사와 반집단으로 나누어 율동한다.
- 앞 줄에 앉은 어린이들부터 앞으로 나오세요. 옆에 있는 친구와 둘 씩 짝을 지어 율동해요.
- 뒷 줄에 앉아있는 어린이들은 친구들이 어떻게 율동을 하는지 바른 자세로 살펴보세요.
- 이번에는 뒷 줄에 앉은 어린이들이 노래에 맞춰 율동해요.

◎ 일반교사와 다 함께 율동한다.
- 기쁨반 어린이들 모두가 함께 노래에 맞춰 율동할 거예요.
- 다른 친구들과 부딪히지는 않는지 옆을 둘러보세요.

* 유아 활동
- (가) : 노래에 맞춰 율동을 한다.
- (나) : 또래를 모방하여 노래에 맞춰 율동을 한다.
- (다) : 특수교육실무사의 신체적 보조를 받아 노래에 맞춰 율동을 한다.

④ **자료 및 유의점**
㉝ 발달지체 유아가 활동 중 약속판으로 약속을 상기시킨다.
㉞ 지체장애 유아가 또래와 활동할 기회를 충분히 제공한다.
㉟ 자폐성장애 유아가 음악 소리에도 착석을 유지하도록 파워카드를 상기시킨다.

(3) **마무리**

① 평가

* 교사 활동
◎ '율동 활동'을 평가한다.
- 오늘 어떤 노래에 맞춰 율동했나요?
- 가장 기억에 남는 동작이 있나요?
- 어떤 점이 어려웠나요?

* 유아 활동
- (가) : 문장으로 답한다.
- (나) : 한 두 단어로 답한다.
- (다) : 몸짓으로 답한다.

② 강화제공

* 교사 활동
◎ '율동왕 뱃지' 강화를 제공한다.
- 약속을 잘 지키며 율동을 한 어린이들에게 율동왕 뱃지를 선물로 줄게요.

* 유아 활동
- (가)(나) : "네"라고 답한다.

- (다) : 고개를 끄덕인다.

③ **확장활동 소개**
* 교사 활동
    ◎ 확장활동에 대해 이야기 나눈다.
    - '친구하고 마주보고' 노래에 맞춰 악기를 연주해봐요.
    - 바깥놀이 시간에 유치원 앞마당에서 다른 친구와 함께 율동을 해봐도 좋아요.
* 유아 활동
    - (가)(나)(다) : 확장활동으로 할 수 있는 놀이에 대해 생각한다.

④ **전이**
* 교사 활동
    ◎ '바깥놀이'로 전이한다.
    - 뒷 줄의 어린이들 먼저 화장실 다녀온 후에 문 앞에 한 줄로 앉아요.
* 유아 활동
    - (가)(나)(다) : 교사의 안내에 따라 이동한다.

⑤ **자료 및 유의점**
    �자 율동왕 뱃지
    ㉯ 자폐성장애 유아가 무료하지 않게 지속적으로 관심 갖고, 평가 시 박수칠 기회를 제공한다.
    ㉰ 지체장애 유아가 또래와 함께 화장실로 이동하도록 안내한다.

(13) 게임

〈놀이 상황 관찰 기록〉

> **상황1**
> 교사는 유아들이 놀이 중에 상대방의 마음을 상하게 하는 말로 대화하는 장면을 여러 번 목격하였다. 유아들에게 고운 말을 사용해야 한다고 지도하였으나 여전히 이를 놀이 상황에 적용하는 것에는 어려움이 있는 듯 했다.
>
> **상황2**
> 몇몇 유아들이 직접 교사를 찾아와 친구들이 자신의 마음을 상하게 하는 말을 해 속상했다고 이야기하였다.

〈교사의 고민〉

> 일반교사는 동화 및 이야기나누기 활동으로 고운 말 사용을 지도하였으나, 놀이 중 유아들의 언어 표현으로 인한 갈등이 계속되자 이를 다른 방법으로 지도해야겠다고 생각하였다. 특수교사는 특수교육대상유아 또한 바른 말 고운 말 습관을 길러 친구들과 긍정적인 상호작용을 할 수 있도록 적절한 지원을 제공하고자 한다. 두 교사는 어떤 유형의 활동을 제공할지, 활동 중 교실 내 공간 및 자료를 어떻게 활용할지 고민이다.

⟨개별 유아 특성⟩

일반유아 15명	게임 활동 및 자유 놀이를 가장 선호함. 통합경험이 부족하여 장애 유아에 대한 사회적 수용도가 낮은 유아들이 일부 포함되어 있음.
○○ (시각장애)	저시력 유아로 간단한 문장으로 자신의 생각을 표현할 수 있으며 또래에게 관심이 많으나 함께 놀이에 참여한 경험이 부족함. 게임 활동에 대한 관심이 높아 다음 활동으로의 전이가 어려움.
△△ (자폐성장애)	간단한 문장으로 발화할 수 있음. 질서나 규칙을 지키며 활동에 참여하는 것에 어려움이 있음. 주변 놀잇감들로 인해 진행되는 활동에 주의집중하는 것이 어렵고 자주 자리를 이탈함.
□□ (지체장애)	하지마비 유아로 전반적인 대근육 사용에 어려움이 있음. AAC를 사용하여 간단한 단어로 자신의 생각을 표현할 수 있음. 자신의 순서를 기다리는 것에 어려움이 있고, 옆에 있는 친구에게 자주 몸을 기대는 특성을 보임.

⟨수업 조건 및 유의사항⟩

- 유아의 놀이 흐름을 고려하여 활동유형은 자유롭게 선정하시오.
- 공간, 자료, 상호작용, 안전 관련 지원 방안을 포함하시오.
- 개별 장애 유아의 특성에 따른 중재방안을 한 가지씩 포함하시오.
- 협력교수를 실시하시오. 이때 교사 간 협의 내용과 각 교사의 역할을 포함하시오.
- 특수교육실무사 1명이 배치되어 있다고 가정하시오.
- 도입-전개-마무리를 포함하고, 전시활동과 확장활동을 안내하시오.

○○○○학년도 공립 특수학교(유치원) 교사 임용후보자 선정경쟁시험(2차시험)

교수·학습과정안 작성 답안지(앞)

수험번호		성명	
		관리번호	

학습목표	가 : 규칙을 지키며 게임에 참여할 수 있다. 나 : 그림규칙판을 보고 규칙을 지키며 게임에 참여할 수 있다. 다 : 신체적 보조를 받아 게임에 참여할 수 있다.

학습단계		교수·학습활동				시간(분)	자료 및 유의점
		교사 활동	유아 활동				
			가	나	다		
도입	주의집중	◎ 하이파이브를 하며 주의집중시킨다. - 기쁨반 어린이들 모두 모였나요? 친구들이 모두 모였는지 옆에 있는 친구들과 하이파이브 해요.	- 옆에 앉은 친구들과 하이파이브 한다.			5분	㉮ 사진 자료, 궁금상자, AAC ㉯ 두 교사는 유아들이 선호하는 활동을 함께 하며 또래수용도를 높이고 함께 하는 놀이경험을 제공한다. ㉰ 자폐성장애 유아가 선호하는 공룡 의자에 앉도록 한다.
	전시활동 상기	◎ 사진 자료로 '자유놀이시간' 전시활동을 상기시킨다. - 선생님이 기쁨반 어린이들의 놀이 장면을 사진으로 담아왔어요.	- 사진 자료를 보고 전시활동을 회상한다.				
	동기유발	◎ '궁금상자'로 동기유발한다. - 상자 안에 무엇이 들어있을까요? - 흔들어서 소리를 들어보세요.	- 궁금상자 속 물건을 맞힌다. ▶				
	활동소개	◎ '게임 활동'을 소개한다. - 오늘은 상자 속 공으로 재미있는 고운 말 게임을 할 거예요.	- 교사의 말을 경청한다. ▶				
	강화예고	◎ '고운 말 목걸이'로 강화예고한다. - 약속과 규칙을 잘 지키면서 게임을 한 어린이들에게는 '고운 말 목걸이'를 선물로 줄게요.	- "네"라고 대답한다. ▶				
전개	활동1 : 게임에 대해 이야기나누기	◎ 게임 자료를 탐색한다. - 이 공으로 친구들과 어떤 게임을 할 수 있을까요? ◎ 게임 방법에 대해 이야기 나눈다. - ○○ 말처럼 동그란 원 모양으로 앉아서 게임을 할 거예요. - 한 어린이가 다른 어린이에게 공을 굴려주면서 고운 말을 해요. 지난번에 했던 게임과 비슷하죠? - 평소 하고 싶었던 말을 해도 좋고, 칭찬을 해도 좋아요. ◎ 시범을 보인다. - 앞에 나와서 시범을 보여줄 어린이가 있나요? ◎ 약속을 정한다. - 모두가 안전하고 재미있게 게임하기 위해서는 어떤 약속이 필요할까요? - 공을 던지지 않고 바닥에 굴려요.	- 문장으로 답한다. - 시범을 보인다. - 문장으로 답한다.	- 간단한 문장으로 답한다. - 친구들의 시범을 본다. - 약속을 기억한다.	- AAC를 사용하여 단어 수준으로 답한다.	20분	㉮ 공, 그림규칙판 ㉯ 저시력 유아를 위해 큰 공을 준비한다. ㉰ 자폐성장애 유아의 집중을 위해 주변 놀잇감을 정리해둔다. ㉱ 지체장애 유아가 친구에게 기대지 않도록 약속을 상기시킨다. 게임 순서를 앞쪽에 배치한다.

Chapter 02 실전 연습문제 **161**

예비 유아특수 선생님을 위한

○○○○학년도 공립 특수학교(유치원) 교사 임용후보자 선정경쟁시험(2차시험)
교수·학습과정안 작성 답안지(뒤)

| 수험번호 | | 성명 | |
| | | 관리번호 | |

학습단계		교수·학습활동				시간(분)	자료 및 유의점
		교사 활동	유아 활동				
			가	나	다		
전개	활동2 : 게임하기	◎ 인원 수를 확인한다. - 앞줄에 앉은 어린이 8명은 기쁨반 선생님을, 뒷줄에 앉은 어린이 8명은 행복반 선생님을 따라 오세요. ◎ 1차 게임을 한다. - ○○이가 △△이에게 공을 굴려주면서 고운 말을 해요. ◎ 1차 게임을 평가한다. - 게임을 하면서 어떤 점이 가장 재미있었나요? - 더 재미있게 게임을 하려면 어떻게 하면 좋을까요? ◎ 2차 게임을 한다. - 어린이들이 말해준 것처럼 이번에는 공을 전달하기 전에 "○○야" 하고 친구의 이름도 불러주어요. ◎ 게임을 정리한다. - △△가 공을 바구니에 담았네요. 정말 잘했어요.	- 교사의 안내에 따라 인원 수를 확인하고 이동하여 원을 만들어 앉는다. - 규칙을 지키며 게임에 참여한다. - 게임을 정리한다.	- 그림규칙판을 보고 규칙을 지키며 게임에 참여한다.	- 신체적 보조를 받아 게임에 참여한다.	5분	㉔ 피더시트 ㉕ 두 교사는 평행교수를 하고, 한 모둠은 특수학급을 이용한다. 지체장애 유아를 고려해 게임은 바닥에 앉아서 진행하도록 협의한다. ㉖ 자폐성장애 유아가 규칙을 상기할 수 있도록 특수교육실무사가 그림규칙판을 보여준다.
마무리	평가 강화제공 확장활동 소개 전이	◎ '게임 활동'을 평가한다. - 오늘 친구들에게 어떤 고운 말들을 해주었나요? - 어떤 기분이 들었나요? - 평소 놀이를 할 때에 친구들에게 어떻게 말하면 좋을까요? ◎ '고운 말 목걸이' 강화를 제공한다. - 약속과 규칙을 잘 지키면서 놀이한 어린이들에게 '고운 말 목걸이'를 줄게요. ◎ 확장활동에 대해 이야기 나눈다. - 여러 가지 고운 말 카드를 만들어보세요. '다섯 글자 예쁜 말' 노래를 들어보세요. ◎ '자유놀이시간'으로 전이한다.	- 문장으로 답한다. - '고운 말 목걸이'를 받는다. - 확장활동으로 할 수 있는 놀이에 대해 생각한다.	- 간단한 문장으로 답한다.	- AAC를 사용하여 단어로 답한다.	5분	㉔ 고운 말 목걸이, 기쁨반 일과표 ㉕ 활동 전이에 어려움이 있는 시각장애 유아를 위해 일과표를 활용하며, 활동 전이 5분 전에 미리 알린다.

평가내용	가 : 규칙을 지키며 게임에 참여할 수 있는가? 나 : 그림규칙판을 보고 규칙을 지키며 게임에 참여할 수 있는가? 다 : 신체적 보조를 받아 게임에 참여할 수 있는가?
평가도구 및 방법	평가도구 : 관찰법 및 포트폴리오 평가시기 : 활동 중 및 활동 후

(1) 도입

① 주의집중

* 교사 활동

◎ 하이파이브를 하며 주의집중시킨다.
- 기쁨반 어린이들 모두 모였나요? 친구들이 모두 모였는지 옆에 있는 친구들과 하이파이브 해요.

* 유아 활동
- (가)(나)(다) : 옆에 앉은 친구들과 하이파이브 한다.

② 전시활동 상기

* 교사 활동

◎ 사진 자료로 '자유놀이시간' 전시활동을 상기시킨다.
- 선생님이 기쁨반 어린이들의 놀이 장면을 사진으로 담아왔어요.

* 유아 활동
- (가)(나)(다) : 사진 자료를 보고 전시활동을 회상한다.

③ 동기유발

* 교사 활동

◎ '궁금상자'로 동기유발한다.
- 상자 안에 무엇이 들어있을까요?
- 흔들어서 소리를 들어보세요.

* 유아 활동
- (가)(나)(다) : 궁금상자 속 물건을 맞힌다.

④ 활동소개

* 교사 활동

◎ '게임 활동'을 소개한다.
- 오늘은 상자 속 공으로 재미있는 고운 말 게임을 할 거예요.

* 유아 활동
- (가)(나)(다) : 교사의 말을 경청한다.

⑤ 강화예고

* 교사 활동

◎ '고운 말 목걸이'로 강화예고한다.
- 약속과 규칙을 잘 지키면서 게임을 한 어린이들에게는 '고운 말 목걸이'를 선물로 줄게요.

* 유아 활동

- (가)(나)(다) : "네"라고 대답한다.

⑥ 도입의 자료 및 유의점

㉶ 사진 자료, 궁금상자, AAC

㊒ 두 교사는 유아들이 선호하는 활동을 함께 하며 또래수용도를 높이고 함께하는 놀이경험을 제공한다.

㊒ 자폐성장애 유아가 선호하는 공룡 의자에 앉도록 한다.

(2) 전개

① **활동1** : 게임에 대해 이야기나누기

* 교사 활동

◎ 게임 자료를 탐색한다.

- 이 공으로 친구들과 어떤 게임을 할 수 있을까요?

◎ 게임 방법에 대해 이야기 나눈다.

- OO 말처럼 동그란 원 모양으로 앉아서 게임을 할 거예요.
- 한 어린이가 다른 어린이에게 공을 굴려주면서 고운 말을 해요. 지난번에 했던 게임과 비슷하죠?
- 평소 하고 싶었던 말을 해도 좋고, 칭찬을 해도 좋아요.

◎ 시범을 보인다.

- 앞에 나와서 시범을 보여줄 어린이 있나요?

◎ 약속을 정한다.

- 모두가 안전하고 재미있게 게임하기 위해서는 어떤 약속이 필요할까요?
- 공을 던지지 않고 바닥에 굴려요.

* 유아 활동

◎ - (가) : 문장으로 답한다.
- (나) : 간단한 문장으로 답한다.
- (다) : AAC를 사용하여 단어 수준으로 답한다.

◎ - (가) : 시범을 보인다.
- (나)(다) : 친구들의 시범을 본다.

◎ - (가) : 문장으로 답한다.
- (나)(다) : 약속을 기억한다.

② **자료 및 유의점**

㉶ 공, 그림규칙판

㊒ 저시력 유아를 위해 큰 공을 준비한다.

㊒ 자폐성장애 유아의 집중을 위해 주변 놀잇감을 정리해둔다.

㊒ 지체장애 유아가 친구에게 기대지 않도록 약속을 상기시킨다. 게임 순서를 앞쪽에 배치한다.

③ 활동2 : 게임하기

* 교사 활동

◎ 인원 수를 확인한다.
- 앞줄에 앉은 어린이 8명은 기쁨반 선생님을, 뒷줄에 앉은 어린이 8명은 행복반 선생님을 따라 오세요.

◎ 1차 게임을 한다.
- ○○이가 △△이에게 공을 굴려주면서 고운 말을 해요.

◎ 1차 게임을 평가한다.
- 게임을 하면서 어떤 점이 가장 재미있었나요?
- 더 재미있게 게임을 하려면 어떻게 하면 좋을까요?

◎ 2차 게임을 한다.
- 어린이들이 말해준 것처럼 이번에는 공을 전달하기 전에 "○○야" 하고 친구의 이름도 불러주어요.

◎ 게임을 정리한다.
- △△가 공을 바구니에 담았네요. 정말 잘했어요.

* 유아 활동

◎ - (가)(나)(다) : 교사의 안내에 따라 인원 수를 확인하고 이동하여 원을 만들어 앉는다.

◎ - (가) : 규칙을 지키며 게임에 참여한다.
- (나) : 그림규칙판을 보고 규칙을 지키며 게임에 참여한다.
- (다) : 신체적 보조를 받아 게임에 참여한다.

◎ - (가)(나)(다) : 게임을 정리한다.

④ **자료 및 유의점**

㉻ 피더시트

㉤ 두 교사는 평행교수를 하고, 한 모둠은 특수학급을 이용한다. 지체장애 유아를 고려해 게임은 바닥에 앉아서 진행하도록 협의한다.

㉤ 자폐성장애 유아가 규칙을 상기할 수 있도록 특수교육실무사가 그림규칙판 보여준다.

(3) **마무리**

① 평가

* 교사 활동

◎ '게임 활동'을 평가한다.
- 오늘 친구들에게 어떤 고운 말들을 해주었나요?
- 어떤 기분이 들었나요?
- 평소 놀이를 할 때에 친구들에게 어떻게 말하면 좋을까요?

* 유아 활동
    - (가) : 문장으로 답한다.
    - (나) : 간단한 문장으로 답한다.
    - (다) : AAC를 사용하여 단어로 답한다.

② 강화제공
* 교사 활동
    ◎ '고운 말 목걸이' 강화를 제공한다.
        - 약속과 규칙을 잘 지키면서 놀이한 어린이들에게 '고운 말 목걸이'를 줄게요.
* 유아 활동
    - (가)(나)(다) : '고운 말 목걸이'를 받는다.

③ 확장활동 소개
* 교사 활동
    ◎ 확장활동에 대해 이야기 나눈다.
        - 여러 가지 고운 말 카드를 만들어보세요. '다섯 글자 예쁜 말' 노래를 들어보세요.
* 유아 활동
    - (가)(나)(다) : 확장활동으로 할 수 있는 놀이에 대해 생각한다.

④ 전이
* 교사 활동
    ◎ '자유놀이시간'으로 전이한다.
* 유아 활동

⑤ 자료 및 유의점
    ㉄ 고운 말 목걸이, 기쁨반 일과표
    ㉇ 활동 전이에 어려움이 있는 시각장애 유아를 위해 일과표를 활용하며, 활동 전이 5분 전에 미리 알린다.

(14) 현장체험

〈놀이 상황 관찰 기록〉

상황1
유아들은 봄이 되어 변화한 유치원의 모습에 관심이 많다. 따뜻해진 날씨와 간편해진 옷차림 등 유아들이 궁금해 하는 주제에 대해 이야기나누기도 하고, 자유놀이 시간에 다양한 미술 도구와 재료로 봄꽃 그림을 그리기도 하며, 봄 노래에 맞춰 여러 가지 악기를 연주하기도 한다. 교사는 다양한 활동 및 놀이를 통해 봄에 대한 유아들의 흥미를 확장해주고자 한다.

상황2
교사는 최근 유아들과 한 장소에서 다른 장소로 이동할 때 몇몇 유아들이 줄을 이탈하거나 새치기를 하는 등 질서를 지키지 않는 모습을 관찰하였다.

〈교사의 고민〉

일반교사는 유아들의 흥미에 따라 유아들이 봄의 자연물들을 관찰할 수 있도록 가까운 숲으로 현장체험학습을 가고자 한다. 특수교사는 특수교육대상유아 또한 일반유아들과 함께 봄의 자연물에 관심을 가지고 관찰할 수 있도록 적절한 지원을 제공하고자 한다. 두 교사는 유아들이 봄의 자연물들을 몰입하여 관찰하도록 하기 위해 관찰 시간을 얼마나 제공할지, 자료는 무엇을 어떻게 제공할지 고민이다.

〈개별 유아 특성〉

일반유아 17명	봄의 자연물에 관심이 많으며 통합경험이 풍부함. 유치원 바깥에서 이뤄지는 활동들을 선호함.
○○ (지체장애)	두 단어 수준으로 자신의 생각과 느낌을 표현할 수 있고 하지마비로 인해 휠체어를 활용하여 활동에 참여함. 활동에 적극적으로 참여하나 활동에 방해가 될 정도로 질문을 많이 함. 또래를 선호함.
△△ (지적장애)	교사의 말로 하는 설명을 이해하는 것에 어려움이 있고 봄에 볼 수 있는 자연물을 한 단어로 표현할 수 있음. 학습된 무기력으로 인해 활동 참여에 소극적이고 친구 또는 성인에게 의존적임.
□□ (자폐성장애)	교사를 모방하여 한 단어 수준으로 자신의 생각과 느낌을 표현할 수 있음. 손에 닿는 물건을 입에 넣는 행동 특성이 있으며 다음 활동으로의 전이가 어려움. 활동 중 자신의 마음대로 되지 않으면 옆에 있는 친구를 때리는 문제행동을 보임.

〈수업 조건 및 유의사항〉

- 유아의 놀이 흐름을 고려하시오.
- 공간, 자료, 상호작용, 안전 관련 지원 방안을 포함하시오.
- 개별 장애 유아의 특성에 따른 중재방안을 한 가지씩 포함하시오.
- 협력교수를 실시하시오. 이때 교사 간 협의 내용과 각 교사의 역할을 포함하시오.
- 특수교육실무사 1명이 배치되어 있다고 가정하시오.
- 도입-전개-마무리를 포함하고, 전시활동과 확장활동을 안내하시오.

○○○○학년도 공립 특수학교(유치원) 교사 임용후보자 선정경쟁시험(2차시험)
교수·학습과정안 작성 답안지(앞)

| 수험번호 | | 성명 | |
| | | 관리번호 | |

| 학습목표 | 가 : 봄의 모습을 탐색하고 느낀 점을 문장 수준으로 말할 수 있다.
나 : 봄의 모습을 탐색하고 느낀 점을 두 단어 수준으로 말할 수 있다.
다 : 봄의 모습을 탐색하고 느낀 점을 한 단어 수준으로 말할 수 있다. |

학습단계		교수·학습활동				시간(분)	자료 및 유의점
		교사 활동	유아 활동				
			가	나	다		
도입	주의집중	◎ '모여라' 노래로 주의를 집중시킨다. - 모여라 모두 모여. 기쁨반 모여라.	- 노래를 듣고 모여 앉는다. ──→			10분	㉔ 유아 작품, 다른 그림 찾기 ㉨ 두 교사가 팀티칭한다. ㉨ 두 교사는 지체장애 유아가 또래와 함께 모이도록 하고, 3장의 질문카드만 사용하도록 사전 안내하기로 한다.
	전시활동 상기	◎ 유아 작품을 소개하며 '자유놀이' 전시활동을 회상한다. - 누구의 작품인가요?	- 자신의 작품을 소개한다. ──→				
	동기유발	◎ '다른 그림 찾기'로 동기유발한다. - 왼쪽은 유치원의 겨울 모습, 오른쪽은 유치원의 봄 모습이에요. 어떤 점이 다를까요?	- 문장으로 말한다.	- 두 단어로 말한다.	- 한 단어로 말한다.		
	활동소개	◎ '현장체험 활동'을 소개한다. - 오늘은 유치원 주변의 봄 모습을 살펴보기 위해 현장체험을 할 거예요.	- 교사의 말을 경청한다. ──→				
	강화예고	◎ '봄 스티커'로 강화예고한다. - 질서를 잘 지키는 어린이들에게는 '봄 스티커'를 선물로 줄게요.	- "네"라고 대답한다. ──→				
전개	활동1 : 현장체험 준비하기	◎ 특수교사와 질문목록을 만든다. - 현장체험을 가서 어떤 것을 관찰하고 싶나요? ◎ 일반교사와 소요시간, 위치, 이동경로, 이동방법 등에 대해 이야기를 나눈다. - 유치원 뒤에 보이는 숲을 걸어서 다녀올 거예요. ◎ 특수교사와 약속을 정한다. - 모두가 안전하게 현장체험을 다녀오기 위해서는 어떤 약속이 필요할까요? - 질서를 잘 지키며 이동해요. ◎ 일반교사와 화장실을 다녀온 후 명단을 확인한다. - 왼쪽에 앉은 어린이들부터 화장실 다녀오세요. - 화장실을 다녀온 어린이들은 선생님 앞에 한 줄로 앉으세요. - 어린이들이 모두 모였는지 선생님이 한 명씩 이름을 불러볼게요.	- 문장으로 말한다. - 약속에 대해 이야기 나눈다. - 질서를 지키며 이동한다. ──→	- 두 단어로 말한다.	- 한 단어로 말한다. - 약속을 기억한다.	2시간 10분	㉔ 칠판, 마커, 질문목록표, 유아 명단 ㉨ 자폐성 장애 유아에게 교사를 모방해 대답할 수 있는 기회를 제공하기로 한다. ㉨ 설명 이해가 어려운 지적장애 유아를 위해 사진/그림 자료를 활용하고, 적극적인 참여를 위해 선호도를 활용하며, 간단하고 쉬운 질문으로 성공 경험을 제공하기로 한다.

○○○○학년도 공립 특수학교(유치원) 교사 임용후보자 선정경쟁시험(2차시험)
교수·학습과정안 작성 답안지(뒤)

수험번호		성명	
		관리번호	

학습단계		교수·학습활동				시간(분)	자료 및 유의점
		교사 활동	유아 활동				
			가	나	다		
전개	활동2 : 현장체험하기	◎ 두 교사와 함께 현장체험한다. - 모두 앞에 있는 기쁨반 선생님을 따라 오세요. - 숲에 도착했어요. 어린이들이 질문목록에 적어두었던 쑥도 여기 있네요. 쑥은 어떤 모양인가요? - 숲의 향기도 궁금하다고 했었죠. 어떤 향기가 나는 것 같나요? ◎ 화장실을 다녀온다. - 유치원에 돌아갈 시간이에요. 걸어가기 전에 큰 소나무 앞에 서 있는 어린이들 먼저 행복반 선생님을 따라서 화장실을 다녀오세요. ◎ 유치원으로 돌아온다. - 옷과 신발을 정리한 어린이들은 차례대로 화장실에서 손을 씻어요. - 손을 씻은 어린이들은 다시 선생님 앞에 모여 앉아요.	- 봄의 모습을 탐색하고 느낀 점을 문장으로 말한다. - 질서를 지키며 현장체험 활동에 참여한다. - 교사의 안내에 따라 화장실에 다녀온다. - 옷과 신발을 정리하고 화장실에서 손을 씻는다. - 교사 앞에 모여 앉는다.	- 봄의 모습을 탐색하고 느낀 점을 두 단어로 말한다.	- 봄의 모습을 탐색하고 느낀 점을 한 단어로 말한다.	10분	㉮ 특수교육실무사는 지체장애 유아의 휠체어 이동을 돕는다. ㉯ 두 교사는 자폐성장애 유아와 사회적 상황이야기를 읽어 친구 때리는 행동을 예방하고, 물건을 입에 넣지 않도록 약속 노래를 자주 불러주기로 한다.
마무리	평가 강화제공 확장활동 소개 전이	◎ '현장체험 활동'을 평가한다. - 오늘 현장체험을 가서 어떤 것들을 봤나요? - 가장 기억에 남는 것은 무엇인가요? - 어떤 기분이 들었나요? ◎ '봄 스티커' 강화를 제공한다. - 질서를 잘 지키며 현장체험 다녀온 어린이들에게 약속대로 봄 스티커를 선물로 줄게요. ◎ 확장활동에 대해 이야기 나눈다. - '봄이 왔어요' 동화를 들 테니 읽어보세요. 블록으로 유치원의 봄 풍경을 만들어도 좋겠네요. ◎ '점심시간'으로 전이한다. - 점심을 먹기 전에 앞 줄에 앉은 어린이들 먼저 화장실에 가서 손을 씻고 오세요.	- 문장으로 말한다. - '봄 스티커'를 받는다 - 확장활동으로 할 수 있는 놀이에 대해 생각한다. - 질서를 지키며 이동한다.	- 두 단어로 말한다.	- 한 단어로 말한다.	10분	㉮ 봄 스티커, 활동일과표 ㉯ 두 교사는 지적장애 유아에게 스스로 대답하는 기회를 제공해 의존도를 낮추기로 한다. ㉰ 자폐성장애 유아의 전이를 돕기 위해 활동 일과표를 사용하고, 전이 전 미리 알린다.

평가내용	가 : 봄의 모습을 탐색하고 느낀 점을 문장 수준으로 말할 수 있는가? 나 : 봄의 모습을 탐색하고 느낀 점을 두 단어 수준으로 말할 수 있는가? 다 : 봄의 모습을 탐색하고 느낀 점을 한 단어 수준으로 말할 수 있는가?
평가도구 및 방법	평가도구 : 관찰법 및 포트폴리오 평가시기 : 활동 중 및 활동 후

(1) 도입

① 주의집중

* 교사 활동
    ◎ '모여라' 노래로 주의를 집중시킨다.
    - 모여라 모두 모여. 기쁨반 모여라.

* 유아 활동
    - (가)(나)(다) : 노래를 듣고 모여 앉는다.

② 전시활동 상기

* 교사 활동
    ◎ 유아 작품을 소개하며 '자유놀이' 전시활동을 회상한다.
    - 누구의 작품인가요?

* 유아 활동
    - (가)(나)(다) : 자신의 작품을 소개한다.

③ 동기유발

* 교사 활동
    ◎ '다른 그림 찾기'로 동기유발한다.
    - 왼쪽은 유치원의 겨울 모습, 오른쪽은 유치원의 봄 모습이에요. 어떤 점이 다를까요?

* 유아 활동
    - (가) : 문장으로 말한다.
    - (나) : 두 단어로 말한다.
    - (다) : 한 단어로 말한다.

④ 활동소개

* 교사 활동
    ◎ '현장체험 활동'을 소개한다.
    - 오늘은 유치원 주변의 봄 모습을 살펴보기 위해 현장체험을 할 거예요.

* 유아 활동
    - (가)(나)(다) : 교사의 말을 경청한다.

⑤ 강화예고

* 교사 활동
    ◎ '봄 스티커'로 강화예고한다.
    - 질서를 잘 지키는 어린이들에게는 '봄 스티커'를 선물로 줄게요.

* 유아 활동

- (가)(나)(다) : "네"라고 대답한다.

⑥ 도입의 자료 및 유의점
- ㉵ 유아 작품, 다른 그림 찾기
- ㉮ 두 교사가 팀티칭한다.
- ㉮ 두 교사는 지체장애 유아가 또래와 함께 모이도록 하고, 3장의 질문카드만 사용하도록 사전 안내하기로 한다.

(2) 전개

① 활동1 : 현장체험 준비하기
  * 교사 활동
    ◎ 특수교사와 질문목록을 만든다.
      - 현장체험을 가서 어떤 것을 관찰하고 싶나요?
    ◎ 일반교사와 소요시간, 위치, 이동경로, 이동 방법 등에 대해 이야기를 나눈다.
      - 유치원 뒤에 보이는 숲을 걸어서 다녀올 거예요.
    ◎ 특수교사와 약속을 정한다.
      - 모두가 안전하게 현장체험을 다녀오기 위해서는 어떤 약속이 필요할까요?
      - 질서를 잘 지키며 이동해요.
    ◎ 일반교사와 화장실을 다녀온 후 명단을 확인한다.
      - 왼쪽에 앉은 어린이들부터 화장실 다녀오세요.
      - 화장실을 다녀온 어린이들은 선생님 앞에 한 줄로 앉으세요.
      - 어린이들이 모두 모였는지 선생님이 한 명씩 이름을 불러볼게요.
  * 유아 활동
    ◎ - (가) : 문장으로 말한다.
      - (나) : 두 단어 로 말한다.
      - (다) : 한 단어 로 말한다.
    ◎ - (가)(나) : 약속에 대해 이야기 나눈다.
      - (다) : 약속을 기억한다.
    ◎ - (가)(나)(다) : 질서를 지키며 이동한다.

② 자료 및 유의점
  - ㉵ 칠판, 마커, 질문목록표, 유아 명단
  - ㉮ 자폐성 장애 유아에게 교사를 모방해 대답할 수 있는 기회를 제공하기로 한다.
  - ㉮ 설명 이해가 어려운 지적장애 유아를 위해 사진/그림 자료를 활용하고, 적극적인 참여를 위해 선호도를 활용하며, 간단하고 쉬운 질문으로 성공 경험을 제공하기로 한다.

③ 활동2 : 현장체험하기
  * 교사 활동

◎ 두 교사와 함께 현장체험한다.
- 모두 앞에 있는 기쁨반 선생님을 따라 오세요.
- 숲에 도착했어요. 어린이들이 질문목록에 적어두었던 쑥도 여기 있네요. 쑥은 어떤 모양인가요?
- 숲의 향기도 궁금하다고 했었죠. 어떤 향기가 나는 것 같나요?

◎ 화장실을 다녀온다.
- 유치원에 돌아갈 시간이에요. 걸어가기 전에 큰 소나무 앞에 서 있는 어린이들 먼저 행복반 선생님을 따라서 화장실을 다녀오세요.

◎ 유치원으로 돌아온다.
- 옷과 신발을 정리한 어린이들은 차례대로 화장실에서 손을 씻어요.
- 손을 씻은 어린이들은 다시 선생님 앞에 모여 앉아요.

* 유아 활동
◎ - (가) : 봄의 모습을 탐색하고 느낀 점을 문장으로 말한다.
- (나) : 봄의 모습을 탐색하고 느낀 점을 두 단어로 말한다.
- (다) : 봄의 모습을 탐색하고 느낀 점을 한 단어로 말한다.
◎ - (가)(나)(다) : 질서를 지키며 현장체험 활동에 참여한다.
- (가)(나)(다) : 교사의 안내에 따라 화장실에 다녀온다.
◎ - (가)(나)(다) : 옷과 신발을 정리하고 화장실에서 손을 씻는다.
- (가)(나)(다) : 교사 앞에 모여 앉는다.

④ 자료 및 유의점
㉮ 특수교육실무사는 지체장애 유아의 휠체어 이동을 돕는다.
㉯ 두 교사는 자폐성장애 유아와 사회적상황이야기를 읽어 친구 때리는 행동을 예방하고, 물건을 입에 넣지 않도록 약속 노래를 자주 불러주기로 한다.

(3) 마무리

① 평가
* 교사 활동
◎ '현장체험 활동'을 평가한다.
- 오늘 현장체험을 가서 어떤 것들을 봤나요?
- 가장 기억에 남는 것은 무엇인가요?
- 어떤 기분이 들었나요?

* 유아 활동
- (가) : 문장으로 말한다.
- (나) : 두 단어로 말한다.
- (다) : 한 단어로 말한다.

② 강화제공

* 교사 활동

◎ '봄 스티커' 강화를 제공한다.
- 질서를 잘 지키며 현장체험을 다녀온 어린이들에게 약속대로 봄 스티커를 선물로 줄게요.

* 유아 활동
- (가)(나)(다) : '봄 스티커'를 받는다.

③ 확장활동 소개

* 교사 활동

◎ 확장활동에 대해 이야기 나눈다.
- '봄이 왔어요' 동화를 둘 테니 읽어보세요. 블록으로 유치원의 봄 풍경을 만들어도 좋겠네요.

* 유아 활동
- (가)(나)(다) : 확장활동으로 할 수 있는 놀이에 대해 생각한다.

④ 전이

* 교사 활동

◎ '점심시간'으로 전이한다.
- 점심을 먹기 전에 앞 줄에 앉은 어린이들 먼저 화장실에 가서 손을 씻고 오세요.

* 유아 활동
- (가)(나)(다) : 질서를 지키며 이동한다.

⑤ 자료 및 유의점

㉲ 봄 스티커, 활동일과표
㉤ 두 교사는 지적장애 유아에게 스스로 대답하는 기회를 제공해 의존도를 낮추기로 한다.
㉤ 자폐성장애 유아의 전이를 돕기 위해 활동 일과표를 사용하고, 전이 전 미리 알린다.

PART 02
교직적성 심층면접

CHAPTER 01 기 초

01 교직적성 심층면접 알아보기

(1) 교직적성 심층면접 기본정보

시험과목	배점 특수학교(유)	문항수	시험시간	비고
교직적성 심층면접	40점	구상형 1문항 즉답형 2문항 추가질의 1문항	1인당 10~11분 이내 (추가질의 포함 13분 이내)	구상시간 5분

제2차 시험 시행계획에는 시험과목, 배점, 문항 수, 시험시간, 비고(구상시간)에 대한 설명이 표로 제시되어 있다. 이중 유의해서 보아야 하는 부분은 문항 수, 시험시간, 비고(구상시간)이다. 세부적인 시험시간은 구상형 5분, 즉답형 3분, 추가질의 2분이나 시험시간과 문항 구성은 유동적이기 때문에 당해 2차 시험 시행계획 공고를 확인해야 한다.

문항 수에는 교직적성 심층면접의 유형이 제시되어 있다. 교직적성 심층면접은 구상형, 즉답형, 추가질의의 3가지 유형으로 구성되어 있다. 첫째, 구상형은 따로 마련된 구상실에서 5분간 답변 내용을 구상한 후 평가실에서 5분간 답변하는 면접 형태이다. 수험생은 5분의 구상 시간 동안 서론, 본론, 결론을 갖춘 논리적인 답변을 구상지에 계획한다. 구상형 질문에 대한 답변은 5분간 하기 때문에 최대한 많은 내용을 생각해내는 것이 좋다. 답변할 때는 자신이 기록한 구상지를 참고할 수 있다. 그러나 면접관들과 눈을 마주치며 답변해야 하기 때문에 답변 내용을 어느 정도는 암기해야 한다.

둘째, 즉답형은 면접관들 앞에서 질문지를 열어보고 일정 시간 동안 생각한 뒤 답변하는 면접 형태이다. 면접관들이 종이 파일을 열어 질문을 확인하라고 말하면 수험생은 질문을 읽는다. 질문을 다 읽으면 면접관들을 바라보고 "즉답형 O번 문항에 대하여 생각 후 답변 드리겠습니다."라고 말한다. 즉답형 질문에 답할 때에는 별도의 종이에 구상할 수 없다. 그 자리에서 머릿속으로 30~40초간 생각한 후 남은 시간 동안 답해야 한다. 즉답형 역시 서론, 본론, 결론을 갖춘 논리적인 답변을 생각해야 한다. 답변할 내용을 생각한 후 수험생은 "즉답형 O번 문항에 대하여 답변드리겠습니다."라고 말하고 답변을 시작한다.

셋째, 추가질의는 즉답형 문항에 답한 뒤 바로 그 자리에서 또 다른 질문에 답변하는 면접 형태이다. 면접관들이 종이 파일을 열어 추가질의 문항을 확인하라고 안내하면 수험생은 질문을 읽는다. 질문을 다 읽으면 면접관들을 바라보고 "추가질의에 대하여 생각 후 답변 드리겠습니다."라고 말한다. 추가질의는 즉답형 질문과 관련된 질문일 수도 아닐 수도 있다. 추가질의 역시 답변 내용을 종이에 구상할 수 없다. 따라서 즉답형 문항과 마찬가지로 그 자리에서 머릿속으로 답변 내용을 생각해야 한다. 추가질의는 답변 시간이 길지 않고 앞서 답한 즉답형 문항과 관련된 질문인 경우가 많으므로 서론, 결론을 생략하고 본론만을 포함하여 답하기도 한다. 생각이 끝나면 "추가질의 O번 문항에 대항 답변드리겠습니다."라고 말하고 답변을 시작한다.

(2) 교직적성 심층면접 고사실 구성

대기실	구상실	평가실
• 일반 고등학교 교실 환경과 동일	• 구상형 질문에 대한 답변 내용을 5분간 구상	• 구상형 질문에 대해 5분간 답변 • 즉답형1 질문에 대해 3분간 즉답 　(추가질의가 있을 경우 2분간 즉답) • 즉답형2 질문에 대해 3분간 즉답 　(추가질의가 있을 경우 2분간 즉답)

　교직적성 심층면접 고사실의 구성은 크게 대기실, 구상실, 평가실로 나뉜다. 첫째, 대기실은 수험생들이 교직적성 심층면접을 보기 전에 자신의 차례를 기다리는 공간이다. 대기실에서는 물을 마시거나 약간의 간식을 먹는 것 외에 수험생 간에 대화를 나누거나 본인이 정리한 노트를 보는 것은 허용되지 않는다. 화장실은 감독관의 안내에 따라 한 명씩만 갈 수 있기 때문에 시험 시작 전에 미리 다녀오는 것이 좋다. 교직적성 심층면접은 면접 시작 전 수험생들이 직접 뽑은 순번에 따라 한 명씩 진행된다.

　둘째, 구상실은 구상형 질문에 대한 답변 내용을 5분간 구상하는 공간이다. 수험생이 문을 열고 들어가면 문을 기준으로 앞쪽 벽에 책상과 의자가 붙어있고 교탁에는 감독관 한 명이 기다리고 있다. 감독관은 스탑워치를 가지고 있으며 감독관이 '시작'이라고 말하면 수험생은 구상을 시작한다. 수험생은 감독관이 가지고 있는 스탑워치를 볼 수 없기 때문에 별도의 아날로그 손목시계를 가져가는 것이 좋다. 구상이 끝난 수험생은 평가실로 이동한다.

　셋째, 평가실은 교직적성 심층면접 질문에 답변하는 공간이다. 문을 열고 들어가면 문을 기준으로 앞쪽에 면접관 3명이 앉아있고 면접관의 책상 위에는 수험생이 볼 수 있는 스탑워치가 있다. 그러나 올해 시험에서는 스탑워치가 제시되지 않을 수 있으니 별도의 아날로그 손목시계를 준비해가도록 하자. 수험생은 면접관과 마주 보는 의자에 앉은 후 질문에 답한다. 하나의 평가실에서 구상형 문항, 즉답형 1, 2번 문항, 추가질의 문항을 모두 답해야 할 수도 있고, 둘 이상의 평가실을 이동하며 각각 한 문항씩 답해야 할 수도 있다. 매년 상황이 달라지기 때문에 자세한 고사실 구성은 당해 2차 시험 시행계획 공고를 직접 확인해야 한다.

(3) 인사법 및 태도

수험생은 평가실 문 앞에 서 있는 감독관에게 겉옷과 가방을 맡기고 평가실 앞문으로 들어간다. 구상지는 옆구리에 끼고 문을 조심스레 열고 닫는다. 문 앞에서 45도 인사를 한 후 준비된 책상과 의자 옆으로 걸어간다. "안녕하십니까."라고 말한 뒤 90도로 숙여 인사하고, "관리번호 ○○번입니다."라고 말한 후 자리에 앉는다. 구상지는 책상 위에 올려두고 손은 포개어 무릎 위에 둔다.

면접 질문에는 크고 자신감 있는 목소리로 답변한다. 면접관들은 하루에도 수십 명의 수험생들을 만나기 때문에 지쳐있을 가능성이 크다. 따라서 답변의 핵심을 명확하게 짚어 말하는 것이 좋다.

구부정한 자세로 앉거나 다리를 떨지 않도록 유의하고, 허리를 꼿꼿이 편 바른 자세로 앉아 면접에 임한다. 목소리나 자세와 같은 것은 기본적인 사항이므로 이 책에서는 자세히 다루지 않겠다.

02 교직적성 심층면접 팁

(1) 구조

① 짧은 문장과 두괄식 구성 사용하기

답변의 내용만큼이나 중요한 것이 답변을 전달하는 방법이다. 아무리 좋은 내용의 답변이라도 듣는 사람이 이해하기 어렵다면 좋은 점수를 받기가 어렵다. 따라서 3분에서 5분이라는 꽤 긴 시간 동안 생각을 조리 있게 전달하기 위해 짧고 명료한 문장을 사용해야 한다. 또한 두괄식 구성을 사용하여 면접관이 답변의 중심 내용을 쉽게 파악할 수 있도록 한다. 예를 들어, 세부 내용을 설명한 후 "따라서 ~~이 필요합니다."와 같이 미괄식으로 문장을 구성하는 것보다 "첫째, ~~이 필요합니다."와 같이 답변을 시작한 후 세부 내용을 추가하는 두괄식 구성을 사용하는 것이 좋다.

② 명사형 답변 사용하기

짧은 시간 내에 면접 답변을 구상하다 보면 내용이 머릿속에서 완벽히 정리되지 않아서 답변이 장황해질 때가 많다. 이러한 문제를 최소화하기 위해서 명사형 답변을 사용할 수 있다. "첫째, 가정통신문을 활용해서 학부모들에게 적절한 인성교육 내용을 교수하거나 유치원 내에서 강연회를 실시하는 것입니다."보다 "첫째, 부모교육입니다. 교사는 가정통신문을 활용해서 학부모들에게 적절한 인성교육 내용을 교수할 수 있습니다. 뿐만 아니라 유치원 내에서 인성교육과 관련된 강연회를 실시할 수 있습니다."가 더 명확한 답변이다. 즉 긴 문장을 짧게 나누고 하나의 명사형 키워드를 활용해 전달하고자 하는 내용을 명확히 해야 한다.

③ 여러 측면으로 나누어 답변하기

심층면접 유형에 따라 다르나 수험생들은 한 문항에 여러 가지 방안, 활동, 방법 등을 답변하게 된다. 정해진 시간 동안 답변 내용을 쉽게 떠올리기 위해서는 어떠한 문제가 나오든 여러 측면으로 나누어 답변하는 연습을 해야 한다. 예를 들어 유아 인성교육 방안 세 가지를 말해야 한다면, 1:1 개별 교수 측면에서 활용할 수 있는 활동 한 가지, 소집단 측면에서 활용할 수 있는 활동 한 가지, 대집단 측면에서 활용할 수 있는 활동 한 가지, 이렇게 세 가지 측면에 따라 답변 내용을 계열화하는 것이 좋다. 또 다른 예시로 문제행동 지도와 관련된 방안을 말해야 한다면, 선행사건/배경사건 중재 측면에서 한 가지, 대체행동 교수 측면에서 한 가지, 후속사건 중재 측면에서 한 가지를 이야기할 수 있다. 이렇게 여러 측면으로 나누어 답하는 연습을 한다면 어떠한 문제가 나오든 다양하면서도 계열화된 답변을 구성할 수 있다.

④ **답변 내용의 범위와 형태 구조화하기**

처음 교직적성 심층면접 답변을 준비하다 보면 3분 또는 5분이라는 시간이 매우 길게 느껴진다. 세 가지를 말하라고 해서 세 가지를 모두 말했음에도 불구하고 시간이 남는 경우가 꽤 많다. 이런 경우에는 세 가지를 언급하되 그 세 가지를 더욱 구체화하여 깊이 있게 답변하는 것이 중요하다. 예를 들어 문제점 세 가지를 말하라는 문제가 나온다면, 문제점 세 가지뿐만 아니라 각각이 문제가 되는 이유까지 함께 언급할 수 있다. 또 다른 예시로 해결 방안 세 가지를 말하라는 문제가 나온다면, 해결 방안 세 가지뿐만 아니라 그 해결 방안의 정의와 특성, 기대효과와 이유까지 언급할 수 있다. 따라서 답변 시간에 맞춰 답변 내용의 범위와 형태를 구조화하는 연습이 필요하다.

(2) 만능 틀

① **답변의 첫 번째 문장과 마지막 문장**

답변을 시작할 때에는 먼저 본인이 어떤 문제에 대해 답변할 것인지 언급해야 한다. 이때 문항 번호를 언급할 수 있으나 문제 내용을 요약하거나 재정리할 필요는 없다. 요약 및 재정리에 시간을 투자할수록 본인이 답변하는 시간이 줄어들기 때문이다. 답변을 마칠 때에는 간단하게 "이상입니다."라고 말한다.

Ex 구상형 1번 문항에 대하여 답변드리겠습니다. …… 이상입니다.

Ex (문제를 읽고 나서) 즉답형 2번 문항에 대하여 잠시 생각 후 답변드리겠습니다. (답변 생각이 끝난 후) 즉답형 2번 문항에 대하여 답변드리겠습니다. …… 이상입니다.

② **답변의 서론과 결론**

첫 번째 문장과 마지막 문장 사이에는 본인의 답변이 들어가면 된다. 이때 '본인의 답변'이란 서론-본론-결론이 모두 포함된 하나 이상의 문단을 의미한다. 즉 짧은 즉답형 문항이든 긴 구상형 문항이든 답변을 할 때 간단한 서론과 결론이 포함되어야 한다. 답변과 관련된 적절한 서론과 결론을 사용한다면 답안은 더욱 풍부해지고, 전체적인 답변 내용이 유기적으로 연결될 수 있다. 서론과 결론에서 활용할 수 있는 예시 문장들은 다음과 같다.

서론	• 교사는 유아를 위해 존재합니다. • 유아에게 교육이란 기회를 의미합니다. • 유치원은 교육이 시작되는 첫 단추입니다. • 특수교육은 특수교육대상자의 개별적 욕구를 충족시키고 개인의 잠재력을 실현하는 것을 목적으로 합니다. • 최근 인성교육의 중요성이 대두되고 있습니다. • 교육이 효과적이기 위해서는 교사가 효과적이어야 합니다.

결론	· 장애 유아는 개별적 요구에 적합한 교육을 받을 권리를 가지고, 특수교사는 이러한 권리를 보장할 의무가 있습니다. 교사가 (답변 요약)한다면 장애 유아는 성공적인 사회적 통합을 이룰 수 있습니다. · 이와 같이 (답변 요약)한다면, 교사는 교육을 통해 유아의 전인 발달을 도울 수 있습니다. · 이와 같이 (답변 요약)한다면, 유아는 유치원에서 민주시민의 기초를 형성할 수 있습니다. · 이와 같이 (답변 요약)한다면, 유아는 더디지만 자신의 속도로 성장할 수 있습니다. · 교사가 이러한 노력들을 기울인다면 유아는 미래 사회에서 성공적으로 기능할 수 있을 것입니다. · 교사가 이러한 노력들을 기울인다면 유아는 미래 사회에서 독립적으로 기능할 수 있게 될 것입니다.

03 교직적성 심층면접 유형별 만능 틀

(1) 전공면접

① 인성지도(인성교육)

㉠ 사회적상황이야기

정의	사회적 상황을 해석하고 이해하는 데 도움을 주는 개별화된 짧은 이야기
기대 효과	· 사회적 상황과 상대방의 입장을 좀 더 쉽게 이해함으로써 역지사지 경험 · 다양한 상황에서 어떻게 반응하고 행동해야 하는지 알게 되어 부적절한 행동 감소

㉡ 사회적 통합 활동

정의	소집단의 유아들을 특정 놀이 활동을 하도록 구성함으로써 또래와의 사회적 상호작용을 증진하는 방법
기대 효과	· 인성교육이 필요한 유아가 사회적 능력이 뛰어난 또래의 놀이를 관찰하고 놀이에 함께 참여하면서 긍정적인 또래 상호작용을 경험하게 됨 · 교사 대 유아 비율이 적어져 가르치고자 하는 기술을 체계적으로 교수할 수 있음

㉢ 환경구성

정의	학급 전체의 물리적 또는 사회적 상황을 의도적으로 변화시키는 것. 예를 들어 다양한 개인적/문화적 배경을 반영한 놀잇감이나 교구를 제공하는 것, 또는 자료 자체를 부족하게 제공하는 것 등을 의미함
기대 효과	· 교사가 구조화한 환경에서 또래와 함께 놀이하며 배려와 나눔 등을 경험함 · 학급 전체를 대상으로 하기 때문에 바람직한 인성을 함양할 수 있는 학급 분위기가 형성됨

ㄹ. 가정 연계, 부모교육 실시

정의	교육의 효과를 높이기 위해 부모들에게 아동 발달 및 교육과정에 관한 정보를 알려줌으로써 가정에서의 협력을 도모하는 것
기대 효과	• 부모의 자녀 양육 자질을 높임으로써 유치원에서의 인성교육을 가정에서도 실행할 수 있음 • 적절한 부모교육을 받은 부모들이 바람직한 인성을 지님으로써 유아들의 모델이 됨

ㅁ. 유치원 차원의 긍정적 행동 지원

정의	긍정적 행동 지원을 개인에서 유치원 단위로 확장한 것으로 유아의 삶의 질 향상을 목표로 함
기대 효과	• 유치원 차원의 약속을 통해 질서, 배려, 협력 등을 실천하는 전반적인 유치원 분위기 형성 • 모든 유아들에게 적절한 인성적 요소를 교수함으로써 새로운 문제 상황 발생 예방

ㅂ. 우정활동

정의	일반유아교육에서 많이 사용되는 노래나 게임, 활동 등에 친사회적 반응을 삽입하여 실행하는 대집단 활동
기대 효과	• 또래와 함께 하는 자연스러운 활동 속에서 친사회적 행동 연습 • 유아가 바람직한 사회적 행동을 모델링할 수 있는 기회 제공

② 문제행동지도

차원1	• 기능평가 차원 : 원인 파악 • 선행사건 지도 차원 : 예방 • 대체행동 지도 차원 : 바람직한 행동 교수 • 후속사건 중재 차원 : 차별강화
차원2	• 학교 차원 : 긍정적 학교 분위기 형성 • 학급 차원 : 규칙 정하기 • 소집단 차원 : 사회적 통합 활동 (사회/정서적 기술 교수) • 개별 차원 : 기능평가, 선행사건, 대체행동, 후속사건 중재 • 가정 차원 : 일관적 지도

③ 놀이지도

ㄱ. 유아와 놀이에 대해 이야기나누기

의미	유아가 자신의 놀이에 대해 주도적으로 생각해보게 하는 활동
기대 효과	• 교사가 유아의 변화하는 흥미와 관심사에 대해 알 수 있음 • 유아들이 충분한 이야기나누기 과정을 통해 놀이 활동에 더 주체적으로 참여할 수 있음

ⓒ 놀이 영역 허물기

의미	나누어진 놀이 영역을 허물어서 유아들이 놀이하는 물리적 환경을 재구성하는 것
기대 효과	• 교사가 놀이 영역 규제를 허물어줌으로써 유아들이 다양한 영역을 오가며 더욱 확장된 놀이를 할 수 있음 • 놀이 활동의 선호도가 다른 유아들 간 사회적 상호작용 증진

ⓒ 협동 활동

의미	놀이 시 능력이 다른 유아들 간 역할 분담과 능력 보완의 기회를 제공하는 유아 중심 활동
기대 효과	• 서로 다른 능력을 가진 유아들 간 긍정적 상호의존성 향상 • 교사의 직접적 개입 없이도 주도적으로 활동에 참여하여 성취감을 느낌

ⓒ 프로젝트 접근법

의미	유아들이 흥미나 관심을 가지거나 협력하여 학습할 가치가 있는 특정 놀이 주제에 대해 심층적으로 연구하는 목적-지향적 활동
기대 효과	• 활동 내용이 유아 개개인의 삶과 밀접하게 관련되어 있고 유의미함 • 프로젝트 전 과정을 통해 교사와 유아, 유아와 유아 간 적극적 사고의 교류와 상호작용 가능

ⓜ 반성적 사고

의미	교사가 자신의 교수 행위에 대해 되돌아보고 반성한 것을 다음 교수행위에 반영할 것을 다짐하는 것
기대 효과	• 유아 놀이 지도 시 교사가 지나치게 개입하는 등의 실수를 반복하지 않음으로써 자신의 교수 행위 발전 • 시행착오를 경험하면서 놀이 교육에 대한 사례지식 형성

ⓗ 교과 교육학적 지식 갖추기

의미	교육과정에 대한 지식, 교수전략에 대한 지식, 유아의 흥미와 발달에 대한 지식
기대 효과	교사가 교과교육학적 지식을 갖추면 유아들의 흥미와 발달을 고려하면서도 그 안에서 배움이 일어나도록 교수할 수 있음

ⓢ 유아 소리에 귀 기울이기

의미	유아들의 주도적인 놀이를 관찰하여 유아들의 흥미와 관심에 대해 파악하고, 이를 수업과 연계하는 것
기대 효과	유아들은 자신들의 놀이에서 확장된 활동에 대해 흥미와 관심을 가지고 즐겁게 참여하게 됨

◎ 경험중심 교육과정 구성하기

의미	행함으로써 배운다는 듀이의 교육철학이 드러난 교육과정으로 유아들의 실제 경험을 바탕으로 재구성된 교육과정
기대 효과	유아들이 일상생활과 관련된 직접적인 경험을 하게 되어 활동에 더욱 더 흥미를 가지고 자발적으로 참여하게 됨

④ 협력방안

1단계	협력자에게 먼저 다가가기/전화하기 (환영하기, 반갑게 인사하기)
2단계	협력자에게 감정 이입하고 공감대 형성하기 (협력자 위로 및 칭찬, 유아 칭찬)
3단계	협력자의 불만 해소하기 (교사로서의 책임을 인식하고 사과)
4단계	협력자에게 객관적인 상황 설명하기 (사례 근거해서 현재 상황 설명)
5단계	협력자에게 유아 특성 설명하며 이해시키기 (협력의 필요성 및 협력 방법 설명)
6단계	신뢰감 형성하기 (특수교사 전문성 드러내기)

⑤ 통합교육

장점	장애 유아		• 분리교육의 부정적 영향 및 낙인 방지 • 또래의 사회적 기술 및 의사소통 기술 관찰/모방 • 전형적인 발달을 보이는 또래들과 우정을 형성할 기회를 가짐 • 실제적인 생활 경험을 통해서 지역사회에서의 삶 준비
	일반유아		• 다름을 수용, 포용할 수 있는 긍정적 인격 형성 • 다양성 존중의 기회 • 장애인에 대한 좀 더 사실적이고 정확한 견해를 학습할 수 있는 기회를 가짐 • 또래 교수를 통한 인지 및 사회성 발달
	일반유아 부모		• 자녀에게 개별적인 차이와 이러한 차이를 수용하는 것에 대해 가르칠 기회가 됨 • 다양성 존중
또래 중재 방안	장애이해 교육	정의	• 유치원 범교육과정 측면 • 성공적인 통합교육을 위해 일반유아가 장애에 대해 바르게 이해할 수 있도록 돕는 교육 • 장애 유아의 어려움보다는 강점과 비슷한 점에 초점 • 무조건 돕는 대상으로의 인식 지양
		예시	• 동화, 역할극, 동영상 시청, 모의 체험 등
		기대 효과	• 다양성을 존중하는 학급 분위기 형성 • 바람직한 장애관 형성

또래 중재 방안	우정활동	정의	• 대집단 측면 • 교사의 계획을 바탕으로 일반적인 유아 노래, 게임, 활동 안에 친사회적인 반응을 삽입함으로써 사회적 상호작용을 증진하는 중재
		예시	노랫말을 수정해서 유아 간의 상호작용을 돕는 것, 상호작용과 우정의 중요성에 대한 토론 등
		기대 효과	• 일상적인 게임, 노래 등을 사용하므로 교실을 통합에 지원적인 상황으로 변형시킴 • 장애 유아에 대한 또래의 태도에 영향을 미쳐서 긍정적인 또래 관계 형성
	협동 활동	정의	• 소집단 측면 • 능력이 다른 유아들 간 역할 분담과 능력 보완의 기회를 제공하는 유아 중심 활동
		예시	개인 작품 모으고 합하기, 결과물 정하고 분담작업하기, 주제와 공간 선택하고 표상하기 등
		기대 효과	• 일반유아와 장애 유아간 긍정적 상호의존성 향상 • 면대면 상호작용을 통한 대인관계 기술 향상
	또래 시작행동 교수	정의	• 개별 측면 • 일반 또래들이 구조화된 놀이 상황에서 장애 유아에게 상호작용 시작행동을 보일 수 있도록 교수하는 것
		예시	일반유아에게 장애 유아에게 접근해서 상호작용을 시작하는 법을 개별적으로 교수하는 것
		기대 효과	• 일반유아와 장애 유아의 사회성 증진 • 일반유아와 장애 유아 간의 상호작용 증진
	부모교육	정의	• 가정 연계 측면 • 교육의 효과를 높이기 위해 부모들에게 아동 발달 및 교육과정에 관한 정보를 알려줌으로써 가정에서의 협력을 도모하는 것
		예시	가정통신문, 개별/집단 면담
		기대 효과	• 부모의 통합교육에 대한 인식을 높임으로써 유치원에서의 통합교육이 가정에서도 이어질 수 있음 • 적절한 부모교육을 받은 부모들이 바람직한 장애관을 지님으로써 유아들의 모델이 됨

⑥ 원격수업 지원 방안

정의			• 교수자와 학습자가 대면하지 않는 상태에서 이뤄지는 수업 형태
방안	쌍방향 수업	정의	• 교사와 유아가 화상 수업을 통해 실시간으로 소통하는 수업 형태
		교사 역할	• 화상 수업 방법에 대한 가정 안내 및 부모교육 • 출결 확인 • 유아의 주의집중 및 참여 독려 • 음소거 및 비디오 화면 관리 • 녹화 및 기록을 통한 평가
	가정 연계	정의	• 놀이꾸러미 및 동영상 컨텐츠 제공을 통해 유아가 가정 내에서도 질 높은 교육을 받을 수 있도록 지원하는 수업 형태
		교사 역할	• 주제에 따른 놀이꾸러미 계획 및 송부 • 동영상 컨텐츠 제작 및 활용 • 부모와 쌍방향으로 소통하며 출결 확인 및 활동 피드백 제공

⑦ 2022 서울시교육청 시책

비전		• 창의적 민주시민을 기르는 혁신미래교육
지표		• 우정이 있는 학교 : 서로 존중하고 배려하는 우애 넘치는 교실에서 • 질문이 있는 교실 : 저마다 흥미를 가지고 활발히 수업에 참여하고 • 삶을 가꾸는 교육 : 자신의 적성과 처지에 맞는 지원을 받으며 삶의 진로를 개척하는 학교
정책 방향	미래를 준비하는 혁신교육	• 미래역량 함양을 위해 교육과정/수업/평가 혁신 (→ 반성적 사고) • 미래교육체제 전환을 위한 개별 맞춤형 원격교육 (→ 원격수업 관련) • 놀면서 배우는 유치원 (→ 놀이 관련)
	모두의 가능성을 여는 책임교육	• 유치원의 공공성과 책무성 강화 • 특수교육 및 통합교육 내실화 (→ 통합 관련)
	평화와 공존의 민주시민교육	• 인권존중 학교문화 조성 (→ 장애 차별 예방) • 학교폭력 예방활동 내실화 (→ 장애 차별 예방) • 협력적 인성교육 내실화 (→ 사회적 통합 관련)
	안전하고 쾌적한 교육환경	• 교육시설 안전 지원 강화 • 체험 중시 안전교육 강화 • 참여와 소통의 교육자치 • 배움/쉼/놀이가 어우러지는 유치원 공간 조성
	참여와 소통의 교육자치	• 함께 연구하며 성장하는 교원 (→ 동료 교사와의 협력) • 학부모의 학교 참여 지원 (→ 부모와의 협력)

(2) 인성면접

① 교직관/가치관

㉠ 장애 유아의 강점을 극대화하는 교육

필요성	• 모든 유아는 발달 속도가 다를지라도 각기 다른 특성과 잠재력을 갖고 있음 • 이에 대한 교사의 믿음은 피그말리온 효과에 따라 유아의 교육적 성취를 향상시킴

㉡ 교육의 질적인 향상을 위해 함께 협력하는 교육

필요성	• 장애 유아의 교육은 특수교사 혼자만의 노력으로 이루어질 수 없음 • 부모, 일반교사, 유아교육기관 관계자들 또한 공유된 책무를 지님

㉢ 교사가 자신의 의무에 대해 책임감을 가지는 교육

필요성	• 장애인 등에 대한 특수교육법에 따르면 특수교육대상자는 누구나 개별 특성에 적합한 교육을 받을 권리가 있고 특수교사는 이러한 권리를 보장할 의무가 있음 • 기초성의 원리에 따라 유아기의 경험은 이후 모든 발달의 기반이 됨 • 교사의 교수 행위가 유아의 삶에 직접적인 영향을 미침

㉣ 교사가 자신과 장애 유아를 믿는 교육

필요성	교사가 어떠한 상황에서도 도전하는 태도를 가지려면 교사 자신과 특수교육대상자에 대한 믿음이 선행되어야 함

㉤ 교사가 효율적으로 교수를 실행하는 교육

필요성	유아기라는 제한된 시간 내에 유아가 최대한의 발달을 이루도록 하기 위해서는 교사가 중요한 부분에 초점을 두어 적절한 방법으로 교수해야 함

② 장애관

장애관	세부 설명
장애는 하나의 특성임	• 모든 사람은 하나의 스펙트럼 위에 놓여 있음. 정도의 차이일 뿐 장애가 유아를 대표하는 특징은 아님 • 장애 유아를 특별한 시선으로 바라보기보다는 해당 유아가 가진 특성을 인정하고 존중해야 함
장애는 개인 내적인 문제가 아님	• 장애는 개인과 환경의 상호작용 속에서 나타나는 것임 • 개별화된 적절한 지원이 장기간 제공된다면 장애 유아는 일반 사회 내에서 충분히 기능할 수 있음

장애란 모두가 경험하는 것	• 장애의 사전적 정의는 '무언가가 충분히 기능하지 못하도록 거치적거리게 하거나 진행을 가로막는 것'
	• 모든 사람은 일생동안 자주 어떤 것에 의해 방해받는 경험을 함
	  Ex 시력이 좋지 않은 사람 : 가까이 있거나 멀리 있는 것을 보는 데 제한
	  Ex 키 작은 사람 : 높이 있는 물건을 꺼내는 것에 어려움

장애보다 적절한 지원에 초점두기	• 장애 자체에 초점을 두어 바라보면 장애를 부정적으로 생각하게 될 수 있음 • 장애인은 적절한 지원을 받으면 사회에서 성공적으로 기능할 수 있음 • 장애인 개개인의 특성에 적합한 지원을 제공하는 것에 중점을 두어야 함

③ 특수교사 인성적 자질/장단점/성격/태도

㉠ 존중

설명	• 장애 유아 개개인의 다름을 그 자체로 인정하고 받아들이는 것
필요성	• 모든 유아는 다양한 생각/선호/흥미/강약점을 지니기 때문 • 모든 유아는 그 자체로 존중받아야 할 인격적인 존재기 때문
기대 효과	• 유아들의 자아존중감에 긍정적인 영향을 미침 • 타인을 존중하는 태도를 모델링할 수 있음

㉡ 믿음

설명	• 교사가 유아에게 긍정적인 영향을 미치고 유아가 이를 통해 더디지만 충분히 변화할 수 있다고 확신하는 것
필요성	• 장애 유아 특성상 발전 속도가 더딜 수 있기 때문
기대 효과	• 교사가 포기하지 않고 끈기 있게 노력하게 됨 • 피그말리온 효과로 유아의 교육적 성취가 향상됨

㉢ 협력

설명	• 특수교사가 일반교사 및 유아교육기관의 관계자들과 의견을 공유하고 서로 돕는 것
필요성	• 장애 유아 교수가 일반유아교육과정에 기반을 두고 있기 때문 • 일반교사 및 유아교육기관 관계자들은 장애 유아 교육에 공유된 책무를 지니기 때문
기대 효과	• 교사 자신의 전문성 확대 및 교사 서로 간 전문성 확장 • 유아에게 일관된 교수적 중재 제공이 가능함

㉣ 책임감

설명	• 교사가 전문성을 바탕으로 자신의 임무를 수행하는 것
필요성	• 장애인 등에 대한 특수교육법에 따르면 특수교육대상자는 개인의 교육적 요구에 적합한 교육을 받을 권리가 있고 특수교사는 이러한 권리를 보장할 의무가 있기 때문
기대 효과	• 교사가 전문서적을 읽거나 세미나에 참여하는 등의 방법으로 전문성을 신장하기 위해 노력하게 됨 • 교사의 책임감 있는 중재를 통해 장애 유아는 또래와 함께 미래 사회에서 독립적으로 살아감

◎ 반성적 사고

설명	• 교사 자신의 행위를 성찰하는 것
필요성	• 교사는 신중한 태도를 가지고 교수해야 하기 때문 • 교사의 충동적인 행동을 지적인 행동으로 전환시킬 수 있기 때문
기대 효과	• 이후 활동 계획 시 유아들의 발달 수준과 흥미 고려하게 됨 • 시행착오를 통해 얻은 사례지식을 바탕으로 교사 전문성이 향상됨

ⓗ 전문성

설명	• 전문지식과 경험을 바탕으로 자신의 일을 빠르고 정확하게 해내는 것
필요성	• 유아기라는 제한된 시간 내에 유아가 최대한의 발달을 이뤄야 하기 때문 • 교사가 중요한 부분에 초점을 두어 교수할 필요가 있기 때문
기대 효과	• 교사는 유아에게 가장 기능적인 기술을 가르치게 됨 • 교사는 유아에게 사회적 역할의 가치화를 실현할 수 있는 기술들을 가르치게 됨 • 교사는 증거기반의 실제를 적용하여 유아를 교수하게 됨 • 교사와 협력하는 사람들은 교사의 능력에 대해 신뢰를 가지게 됨

④ 교사 전문성 향상 방안

* 전문성 : 교사가 자신의 교직관을 정립하고, 교수 효능감/반성적 사고/실천적 지식을 통해 자신의 교수능력을 향상하는 것

자기 장학	정의	• 외부지원이나 다른 형태의 장학을 필요로 하지 않는 장학 • 교사가 다양한 방법으로 자신의 전문성을 신장하기 위해 노력하는 독립적인 형태의 장학
	방법	반성적 저널쓰기, 학술 발표회, 연수, 강연회 참여, 자신의 수업 직접 녹화 후 분석, 교사 이야기 쓰기
	기대 효과	• 교사 의지만 있다면 혼자서도 수업의 질을 높일 수 있음 • 수업 및 업무에 바쁜 교사들에게 시간/경제적 측면에서 효율적 • 사례지식을 통해 자신이 교사로서 해야 하는 역할과 바람직한 교사상 및 교직관을 정립
동료 장학	정의	• 동료 교사들 간의 상호 협의와 협력을 바탕으로 교사 공동체를 형성하는 장학 • 장학 담당자와 장학 대상자가 동등한 관계에 있음
	방법	전문서적 읽기 및 토론하기, 동료 임상장학(동료 간 협의하기), 멘토링
	기대 효과	• 동료 교사와 공동체의식을 형성할 수 있음 • 다른 교실의 상황을 접하여 다양한 수업에 대한 아이디어와 다양한 상황에 대처할 수 있는 능력을 가지게 됨 • 동료 교사와 경험을 나누면서 정서적 지원을 받을 수 있음

컨설팅 장학	정의	교사가 해결하기를 원하는 구체적인 문제나 상황을 의뢰하여 조력을 요구하는 장학
	방법	온라인, 오프라인, 온라인&오프라인 병행 모두 가능
	기대 효과	• 교사가 원하는 장학 영역과 방법이 선택 가능함 • 컨설팅을 요구한 교사와 컨설턴트 사이의 관계가 평등함 • 교사가 문제해결의 주체가 되어 전문성을 신장함

⑤ 협력자와의 갈등 해결방안

일반교사	• 경청, 공감을 통한 긍정적인 신뢰관계 형성 및 상호존중 • 책임감 공유 • 정기적인 교사 협의회를 통한 정보 공유 • 협력 교수를 통한 유아 지원
특수교육 실무사	• 경청, 공감을 통한 긍정적인 신뢰관계 형성 및 상호존중 • 업무 분장을 통한 역할 명시 • 정기적인 협의회를 통한 구체적 역할 안내 및 피드백 제공 • 직무 연수
부모	• 정보제공을 위한 알림장, 가정통신문, 유치원 홈페이지 사용 • 개별/집단 상담을 통한 정서적 지원 및 정보 교환 • 가정 연계 교육을 통한 유아 행동의 일반화 및 유지 • 참여 수업을 통한 유아 발달의 객관적 이해 및 교사 지도 방법 이해 • 부모 자원봉사를 통한 수업 보조 및 학부모 재능 활용

⑥ 기타

㉠ 특수교사가 되고 싶은 이유

장애 유아의 권리 옹호자가 되기 위해	• 장애 유아는 스스로 자신의 목소리를 내기 어려운 경우가 많음 • 세상의 편견과 차별로부터 장애 유아를 보호하고 싶음
유아가 사회에 내딛는 첫 발걸음을 적극적으로 지원하기 위해	• 유치원은 하나의 작은 사회이고 유아기는 발달의 결정적 시기 • 특수교사가 전문성을 바탕으로 성장의 첫 단추를 끼워 준다면 장애 유아는 미래사회에서 성공적으로 기능할 수 있음
장애 유아의 성장 가능성을 믿고 잠재력을 발현시키기 위해	• 모든 유아는 그 속도가 다를지라도 각기 다른 특성과 잠재력을 가지고 있음 • 개별 유아에 대한 믿음을 바탕으로 유아의 강점을 극대화하는 중재를 제공하고 싶음
어떤 분야의 전문가가 되기 위해	• 전문가란 특정 분야에 대해 많은 지식과 경험을 가져 비전문가는 할 수 없는 일을 할 수 있는 사람임 • 유아특수교사는 특수교육 지식, 유아교육 지식, 법 지식, 공학 지식 등 포괄적인 전문성을 필요로 하는 직업임

협력을 통해 진정한 통합교육을 실현하기 위해	• 협력이란 어떠한 공동의 목표를 달성하기 위하여 여러 사람이 힘을 합치는 것임 • 장애 유아 및 일반유아 모두에게 통합교육 경험은 중요함 • 특수교사가 유아를 둘러싼 다양한 사람들과의 협력한다면 진정한 통합교육을 이뤄낼 수 있음

ⓒ 책

얼굴 빨개지는 아이	내용	이유 없이 얼굴이 빨개져서 혼자 놀기를 선택한 마르슬랭과 이유 없이 재채기를 하는 르네가 둘도 없는 친구가 됨. 르네와 마르슬랭은 서로의 특성을 고치거나 없애려고 하지 않고 그 자체를 받아들이고 인정함. 또한 서로의 가능성을 믿고 서로에게 자신의 강점(바이올린 연주, 운동 기술)을 가르쳐주며 함께 성장함
	교직관 영향	• 유아 개개인의 다름을 인정하고 존중하는 교육 • 장애 유아의 성장 가능성을 믿고 잠재력을 발현시키는 교육
대교수학	내용	코메니우스가 저술한 교육학 이론서로 코메니우스의 주요 교육관인 '범교육론'을 잘 나타내고 있음. 범교육론이란 "모든 사람에게 모든 것을 모든 방법으로 가르쳐야 한다는 것"을 뜻함. 교사는 어떤 특성을 가진 사람이든 상관없이 모든 사람에게, 그들 각자가 터득할 수 있는 방법으로, 세상의 모든 것에 대해 가르쳐야 함
	교직관 영향	• 어떤 유아도 배제되지 않는 교육 • 유아의 특성에 적합한 교육 • 유아들 개인에게 의미 있는 것을 가르치는 교육

ⓒ 영화

굿 윌 헌팅	내용	마음의 상처가 있는 윌과 그 상처를 이해하기 위해 노력하는 숀의 이야기를 그린 영화. 이전에 윌을 만났던 많은 정신과 전문가들은 윌 자체를 바라봐주기 보다 윌을 그저 치료의 대상으로만 봄. 그러나 숀은 다른 전문가들과 달리 윌이라는 한 개인에 대해 관심을 가지고 인간 대 인간으로써 관계를 맺고자 함.
	교직관 영향	• 교사가 전문성을 발휘하는 교육 • 유아들 개인에게 사랑과 관심을 주는 교육

⑦ 존경하는 사람
  - 교육실습 담당 선생님

이유	특수교육대상자의 성장을 위해 최상의 협력을 이룬 사람
사례	• 부모 측면 : 등원/하원 시에 항상 유아의 부모와 짧은 면담을 가짐. 이때 가정과 유치원에서 유아가 보이는 행동과 발달에 대한 정보를 교환함. 또한 일관적인

사례	중재를 위해 유치원에서 실행한 교수를 집에서도 실행할 수 있도록 부모에게 정보를 제공함. • 일반교사 측면 : 일반교사와 함께 팀티칭 등의 심도 있는 협력교수를 실시함으로써 일반교사와의 협력관계를 형성함. 또한 특수교사가 통합학급에 없을 때 일반교사로 하여금 유아가 일관된 중재를 받도록 일반교사에게 특수교육대상유아의 지도방법에 대한 정보를 제공함. • 다른 전문가 측면 : 아이의 치료지원을 담당하는 치료사들과 연락을 주고받아 유아에 대한 정보를 공유함. 또한 치료사와 협력하여 치료사가 유치원에 방문해 자연스러운 환경에서 유아에게 치료지원을 제공하도록 하였음.

⑧ 어려움과 극복방안 및 영향
 - 대학교 2학년 때 전공과목을 공부하는 데 어려움이 있었음

해결방안	• 동기 및 선배들과 팀을 이루어 스터디를 결성함 • 전체 범위를 공부하되 본인이 자신 있는 부분을 상대방에게 설명할 수 있을 정도로 자세하게 공부해오기로 함 • 스터디 시간에는 자신이 이해한 바와 관련된 현장 사례를 서로에게 설명해줌
효과	• 효과적으로 공부하는 방법에 대해 알게 됨 • 이 경험을 바탕으로 이후 어려운 과목들을 성공적으로 해냄
긍정적 영향	• 다른 사람과 협력하여 문제를 해결하는 능력 • 전공 지식을 실제 현장에 적용하는 능력
부정적 영향	• 혼자 공부할 때보다 시간 투자를 많이 해야 했음

CHAPTER 02 실전 연습문제

01 전공면접

(1) 인성지도(인성교육)

구상형

다음 제시문을 읽고 제시문에서 드러난 문제점을 찾고, 학급 유아들을 대상으로 시행할 수 있는 인성교육 방안을 말하시오.

> 유아들이 '우리 유치원'을 주제로 공동 미술작품을 구성하고 있다. 특수교육대상유아는 손에 잡기 쉽게 수정된 도장을 활용하여 미술 활동에 참여하고 있다.
>
> 일반유아 : 가영아 도장 좀 제대로 찍어봐. 선 밖에 다 튀어나오잖아.
> 특수교육대상유아 : 나 너 도장 쓸래 그럼.
> 일반유아 : 안돼. 너는 저 큰 도장만 써야 해. 이 도장은 우리만 쓰는 거야.
> 특수교육대상유아 : (수정된 도장을 활용해 미술 활동에 참여한다.)
> 일반유아 : 야 너 또 튀어나오잖아. 너는 미술 하지 마.
> 일반교사 : 애들아, 무슨 일 때문에 그러니?

즉답형 1

제시문을 읽고 김 교사가 유아들의 '고운 말 사용하기' 행동을 지원하기 위하여 가정과 연계하여 실시할 수 있는 인성교육 방안을 말하시오.

> 김 교사는 만 5세 반 유아들을 대상으로 '고운 말 사용하기' 학급 차원의 긍정적 행동 지원을 실시하고 있다. 고운 말 약속 노래를 만들어 부르고, 유아들과 함께 약속 판을 직접 만들기도 하는 등 다양한 활동을 진행하였다. 그 결과 많은 유아들이 학급에서 생활할 때 고운 말을 사용하게 되었다. 그러나 일부 유아들의 경우 유치원 내에서의 이러한 활동들만으로는 긍정적 행동을 습득하는 데 어려움이 있었다.

추가질의

김 교사가 인성교육을 실시할 때 가져야 할 인성적 자질과 그 이유를 말하시오.

즉답형 2

인성친화적인 학교를 만들기 위해 교사가 실시할 수 있는 인성교육 방안과 이를 통해 함양할 수 있는 유아의 인성적 자질을 각각 2가지씩 말하시오.

예상답안

구상형

- **서론**

　구상형 문항에 대하여 답변드리겠습니다. 최근 인성교육의 중요성이 대두되고 있습니다. 특수교사는 이러한 변화에 걸맞게 유아들의 전인발달과 특수교육대상유아의 성공적인 사회적 통합을 위해 통합학급 유아들을 대상으로 인성교육을 실시해야 합니다.

- **본론**

　제시문의 상황에서 드러나는 문제점은 크게 세 가지입니다. 첫째, <u>특수교육대상유아의 공동 미술 작품 활동의 참여가 보장</u>되고 있지 않습니다. 둘째, <u>특수교육대상유아는 수정된 도구만을 사용하도록</u> 요구되고 있습니다. 셋째, 유아들이 함께 공동작품을 완성하는 <u>과정보다 결과물에만 초점</u>을 두어 활동이 진행되고 있습니다.

　이러한 상황에서 특수교사가 학급 유아들을 대상으로 실시할 수 있는 인성교육 방안은 다음의 3가지입니다. 첫째, <u>유치원 차원의 긍정적 행동지원</u>입니다. 이는 개인 차원의 긍정적 행동지원을 기관 차원으로 확장한 것으로 유아의 장기적인 삶의 질 향상을 위한 예방적 접근입니다. 교사는 일반유아들이 특수교육대상유아의 감정을 고려하지 않고 활동 참여를 제한하는 상황을 보았을 때 유치원 차원의 약속을 정할 수 있습니다. 이를 통해 교사는 유아들이 다른 사람의 감정을 고려하여 행동할 수 있도록 '배려하는 유치원 분위기'를 형성할 수 있습니다.

　둘째, <u>학급 차원의 우정활동</u>입니다. 우정활동이란 일반유아교육에서 많이 사용되는 노래나 게임, 활동 등에 친사회적 반응을 삽입하여 실행하는 대집단 활동입니다. 교사는 유아들이 미술 활동 중 또래와 함께 하는 활동 자체를 즐기지 못하고 친사회적인 행동을 하는 데 어려움이 있다는 것을 인식하고 있습니다. 이러한 문제점을 해결하기 위하여 교사는 친구에 대한 애정표현이 있는 노래 활동이나 간단한 신체적 접촉이 있는 율동 활동을 진행할 수 있습니다. 이를 통해 유아들은 활동 자체에서 친사회적 행동을 배우고 연습할 수 있는 기회를 얻게 됩니다. 뿐만 아니라 우정활동은 결과보다는 과정 자체를 즐기는 활동들로 구성되기 때문에 유아들은 배움과 동시에 즐거움을 경험할 수 있습니다.

　셋째, <u>소집단 또는 개별 유아 차원의 사회적상황이야기</u>입니다. 사회적상황이야기란 특정 사회적 상황과 다른 사람의 입장에 대해 배울 수 있도록 하는 개별화된 인지적 중재기법을 말합니다. 교사는 유아들이 다른 유아의 마음에 상처를 줄 수 있는 말들을 하였을 때 비슷한 상황들을 이야기로 구성하여 유아들을 교수할 수 있습니다. 유아들은 이러한 활동을 통해 역지사지의 자세를 배울 수 있습니다. 뿐만 아니라 실제 있었던 상황을 바탕으로 이야기를 만들기 때문에 아이들이 배운 기술을 실제 유치원 환경에서 적용할 수 있습니다.

- **결론**

　교사는 유아의 바람직한 인성 함양을 위해 다양한 활동들을 시도해야 합니다. 특수교사가 긍정적 행동지원, 우정활동, 사회적상황이야기 등의 활동들로 유아 인성교육을 진행한다면 유아들은 바람직한 인성을 갖춘 성인으로 성장하여 장애인의 성공적인 사회적 통합에 기여할 수 있습니다. 이상입니다.

즉답형 1

● **서론**

　즉답형 1번 문항에 대하여 답변드리겠습니다. 교사와 학부모의 협력은 유치원 교육이 성공적으로 이뤄지기 위한 첫 걸음입니다. 교사와 학부모가 협력하는 방법 중 하나는 가정 연계입니다. 이는 유아가 유치원에서 배우는 것들을 가정에서도 일관적으로 배우고 적용하는 것을 의미합니다. 특히 인성교육 내용은 다른 지식이나 기술들과는 달리 가정에서 이어지지 않는다면 일반화가 어렵습니다. 따라서 교사와 학부모는 가정 연계를 통해 서로 협력하여 유아 인성교육을 실시해야 합니다.

● **본론**

　제시문에서 김 교사가 가정과 연계하여 실시할 수 있는 인성교육 방안은 다음의 2가지입니다. 첫째, 동화대여 활동입니다. 이는 유치원에서 인성교육과 관련한 동화를 가정으로 대여해주는 것입니다. 교사가 '고운 말 사용'과 관련된 인성교육 동화를 선정하고 유아들이 동화 한 권을 직접 선택한 후 각자 집에서 학부모와 함께 동화를 읽어오도록 안내합니다. 가정에서 동화책을 읽은 후 유아들은 하루에 한 번씩 돌아가면서 자신이 읽은 동화를 소개하고 동화를 읽으면서 어떤 느낌이 들었는지 이야기합니다. 이러한 활동을 통해 유아들은 학부모와 함께 인성교육 관련 동화를 읽으며 유치원에서뿐만 아니라 가정에서도 바람직한 인성을 함양할 수 있습니다. 또한 학부모들도 함께 동화를 읽음으로써 유아의 인성교육에 함께 참여할 기회를 얻을 수 있습니다.

　둘째, 고운 말 약속카드 만들기 활동입니다. 먼저 유치원에서 교사가 아이들과 함께 고운 말에는 어떤 것들이 있는지 이야기를 나눕니다. 그 후 교사가 '다인이가 유치원에서 친구에게 고운 말을 3번 하면 아빠는 다인이가 좋아하는 간식을 만들어주십니다'의 형식으로 약속카드를 만듭니다. 이때 약속이 적혀진 곳 아래에는 어떤 고운 말을 몇 번 했는지 기록할 수 있는 칸을 만듭니다. 교사는 유치원에서 이러한 약속카드를 만들었음을 가정에 안내하고 유아가 고운 말 약속카드의 내용을 지켰을 때 가정에서 강화 받을 수 있도록 합니다. 약속카드 만들기 활동을 통해 유아는 유치원과 가정에서 고운 말을 사용하는 습관을 기를 수 있습니다.

● **결론**

　교사가 유아의 교육을 위하여 학부모와 협력하는 것은 매우 중요한 일입니다. 교사와 부모가 협력하여 가정연계를 실시한다면 유아는 일관적인 교육을 통해 인성교육 내용을 더욱 효과적으로 학습할 수 있을 것입니다. 이상입니다.

추가질의

● 서론

추가질의에 대하여 답변드리겠습니다. 교수가 효과적이기 위해서는 교사가 효과적이어야 합니다. 이는 교사가 유아에게 어떤 것을 가르치고자 할 때 가르치고자 하는 지식, 기술, 태도를 교사 본인도 갖추고 있어야 함을 의미합니다.

● 본론

제시문에서 김 교사가 인성교육을 실시할 때 가져야 할 인성적 자질은 다음의 2가지입니다. 첫째, 배려입니다. 배려란 다른 사람의 입장을 고려하여 행동하는 것을 의미합니다. 고운 말을 사용해야 하는 이유는 다른 사람의 감정이 상하지 않도록 배려하기 위함입니다. 따라서 유아들에게 '고운 말 사용'을 교수하기 위해서 교사가 먼저 배려의 자질을 갖추고 고운 말을 사용하는 모습을 시범 보여야 합니다.

둘째, 협력입니다. 협력이란 하나의 목표를 향해 둘 이상의 사람이 힘을 합치는 것을 의미합니다. 교사는 유아의 부모와 협력해야만 가정 연계를 통한 일관성 있는 인성교육을 실시할 수 있습니다. 따라서 교사와 부모는 유아의 바람직한 인성 함양이라는 하나의 목표를 위해 정해진 자신의 역할에 책임을 다하고 서로 소통하며 유아의 인성교육에 관한 정보를 공유해야 합니다.

● 결론

인성교육이 성공적으로 이뤄지기 위해서는 먼저 유아를 둘러싼 성인이 바람직한 인성을 갖추고 있어야 합니다. 교사가 먼저 배려, 협력과 같은 바람직한 인성적 자질을 갖추고 유아들을 교육한다면 유아들은 이들의 모습을 본받아 바람직한 인성을 갖춘 성인으로 성장할 수 있을 것입니다. 이상입니다.

즉답형 2

• **서론**

즉답형 2번 문항에 대하여 답변드리겠습니다. 서울시 교육정책 방향에 따르면 인성친화적인 학교를 만들기 위해서는 인권존중의 학교문화를 조성하고 협력적 인성교육을 내실화해야 합니다. 이러한 방향에 따라 교사는 인성교육의 중요성을 인식하고 유아들이 바람직한 인성적 자질을 갖출 수 있도록 여러 가지 교육적 노력을 기울여야 합니다.

• **본론**

교사가 인성친화적인 학교를 만들기 위해 실시할 수 있는 인성교육 방안과 이를 통해 함양할 수 있는 유아의 인성적 자질은 다음과 같습니다. 첫째, 장애이해교육을 통해 존중의 가치를 교수합니다. 장애이해교육이란 여러 교육자료 제공, 역할극, 토론, 장애 체험, 장애인 접촉 경험 등 다양한 방법을 통해 유아들의 장애이해를 돕는 활동을 말합니다. 교사는 장애이해교육을 통해 유아들이 바람직하고 긍정적인 장애관을 가지도록 도울 수 있습니다. 뿐만 아니라 장애를 넘어 서로가 가진 다양성을 이해하고 존중하는 방법을 가르칠 수 있습니다.

둘째, 토의하기를 통해 배려의 가치를 교수합니다. 토의하기란 교사와 유아, 유아와 유아 간의 상호작용을 통해 어떤 문제 상황에 대한 적절한 해결방안을 찾는 활동입니다. 교사는 토의하기 활동을 통해 유아들이 어떠한 갈등 상황이 생겼을 때 대화와 상호작용을 통해 문제를 해결하도록 도울 수 있습니다. 또한 유아들은 친구나 선생님의 마음이 상하지 않도록 이야기 하는 방법을 배움으로써 상대방을 배려하는 태도를 배우게 될 것입니다.

• **결론**

교사는 이러한 인성교육의 중요성을 인식하고 장애이해교육, 토의하기의 방법을 통해 유아들이 존중, 배려와 같은 바람직한 인성을 갖출 수 있도록 도와야 합니다. 교사가 여러 가지 방법들을 사용하여 유아에게 적절한 인성교육을 실시한다면 유아는 유치원에서 민주시민의 기초를 형성할 수 있을 것입니다. 이상입니다.

(2) 문제행동지도

🐨 구상형

다음 제시문을 읽고 서현이가 보이는 문제행동과 그 기능을 찾고, 교사의 문제행동 지도방안을 5가지 말하시오.

> 새노래배우기는 서현이가 가장 좋아하는 활동이다. 새노래배우기 활동 시간이 되면 서현이는 선생님이 잘 보이는 맨 앞줄에 앉아 활동에 적극적으로 참여한다. 서현이는 활동 중 착석 시간도 길고 발표 기회가 주어졌을 때에도 자신감 있게 대답하는 편이다. 그러나 교사가 다른 유아에게 발언권을 주거나, 자신을 바라봐주지 않을 때에는 큰 소리로 박수를 치는 행동을 보인다. 이럴 때마다 박 교사는 서현이의 눈을 마주치며 "서현아, 박수 그만 쳐."라고 말을 하고 활동을 이어나간다.

🐨 즉답형 1

제시문을 읽고 현규의 문제행동을 지도할 수 있는 방안 3가지를 말하시오.

> 김 교사는 현규와 함께 바깥놀이를 나갈 때마다 걱정이 많다. 현규가 유치원 마당에서 모래놀이하는 것을 너무 좋아해서 바깥놀이 시간이 끝나도 교실로 돌아가려고 하지 않고 바닥에 드러누워 큰 소리로 울기 때문이다. 현규가 이러한 행동을 할 때면 김 교사는 현규를 달래다가, 결국에는 울고 있는 현규를 번쩍 들어 교실로 데려온다.

🐨 추가질의

제시문에서 나타난 김 교사의 문제점을 찾고, 김 교사에게 필요한 인성적 자질이 무엇인지 말하시오.

🐨 즉답형 2

박 교사는 어려운 과제나 하기 싫은 과제가 있을 때 교실의 텐트 안으로 들어가 숨는 희진이의 문제행동을 긍정적 행동지원의 방법으로 지도하고자 한다. 긍정적 행동지원의 방법으로 희진이의 문제행동을 지도하는 방법을 설명하시오.

예상답안

구상형

● 서론

　구상형 문항에 대하여 답변드리겠습니다. 특수교육은 특수교육대상자의 개별적 욕구를 충족시키고 개인의 잠재력을 실현하는 것을 목적으로 합니다. 따라서 특수교사는 이러한 목적을 달성하기 위하여 특수교육대상자의 특성에 적합한 교육을 제공해야 합니다.

● 본론

　제시문에서 나타난 서현이의 문제행동은 관련 없는 상황에서 큰 소리로 박수를 치는 것입니다. 교사가 자신에게 관심을 보이지 않거나 다른 유아에게 관심을 보일 때 문제행동이 나타나는 것으로 보아 문제행동의 기능은 교사의 관심을 얻는 것입니다. 교사가 서현이의 문제행동을 지도하기 위하여 실행할 수 있는 방안은 5가지입니다.

　첫째, 유치원 차원의 긍정적 행동지원입니다. 이는 개인 차원의 긍정적 행동지원을 기관 차원으로 확장한 것으로 유아의 장기적 삶의 질 향상을 위한 예방적 접근입니다. 유치원 차원의 긍정적 행동지원을 통해 모든 유아와 교직원들이 다른 사람을 배려하고 유치원 약속을 지키는 모습을 시범 보입니다. 이를 통해 서현이는 다른 친구들을 배려하고 유치원 약속에 따라 친구들의 이야기를 경청하는 태도를 배울 수 있습니다.

　둘째, 학급 차원의 약속 정하기입니다. 이는 교사가 유아들과 이야기나누기 전에 미리 학급 차원의 약속을 정하는 활동입니다. 다른 친구가 이야기할 때는 친구의 이야기를 잘 들어주어야 한다는 약속을 정하고 이를 지속적으로 상기시킨다면 서현이의 문제행동을 예방할 수 있을 것입니다.

　셋째, 소집단 차원의 사회적 통합 활동입니다. 이는 소규모 집단의 유아들을 특정 놀이에 참여하도록 하는 활동을 말합니다. 교사는 사회적 통합 활동을 통해 서현이가 소집단 내에서 또래들의 바람직한 행동을 모방할 수 있도록 도울 수 있습니다. 즉 또래들이 놀이를 하면서 다른 사람의 말에 귀를 기울이는 모습을 보고 다른 사람이 이야기를 할 때는 그 사람의 이야기를 들어야 한다는 것을 알도록 합니다.

　넷째, 개별 차원의 사회적상황이야기입니다. 이는 특정 사회적 상황과 다른 사람의 입장에 대해 배울 수 있도록 하는 개별화된 인지적 중재기법입니다. 교사는 상황이야기를 통해 서현이가 큰 소리로 박수를 치면 발표하는 다른 친구들이 속상해할 수 있음을 교수합니다. 뿐만 아니라 서현이가 역지사지의 자세를 갖추고 바람직한 행동을 하도록 도울 수 있습니다.

　다섯째, 차별강화입니다. 이는 유아가 바람직한 행동을 하면 강화를 제공하고 바람직하지 않은 행동을 하면 강화를 제공하지 않는 것입니다. 교사는 서현이가 큰 소리로 박수를 칠 때는 관심을 제거하고 다른 친구의 이야기를 잘 들어줄 때 강화함으로써 서현이가 바람직한 행동을 했을 때 관심을 받을 수 있음을 알도록 지도합니다.

● 결론

모든 문제행동에는 기능이 있습니다. 교사가 유아 문제행동의 기능을 파악하고 그 기능을 충족할 수 있는 다른 행동을 교수한다면 유아는 바람직한 행동으로 자신의 요구를 표현할 수 있게 될 것입니다. 이상입니다.

즉답형 1

● 서론

즉답형 1번 문항에 대하여 답변드리겠습니다. 교육이 효과적이기 위해서는 교사가 효과적이어야 합니다. 효과적인 교사란 유아의 특성을 이해하고 특성에 적합한 교육을 적용하는 교사를 말합니다. 교사는 유아가 문제행동을 보이는 이유를 파악하고 유아의 문제행동을 적절한 방법으로 지도해야 합니다.

● 본론

제시문의 상황에서 교사가 현규의 문제행동을 지도할 수 있는 방안은 다음의 3가지입니다. 첫째, 행동계약서입니다. 행동계약서는 행동, 조건과 기준, 강화의 내용과 방법, 계약기간, 서명이 명시된 문서를 말합니다. 교사는 행동계약서의 내용으로 바깥놀이 후 놀이종료 신호를 들으면 반으로 돌아온다는 것을 포함합니다. 그 후 바깥놀이를 나가기 직전에 현규와 행동계약서의 내용을 함께 읽습니다. 약속을 지킨 대가로 현규가 좋아하는 다른 강화를 제공한다면 현규는 큰 무리 없이 실내 상황으로 전이할 수 있을 것입니다.

둘째, 시각적 일과표입니다. 이는 사진, 그림, 글자 등으로 하루 일과를 시각적으로 나타낸 교구입니다. 교사는 현규가 등원하면 시각적 일과표를 통해 하루 일과가 어떻게 흘러가는지 안내하고, 전이 시간마다 시각적 일과표로 현규에게 다음 활동을 알려줄 수 있습니다. 바깥놀이 후에도 시각적 일과표를 활용한다면 현규 본인이 전이해야 할 시간임을 스스로 파악할 수 있습니다.

셋째, 실내 모래놀이 교구 설치입니다. 현규는 모래놀이 하는 것을 좋아해서 전이가 어렵습니다. 따라서 실내에 모래놀이 교구를 설치하여 현규가 전이를 성공했을 때 실내 모래놀이 교구를 가지고 노는 기회를 활동 강화제로 활용할 수 있습니다. 이를 통해 현규는 실외 마당에서 모래놀이 하는 것에 대한 집착을 줄이고 실내 전이에 대한 강화로 자신이 좋아하는 모래놀이를 할 수 있습니다.

● 결론

특수교사는 특수교육대상유아가 보이는 문제행동을 효과적으로 교수할 수 있어야 합니다. 특수교사가 행동계약서, 시각적 일과표, 강화제 사용 등 다양한 방법으로 유아의 문제행동을 지도한다면 유아의 문제행동은 감소할 것입니다. 유아가 바람직한 행동을 바탕으로 유치원 현장에 적응한다면 유아는 이후 미래 사회에서도 성공적으로 기능할 수 있을 것입니다. 이상입니다.

추가질의

● **서론**

추가질의에 대하여 답변드리겠습니다. 장애인 등에 대한 특수교육법에 따르면 특수교육대상자는 누구나 개별적 특성에 적합한 교육을 받을 권리가 있으며 특수교사는 그러한 권리를 보장할 의무가 있습니다. 따라서 특수교사는 유아의 행동 특성에 적절한 교수 방법을 사용하여 지도할 수 있어야 합니다.

● **본론**

제시문에서 나타난 김 교사의 문제점은 <u>유아의 문제행동을 힘으로 해결하려는 것</u>입니다. 문제행동을 힘으로 해결하는 것은 유아와 교사의 관계 및 라포 형성에 부정적입니다. 뿐만 아니라 유아가 이러한 교사의 행동을 모방하여 이후 어떠한 문제를 해결할 때 교사처럼 힘을 사용하려고 할 수 있습니다. 따라서 교사는 힘이 아닌 다른 적절한 방법으로 유아의 행동을 지도해야 합니다.

김 교사가 적절한 방법으로 유아를 지도하기 위하여 가져야 할 인성적 자질은 2가지입니다. 첫째, <u>전문성</u>입니다. 전문성이란 전문지식과 경험을 바탕으로 자신의 일을 빠르고 정확하게 해내는 것을 말합니다. 교사는 전문성을 가지고 자신이 배우고 경험한 다양한 교수전략으로 유아의 문제행동을 지도해야 합니다. 이를 통해 유아는 문제행동이 아닌 바람직한 대체행동으로 자신의 의사를 표현할 수 있게 될 것입니다.

둘째, <u>믿음</u>입니다. 믿음이란 교사로서의 자신의 능력과 학습자의 성취 가능성을 신뢰하는 것을 말합니다. 즉 교사는 자신이 성공적으로 유아의 문제행동을 지도할 수 있다고 믿고 유아가 교사의 교수 행위에 따라 적절한 행동을 할 수 있을 거라고 믿어야 합니다. 이를 통해 교사는 유아가 더딘 발전을 보이더라도 포기하지 않고 끈기 있게 노력할 수 있습니다. 또한 '자기충족적 예언 효과'를 통해 교사가 유아를 믿는 만큼 유아에게 교육적 성취가 나타나게 될 것입니다.

● **결론**

교사가 바람직한 교육적 방법으로 교수할 때 유아는 적절한 방법으로 자신의 의사를 표현하게 됩니다. 교사가 전문성, 믿음과 같은 바람직한 인성적 자질을 바탕으로 유아의 문제행동을 지도한다면 유아는 교사의 교수에 발맞춰 성장할 수 있을 것입니다. 이상입니다.

즉답형 2

● 서론

　즉답형 2번 문항에 대하여 답변드리겠습니다. 유아가 보이는 모든 문제행동에는 기능이 있습니다. 교사는 유아가 문제행동을 보일 때 객관적인 시각에서 문제행동의 원인을 파악하고 그 기능에 적합한 방법으로 문제행동을 지도해야 합니다.

● 본론

　제시문에서 박 교사는 희진이의 문제행동을 긍정적 행동지원의 방법으로 지도할 수 있습니다. 첫째, 기능평가입니다. 기능평가란 직접평가, 간접평가, 기능분석의 방법으로 유아 문제행동의 기능을 알아내는 과정을 말합니다. 예를 들어, 박 교사는 ABC관찰을 통해 문제행동 전후에 어떤 일이 일어나는지 파악하고 유아가 왜 문제행동을 보이는지 추측할 수 있습니다. 희진이는 어려운 과제나 하기 싫은 과제가 주어졌을 때 문제행동을 보입니다. 따라서 해당 문제행동의 기능은 과제회피라고 추측할 수 있습니다.

　둘째, 선행사건 지도입니다. 선행사건 지도란 문제행동 이전에 일어나는 사건을 조절함으로써 유아의 문제행동을 예방하는 것입니다. 예를 들어, 희진이의 문제행동 기능이 과제회피이기 때문에 과제의 난이도나 수를 줄여줌으로써 문제행동을 예방할 수 있습니다.

　셋째, 대체행동 지도입니다. 대체행동 지도란 문제행동 대신에 문제행동보다 쉬우면서도 사회적으로 적절한 행동을 교수하는 것을 의미합니다. 교사는 유아가 텐트 안에 들어가 숨는 행동을 하는 대신 "도와주세요.", "하기 싫어요."라고 말하도록 하거나 노란 카드를 들어 과제를 하기 싫음을 표현하도록 교수할 수 있습니다.

　넷째, 후속사건 중재입니다. 후속사건 중재란 유아가 어떠한 행동을 하고 난 후 일어나는 사건을 조절함으로써 유아가 바람직한 행동을 보이도록 돕는 중재입니다. 교사는 차별강화의 방법을 적용하여 희진이가 문제행동을 했을 때는 과제를 회피하지 못하도록 하고 바람직한 행동을 했을 때는 과제를 회피할 수 있게 해줌으로써 희진이가 문제행동 대신 바람직한 행동을 하도록 도울 수 있습니다.

● 결론

　긍정적 행동지원이란 유아가 당장에 보이는 문제행동을 예방하는 것뿐만 아니라 장기적으로 유아의 삶의 질을 향상하려는 접근입니다. 유아가 긍정적 행동지원을 통해 바람직한 행동들을 배운다면 유아의 삶의 질은 장기적으로 향상될 것입니다. 이상입니다.

(3) 놀이지도

> 구상형

다음 제시문을 읽고 최 교사가 선정할 수 있는 프로젝트접근법의 주제와 구체적인 프로젝트 접근법 실행방안에 대해 말하시오.

> 만 5세 반 유아들은 최근 추워진 날씨에 대해 관심이 많다. 최 교사는 유아들의 이러한 관심사를 파악하고 프로젝트접근법을 실시하고자 한다.
>
> 유아1 : 왜 긴팔 옷을 입었는데도 춥지? 지난주에는 하나도 안 추웠는데.
> 유아2 : 창 밖을 봐. 와 눈 온다.
> 유아3 : (미술 영역에 있는 솜뭉치를 집어 들며) 어 이거 눈처럼 생겼지 않아?

> 즉답형 1

제시문을 읽고 유아들의 놀이에서 드러난 오개념과 이를 바로잡기 위한 놀이 지도방안에 대해 말하시오.

> 유아1 : (물이 담긴 수조에 조각 셀로판지를 넣으며) 이 셀로판지는 작아서 물에 뜰 거야.
> 유아2 : (물이 담긴 수조에 클립을 넣으며) 이 클립도 작으니까 물에 뜨겠지?
> 유아3 : (물이 담긴 수조에 큰 고무 공을 넣으며) 그러면 이 공은 크니까 물에 가라 앉겠다.

> 추가질의

유아들의 놀이를 확장하기 위하여 필요한 교사의 역할에 대해 말하시오.

> 즉답형 2

2019 개정 누리과정에서는 놀이 중심 교육과정이 더욱 강조되었다. 유아들의 관심사를 반영하여 놀이 중심 교육과정을 운영할 수 있는 방안을 3가지 말하시오.

예상답안

구상형

● 서론

구상형 문항에 대하여 답변드리겠습니다. 2019년 개정 누리과정은 유아중심 및 놀이중심 교육과정을 강조하고 있습니다. 교사는 개정된 누리과정에 따라 유아들의 관심과 흥미를 반영하여 유아들이 놀이 속에서 발달하고 배울 수 있도록 도와야 합니다. 유아중심 및 놀이중심 교육과정의 예로 프로젝트접근법을 실시할 수 있습니다. 프로젝트접근법이란 유아들이 관심 있어 하고 배울 가치가 있는 특정 주제에 대해 협력해서 심층적으로 연구하는 활동을 말합니다.

● 본론

제시문의 상황에서 최 교사가 선정할 수 있는 프로젝트접근법의 주제는 <u>계절에 따른 변화들</u>입니다. 대화 속의 유아들은 현재 계절에 따라 변화하는 옷, 기온, 기후 등에 대해 관심이 많습니다. 따라서 교사는 이를 프로젝트접근법의 주제로 정하고 유아들과 함께 프로젝트를 진행할 수 있습니다.

프로젝트접근법의 구체적인 실행방안은 다음의 5단계입니다. 첫째, <u>준비단계</u>입니다. 준비단계에서는 교사가 유아들의 관심과 흥미에 따라 프로젝트접근법의 주제를 '계절에 따른 변화들'로 정합니다. 그 후 교사가 예비주제망을 구성함으로써 어떤 내용들로 프로젝트접근법이 진행될 수 있을지 고민해봅니다. 또한 프로젝트접근법을 실시하기 위해 교사의 어떤 지원이 필요할지 지원목록을 구성합니다.

둘째, <u>도입단계</u>입니다. 도입단계에서는 프로젝트접근법 주제에 대한 유아의 사전경험을 이야기 나누기를 통해 파악합니다. 그 후 교사와 유아의 공동주제망을 구성하여 실제로 프로젝트접근법이 실행될 때 어떤 내용들이 다뤄질 수 있을지 이야기 나눕니다. 세부적으로 어떤 내용들이 다뤄질지 정해지면 해당 주제에 대한 유아들의 궁금증을 질문목록으로 만듭니다.

셋째, <u>전개단계</u>입니다. 전개단계에서는 유아들이 궁금해 했던 질문목록들을 조사하고 탐구합니다. 유아들은 날씨나 계절에 관련된 박물관을 현장 견학하거나 기후 관련 전문가를 면담하는 등 다양한 방법들을 사용하여 질문목록에 대해 알아봅니다.

넷째, <u>표상활동단계</u>입니다. 이 단계에서는 유아들이 전개단계에서 알아낸 지식들을 그림 그리기, 기록하기, 그래프 및 도표로 나타내기, 조형물 만들기, 극놀이 등 다양한 방법으로 나타냅니다.

다섯째, <u>마무리단계</u>입니다. 마무리단계에서는 유아들이 프로젝트 주제에 대해 표상한 것을 전시하거나 다른 사람들 앞에서 발표합니다. 이때 프로젝트와 관련 없는 사람들을 초대하여 프로젝트를 평가할 수도 있습니다.

● 결론

유아중심, 놀이중심 교육과정은 교사가 유아들의 관심과 흥미를 관찰하는 것에서부터 시작됩니다. 교사가 유아가 무엇을 원하고 좋아하는지 파악하고 반영하기 위해 노력한다면 2019 개정 누리과정은 유치원에서 충분히 실현될 수 있습니다. 이상입니다.

즉답형 1

● 서론

　즉답형 1번 문항에 대하여 답변드리겠습니다. 유아는 놀이를 통하여 많은 것들을 나타내고 배웁니다. 교사는 유아가 놀이에서 보인 말과 행동을 관찰하여 유아의 선개념을 파악하고 이를 바탕으로 유아를 지도할 수 있습니다. 이때 교사는 유아가 놀이 속에서 새로운 개념들을 경험할 수 있도록 지원해야 합니다.

● 본론

　유아들이 놀이에서 드러낸 오개념은 물건의 크기가 물에 뜨고 가라앉는 것을 결정하는 요인이라고 생각하는 것입니다. 유아들의 오개념과 달리 클립은 크기가 작아도 불구하고 물에 가라앉고 공은 크기가 커도 불구하고 물에 뜹니다. 따라서 교사는 여러 가지 놀이를 통해 유아들의 오개념을 바로잡아주어야 합니다.

　첫째, 실외 물놀이입니다. 교사는 유치원 마당에 워터매트를 깔아둔 뒤 물놀이에 사용할 수 있는 여러 물놀이 도구들을 제공해줍니다. 물놀이 도구들 중에서는 크기가 다양하지만 물에 뜨는 물건들이 많이 있기 때문에 크기가 크면 물에 가라앉는다는 유아들의 오개념을 바로 잡아줄 수 있습니다.

　둘째, 과학실험입니다. 교사는 물이 담긴 수조와 여러 가지 물건들을 제공합니다. 유아들은 자유놀이시간에 여러 가지 물건들을 직접 물에 넣어보고 그 결과를 비교하여 기록합니다. 유아들은 자신들의 궁금증을 자발적으로 해결하기 위하여 실험하고 결과를 비교해보면서 자신들의 오개념을 과학적 개념으로 정립할 수 있습니다.

　셋째, 분류 놀이입니다. 교사는 유아들이 충분한 놀이경험과 실험을 바탕으로 물에 뜨고 가라앉는 것에 대한 과학적 개념을 정립했다고 생각이 되면 물에 뜨고 가라앉는 물건들을 분류해볼 수 있는 교구를 제공합니다. 유아들은 분류 놀이를 통해 놀이경험과 실험을 바탕으로 정립한 자신의 과학적 개념을 정리해볼 수 있습니다.

● 결론

　놀이와 배움은 밀접하게 관련되어 있습니다. 유아들은 배운 것들을 놀이로 나타내고 교사는 이를 바탕으로 유아들을 또 다른 놀이로 안내할 수 있습니다. 교사가 놀이를 통해 유아들의 수준을 파악하고 유아들의 놀이를 지원한다면 교사는 '놀면서 배우는 유치원'을 실현할 수 있을 것입니다. 이상입니다.

추가질의

● **서론**

　추가질의에 대하여 답변드리겠습니다. 서울시 교육정책에 따르면 교사는 '놀면서 배우는 유치원'을 구성해야 합니다. 교사는 놀면서 배우는 유치원을 만들기 위하여 유아들의 놀이를 지원하고 확장해야 합니다.

● **본론**

　교사가 유아의 놀이를 확장하기 위해 수행할 수 있는 역할은 다음의 4가지입니다. 첫째, 방관자입니다. 방관자란 유아가 놀이하는 것을 바라보며 승인 신호를 주는 역할입니다. 유아는 교사의 승인 신호를 보면서 자신의 놀이가 인정받고 있다고 생각하여 더욱 자신감을 가지고 놀이에 집중할 수 있습니다.

　둘째, 환경구성자입니다. 환경구성자란 교사가 놀이에 필요한 자료를 제공해주는 역할을 말합니다. 이때 유아는 교사가 제공한 자료들을 가지고 새로운 놀이를 생각해낼 수 있으며 기존에 하고 있던 놀이를 더욱 풍부하게 확장할 수 있습니다.

　셋째, 공동놀이자입니다. 공동놀이자란 교사가 유아가 주도하는 놀이에 함께 참여하는 것을 말합니다. 교사가 공동놀이자로 놀이에 참여한다면 유아와 교사는 친밀한 관계를 쌓을 수 있습니다. 또한 유아는 주도적으로 놀이를 이끌어가는 경험을 할 수 있습니다.

　넷째, 놀이안내자입니다. 놀이안내자란 유아의 놀이에 참여하여 적극적으로 개입을 하는 역할을 말합니다. 교사는 유아가 스스로 놀이를 시작하고 진행하기 어려워하거나 유아의 놀이에 긴장 요소를 삽입해야 할 때 놀이안내자의 역할을 수행할 수 있습니다.

● **결론**

　교사는 개정된 누리과정에 따라 유아의 놀이를 지원하고 확장해야 합니다. 교사가 방관자, 환경구성자, 공동놀이자, 놀이안내자 등의 역할을 통해 놀이를 지원한다면 유아들은 확장된 놀이를 경험하며 즐거움과 배움을 얻을 수 있을 것입니다. 이상입니다.

즉답형 2

● **서론**

　즉답형 2번 문항에 대하여 답변드리겠습니다. 2019 개정 누리과정의 핵심은 놀이중심 교육과정입니다. 교사는 놀이중심 교육과정을 실현하기 위하여 여러 가지 방법으로 유아들의 흥미와 관심을 파악하고 이를 활동에 반영하기 위하여 노력해야 합니다.

● **본론**

　유아들의 관심사를 반영한 놀이 중심 교육과정을 운영하기 위해 교사가 할 수 있는 방안 3가지는 다음과 같습니다. 첫째, <u>유아의 소리에 귀 기울이기</u>입니다. 유아의 소리에 귀 기울이기는 유아들의 주도적인 놀이를 관찰하여 유아들의 흥미와 관심에 대해 파악하고 이를 수업과 연계하는 것을 의미합니다. 교사가 유아의 흥미와 관심에 귀 기울인다면 유아들은 자신들의 놀이에서 확장된 활동들에 대해 흥미와 관심을 가지고 즐겁게 참여할 것입니다.

　둘째, <u>프로젝트접근법 실시하기</u>입니다. 프로젝트접근법은 유아들이 관심을 갖고 있고 배울 가치가 있는 특정 주제에 대해 유아들이 협력해서 심층적으로 탐구하는 활동을 의미합니다. 유아들은 흥미로우면서도 배울 가치가 있는 활동에 대해 자발적이고 적극적으로 참여하면서 즐거움과 배움을 함께 얻을 수 있습니다.

　셋째, <u>반성적 사고하기</u>입니다. 반성적 사고하기는 교사가 자신의 교수 행위에 대해 되돌아보고 반성한 것을 다음 교수행위에 반영하기 위해 노력하는 것을 의미합니다. 이를 통해 교사는 교사가 주도하고 유아는 따라만 오는 활동을 진행하는 실수를 반복하지 않고, 교수의 질을 높일 수 있습니다. 뿐만 아니라 여러 시행착오를 경험하면서 교사는 자신만의 교육적 사례지식을 형성할 수 있습니다.

● **결론**

　서울시 교육 정책 방향에 따라 교사는 '놀면서 배우는 유치원'을 만들기 위해 노력해야 합니다. 교사가 유아 소리에 귀 기울이기, 프로젝트접근법 실시하기, 반성적 사고하기를 통해 유아들의 관심과 흥미를 파악하고 그것을 수업에 반영한다면 유아들은 '놀면서 배우는 유치원'에서 전인발달을 이룰 수 있을 것입니다. 이상입니다.

(4) 협력방안

🐻 구상형

다음 제시문에 나타난 문제점과 이를 해결할 수 있는 방안을 말하시오.

> 특수교사인 이 교사는 원준이로 인해 걱정이 많다. 원준이는 매일 오전 10시가 넘어 등원을 하여 아침 자유놀이시간에 또래와 함께 놀이하지 못하고, 가끔은 연락 없이 유치원에 등원하지 않는 경우도 있다. 매번 이 교사가 원준이의 부모님께 전화를 드리지만 부모님과 연락이 잘되지 않는다. 오늘 아침에는 원준이의 어머님이 전화가 와서 치료실 일정 때문에 원준이를 매일 일찍 하원시키고 싶다고 하였다. 이 교사는 원준이가 유치원에서 활동하는 시간이 적어 사회적 통합이 어려울 수 있다며 어머님을 설득하려 하였으나, 어머님은 지금 원준이에게는 사회성보다 인지 치료가 더 중요하다는 입장을 고수하셨다.

🐻 즉답형 1

제시문에서 나타난 협력의 문제점을 찾고, 특수교사가 일반교사와 성공적으로 협력할 수 있는 방안에 대해 말하시오.

> 특수교사인 박 교사는 올해 유치원으로 첫 발령을 받았다. 발달지체를 보이는 소영이의 통합교육을 위하여 일반교사인 황 교사와 최상의 협력을 하겠다고 다짐하였으나 어려움이 많다.
>
> 박 교사 : 선생님 저희 아이들이 곤충에 관심이 많더라고요. 유아들의 놀이를 어떻게 확장해줄 수 있을까요? 잘 발전시키면 우리 소영이도 친구들과 함께 놀이할 수 있을 것 같아요.
> 황 교사 : 그래서 저도 관찰 끝에 지난주에 유아들의 놀이 지원 방법을 계획해놓았어요. 선생님은 소영이를 어떻게 개별적으로 지도할지만 생각해주시면 좋을 것 같아요.
> 박 교사 : 아.. 그렇다면 유아들의 놀이 지도 상황에서 저희가 어떻게 역할을 분담해서 협력교수를 진행할 수 있을까요?
> 황 교사 : 제가 전체 유아들과 활동을 진행할 테니 선생님은 소영이 뒤에 앉아서 소영이를 개인적으로 지원해주시는 게 좋을 것 같아요.

🐻 추가질의

성공적인 협력을 위한 자신의 강점과 그 이유를 말하시오.

🐻 즉답형 2

특수교사는 학기 초 만 3세 특수교육대상유아 두 명과 만 4세 특수교육대상유아 두 명의 지원을 위해 특수교육실무사와 업무를 분장하려고 한다. 업무분장 과정을 시연하시오.

예상답안

구상형

● 서론

구상형 문항에 대하여 답변드리겠습니다. 교사와 학부모의 협력은 유아특수교육이 성공적으로 이뤄지기 위한 필수적인 요소입니다. 따라서 교사는 협력의 중요성을 인식하고 소통을 통해 학부모와 긴밀하게 협력하기 위하여 노력하여야 합니다. 교사와 학부모가 성공적으로 협력한다면 유아는 유치원뿐만 아니라 미래 사회에서 성공적으로 기능하게 될 것입니다.

● 본론

제시문에 나타난 문제점과 이를 해결할 수 있는 방안은 각각 3가지입니다. 첫 번째 문제점은 유아의 잦은 지각 및 결석입니다. 이러한 문제점을 해결하기 위해 교사는 학부모에게 지각과 결석으로 인한 유치원 생활의 어려움에 대해 알려줄 수 있습니다. 원준이는 지각과 결석으로 인하여 자유놀이를 하지 못하고 또래와 상호작용할 수 있는 기회가 적어졌습니다. 유아들에게 놀이란 배움의 도구이자 즐거움의 원천입니다. 유아가 자유놀이시간에 참여하지 못한다면 교사가 놀이 중에 시도할 수 있는 개별화교육을 실시하지 못하고 유아는 놀이로 인한 즐거움을 느끼지 못합니다. 또한 유아는 또래와 상호작용을 하며 사회성 및 또래 행동 모방의 기회를 얻지 못하여 인지, 대소근육, 의사소통, 적응행동 등의 발달 기회도 놓치게 됩니다.

두 번째 문제점은 연락의 어려움입니다. 교사는 이러한 문제점을 해결하기 위해 법을 근거로 학부모의 의무를 설명하고 전화 외의 연락수단을 만들 수 있습니다. 교사는 먼저 특수교육대상자의 유치원 교육은 의무교육임을 안내하고 유아가 정해진 수업일수 이상 결석하지 않도록 학부모의 협조를 구합니다. 학부모가 불가피하게 전화를 받을 수 없는 상황이라면 교사에게 문자나 이메일 등 다른 연락수단으로 메시지를 남겨달라고 안내합니다.

세 번째 문제점은 유치원 교육에 대한 학부모의 신뢰 부족입니다. 이러한 문제점을 해결하기 위하여 교사는 학부모에게 전인발달의 측면에서 유치원 교육의 중요성을 안내해줄 수 있습니다. 학부모는 현재 유아의 인지 능력 향상을 위해 유치원을 일찍 하원하고 치료지원을 받으려 합니다. 그러나 유아는 자연스러운 상황에서 이뤄지는 유치원 교육을 통해 사회성 능력뿐만 아니라 인지, 의사소통, 대소근육 운동, 적응행동 능력의 향상을 이룰 수 있습니다. 이를 안내하고 실제 유치원 활동 사진들을 주기적으로 보여줌으로써 부모가 유치원에서 이루어지는 교육 활동을 더욱 신뢰하도록 돕습니다.

● 결론

교사와 학부모와의 협력은 성공적인 유아특수교육을 위한 첫 걸음입니다. 교사가 학부모와 소통하고 협력하기 위해 다양한 방법을 통해 노력할 때, 학부모 또한 교사에게 마음의 문을 열 것입니다. 교사와 학부모가 협력의 중요성을 인식하고 긴밀하게 협력한다면 유아는 미래 사회에서 성공적으로 기능할 수 있을 것입니다. 이상입니다.

즉답형 1

● 서론

즉답형 1번 문항에 대하여 답변드리겠습니다. 협력은 유아특수교육의 꽃입니다. 그러나 실제 현장에서 일반교사와 특수교사가 성공적으로 협력하는 것에는 어려움이 많습니다. 그럼에도 불구하고 일반교사와 특수교사는 긴밀한 협력을 통해 특수교육대상자의 성장과 발전을 도와야 합니다.

● 본론

제시문에서 나타난 협력의 문제점은 황 교사가 특수교육대상자의 교육에 공유된 책임감을 느끼지 못하고 있다는 것입니다. 특수교사는 성공적인 통합교육을 위해 일반교사와 함께 교육과정을 구성해야 합니다. 그러나 일반교사인 황 교사는 박 교사와 함께 교육과정 구성을 하려고 하기보다 박 교사가 소영이의 교육을 전담해주길 바라고 있습니다. 성공적인 통합교육을 위해서는 일반교사와 특수교사가 함께 공유된 책임감을 가지고 전체 유아에 대한 교육과정을 구성하며 그 안에서 특수교육대상자를 어떻게 교육할지 논의해야 합니다.

이러한 상황에서 일반교사와 특수교사가 성공적으로 협력하기 위해 사용할 수 있는 방안은 다음의 2가지입니다. 첫째, 경청과 공감을 통한 긍정적 신뢰관계 형성입니다. 박 교사는 황 교사가 특수교육대상유아를 교육하는 데 어떤 어려움이 있는지 살피고 하루 일과가 끝난 후 황 교사의 어려움에 대해 경청하고 공감합니다. 이를 통해 교사 간 긍정적인 신뢰관계가 형성되면 전체 유아에 대한 책임감을 공유하고 더욱 심도 있는 협력교수를 시도할 수 있습니다.

둘째, 협력교수에 대한 교사연수입니다. 현재 두 교사는 단순한 협력교수 형태인 교수-지원만 시도하고 있습니다. 황 교사와 박 교사는 함께 협력교수와 관련된 연수에 참여하여 다양한 협력교수의 형태와 협력교수 성공 사례에 대해 배울 수 있습니다. 이를 통해 황 교사와 박 교사는 다양한 협력교수를 시도해보며 자신들에게 맞는 협력의 형태를 파악하고 유치원 내에서 진정한 협력을 이룰 수 있습니다.

● 결론

성공적인 유아특수교육을 위해서는 일반교사와 특수교사의 협력이 필수적입니다. 일반교사와 특수교사가 여러 가지 노력을 통해 긴밀하게 협력한다면 특수교육대상유아는 유치원 생활에 성공적으로 적응하고 나아가 미래 사회에서도 성공적으로 기능하게 될 것입니다. 이상입니다.

추가질의

● **본론**

추가질의에 대하여 답변드리겠습니다. 특수교사로서 성공적인 협력을 위해 필요한 저의 강점은 '상대방을 신뢰하는 태도'입니다. 이 태도가 성공적인 협력에 강점이 될 수 있는 이유는 크게 3가지입니다.

첫째, 부모 측면입니다. 저는 부모를 신뢰하여 동등한 협력자로 대할 수 있습니다. 부모는 유아를 가장 잘 아는 정보제공자이며 유아와 가장 오랜 시간을 보내는 사람입니다. 따라서 교사는 부모에게 유아에 대해 질문할 수 있으며 유치원에서 교수한 것들을 가정에서도 연계하여 지도하도록 요청할 수 있습니다.

둘째, 일반교사 측면입니다. 저는 일반교사를 신뢰하여 동등한 협력자로 대할 수 있습니다. 일반교사는 일반유아교육의 전문가로서 일반유아의 발달 및 일반유아교육과정에 대한 지식과 경험이 풍부한 사람입니다. 따라서 일반유아교육 전문가의 관점에서 특수교육대상자를 어떻게 교육하면 좋을지 함께 논의할 수 있으며 사전 협의 하에 특수교육대상자에게 일관적인 중재를 제공할 수 있습니다.

셋째, 특수교육실무사 측면입니다. 저는 특수교육실무사를 신뢰하여 일관된 중재 제공자 및 정보 제공자로 대할 수 있습니다. 특수교육실무사는 특수교사가 다른 학급에 있을 때 특수교육대상자를 가장 가까이에서 관찰하고 지원하는 사람입니다. 따라서 특수교사는 특수교육실무사가 자신의 역할에 책임감을 가지고 일과에 참여한다는 믿음을 가지고 있어야 하며, 일과 후 특수교육실무사가 관찰한 것들을 전달받아 다음 교수에 반영할 수 있습니다. 이상입니다.

즉답형 2

즉답형 2번 문항에 대하여 답변드리겠습니다. 특수교육실무사님, 저희 오늘 업무분장에 대해 협의하기로 했었죠. 여기 차와 다과를 준비했으니 같이 먹으면서 이야기 나눠요.

특수교육실무사님이 특수교육대상유아들의 교육보조를 위해 어떤 일들을 해주시면 좋을지 한 번 고민해봤어요. 일단 장애인 등에 대한 특수교육법에서 살펴보면 특수교육실무사님이 주로 해주시게 될 역할은 교사의 지시에 따른 교수학습 활동, 신변처리, 급식, 교내외 활동, 등하원 등 특수교육대상자의 교육 및 학교 활동 지원이에요.

첫 번째는 <u>교수학습 활동</u>이에요. 이것은 개별화교육지원팀이 작성한 개별화교육계획을 바탕으로 제가 부탁드린 지원을 해주시는 거예요. 제가 만 3세 반에 들어가 있을 때는 만 4세 반 아이들을 교수할 수 없기 때문에 특수교육실무사님께서 만 4세 반 아이들을 지원해주셔야 해요. 제가 아침 협의 시간마다 아이들에게 필요한 교수 내용에 대해 안내드릴 테니 지금까지 잘해주셨듯 요청해주신 부분을 함께해주세요.

두 번째로 <u>신변처리</u>예요. 신변처리는 유아들 중 대소변을 가리지 못하는 유아가 있는 경우 기저귀를 갈아주거나 화장실에서 대소변 처리하는 것을 도와주는 업무를 의미해요. 이 부분도 역시 특수교육실무사님과 제가 번갈아가며 만 3세와 만 4세 학급에 들어가게 되기 때문에 저와 연령별로 번갈아가며 도와주시면 좋을 것 같아요. 아이들이 신변처리 하는 법을 배우는 것도 교육의 일부이기 때문에 신변처리가 개별화교육목표인 경우 매일 아침 협의 내용을 바탕으로 함께 교수해주세요.

세 번째는 <u>급식</u>이에요. 유아들 중 수저 사용이나 감각적인 어려움으로 인해 편식 행동을 보이는 유아들이 있어요. 이러한 부분들은 교육의 대상이기도 하지만 유아의 건강과도 직결되는 부분이니 유아들의 성공적인 성장과 발달을 위해 저와 함께 협력해서 유아들을 지원해주세요.

네 번째는 <u>교내외 활동</u>이에요. 이는 학교 내에서 운동회가 있거나 학교 밖으로 현장체험을 나가는 등 행사가 있을 때 특수교육대상유아들의 안전과 적극적인 참여를 위해 활동을 보조해주시는 것을 말해요. 이런 행사들이 있을 때는 유아들이 행사에 적극적으로 참여하도록 도울 뿐만 아니라 안전하게 참여할 수 있도록 주의해야 해요. 그래서 교내외 활동 전에는 특수교육실무사님과 제가 사전에 역할분담을 하여 유아들이 안전하게 행사에 참여할 수 있도록 도와야 해요.

다섯 번째는 <u>등하원</u>이에요. 등하원은 등원 시간에 유아들을 반갑게 맞이해주고 하원 시간에 유아들이 안전하게 부모님에게 인계될 수 있도록 돕는 것을 말해요. 등하원 시간은 유아들이 교사 및 친구들에게 인사하기, 신발 벗고 신기, 사물함 정리하기, 옷 입고 벗기 등 다양한 사회성 및 자조기술들을 배울 수 있는 시간이에요. 따라서 이때도 저와 아침에 협의한 바에 따라 유아들이 사회성 및 자조기술을 기를 수 있도록 도와주세요.

앞으로 저와 함께 협력하면서 유아들의 성장과 발달을 위해 노력해요. 저도 특수교육실무사님이 계셔서 너무 든든한 학기가 될 것 같아요. 이상입니다.

(5) 통합교육

🐻 구상형

다음 제시문을 읽고 통합교육 상황에서 특수교사가 특수교육대상유아의 활동 참여를 극대화 할 수 있는 방안을 4가지 말하시오.

> 최근 만 4세 기쁨반 유아들은 빵집 놀이에 푹 빠졌다. 빵집 메뉴판을 그리는 유아, 계산을 하는 유아, 빵을 만드는 유아, 빵을 사는 유아 등 열 명이 넘는 유아들이 역할을 나누어 놀이에 적극적으로 참여하고 있다. 그러나 발달지체를 보이는 지호는 빵집 놀이에 전혀 관심을 보이지 않고 매일 혼자 공룡 모형을 가지고 논다. 다른 유아들이 먼저 함께 빵집 놀이를 하자고 다가왔지만 지호는 친구들의 말에 대꾸도 하지 않았다. 특수교사는 지호가 공룡 놀이뿐만 아니라, 친구들과 학급의 다양한 활동에 함께 참여하기를 원한다.

🐻 즉답형 1

제시문을 읽고 장애 유아 재호의 성공적인 사회적 통합을 위해 교사가 각 유아에게 지도할 수 있는 방안을 말하시오.

> 유아1 : 재호랑 같은 팀 하기 싫은데.. 재호 때문에 질 것 같아요.
> 유아2 : (혼자 색칠하고 있는 재호에게) 재호야 너는 잘 못하니까 내가 해줄게.

🐻 추가질의

장애 유아의 성공적인 사회적 통합을 위해 특수교사가 유치원 차원에서 지도할 수 있는 방안에 대해 말하시오.

🐻 즉답형 2

통합교육 경험이 없는 일반교사가 장애 유아의 통합교육에 부담을 느껴 특수교사에게 장애 유아의 분리교육을 요구할 때, 특수교사가 일반교사를 설득할 수 있는 방안을 시연하시오.

예상답안

구상형

● 서론

구상형 문항에 대하여 답변드리겠습니다. 교육이 효과적이기 위해서는 교사가 효과적이어야 합니다. 효과적인 특수교사는 특수교육대상유아를 효과적으로 교수하는 것에서 나아가 통합학급 유아들이 특수교사의 교수 행위에 협조하도록 이끌 수 있어야 합니다. 특히 사회적 통합이 성공적으로 이뤄지기 위해서는 통합학급 유아들이 특수교육대상유아를 같은 학급 구성원으로서 인정해야 합니다. 이를 위해서는 통합학급 유아들이 특수교육대상유아의 특성을 이해하고 상호작용하는 것이 매우 중요합니다.

● 본론

통합교육 상황에서 특수교사가 장애 유아의 활동 참여를 극대화할 수 있는 방안 4가지는 다음과 같습니다. 첫째, 환경 구성하기입니다. 먼저 교사는 지호가 자연스럽게 또래들과의 놀이에 참여할 수 있도록 빵집 놀이가 이뤄지는 역할놀이 영역에 지호가 좋아하는 공룡 모양 빵 모형을 배치해 둡니다. 지호는 공룡을 좋아하기 때문에 공룡 모양 빵 모형으로 놀이하기 위해서 빵집 놀이를 하는 유아들과 자연스럽게 상호작용을 하게 될 것입니다.

둘째, 우정활동입니다. 우정활동이란 일반유아교육에서 많이 사용되는 노래나 게임, 활동 등에 친사회적 반응을 삽입하여 실행하는 대집단 활동을 말합니다. 이는 유아들의 사회적 반응을 이끌어내는 활동이므로 유아들은 자연스럽게 애정표현 기술들을 습득하게 됩니다. 이때 교사는 지호의 적극적인 참여를 위해 공룡에 관련된 활동을 진행하거나 활동에 대한 강화로 공룡 스티커를 제공하는 등의 방법을 사용할 수 있습니다.

셋째, 사회적 통합 활동입니다. 사회적 통합 활동이란 소규모 집단의 유아들을 특정 놀이 활동을 하도록 구성함으로써 또래 관련 사회적 상호작용을 증가시키는 방법입니다. 이는 소집단 활동으로 진행되기 때문에 대집단 활동보다 유아들 간 상호작용 할 수 있는 기회가 많습니다. 또한 교사 대 유아 비율이 적어 교사가 유아에게 사회적 상호작용 기술을 체계적으로 교수할 수 있습니다.

넷째, 또래 시작행동 교수입니다. 이는 특수교육대상유아와 놀이하는 또래들을 교수하는 방법으로 또래들에게 특수교육대상유아의 선호도, 특성, 감정, 표현방법 등을 알려주어 또래들과 특수교육대상유아의 상호작용을 돕는 것을 말합니다. 이를 통해 또래들은 특수교육대상유아와 함께 놀이할 때 활용할 수 있는 상호작용 방법에 대해 알게 되고 특수교육대상유아는 또래들의 놀이 시작행동에 더 잘 반응하게 됩니다.

● 결론

교사와 또래가 특수교육대상유아의 특성을 아는 것은 성공적인 사회적 통합을 위한 첫 걸음입니다. 특수교사가 통합교육 상황에서 특수교육대상유아의 활동 참여를 극대화한다면 특수교육대상유아는 학급에서 성공적인 사회적 통합을 이룰 수 있습니다. 학급에서 성공적으로 사회적 통합을 이룬 유아는 미래 사회에서도 성공적으로 통합될 것입니다. 이상입니다.

즉답형 1

● 서론

　즉답형 1번 문항에 대하여 답변드리겠습니다. 특수교육은 특수교육대상자의 개별적 요구를 충족시키고 개인의 잠재력을 실현하는 것을 목적으로 합니다. 따라서 특수교사는 이러한 목적을 달성하기 위하여 특수교육대상자가 통합교육 상황에서 또래들과 함께 전인발달을 이룰 수 있도록 지원해야 합니다.

● 본론

　교사가 재호의 성공적인 사회적 통합을 위해 유아1에게 지도할 수 있는 방안은 다음의 2가지입니다. 첫째, 긍정적인 학급 분위기 조성입니다. 이는 학급 분위기 자체를 결과와 성과 중심이 아닌 과정과 노력 중심의 분위기로 만드는 것을 의미합니다. 유아1의 경우 게임에 질 것을 두려워하여 재호와 같은 팀이 되기를 거부하고 있습니다. 따라서 교사가 게임 활동 평가 시 유아들이 이기고 지는 것에만 중점을 두지 않고 얼마나 규칙을 잘 지키고 노력했는지에 중점을 둘 수 있습니다.
　둘째, 재호의 강점이 드러나는 게임 진행입니다. 이는 교사가 의도적으로 재호가 잘하고 좋아하는 게임 활동을 진행하는 것을 의미합니다. 유아1은 재호와 같은 팀이 되면 게임에 질 가능성이 크다고 생각하고 있습니다. 재호의 강점이 드러날 수 있는 게임 활동을 통해 교사는 재호가 포함된 팀도 충분히 승리할 수 있음을 통합학급 유아들에게 보여줄 수 있습니다.
　교사가 재호의 성공적인 사회적 통합을 위해 유아2에게 지도할 수 있는 방안은 다음의 2가지입니다. 첫째, 장애이해교육입니다. 장애이해교육이란 장애 이해를 돕는 교육자료 제공, 역할극, 토론, 장애 체험, 장애인 접촉 경험 등 다양한 방법을 통해 유아들이 바람직한 장애관을 갖도록 돕는 것을 의미합니다. 유아2는 혼자서 색칠할 수 있는 재호에게 잘 못한다고 말하며 자신이 대신 색칠하려 합니다. 교사는 장애이해교육을 통해 모든 사람에겐 자신만의 강점이 있음을 알려줄 수 있습니다.
　둘째, 인성교육입니다. 인성교육이란 유아들이 존중, 배려, 협력, 효, 나눔, 질서 등의 인성 요소를 갖추도록 교육하는 것을 의미합니다. 유아2는 재호의 의사를 물어보지 않고 재호에게 불필요한 도움을 제공하고 있습니다. 교사는 인성교육을 통해 다른 사람을 도와주고 싶을 때는 먼저 상대방의 의사를 물어보는 것이 상대방을 위한 배려임을 알려줍니다.

● 결론

　교사는 유아의 성공적인 사회적 통합을 위하여 긍정적인 학급 분위기 조성, 유아의 강점이 드러나는 게임 활동, 장애이해교육, 인성교육 등의 노력을 기울일 수 있습니다. 교사가 이러한 노력들을 기울인다면 유아는 미래사회에서 성공적인 사회적 통합을 이룰 수 있을 것입니다. 이상입니다.

추가질의

● **서론**

　추가질의에 대하여 답변드리겠습니다. 통합교육의 요소는 물리적 통합, 교수활동적 통합, 사회적 통합으로 나뉩니다. 이 중에서 가장 중요한 통합의 요소 중 하나는 '사회적 통합'입니다. 교사는 유아들이 학급에서 통합학급 유아들과 조화롭게 생활할 수 있도록 성공적인 사회적 통합을 위해 끊임없이 노력하여야 합니다.

● **본론**

　장애 유아의 성공적인 사회적 통합을 위해 특수교사가 유치원 차원에서 지도할 수 있는 방안은 크게 3가지입니다. 첫째, <u>유치원 차원의 긍정적 행동지원</u>입니다. 유치원 차원의 긍정적 행동지원이란 개인 차원의 긍정적 행동지원을 기관 차원으로 확장한 것으로 유아의 장기적 삶의 질 향상을 위한 예방적 접근입니다. 이를 통해 교사는 질서, 배려, 협력, 존중, 나눔, 효를 배울 수 있는 긍정적인 유치원 분위기를 형성하고, 장애 유아와 일반유아들이 서로 배려하고 존중하며 협력하도록 지원할 수 있습니다.

　둘째, <u>유치원 차원의 환경 구성</u>입니다. 유치원 차원의 환경 구성이란 교사가 유아의 사회적 통합을 위해 의도적으로 환경을 구성하는 것을 말합니다. 교사는 유아들이 서로 상호작용할 수 있는 기회를 제공하기 위해 유치원의 공간을 좁게 구성할 수 있습니다. 또한 유치원 내에 또래와 함께 가지고 노는 교구들을 배치하는 등 의도적으로 상호작용을 촉진하는 환경을 구성할 수 있습니다. 이를 통해 유아들은 더 다양한 환경에서 또래와 상호작용을 할 수 있습니다.

　셋째, <u>유치원 차원의 장애이해교육</u>입니다. 유치원 차원의 장애이해교육이란 장애 이해를 돕는 교육자료 제공, 역할극, 토론, 장애 체험, 장애인 접촉 경험 등 다양한 방법을 통해 교사가 유치원 전체 유아의 바람직한 장애관 형성을 돕는 것을 말합니다. 이를 통해 유치원의 모든 유아들은 장애 유아의 특성에 대해 더 잘 알게 되며 서로의 다양성을 존중하는 태도를 기를 수 있습니다.

● **결론**

　교사는 장애 유아의 성공적인 사회적 통합을 위해 유치원 차원의 긍정적 행동지원, 유치원 차원의 환경 구성, 유치원 차원의 장애이해교육 실시 등 여러 가지 노력을 할 수 있습니다. 교사가 이러한 노력들을 기울인다면 유아는 미래 사회에서 성공적인 사회적 통합을 이룰 수 있을 것입니다. 이상입니다.

즉답형 2

즉답형 2번 문항에 대하여 답변드리겠습니다. 선생님, 좋은 아침이에요. 주말 잘 보내셨나요? 아, 주말에 가족들과 등산하셨군요. 재밌으셨을 것 같아요. 제가 오면서 선생님이랑 같이 마시려고 커피 사왔는데 같이 마시면서 이야기 나누는 거 어때요?

지난주에 선생님께서 말씀하신 것을 주말동안 곰곰이 생각해보았어요. 선생님이 통합교육 경험이 없으셔서 통합교육을 하는 것이 부담스럽다고도 하셨고 일반유아들의 유치원 적응과 특수교육대상유아들의 개별화 교육을 위해서도 분리교육을 하는 것이 좋을 것 같다고 하셨죠. 선생님이 어떤 부분을 걱정하시는지 충분히 알 것 같고 공감도 되더라고요. 특수교사인 저도 항상 통합교육을 시작할 때면 제가 통합교육을 잘 할 수 있을까 걱정이 앞서거든요.

그런데 선생님 저는 선생님과 제가 긴밀히 협력하면 성공적인 통합교육을 해낼 수 있다고 생각해요.

첫 번째로 선생님께서는 <u>선생님이 아직 통합교육을 해보신 경험이 없는 것이 걱정된다고 하셨잖아요</u>. 그러나 특수교육대상유아의 수와 유치원 특수학급 수가 점점 늘어나고 있는 상황에서 앞으로 선생님들께서 통합교육을 하게 될 가능성이 높아질 거예요. 통합교육의 당위성과 통합교육으로 인한 긍정적 효과 등으로 통합교육 또한 점차 당연시되고 있어요. 선생님께서도 이번 기회에 저와 함께 통합교육 경험을 쌓아보시는 게 어때요?

두 번째로 선생님께서는 <u>일반유아들의 유치원 적응을</u> 염려하셨어요. 그러나 통합교육 경험을 통해 특수교유대상유아들뿐만 아니라 일반유아들도 배울 수 있는 것들이 굉장히 많아요. 예를 들어 일반유아들은 통합교육을 통해 다양성을 존중하는 태도, 타인을 배려하는 방법 등을 배워나갈 수 있어요. 존중, 배려 등의 인성요소들은 교사 주도적인 활동에서보다도 유아들이 유치원 생활을 하면서 직접 경험으로 더 잘 얻을 수 있는 것들이잖아요. 그래서 저는 통합교육을 통해 일반유아들이 유치원 생활 속에서 이러한 인성 요소들을 배울 수 있도록 돕고 싶어요.

세 번째로 선생님께서는 <u>특수교육대상유아들이 통합교육보다 개별화교육에 더 집중해야 할 것 같다고 하셨어요</u>. 그러나 개별화교육의 의미는 분리교육에서 진행되는 일대일 교육이 아니라 특수교육대상유아들의 특성에 적합한 교육을 하는 것이에요. 그래서 통합교육 상황에서도 충분히 진행될 수 있어요. 특히 사회성과 의사소통 요소는 또래들이 있어야만 가르칠 수 있는 것들이기 때문에 분리교육으로는 가르치는 데 한계가 있어요. 때문에 저는 특수교육대상유아들의 성공적인 발달을 위해서 꼭 통합교육을 했으면 좋겠어요.

선생님, 선생님이 어떤 부분들을 걱정하고 계신지 충분히 이해하고 공감하고 있어요. 그러나 선생님과 제가 지속적인 협의를 통해 긴밀히 협력한다면 충분히 성공적으로 통합교육을 해낼 수 있을 거예요. 선생님께서는 일반유아교육의 전문가 입장에서, 저는 유아특수교육의 전문가 입장에서 함께 협력하며 노력해봅시다. 이상입니다.

(6) 원격수업 지원 방안

> 구상형

유아의 가정에 놀이꾸러미를 배부하고자 한다. 다음 제시문을 읽고 놀이꾸러미를 구성 방법을 구성 과정, 구성품, 향후 지원 방안의 측면에서 각각 설명하시오.

> 감염병의 유행으로 인해 ○○유치원 만 5세 유아들은 주 2~3회 격일 등원을 하고 있다. 특수교사와 일반유아교사는 유아들이 등원하지 않는 날의 교육 활동을 지원하기 위해 만 5세 유아들의 가정에 놀이꾸러미를 배부하고자 한다.
> ① 놀이 주제 : 동물
> ② 놀이 진행 상황 : 유아들은 동물원 놀이를 하기 위해 학급을 동물원으로 꾸미고 있다.
> ③ 유아 발달 수준
>   - 일반유아(20명) : 대부분 글을 읽을 수 있고 글을 쓸 수 있는 유아들도 포함되어 있다.
>   - 발달지체 유아(1명) : 코뿔소를 좋아하며, 본인의 이름과 코뿔소는 읽고 쓸 수 있다.

> 즉답형 1

비대면 수업 상황에서 유아 간의 사회적 상호작용을 증진하기 위해 교사가 실시할 수 있는 놀이 지원방안 3가지를 말하시오.

> 즉답형 2

올해 유치원에 입학한 만 3세 유아들을 대상으로 첫 쌍방향 수업을 진행하기 위해 가정에 사전에 안내해야 할 사항들에 대해 설명하시오.

예비 유아특수 선생님을 위한

● 예상답안

구상형

● 서론

　구상형 문항에 대하여 답변드리겠습니다. 2019 개정 누리과정의 핵심은 놀이중심 교육과정입니다. 교사는 유아들과 비대면으로 수업을 하는 상황에서도 유아들이 가정에서 충분하고 질 높은 놀이 경험을 할 수 있도록 지원하여야 합니다.

● 본론

　제시문의 상황에서 놀이꾸러미를 구성하는 방법은 구성 과정, 구성품, 향후 지원방안 측면으로 설명될 수 있습니다. 먼저 <u>구성 과정</u> 측면에서, 교사는 다음의 4가지 절차에 따라 놀이꾸러미를 구성하여야 합니다. 첫째, 교사들 간 사전 협의를 실시합니다. 교사들은 놀이꾸러미를 구성하기 전에 놀이꾸러미 구성, 놀이꾸러미 배부, 놀이꾸러미 안내 등에 대해 협의를 해야 합니다. 둘째, 놀이꾸러미를 제작하거나 구입합니다. 놀이꾸러미는 교사들이 아이디어를 내어 직접 제작할 수도 있고, 이미 제작되어있는 놀이꾸러미들 중 선택하여 구입할 수도 있습니다. 셋째, 가정통신문을 발송합니다. 교사들은 가정통신문을 통해 놀이꾸러미 배부, 놀이꾸러미 활용, 활동 후 피드백 방법 등에 대해 가정에 안내합니다. 넷째, 놀이꾸러미를 배부합니다. 놀이꾸러미는 각 가정으로 배송하거나 학부모가 직접 유치원에 방문하여 수령하도록 합니다.

　다음으로 <u>구성품</u> 측면에서, 교사는 동물 관련 활동들을 계획한 후 다음의 3가지 구성품을 제작할 수 있습니다. 첫째, 동물원 그림책입니다. 교사는 동물원 놀이를 하기 전 동물원에 가본 적이 없는 유아들을 위해 그림책으로 동물원을 간접 경험할 수 있도록 계획합니다. 이때 교사는 글자를 읽지 못하는 유아들도 책을 이해할 수 있도록 삽화가 많은 책을 준비합니다. 둘째, 동물원 꾸미기 재료입니다. 교사는 학급의 역할놀이 영역을 동물원으로 꾸미기 위하여 여러 동물들, 동물원 간판, 동물원 입장표 등을 가정에서 만들어오도록 계획합니다. 이때 교사는 유아들이 만들어온 작품들이 서로 겹치지 않도록 등원수업 시 누가 어떤 것을 만들지 이야기 나눕니다. 발달지체 유아의 경우 유아가 좋아하는 코뿔소를 만들어올 수 있도록 준비합니다. 셋째, 동물무늬 스카프입니다. 교사는 유아들이 가정에서도 신체 활동을 경험할 수 있도록 동물무늬 스카프로 동물의 움직임을 표현해보도록 계획합니다. 이때 교사는 유아들이 음악에 맞춰 몸을 움직여볼 수 있도록 가정에 동물 관련 음악을 제공해줄 수 있습니다.

　마지막으로 <u>향후 지원방안</u> 측면에서 교사는 다음의 3가지를 고려하여야 합니다. 첫째, 유아들의 흥미가 유지되어야 합니다. 교사는 유아들이 동물 주제에 대한 흥미를 잃지 않도록 가정에서의 놀이경험을 서로 이야기 나누는 기회를 제공하고 유아들이 만들어온 작품을 유치원 활동에서 활용합니다. 둘째, 유아들의 놀이를 관찰해야 합니다. 교사는 유아들이 가지고 온 작품들을 살펴보고 학부모와 지속적으로 소통하며 유아들이 잘 발달하고 있는지 관찰합니다. 셋째, 평가를 바탕으로 다음 놀이꾸러미를 준비해야 합니다. 교사는 유아들의 발달과 흥미 변화를 세심하게 관찰하고 학부모의 의견을 수용하여 다음 놀이꾸러미를 준비합니다.

● 결론

　교사는 유아를 위하여 존재합니다. 교사가 유아의 흥미와 요구를 파악하고 반영하기 위해 노력한다면 2019 개정 누리과정은 원격수업 상황에서도 충분히 실현될 수 있습니다. 이상입니다.

즉답형 1

● 서론

　즉답형 1번 문항에 대하여 답변드리겠습니다. 유아에게 교육이란 기회를 의미합니다. 유아는 여러 교육 기회들 속에서 또래와 상호작용하며 전인발달을 이뤄나갑니다. 유아의 바람직한 발달을 위해서 교사는 비대면 상황에서도 적절한 교육 기회를 포착하고 필요한 지원을 제공할 수 있어야 합니다.

● 본론

　비대면 상황에서 유아 간의 사회적 상호작용을 증진하기 위해 교사가 실시할 수 있는 놀이 지원방안은 다음의 세 가지입니다. 첫째, 놀이 사진 공유하기 활동입니다. 교사는 줌과 같은 실시간 쌍방향 화상 수업을 통해 유아들이 가정에서의 놀이 사진을 친구들과 공유할 수 있도록 합니다. 활동을 위해서는 사전에 화상 수업 방법에 대하여 가정에 안내하고, 활동 중 유아의 주의집중 및 참여를 독려해야 합니다. 이를 통해 유아는 친구의 놀이에 대해 관심을 가질 수 있으며, 교사는 유아의 사진 기록을 통해 놀이 상황을 평가하고 발달을 점검할 수 있습니다.

　둘째, 오늘의 주인공 활동입니다. 오늘의 주인공 활동은 매일 한 명의 주인공을 정하고, 친구가 좋아하는 것 또는 싫어하는 것 등에 대해 함께 이야기를 나누며 주인공 친구에 대해 알아가는 시간을 갖는 것입니다. 활동을 위해서는 교사가 매일 주인공 친구를 정하고, 부모와의 사전 면담을 통해 유아의 특성과 성향, 취미 및 특기 등에 대해 미리 파악해 놓는 것이 중요합니다. 이를 통해 유아들은 친구 한 명 한 명에게 관심을 가질 수 있고, 자신과 친구의 비슷한 점과 다른 점을 찾으며 다양성을 인정하는 태도 또한 형성할 수 있습니다.

　셋째, 편지나 그림으로 친구에게 마음 전하기 활동입니다. 이는 친구와 거리를 두고 있는 상황에서도 친구에게 편지를 쓰거나 그림을 선물해줌으로써 자신의 마음을 전달해보는 경험을 제공하는 것을 의미합니다. 활동을 위해서 교사는 유아들이 다양한 친구들과 편지나 그림을 주고받을 수 있도록 사전에 계획하는 것이 중요하며, 편지나 그림을 받은 유아는 해당 친구에게 답장을 하도록 규칙을 정할 수도 있습니다. 이를 통해 유아들은 친구와 대면하지 않는 상황에서도 우정을 형성하고 유지할 수 있습니다.

● 결론

　교사는 비대면 수업 상황에서 유아 간의 사회적 상호작용을 증진하기 위하여 놀이 사진 공유하기 활동, 오늘의 주인공 활동, 편지나 그림으로 친구에게 마음 전하기 활동 등을 실시할 수 있습니다. 다양한 놀이 지원방안들을 통해 유아들은 친구와 대면하지 않는 상황에서도 서로에 대해 이해하고 관심을 가지며 우정을 형성할 수 있을 것입니다. 이상입니다.

즉답형 2

● **서론**

즉답형 2번 문항에 대하여 답변드리겠습니다. 교육이 효과적이기 위해서는 교사가 효과적이어야 합니다. 이는 교사가 유아에게 효과적인 교육을 제공하기 위하여 적절한 준비를 통해 부모와 협력해야 함을 의미합니다. 특히 비대면 상황에서 쌍방향 수업을 실시하고 유아들을 적극적으로 참여시키기 위해서 교사는 유아의 부모에게 쌍방향 수업에 대해 사전 안내할 필요가 있습니다.

● **본론**

올해 유치원에 입학한 만 3세 유아들을 대상으로 첫 쌍방향 수업을 진행하기 위해 가정에 안내해야 할 사항들은 다음과 같습니다. 첫째, 쌍방향 수업과 부모의 역할에 대한 소개입니다. 쌍방향 수업의 정의와 목표가 무엇인지, 쌍방향 수업을 통해 어떤 다양한 활동들을 진행할 수 있을지에 대해 이야기하고, 부모가 어떤 역할을 수행하며 교사와 협력해야 할지에 대해 소개하여 부모가 쌍방향 수업이 추구하는 방향에 대해 공감하고 자신의 역할을 이해하도록 합니다.

둘째, 줌과 같은 쌍방향 수업 프로그램의 사용 방법입니다. 유치원에 처음 입학한 유아와 부모들은 쌍방향 수업 프로그램이 생소하기 때문에 순서에 따른 정확한 사용 방법을 안내할 필요가 있습니다. 프로그램 설치 방법, 회원가입 방법, 회의 참여 방법, 음소거 및 비디오 화면 관리 방법 등에 대해 가정통신문을 통해 안내하여, 부모가 가정에서 유아가 쌍방향 수업에 활발하게 참여할 수 있도록 적극적인 지원자 역할을 수행하도록 합니다.

셋째, 유아의 주의집중 및 참여 독려 방법입니다. 유아의 발달 특성상 컴퓨터 화면 앞에 오랜 시간 앉아있는 것이 어려울 수 있습니다. 교사는 최선을 다해 유아의 참여를 독려해야 하지만, 옆에 함께 있지 않기 때문에 어려운 상황이 발생할 수 있습니다. 부모가 옆에서 유아의 주의집중과 참여를 독려하는 방법을 알고 지원하여, 유아가 교사와 대면하지 않은 상황에서도 진행되는 활동에 몰입할 수 있도록 합니다.

● **결론**

교사는 만 3세 유아들을 대상으로 첫 쌍방향 수업을 진행하기 위해 쌍방향 수업과 부모의 역할, 쌍방향 수업 프로그램의 사용 방법, 주의집중 및 참여 독려 방법을 가정에 사전 안내해야 합니다. 부모와 교사가 협력하여 유아의 쌍방향 수업을 지원할 때, 유아는 비대면 상황임에도 불구하고 또래 및 교사와 상호작용하며 활동에 활발하게 참여할 수 있습니다. 이상입니다.

(7) 시책

🎓 **구상형**

서울시교육청은 서울교육지표에 따라 '질문이 있는 교실', '우정이 있는 학교', '삶을 가꾸는 교육'을 강조한다. 유치원 학급 내에서 해당 지표를 실천할 수 있는 방안을 각각 2가지씩 말하시오.

🎓 **즉답형 1**

만 5세 유아들을 대상으로 창의적 민주시민 교육을 실시하려 한다. 활용할 수 있는 지도방안에 대해 말하시오.

🎓 **추가질의**

서울시교육청의 정책 방향 중 하나인 '모두의 가능성을 여는 책임교육'을 정의내리고, 이를 자신의 교직관과 연계지어 설명하시오.

예상답안

구상형

● 서론

　구상형 문항에 대하여 답변드리겠습니다. 서울시교육청의 교육비전은 '다르게 새롭게 창의적 민주시민을 기르는 혁신미래교육'입니다. 이러한 비전을 위하여 교사는 질문이 있는 교실과 우정이 있는 학교를 만들고 삶을 가꾸는 교육을 해야 합니다.

● 본론

　서울교육지표 3가지를 실천할 수 있는 방안을 말씀드리면 다음과 같습니다. 첫째, <u>질문이 있는 교실</u>은 유아들이 흥미를 가지고 수업에 활발히 참여하도록 만드는 것입니다. 교사가 질문이 있는 교실을 만들기 위하여 할 수 있는 방안은 '<u>유아의 소리에 귀 기울이기</u>'와 '<u>프로젝트 접근법</u>'입니다. 먼저 유아의 소리에 귀 기울이기란 교사가 유아들의 주도적인 놀이를 관찰하여 유아들의 흥미와 관심에 대해 파악하는 것을 의미합니다. 이를 통해 유아들은 자신들의 흥미가 반영된 교사의 수업에 적극적으로 참여하게 될 것입니다. 다음으로 프로젝트접근법이란 유아들이 관심 갖는 배울 가치가 있는 특정 주제에 대해 심층적으로 연구하는 활동을 의미합니다. 이를 통해 유아들은 선호하는 주제의 연구에 적극적으로 참여할 것입니다.

　둘째, <u>우정이 있는 학교</u>는 교사가 서로 존중하고 배려하는 우애 넘치는 학교를 만드는 것을 의미합니다. 교사가 우정이 있는 학교를 만들기 위해 할 수 있는 방안은 '<u>유치원 차원의 긍정적 행동지원</u>'과 '<u>우정활동</u>'입니다. 먼저 유치원 차원의 긍정적 행동지원이란 개인 차원의 긍정적 행동지원을 기관 차원으로 확장한 것으로 유아의 장기적인 삶의 질 향상을 위한 예방적 접근을 의미합니다. 이를 통해 교사는 유치원 자체의 분위기를 긍정적으로 형성하고 모든 유치원 구성원으로 하여금 질서, 배려, 협력, 존중, 나눔, 효를 배우도록 도울 수 있습니다. 다음으로 우정활동은 일반유아교육에서 자주 사용하는 게임, 활동 등에 친사회적 반응을 삽입하여 실행하는 대집단 활동입니다. 교사는 우정활동을 통해 유아들이 긍정적인 우정 관계를 형성하도록 도울 수 있습니다.

　셋째, <u>삶을 가꾸는</u> 교육은 유아들이 특성에 적합한 지원을 받으며 삶의 진로를 개척하도록 만드는 것입니다. 교사가 삶을 가꾸는 교육을 하기 위하여 할 수 있는 방안은 '<u>개별화교육</u>'과 '<u>놀이 지원</u>'입니다. 먼저 개별화교육이란 교사가 유아의 특성에 적합한 교육과정을 구성하고 그에 따라 교육하는 것을 의미합니다. 이를 통해 교사는 유아들의 특성에 적합한 교육을 하여 유아들이 미래 사회에서 성공적으로 기능하도록 도울 수 있습니다. 다음으로 놀이 지원이란 교사가 유아들의 놀이를 관찰하고 관찰한 것을 바탕으로 유아들의 놀이를 지원해주는 것을 의미합니다. 놀이는 유아들의 수준을 나타내주며 학습의 도구로 사용될 수 있습니다. 따라서 교사는 유아들의 놀이를 관찰하면서 유아들의 개별 특성에 대해 파악하고 관찰한 것을 바탕으로 놀이를 지원하여 유아들이 전인 발달하도록 도울 수 있습니다.

● 결론

　교사는 유아를 위하여 존재합니다. 유아들이 공공의 가치와 자신의 가능성을 온전히 실현하도록 교사는 교육을 혁신하여 미래를 열어가는 교육을 해야 합니다. 이상입니다.

즉답형 1

● 서론

　즉답형 문항에 대하여 답변드리겠습니다. 교사는 서울시 교육방향에 따라 유아들이 창의적 민주시민으로 자라나도록 도와야 합니다. 창의적 민주시민이란 공공의 가치와 자신의 가능성을 온전히 실현해나가는 사람을 의미합니다. 즉 공감과 연대, 인권과 정의 존중, 비판적 사고력, 책임감과 참여, 다양성과 배려 등을 추구하는 것입니다. 교사는 유아들이 창의적 민주시민으로 자랄 수 있도록 다양한 노력을 해야 합니다.

● 본론

　교사가 만 5세 유아들을 대상으로 창의적 민주시민 교육을 하기 위해 활용할 수 있는 지도방안은 다음의 3가지입니다. 첫째, <u>유치원 차원의 긍정적 행동지원</u>입니다. 유치원 차원의 긍정적 행동지원이란 개인 차원의 긍정적 행동지원을 기관 차원으로 확장한 것으로 유아의 장기적인 삶의 질 향상을 위한 예방적 접근을 의미합니다. 이를 통해 교사는 유치원 자체의 분위기를 긍정적으로 형성하고, 모든 유치원 구성원이 질서, 배려, 협력, 존중, 나눔, 효를 배우도록 도울 수 있습니다. 뿐만 아니라 유아들은 유치원 차원의 긍정적 행동지원을 통해 창의적 민주시민이 갖춰야 하는 인성적 자질을 기르게 될 것입니다.

　둘째, <u>프로젝트접근법</u>입니다. 프로젝트접근법이란 유아들이 관심 있어 하고 배울 가치가 있는 특정 주제에 대해 유아들이 협력해서 심층적으로 연구하는 활동을 의미합니다. 이를 통해 유아들은 자신들이 선호하는 주제에 대해 궁금증을 가지고 심도 있게 연구하면서 활동에 적극적으로 참여할 것입니다. 또한 다양한 사고와 상상력을 통해 창의성도 기르게 될 것입니다. 따라서 유아들은 프로젝트접근법을 통해 창의적 민주시민이 갖춰야 하는 적극적인 참여, 다양성 및 창의성을 기를 수 있습니다.

　셋째, <u>토의하기</u>입니다. 토의하기란 교사와 유아, 유아와 유아 간의 상호작용을 통해 어떤 문제 상황에 대한 적절한 해결방안을 찾는 활동입니다. 이를 통해 유아들은 토의를 하면서 상대방을 배려하며 말하는 방법에 대해 배우게 되며 최선의 해결책을 찾는 과정에서 비판적 사고력을 기를 수 있습니다. 따라서 유아들은 토의하기를 통해 창의적 민주시민이 갖춰야 하는 다양성과 배려, 비판적 사고력 등을 기를 수 있습니다.

● 결론

　21세기 유아들은 창의적 민주시민으로 자라나야 합니다. 유아들이 창의적 민주시민으로 성장할 수 있도록 교사가 유치원 차원의 긍정적 행동지원, 프로젝트접근법, 토의하기 등과 같은 노력을 기울인다면 유아들은 미래사회에서 성공적으로 기능하게 될 것입니다. 이상입니다.

추가질의

- **서론**

추가질의에 대하여 답변드리겠습니다. 유치원은 교육이 시작되는 첫 단추입니다. 따라서 유치원 교사는 자신이 유아들의 첫 교사라는 것을 인식하고 바람직한 교직관으로 유아들을 교육하기 위해 노력해야 합니다.

- **본론**

서울시교육청의 정책 방향 중 하나인 '모두의 가능성을 여는 책임교육'은 정의로운 차등 실현으로 모든 학생들이 차별받지 않는 교육을 의미합니다. 즉 교육 불평등을 해소하는 것입니다. 모두의 가능성을 여는 책임교육은 저의 교직관과 밀접하게 관련되어 있습니다.

저의 교직관은 성공적인 사회적 통합을 이루는 교사입니다. 성공적인 사회적 통합이란 통합학급 구성원들이 특수교육대상유아를 같은 반 구성원으로 인정하고 존중하는 것을 의미합니다. 성공적인 사회적 통합은 다음과 같이 모두의 가능성을 여는 책임교육에서 주장하는 교육격차 해소를 도울 수 있습니다.

첫째, 특수교육대상유아는 일반유아교육과정에 참여하여 같은 연령 유아들이 배우는 것들과 같은 것을 배움으로써 차별 없는 교육을 받을 수 있습니다. 둘째, 통합교육을 통해 특수교육대상유아는 일반유아들의 바람직한 행동을 모방할 기회를 얻어 일반 유아들과의 교육격차를 해소할 수 있습니다. 셋째, 특수교육대상유아는 통합학급에서의 개별화교육을 통해 자연스러운 상황에서 필요한 기술들을 일반화함으로써 유치원 환경에서의 교육격차를 해소할 수 있습니다.

- **결론**

특수교육대상유아는 개별적 요구에 적합한 교육을 받을 권리를 가지고, 특수교사는 이러한 권리를 보장할 의무가 있습니다. 교사가 바람직한 교직관을 통해 특수교육대상유아를 교육한다면 교사는 유치원에서 모두의 가능성을 여는 책임교육을 실천할 수 있을 것입니다. 이상입니다.

02 인성면접

(1) 교직관/가치관

구상형

다음 제시문을 읽고 자신의 교직관을 바탕으로 아래의 상황에 어떻게 대처할 것인지 말하시오.

> 민규는 발달지체를 보이는 만 4세 유아이다. 이번 학기에 처음 유치원에 다니게 되어 아직 유치원 생활에 필요한 규칙들을 지키는 데 어려움이 있다. 오늘 놀이 시간에는 자신의 놀이에 집중하지 못하고 교실을 빙빙 돌아다니다가 예슬이가 만든 블록 탑을 무너뜨리고 말았다. 새노래를 배울 때에도 친구들이 노래를 부르는 중에 큰 소리로 혼잣말을 반복하였다. 일과가 끝나고 유아들이 귀가한 이후, 일반교사와 특수교사의 대화 상황이다.
>
> 일반교사 : 선생님, 오늘 민규가 놀이 시간에 예슬이 블록 탑 무너뜨린 거 보셨죠? 예슬이가 정말 속상해하더라고요.
> 특수교사 : 네. 예슬이가 열심히 만든 블록 탑인데 정말 속상했을 것 같아요. 민규가 기관 경험이 처음이라 아직 놀이 시간 규칙을 이해하는 데 어려움이 있네요.
> 일반교사 : 제 생각에도 그런 것 같아요. 민규의 이런 행동 때문에 민규와 저희 반 아이들 모두가 피해를 보네요. 당분간은 선생님께서 일과 중에 민규를 특수학급으로 데려가서 따로 활동하시는 게 어떤가요? 민규도 일대일 수업을 받게 돼서 정말 좋은 기회이지 않을까요?

즉답형 1

자신의 교직관과 그 필요성에 대해 말하시오.

추가질의

자신의 교직관을 실현하기 위해 교직 생활 중 어떤 노력을 할 것인지 말하시오.

즉답형 2

자신의 교직관에 비추어 다음의 문장을 완성하고, 이를 실천하기 위한 교육활동에 대해 말하시오.

> 교사가 ＿＿＿＿＿＿ 하면, 유치원은 ＿＿＿＿＿＿ 된다.

● 예상답안

구상형

● **서론**

  구상형 문항에 대하여 답변 드리겠습니다. 특수교육은 특수교육대상자의 개별적 요구를 충족시키고 개인의 잠재력을 실현하는 것을 목적으로 합니다. 이러한 목적을 달성하기 위하여 특수교육대상자가 일반학급에 성공적으로 통합되는 것은 매우 중요합니다. 따라서 특수교사와 일반교사는 서로 협력하여 특수교육대상자가 일반학급에서 또래와 함께 성장할 수 있도록 도와야 합니다.

● **본론**

  저의 교직관은 <u>전문성 있는 교사</u>입니다. 이는 특수교사가 자신의 전문성을 바탕으로 일반교사와 성공적으로 협력하고 개별 장애 유아의 특성에 적합한 교육을 실시하는 것을 의미합니다.

  이러한 교직관을 바탕으로 제시문의 상황에서 대처할 수 있는 방안은 다음과 같습니다. 첫째, <u>교직원 대상 장애이해교육을 실시하는 것</u>입니다. 교직원 대상 장애이해교육은 유치원 교직원들이 바람직한 장애관을 갖고 유아들을 교수할 수 있도록 특수교사가 실시하는 교육을 의미합니다. 일반교사는 제시문에서 민규 외의 반 아이들을 '저희 반' 아이들로 지칭하고 있습니다. 이는 일반교사가 민규를 학급 구성원으로 수용하지 못하고 있음을 나타냅니다. 따라서 특수교사는 교직원 대상 장애이해교육을 통해 일반교사가 바람직한 장애관을 바탕으로 민규를 학급 구성원으로 수용하도록 도와야 합니다. 뿐만 아니라 환경 구성, 활동중심삽입교수, 개별화교육 등의 장애 유아 교수 방안에 대해서도 안내할 수 있습니다. 이러한 장애이해교육을 통해 일반교사는 민규가 다른 아이들과 같이 하나의 고유한 특성을 가진 유아임을 인정하게 됩니다. 또한 특수교사와 공유된 책임감을 가지고 민규를 학급 구성원으로 받아들일 수 있습니다.

  둘째, <u>적합한 문제행동을 지도하는 것</u>입니다. 제시문의 상황에서 특수교사는 민규의 문제행동에 별다른 조치를 취하지 않고 있습니다. 현재 민규는 놀이 시간에 자신의 놀이에 집중하지 못하여 교실을 돌아다니는 행동을 보입니다. 따라서 교사는 민규가 자신의 놀이에 집중할 수 있도록 좋아하는 친구와 놀이하게 하거나 선호하는 자극을 놀이에 삽입할 수 있습니다. 또한 민규는 새 노래를 배울 때 큰 소리로 혼잣말을 반복하는 행동 특성을 보입니다. 이러한 상황에서 특수교사는 민규가 그러한 행동을 하는 이유를 파악하고 해당 행동의 기능을 충족할 수 있는 대체행동을 교수해야 합니다.

● **결론**

  장애 유아는 개별적 요구에 적합한 교육을 받을 권리를 가지고, 교사는 이러한 권리를 보장할 의무가 있습니다. 즉 특수교육대상자는 일반학급에서 또래와 함께 통합교육을 받고 일반교사와 특수교사는 협력하여 이러한 권리를 보장해주어야 합니다. 교사들이 바람직한 장애관과 협력을 바탕으로 유아의 행동 문제에 대처한다면, 장애 유아는 성공적인 사회적 통합을 이룰 수 있을 것입니다. 이상입니다.

즉답형 1

● **서론**

즉답형 1번 문항에 대하여 답변 드리겠습니다. 교사는 유아를 위하여 존재합니다. 이는 교사가 유아의 성장과 발전을 위해 최선을 다해 교육해야 한다는 것을 의미합니다. 교사는 자신의 교육 방향을 결정하기 위하여 바람직한 교직관을 확립해야 합니다.

● **본론**

저의 교직관은 <u>자신과 유아를 믿는 교사</u>입니다. 이는 교사가 자신의 교수능력과 유아의 성장가능성을 믿는 것을 의미합니다. 이러한 교직관이 필요한 이유는 다음의 세 가지 기대효과 때문입니다.

첫째, <u>교수에 대한 동기유발</u>입니다. 교사가 자신의 교수능력을 믿으면 어려운 상황에서도 유아를 더욱 효과적으로 교수하고자 노력하게 됩니다. 또한 교사는 새롭고 다양한 교수방법들을 배우고 적용하면서 유아를 발전시키고 더불어 자신의 교수 능력도 향상하게 됩니다.

둘째, <u>끈기 있는 노력</u>입니다. 교사가 유아의 성장가능성을 믿으면 유아가 더딘 발전을 보이더라도 포기하지 않게 됩니다. 또한 교사는 효과가 검증된 여러 방법들을 유아에게 다양하게 적용하면서 유아의 성장을 위해 노력할 것입니다.

셋째, <u>자기충족적 예언 효과</u>입니다. 자기충족적 예언이란 기대하는 만큼 결과가 나타난다는 것을 의미합니다. 교사가 유아를 믿는 만큼 유아에게 다양한 노력을 하게 되기 때문에 이는 실제 유아의 성취로 이어질 수 있습니다.

● **결론**

교사가 자기 자신과 유아를 믿는 것은 유치원 현장에서 유아를 효과적으로 교수하기 위한 디딤돌이 됩니다. 교사가 자신의 능력과 유아의 성장 가능성을 믿고 자기발전과 유아의 교육을 위해 노력한다면 유아는 미래 사회에서 성공적으로 기능할 수 있을 것입니다. 이상입니다.

🐾 추가질의

● 본론

　추가질의에 대하여 답변 드리겠습니다. 저의 교직관은 <u>전문성 향상을 위해 노력하는</u> 교사입니다. 이러한 교직관을 실현하기 위하여 저는 교직 생활 중 다음의 3가지 장학을 활용할 것입니다.

　첫째, <u>자기장학</u>입니다. 자기장학은 교사가 스스로 자신의 전문성을 신장하기 위해 노력하는 장학 활동을 의미합니다. 예를 들어, 교사는 자신의 교수행위를 되돌아보기 위해 글을 쓰는 '반성적 저널 쓰기'를 할 수 있습니다.

　둘째, <u>동료장학</u>입니다. 동료장학은 동료 교사들 간의 상호 협의와 협력을 바탕으로 교사 공동체를 형성하는 장학 활동입니다. 예를 들어, 교사들은 서로의 수업 영상을 녹화하여 보고 피드백을 해주는 '수업사례 분석'을 실시할 수 있습니다.

　셋째, <u>컨설팅 장학</u>입니다. 컨설팅 장학은 교사가 해결하기를 원하는 구체적인 문제나 상황을 의뢰하여 조력을 구하는 장학 활동을 의미합니다. 예를 들어, 교사는 자기장학이나 동료장학으로는 해결하기 어려운 문제 상황에 대해 컨설팅을 요구하여 컨설턴트와 함께 해결방안을 모색할 수 있습니다. 이상입니다.

즉답형 2

● 서론

즉답형 2번 문항에 대하여 답변 드리겠습니다. 유치원 교육은 유아로 시작해서 유아로 끝납니다. 이는 교사가 유아가 중심이 되는 교육을 실행해야 한다는 것을 의미합니다. 따라서 교사는 유아가 중심이 되는 교육을 실시하기 위하여 바람직한 교직관을 확립해야 합니다.

● 본론

저의 교직관은 <u>유아들의 놀이를 적극적으로 지지해주는</u> 교사입니다. 저의 교직관에 따라 다음의 문장을 완성하면 <u>교사가 유아를 관찰하면, 유치원은 놀이터가 된다</u>입니다. 이는 교사가 유아의 놀이를 지원하기 위해 유아의 놀이를 주의 깊게 관찰해야 한다는 것을 의미합니다. 교사가 유아의 놀이를 주의 깊게 관찰한다면 유아들의 흥미와 관심을 파악할 수 있습니다. 이를 바탕으로 유아의 흥미와 관심을 확장해준다면 유아들은 즐겁게 놀면서 전인 발달을 이룰 수 있습니다.

이를 실천하기 위해 교사가 실행할 수 있는 교육활동은 다음의 2가지입니다. 첫째, <u>놀이에 대해 이야기나누기</u>입니다. 이는 유아가 자신의 놀이에 대해 주도적으로 생각해보도록 하는 활동입니다. 이러한 활동을 통해 교사는 유아의 변화하는 흥미와 관심사를 파악할 수 있습니다. 또한 교사는 유아들이 놀이에 더욱 주체적으로 참여하도록 동기를 유발할 수 있습니다.

둘째, <u>프로젝트 접근법</u>입니다. 프로젝트 접근법은 유아들이 관심을 가지거나 협력하여 학습할 가치가 있는 특정 놀이 주제에 대해 심층적으로 연구하는 목적-지향적 활동을 의미합니다. 프로젝트접근법은 활동 내용 자체가 유아 개개인의 삶과 밀접하게 관련되어 있습니다. 또한 프로젝트 전 과정이 여러 가지 유형의 활동으로 진행되기 때문에 유아들이 놀면서 전인적으로 발달하는 데 효과적입니다.

● 결론

유아에게 교육이란 기회를 의미합니다. 이를 위해 교사는 유아가 전인적으로 발달하고 성장할 뿐만 아니라 개정 누리과정에 따른 즐거움 또한 느낄 수 있도록 도와야 합니다. 교사가 유아들의 놀이를 주의 깊게 관찰한 후 유아들의 놀이를 지원하고 확장하기 위해 노력한다면 유아들은 놀면서 성장할 수 있을 것입니다. 이상입니다.

(2) 장애관

> 🐵 구상형

자신의 장애관을 바탕으로 유치원에서의 장애이해교육 실시방안에 대해 말하시오.

> 🐵 즉답형 1

제시문을 읽고 교사들의 잘못된 장애관과 그 이유에 대해 설명하시오.

> 김 교사 : 장애 유아는 하나부터 열까지 다 도와줘야 해.
> 최 교사 : 얘는 장애 유아가 아닌 거 같아. 아까 보니 숫자를 쓸 수 있더라고.
> 박 교사 : 장애는 특수교사가 열심히 가르치면 분명 나을 수 있을 거야.

> 🐵 추가질의

통합학급 교사들의 바람직한 장애관 형성을 위해 특수교사가 실행할 수 있는 방안을 말하시오.

> 🐵 즉답형 2

아래의 용어들을 사용하여 자신의 장애관을 설명하시오.

> – Impairment(손상) : 신체나 내장의 특정 부위가 상실되거나 그 기능이 감소된 상태
> – disability(무능력) : 손상으로 인하여 전형적인 방법으로 특정 과제 수행이 어려운 경우
> – handicap(불이익) : 손상이나 무능력으로 인하여 환경과의 상호작용에서 문제나 불이익을 경험한 상태

예상답안

구상형

● 서론

 구상형 문항에 대하여 답변 드리겠습니다. 유치원은 교육이 시작되는 첫 단추입니다. 이는 유치원 교육이 초·중·고등학교 교육뿐만 아니라 이후 아동의 성인기 삶에 영향을 미친다는 것을 의미합니다. 따라서 교사는 자신이 실시한 교육이 유아들의 미래에 영향을 미친다는 것을 인식하고 최선을 다해 유아들을 교육해야 합니다.

● 본론

 저는 장애란 <u>모두가 경험하는 것</u>이라고 생각합니다. 장애의 사전적 정의는 어떤 것의 진행을 가로막아 거치적거리게 하거나 충분히 기능하지 못하게 하는 것입니다. 이러한 장애는 특정한 사람들뿐만 아니라 모든 사람들이 일생동안 살아가면서 경험하는 것입니다. 그러나 대부분은 적절한 지원을 받으면 큰 불편함 없이 사회에 적응할 수 있습니다.

 이러한 장애관을 바탕으로 유치원에서 장애이해교육을 실시한다면, 다음의 두 가지 방안을 활용할 것입니다. 첫째, <u>장애의 보편성을 강조한 교육</u>입니다. 즉 장애란 특정한 사람들이 겪는 것이 아니라 모든 사람들이 겪는 것임을 교육합니다. 이를 위해 유아들이 자주 보거나 경험하는 상황을 활용할 수 있습니다. 교사는 시력이 좋지 않아 가까이 있거나 멀리 있는 것을 보는 데 어려움이 있는 유아, 키가 작아 높이 있는 물건을 꺼내는 데 어려움이 있는 유아를 예시로 사용할 수 있습니다.

 둘째, <u>지원의 중요성을 강조한 교육</u>입니다. 장애이해교육을 실시할 때 장애의 어려움에만 초점을 두면 유아들이 장애에 대해 부정적인 인식을 가지게 됩니다. 따라서 장애이해교육을 실시할 때에는 적절한 지원을 받으면 장애를 가진 사람들이 사회에서 성공적으로 기능할 수 있다는 것에 중점을 두어야 합니다. 시력이 좋지 않은 유아는 안경이나 렌즈를 착용하여 시력을 교정할 수 있고 키가 작은 유아는 의자를 밟고 올라가거나 다른 사람의 도움을 받아 높이 있는 물건을 내릴 수 있습니다. 교사는 이러한 예시들을 교육에 활용할 수 있습니다.

● 결론

 유치원 교사의 생각이나 관점은 교육을 통해 유아의 생각과 관점에 영향을 미칩니다. 따라서 특수교사의 장애관은 장애이해교육을 포함한 다양한 활동과 놀이를 통해 유아의 장애관에 영향을 미칩니다. 특수교사는 이러한 점을 인식하고 장애이해교육을 실시하기 전에 자신의 장애관을 바람직하게 정립해야 합니다. 특수교사가 바람직한 장애관을 가지고 유아들을 교육한다면 유아들은 장애인의 성공적인 사회적 통합에 기여할 수 있을 것입니다. 이상입니다.

즉답형 1

● 서론

　즉답형 1번 문항에 대하여 답변 드리겠습니다. 교육이 효과적이기 위해서는 교사가 효과적이어야 합니다. 이는 교사의 중요성을 역설하고 있습니다. 교사의 생각이나 교수 능력이 교육의 질을 결정하기 때문에 교사는 스스로 자신의 생각을 되돌아보고 자신의 교수 능력을 향상시키기 위해 끊임없이 노력해야 합니다.

● 본론

　제시문에서 나타난 교사들의 잘못된 장애관과 이유는 다음과 같습니다. 김 교사의 측면에서, 김 교사는 '장애인은 도움을 받아야 하는 존재다'라고 생각하고 있습니다. 이러한 장애관이 잘못된 이유는 교사의 해당 장애관으로 인해 장애 유아의 행동이 의존적으로 변할 수 있기 때문입니다. 이러한 관점을 지닌 교사는 유아가 독립적으로 과제를 수행하기 이전에 무조건적으로 도움을 주게 됩니다. 결국 유아는 자신이 스스로 할 수 있는 행동도 하지 않고 성인이나 또래에게 의존하게 될 것입니다. 따라서 김 교사의 장애관은 '장애 유아도 할 수 있는 부분이 있어. 최소한의 도움만 제공하자'로 바뀌어야 합니다.

　최 교사의 측면에서, 최 교사는 '장애인은 강점이 없는 사람이다'라고 생각하고 있습니다. 이러한 장애관은 장애 유아가 모두 개별적인 특성을 지니고 각자의 강점과 약점을 가지고 있음을 간과하는 것입니다. 교사가 장애 유아를 교수할 때 약점에만 초점을 두어 교육한다면 효과적인 교수가 어렵습니다. 따라서 최 교사의 장애관은 '아까 보니 ○○이는 숫자를 쓸 수 있더라고. ○○이의 강점을 활용해서 교육해보아야겠어'로 바뀌어야 합니다.

　박 교사의 측면에서, 박 교사는 '장애는 하나의 특성이 아닌 치료의 대상이다'라고 생각하고 있습니다. 그러나 특수교육의 궁극적인 목표는 유아가 가진 장애를 없애는 것이 아니라 장애 유아가 미래 사회에서 성공적으로 기능할 수 있도록 돕는 것입니다. 장애를 없애야 한다고 생각하는 박 교사는 장애 유아의 모든 특성을 부정적으로 볼 가능성이 큽니다. 따라서 박 교사의 장애관은 '장애는 유아의 무수한 특성들 중 하나야. 장애 유아가 미래 사회에서 성공적으로 기능할 수 있도록 교육할 거야'로 바뀌어야 합니다.

● 결론

　교사의 장애관은 교사의 교수 활동에도 영향을 미칩니다. 교사가 바람직한 장애관을 가지고 있다면 유아는 교사에게서 효과적인 교수를 받을 수 있습니다. 효과적인 교수를 받은 유아는 미래 사회에서 성공적으로 기능할 수 있게 될 것입니다. 이상입니다.

추가질의

● **서론**

　추가질의 문항에 대하여 답변 드리겠습니다. 유치원에서는 특수교사뿐만 아니라 통합학급 교사들의 장애관도 유아들에게 직접적인 영향을 미칩니다. 따라서 특수교사는 통합교육 현장에서 함께 협력하는 통합학급 교사들이 바람직한 장애관을 정립하도록 도와야 합니다.

● **본론**

　통합학급 교사들의 바람직한 장애관 형성을 위해 특수교사는 다음과 같은 순서로 <u>장애이해교육을 실시</u>할 수 있습니다. 첫째, <u>각자의 경험 나누기</u>입니다. 교사들은 사소한 것이라도 각자 일상에서 겪었던 불편한 경험에 대해 이야기를 나눕니다. 이를 통해 교사들은 장애가 특정한 사람만 겪는 것이 아니라 모든 사람들이 겪는 것임을 알게 됩니다.

　둘째, <u>각자의 해결방안 나누기</u>입니다. 교사들은 자신이 겪은 불편함을 개선하기 위해 어떤 방법을 사용하였는지 또는 누구에게 도움을 받았는지 이야기를 나눕니다. 이를 통해 교사들은 장애나 어려움에만 초점을 두지 않고 지원의 중요성과 필요성에 대해 인식할 수 있습니다.

　셋째, <u>유치원 사례 나누기</u>입니다. 교사들은 유치원에 있는 장애 유아의 어려움에 대해 이야기를 나눕니다. 논의 사례를 유치원 환경에 적용함으로써 교사들은 유치원에서 장애 유아가 겪은 어려움에 대해 이야기 하고 이에 공감할 수 있습니다.

　넷째, <u>함께 해결방안 찾기</u>입니다. 교사들은 장애 유아가 겪고 있는 어려움을 어떻게 도와줄 수 있을지 이야기를 나눕니다. 이때 특수교사는 교사들이 장애 유아 또한 적절한 지원을 받으면 유치원에서 성공적으로 기능할 수 있음을 알도록 해야 합니다.

● **결론**

　이러한 네 가지 단계대로 장애이해교육을 실시한다면 통합학급 교사들은 바람직한 장애관을 형성할 수 있습니다. 통합학급 교사들의 바람직한 장애관은 유치원 내 유아들의 바람직한 장애관 형성에도 긍정적인 영향을 미칠 것입니다. 이상입니다.

즉답형 2

● **서론**

　즉답형 2번 문항에 대하여 답변 드리겠습니다. 특수교육은 특수교육대상자의 개별적 요구를 충족시키고 개인의 잠재력을 실현하는 것을 목적으로 합니다. 이러한 목적을 달성하기 위해 교사가 바람직한 장애관을 가지고 있는 것은 매우 중요합니다. 따라서 장애 유아를 가르치는 모든 교사들은 자신의 장애관에 대해 고민하고 생각해볼 필요가 있습니다.

● **본론**

　저는 <u>장애란 모든 사람이 경험하는 것</u>이라고 생각합니다. 장애의 사전적 정의는 어떤 것의 진행을 가로막아 거치적거리게 하거나 충분히 기능하지 못하게 하는 것입니다. 장애는 특정한 사람들이 아니라 모든 사람들이 일생동안 살아가면서 한 번씩은 경험하는 것입니다. 그러나 장애를 가지고 있는 사람들은 대부분 적절한 지원을 받으면 사회에서 성공적으로 기능할 수 있습니다.

　가장 보편적인 예시로 <u>시력이 마이너스까지 손상된 유아</u>가 있습니다. 이러한 손상으로 인해 유아는 <u>멀리 있거나 가까이 있는 사물을 보는 데 무능력</u>해질 수 있습니다. 뿐만 아니라 앞에 있는 사물을 보지 못하여 <u>교사가 제시한 활동자료를 보지 못하는 불이익</u>을 경험할 수 있습니다. 다른 예시로, <u>양쪽 다리의 기능이 손상된 유아</u>가 있습니다. 이러한 손상으로 인해 유아는 <u>두 다리로 걷는 것에 무능력</u>할 수 있습니다. 뿐만 아니라 두 다리로 걷지 못하여 전이 상황에서 <u>다른 공간으로 이동하지 못하는 등의 불이익</u>을 경험할 수 있습니다.

　그러나 앞에서도 말씀드렸듯이 장애는 적절한 지원이 제공된다면 큰 문제가 되지 않을 수 있습니다. 즉 교사는 장애 유아가 장애로 인하여 경험하는 <u>손상과 무능력이 불이익으로 이어지지 않도록 적절한 지원을 제공</u>해야 합니다. 예를 들어, 시력에 손상이 있어 멀리 있거나 가까이 있는 사물을 보는 데에 무능력한 유아에게 안경이나 렌즈, 확대경이나 망원경 등을 사용하도록 하여 멀리 있거나 가까이 있는 사물을 보도록 지원할 수 있습니다. 또 다른 예시로, 두 다리에 손상이 있어 걷는 데 무능력한 유아에게 휠체어를 제공하여 한 공간에서 다른 공간으로 이동할 수 있도록 지원할 수 있습니다.

● **결론**

　교사가 바람직한 장애관을 가지고 유아를 교육하는 것은 매우 중요합니다. 교사가 장애를 보편적인 것으로 인지하고 장애 그 자체보다 지원의 중요성에 초점을 둔다면 장애 유아는 효과적인 교육을 받을 수 있을 것입니다. 이상입니다.

(3) 특수교사 인성적 자질/장단점/성격/태도

🐝 구상형

다음 제시문을 읽고 김 교사에게 필요한 인성적 자질 3가지를 말하시오.

> 김 교사는 한 학기 동안 4명의 특수교육대상유아들을 위해 최선을 다했다고 생각했다. 매일 다양한 놀이 및 활동과 유아들의 지도방법에 대해 고민하고 실천하려 노력했다. 그러나 1학기 개별화교육평가를 실시한 결과, 아이들 모두에게서 눈에 띄는 발전이 나타나지 않았다. 매우 실망한 김 교사는 자신의 이러한 노력들이 무의미하다는 생각이 들었다.

🐝 즉답형 1

특수교사인 김 교사는 자신의 특수 업무에만 열중하고 일반교사의 어려움을 무시하였다. 이로 인해 정작 자신이 어려운 상황일 때 일반교사에게 도움을 요청할 수 없었다. 이때 김 교사에게 필요한 인성적 자질을 말하시오.

🐝 추가질의

신규교사에게 필요한 인성적 자질과 그 이유에 대해 말하시오.

🐝 즉답형 2

특수교사인 최 교사는 자폐성 장애를 가진 준영이와 일반유아 민찬이가 놀이 시간에 놀잇감을 두고 다투고 있는 것을 보았다. 이유를 물으니 준영이는 자신이 먼저 놀잇감을 가지고 놀고 있었다고 이야기를 했고, 민찬이는 준영이가 오랫동안 놀잇감을 가지고 놀아서 양보할 시간이 이미 지났다고 말했다. 최 교사는 다투지 말라고 타이른 후 두 유아 모두 놀잇감을 가지고 놀지 못하게 했다. 최 교사에게 필요한 인성적 자질과 이유를 말하시오.

예상답안

구상형

● 서론

　구상형 문항에 대하여 답변 드리겠습니다. 특수교육은 특수교육대상자의 개별적 욕구를 충족시키고 개인의 잠재력을 실현하는 것을 목적으로 합니다. 이러한 목적을 달성하기 위하여 특수교육대상자를 교육하는 교사가 바람직한 인성적 자질을 갖추는 것은 매우 중요합니다. 교사는 자신이 가져야 하는 인성적 자질에 대해 고민해보고 바람직한 인성적 자질을 지니기 위하여 끊임없이 노력하여야 합니다.

● 본론

　제시문에서 김 교사에게 필요한 인성적 자질은 다음의 3가지입니다. 첫째, **믿음**입니다. 믿음이란 교사가 유아에게 긍정적인 영향을 미칠 수 있고 유아가 이를 통해 더디지만 충분히 변화할 수 있다고 확신하는 것입니다. 현재 김 교사는 자신이 지금껏 노력한 것들이 무의미하다고 생각하고 있습니다. 즉 김 교사는 자신의 교수능력과 유아의 성장 가능성에 대해 믿음을 가지고 있지 않습니다. 김 교사가 자신의 능력과 유아의 성장 가능성을 믿게 되면 유아의 발전 속도가 더디더라도 조금 더 큰 틀 안에서 유아를 지속적으로 교육할 수 있을 것입니다.

　둘째, **반성적 사고**입니다. 반성적 사고란 교사가 자신의 교수행위에 대해 되돌아보는 것을 의미합니다. 김 교사는 유아에게 눈에 띄는 발전이 나타나지 않자 자신의 교수행위를 성찰하기보다 좌절하여 무기력한 태도를 보입니다. 즉 김 교사는 유아를 더 효과적으로 교수하기 위해 자신의 교수행위 중 어떤 것을 보완해야 하는지에 대해서 반성적인 사고를 하지 않고 있습니다. 김 교사가 반성적 사고를 한다면 시행착오를 통해 얻은 사례지식을 바탕으로 유아를 더 효과적으로 교수할 수 있을 것입니다.

　셋째, **협력**입니다. 협력이란 특수교사가 특수교육대상자를 더 잘 교육하기 위하여 일반교사 및 유아교육기관의 관계자들과 의견을 공유하고 서로 돕는 것을 말합니다. 김 교사는 현재 교육의 성과가 두드러지게 나타나지 않음에도 불구하고 누군가에게 협력을 요청하거나 조언을 구하는 노력을 기울이지 않고 있습니다. 김 교사가 협력의 자질을 갖추게 된다면 유아에게 일관된 중재를 제공할 수 있게 되어 교수 효과가 높아지게 됩니다. 또한 다른 교사들에게 조언을 구함으로써 어려운 문제 상황에 대한 해답을 얻을 수도 있습니다.

● 결론

　교사가 바람직한 인성적 자질을 갖추는 것은 유아를 효과적으로 교수하기 위한 첫 걸음입니다. 교사가 믿음, 반성적 사고, 협력의 자질을 갖춘다면 유아의 성장이 더딜지라도 포기하지 않고 효과적인 교수를 위해 노력할 것입니다. 따라서 교사는 인성적 자질의 중요성에 대해 인식하고 바람직한 인성적 자질을 갖추기 위해 끊임없이 노력해야 합니다. 이상입니다.

즉답형 1

● 서론

　즉답형 1번 문항에 대하여 답변드리겠습니다. 최근 인성교육의 중요성이 대두되고 있습니다. 이에 따라 유아들이 바람직한 인성을 갖추도록 돕는 것이 교사의 중요한 역할 중 하나가 되었습니다. 교사는 유아들이 바람직한 인성을 갖출 수 있도록 먼저 교사 자신에게 부족한 인성적 자질에 대해 생각하고 반성하는 기회를 가져야 합니다.

● 본론

　제시문에서 특수교사인 김 교사에게 필요한 인성적 자질은 다음의 3가지입니다. 첫째, <u>공감</u>입니다. 공감이란 다른 사람이 느끼는 감정을 이해하고 자신도 함께 느끼는 것을 말합니다. 김 교사는 과거 일반교사의 어려움을 무시하였습니다. 즉 일반교사의 어려움에 공감하지 않은 것입니다. 이는 교사 간 협력에 부정적인 영향을 미칠 수 있습니다. 따라서 김 교사는 동료 교사의 어려움에 먼저 공감하는 인성적 자질을 갖추어야 합니다.

　둘째, <u>배려</u>입니다. 배려란 어려운 상황에 있는 다른 사람을 도와주고 보살펴주는 것을 말합니다. 김 교사는 과거 일반교사가 어려운 상황일 때 일반교사를 돕지 않았습니다. 즉 일반교사를 배려하여 행동하지 않은 것입니다. 타인을 배려하지 못하는 교사는 다른 교육관계자들과 긍정적 관계를 맺는 것에 어려움이 있으며, 유아들에게 좋은 본보기가 될 수 없습니다. 따라서 김 교사는 동료 교사가 어려울 때 도와주는 배려의 자질을 길러야 할 것입니다.

　셋째, <u>협력</u>입니다. 협력이란 공동의 목표를 향해 둘 이상의 사람이 함께 노력하는 것을 말합니다. 김 교사는 과거 자신의 업무에만 집중하였습니다. 즉 일반교사와 서로 도우며 협력하려 하지 않았습니다. 그러나 특수교육대상자의 성공적인 사회적 통합과 교육을 위해서 특수교사와 일반교사가 협력하는 것은 매우 중요한 일입니다. 따라서 김 교사는 일반교사와 협력하려 노력하는 인성적 자질을 갖추어야 할 것입니다.

● 결론

　유아는 교사의 거울이라는 말이 있습니다. 유아가 바람직한 인성적 자질을 갖추도록 돕기 위해서는 교사 자신이 먼저 바람직한 인성적 자질을 갖추어야 합니다. 교사가 공감, 배려, 협력의 인성적 자질을 갖춘다면 유아들도 교사의 모습을 본받아 바람직한 인성을 갖춘 아동으로 성장할 수 있을 것입니다. 이상입니다.

🐾 추가질의

● 본론

　추가질의에 대하여 답변드리겠습니다. 신규교사에게 필요한 인성적 자질은 다음의 3가지입니다. 첫째, 믿음입니다. 믿음이란 교사가 유아에게 긍정적인 영향을 미칠 수 있고 유아가 이를 통해 더디지만 충분히 변화할 수 있다고 확신하는 것입니다. 믿음이 필요한 이유는 신규교사는 처음 교직 생활을 하면서 자신의 교수 능력에 대한 확신이 부족할 수 있기 때문입니다. 그러나 신규교사가 믿음의 인성적 자질을 가진다면 자신의 능력과 역량에 대해 믿는 만큼 더욱 더 노력하게 되고 그 결과 '기대효과'로 인하여 교수 능력과 유아의 성취에 긍정적인 영향을 미치게 됩니다.

　둘째, 열정입니다. 열정이란 교사가 자신의 전문성을 신장하기 위해 끊임없이 노력하는 것입니다. 열정이 필요한 이유는 신규교사는 경력교사에 비하여 실천적 지식과 같은 전문성이 부족할 수 있기 때문입니다. 그러나 신규교사가 열정의 자질을 가지게 된다면 멘토링, 컨설팅장학, 전문서적 등의 방법을 통해 자신에게 부족한 전문성을 향상시킬 수 있습니다.

　셋째, 반성적 사고입니다. 반성적 사고란 교사가 자신의 교수행위에 대해 되돌아보는 것입니다. 반성적 사고가 필요한 이유는 신규교사는 교수 경험의 부족으로 현장에서 여러 시행착오에 부딪힐 수 있기 때문입니다. 그러나 신규교사가 반성적 사고의 자질을 갖추게 된다면 자신의 교수행위나 그 결과에 대해 성찰하면서 다양한 사례지식을 형성할 수 있습니다. 이상입니다.

즉답형 2

● 서론

즉답형 2번 문항에 대하여 답변드리겠습니다. 최근 인성교육의 중요성이 대두되고 있습니다. 이에 따라 유아들이 바람직한 인성을 갖추도록 돕는 것이 교사의 중요한 역할 중 하나가 되었습니다. 교사는 유아들이 바람직한 인성을 갖출 수 있도록 먼저 교사 자신에게 부족한 인성적 자질에 대해 생각하고 반성하는 기회를 가져야 합니다.

● 본론

제시문의 상황에서 특수교사인 최 교사에게 필요한 인성적 자질은 다음의 2가지입니다. 첫째, 공감입니다. 공감이란 다른 사람의 감정을 이해하고 자신도 느껴보는 것을 의미합니다. 최 교사는 유아들에게 갈등 상황에 대해 질문했지만 유아들이 그 상황에서 어떤 감정을 느꼈는지에 대해서는 질문하지 않습니다. 그러나 교사가 타인의 감정에 공감하는 모습을 시범 보이지 않으면 유아들은 상대방의 감정에 공감하는 방법을 배우기 어려울 것입니다. 따라서 최 교사는 공감을 통해 갈등 상황에서 유아들이 느끼는 감정에 관심을 갖고 유아들 또한 교사로부터 공감의 자질을 배울 수 있도록 도와야 합니다.

둘째, 전문성입니다. 전문지식이란 교사가 자신의 전문지식을 깊이 있게 알고 그것을 실행할 수 있는 것을 의미합니다. 최 교사는 그저 갈등 상황을 빠르게 종료하기 위해 두 유아 모두에게 놀잇감을 가지고 놀지 못하게 합니다. 그러나 최 교사는 교사로서 유아들이 스스로 갈등을 해결하는 경험을 해보도록 지원해야 합니다. 최 교사는 유아교육과 특수교육을 전공하면서 배웠던 지식들을 바탕으로 유아들이 서로의 감정에 대해 생각해보고 잘못한 행동을 반성하며 앞으로 어떤 행동을 할지에 대해 생각해보도록 도와야 합니다. 따라서 최 교사는 전문성을 토대로 유아들이 여러 상황에서 바람직한 인성을 배울 수 있도록 지원해야 합니다.

● 결론

특수교육대상자는 교육적 요구에 적합한 교육을 받을 권리를 가지고 특수교사는 이러한 권리를 보장할 의무가 있습니다. 교사가 공감, 전문성과 같은 바람직한 인성적 자질을 바탕으로 유아와 상호작용한다면 유아는 바람직한 인성을 갖춘 인재로 성장할 것입니다. 이상입니다.

(4) 교사 전문성 향상 방안

구상형

다음 제시문을 읽고 이 교사가 겪고 있는 어려움과 이를 해결할 수 있는 방안에 대해 말하시오.

> 이 교사는 올해 처음 유치원에 발령을 받은 신규교사이다. 부푼 꿈을 안고 유치원에 왔으나 과다한 행정업무로 인하여 매일 새로운 수업을 준비하는 것이 버겁다. 일과가 끝나면 밀린 행정업무를 하느라 정신이 없다. 이럴 때면 이 교사는 본인이 교사로서의 역할을 제대로 수행하지 못하고 있다는 생각에 힘들다. 뿐만 아니라 유치원의 유일한 특수교사인 이 교사는 특수교육에 관해 궁금한 점이 있을 때 도움을 청할 곳이 없어 외로움을 느낀다. 지난주에는 학부모 상담을 진행했는데 부모님의 질문에 정확히 답변해주지 못한 것 같아 스스로 자괴감이 들었다.

즉답형 1

제시문을 읽고 김 교사가 자신의 전문성을 향상할 수 있는 방안 3가지를 말하시오.

> 김 교사는 매일 다양한 활동을 준비하고 있으나, 신규교사라 현장 경험이 부족하여 자신의 수업에 대한 확신이 없다. 여러 교사공동체에 참여해볼까 고민도 했지만 아직은 시간적 여유가 없다.

추가질의

예비 특수교사로서 자신의 전문성을 신장하기 위해 노력한 방안을 말하시오.

즉답형 2

특수교육대상유아의 문제행동에 적절하게 대처하지 못하는 특수교사가 전문성을 신장할 수 있는 방안에 대해 설명하시오.

예상답안

구상형

● 서론

　구상형 문항에 대하여 답변드리겠습니다. 교육의 질은 교사에게 달렸습니다. 즉 교사가 가진 전문성이 전체 교육의 질을 결정한다고 해도 과언이 아닙니다. 따라서 교사는 자신이 가진 전문성을 신뢰하고 이를 더 발전시키기 위해 노력하며 부족하거나 모르는 것은 새롭게 배우려는 태도를 가져야 합니다.

● 본론

　제시문에서 이 교사가 겪고 있는 어려움은 3가지입니다. 첫째, 과도한 행정업무입니다. 이 교사는 행정업무를 처리하느라 교사로서의 역할을 다하지 못하고 있습니다. 이러한 어려움을 해결하기 위한 방안은 크게 2가지입니다. 먼저 역할에 대한 책임감 측면에서, 이 교사는 행정업무 또한 교사의 중요한 역할임을 인지해야 합니다. 교사는 유치원의 중요한 구성원으로서 유치원이 원활하게 운영되기 위해 필요한 일들을 수행해야 합니다. 따라서 이 교사는 자신이 맡은 행정업무가 유치원의 운영에 필수적이라는 것을 인지하고 이를 성공적으로 해내기 위해 노력해야 합니다. 다음으로 교사의 업무 수행력 측면에서, 이 교사는 행정업무와 수업준비를 모두 해내기 위해 업무 수행력을 길러야 합니다. 이를 위해 특수교사들이 자주 사용하는 카페 및 홈페이지에 가입하여 경력 교사에게 행정업무에 대한 조언을 구하거나 수업 자료를 얻을 수 있습니다.

　둘째, 선배 특수교사의 부재입니다. 이 교사는 특수교육과 관련하여 궁금한 것이 있을 때 유치원 내 도움을 청할 곳이 없어 외로움을 느끼고 있습니다. 이러한 어려움을 해결하기 위한 방안은 크게 2가지입니다. 먼저 정보 습득 측면에서, 이 교사는 궁금한 것이 있을 때 특수교육지원센터의 도움을 받을 수 있습니다. 특수교육지원센터에는 특수교육 업무를 지원하는 특수교사들이 있습니다. 이 교사는 특수교육지원센터에 연락하여 궁금한 것에 대해 질문하고 답을 얻을 수 있습니다. 다음으로 교사의 외로움 해소 측면에서, 교사학습공동체에 참여할 수 있습니다. 교사학습공동체란 공동의 관심을 가진 교사들이 자발적으로 모여 교육에 대해 의견을 나누고 학습하기 위해 만든 집단을 말합니다. 이 교사는 특수교사들이 소속된 교사학습공동체에 참여하여 다른 특수교사들과 함께 어려움을 나누고 유치원의 유일한 특수교사로서 느끼는 외로움을 해소할 수 있습니다.

　셋째, 낮은 효능감입니다. 이 교사는 학부모의 질문에 정확한 답변을 해주지 못해 자신의 전문성에 대해 자괴감을 느끼고 있습니다. 이러한 어려움을 해결하기 위해 이 교사는 자신의 부족함을 인정하고 전문성 신장을 위해 노력해야 합니다. 아무리 대단한 전문가라도 모든 것을 알 수는 없습니다. 학부모의 질문에 정확한 답변이 어려운 경우에는 우선 아는 선에서 대답한 후 정확한 답변을 위해 법률이나 정책을 살펴보고 추가적으로 안내할 수 있습니다.

● 결론

　교사가 자신이 겪고 있는 어려움을 해결하기 위해서는 어려움을 스스로 해결하고자 하는 의지를 가져야 합니다. 교사가 의지를 가지고 자신의 어려움을 해결하기 위해 노력하는 과정이 곧 교육의 질을 높이는 결과를 만들 것입니다. 이상입니다.

즉답형 1

● **서론**

즉답형 1번 문항에 대하여 답변드리겠습니다. 신규교사는 교육현장에서 다양한 어려움에 부딪힙니다. 그럼에도 불구하고 몇몇 신규교사들은 자신의 어려움을 해결하기 위해 여러 가지 노력을 기울입니다.

● **본론**

제시문에서 신규교사인 김 교사는 수업 전문성을 높이고 싶으나 여러 교사들이 함께 하는 교사 공동체에 참여하기엔 시간적 여유가 없습니다. 김 교사의 상황을 고려하였을 때 김 교사는 자기장학을 통해 자신의 수업 전문성을 향상할 수 있습니다. 자기장학은 외부와의 관계 맺기 없이 스스로 자신의 전문성을 향상하기 위해 노력하는 것입니다. 자기장학의 측면에서 김 교사가 사용할 수 있는 구체적인 방안은 다음의 3가지입니다.

첫째, 반성적 저널 쓰기입니다. 반성적 저널 쓰기는 교사가 수업 후 자신의 수업을 되돌아보며 반성적 사고를 하고 그것을 기록하는 것을 의미합니다. 교사는 반성적 저널 쓰기를 통해 자신의 교육철학, 유아들의 의견, 현재의 사회분위기 등이 수업에 잘 반영되었는지 살펴볼 수 있습니다. 이를 통해 교사는 다음 수업을 계획할 때 부족하다고 기록하였던 부분들을 개선할 수 있습니다.

둘째, 수업사례 분석입니다. 수업사례 분석이란 교사가 자신의 수업을 영상으로 찍고 이후에 그것을 보면서 수업의 장단점을 분석하는 것을 의미합니다. 교사는 수업사례 분석을 통해 자신이 미처 생각하지 못했던 수업의 장단점을 직접 눈으로 확인할 수 있습니다. 이를 통해 교사는 자신의 수업에서 어떤 부분을 개선해야 하는지 파악할 수 있습니다. 뿐만 아니라 장단점을 분석한 이후에도 계속적으로 수업을 촬영하여 자신의 수업이 얼마나 개선되고 있는지를 확인할 수 있습니다.

셋째, 증거기반 실제의 활용입니다. 증거기반의 실제란 교육 시 사용하는 방법들 중 실제로 효과가 있다고 검증된 방법들을 의미합니다. 교사는 논문 및 전문서적들을 통해 증거기반의 실제들을 배우고 이를 유아들을 교육할 때 활용할 수 있습니다. 교사는 미리 검증되고 확인된 방법들로 유아들을 교육하기 때문에 수업 능력과 질을 향상할 수 있습니다.

● **결론**

어려움을 해결하기 위해 사용할 수 있는 방법은 다양합니다. 다양한 방법들 중 교사가 자신의 성향 및 상황에 맞는 방법을 찾는 것은 매우 중요합니다. 교사가 자신에게 맞는 방법을 찾아 자신이 겪고 있는 어려움을 해결해 나간다면 교사는 교육현장에서 성공적으로 적응하여 자신의 역량을 발휘할 수 있을 것입니다. 이상입니다.

추가질의

● 본론

추가질의에 대하여 답변드리겠습니다. 제가 예비 특수교사로서 전문성을 신장하기 위해 노력한 방법은 다음의 3가지입니다. 첫째, 다양한 기관에서의 봉사경험입니다. 특수교사가 되면 특수학교 유치부, 특수유치원, 일반유치원의 특수학급 등 다양한 곳에서 일할 수 있습니다. 기관 형태에 따라 특수교육대상유아들에게 제공하는 교육, 일과 진행, 환경 구성 등에 차이가 있습니다. 따라서 제가 대학 시절에 다양한 형태의 기관들을 모두 경험해본 것이 이후 특수교사로서의 전문성 신장에 기여할 것이라 확신합니다.

둘째, 동아리 활동입니다. 저는 장애인 캠프 동아리의 부장을 맡았었습니다. 가족지원 및 개별화교육은 성공적인 유아특수교육을 위한 필수적인 요소입니다. 저는 캠프를 계획하면서 장애인을 자녀로 둔 부모들과 함께 협력하는 경험을 해보았으며 캠프에 참여하는 장애인들의 특성을 고려하여 활동들을 직접 구성하였습니다. 또한 장애인, 그들의 부모, 캠프 봉사자들이 캠프에 원활하게 참여할 수 있도록 프로그램을 계획하고 이끌어갔습니다.

셋째, 복수전공입니다. 저는 유아교육과를 복수전공하였습니다. 질 좋은 특수교육이 이뤄지기 위해서는 질 좋은 일반유아교육과정에 대한 이해와 일반유아교사와의 성공적인 협력이 기반 되어야 합니다. 저는 유아교육과를 복수전공하면서 질 좋은 일반유아교육과정이 어떻게 구성되고 진행되어야 하는지 배울 수 있었습니다. 또한 예비 일반유아교사들과 함께 조별과제를 하고 수업을 들으며 이들과의 협력 시 필요한 인성적 자질을 기를 수 있었습니다. 이러한 경험을 통해 저는 특수교사로서 가져야 할 전문성을 기를 수 있었습니다. 이상입니다.

즉답형 2

● **서론**

즉답형 2번 문항에 대하여 답변드리겠습니다. 특수교육은 특수교육대상자의 개별적 요구를 충족시키고 개인의 잠재력을 실현하는 것을 목적으로 합니다. 이러한 목적을 달성하기 위하여 특수교사는 특수교육대상자의 특성과 요구에 적합한 교육을 실시해야 합니다.

● **본론**

특수교육대상자의 문제행동에 적절하게 대처하지 못하는 특수교사가 자신의 전문성을 신장할 수 있는 방안은 다음의 3가지입니다. 첫째, 동료장학입니다. 동료장학이란 동료 교사들 간의 상호 협의와 협력을 바탕으로 교사 공동체를 형성하는 장학으로 장학 담당자와 장학 대상자가 동등한 관계에 있다는 것이 특징입니다. 예를 들어 동료교사와 유아의 문제행동을 중재할 수 있는 방안에 대해 협의하는 동료 임상장학, 경력 교사에게 조언을 구하는 멘토링 등을 활용할 수 있습니다.

둘째, 컨설팅 장학입니다. 컨설팅 장학이란 교사가 해결하기를 원하는 구체적인 문제나 상황을 컨설턴트에게 자발적으로 의뢰하여 조력을 요구하는 장학 활동입니다. 예를 들어 특수교사는 특수교육대상유아의 문제행동에 적절히 대처하는 방법을 배우기 위하여 홈페이지를 통해 컨설턴트와 질문과 대답을 주고받는 온라인 컨설팅을 활용할 수 있습니다. 뿐만 아니라 컨설턴트가 직접 유치원에 방문하여 교사와 함께 유아의 문제행동 지도 방안에 대해 고민하는 오프라인 컨설팅을 실시할 수 있습니다.

셋째, 자기장학입니다. 자기장학이란 외부지원이나 다른 형태의 장학을 필요로 하지 않고 교사가 독립적으로 자신의 전문성을 신장하기 위해 노력하는 장학 활동입니다. 특수교사는 특수교육대상유아의 문제행동에 적절하게 대처하기 위하여 자신의 교수행위를 기술하고 분석하는 반성적 저널 쓰기, 자신의 수업을 녹화한 후 분석하는 수업사례 분석, 유아의 문제행동과 관련된 지식을 찾아보는 전문서적 및 논문 찾기 등을 활용할 수 있습니다.

● **결론**

교육이란 기회를 의미합니다. 특수교육대상유아에게 교육이 기회가 되기 위해서 특수교사는 특수교육대상유아의 특성과 요구에 적합한 교육을 제공해야 합니다. 특수교사가 자신의 전문성을 신장하기 위해 노력한다면 유아가 보이는 문제행동을 감소시킬 수 있을 뿐만 아니라 유아가 미래 사회에서 성공적으로 기능하도록 도울 수 있을 것입니다. 이상입니다.

(5) 협력자와의 갈등 상황

🐨 구상형

다음 제시문을 읽고 특수교사와 특수교육실무사의 잘못된 역할 수행을 말하고, 특수교사가 특수교육실무사와 협력할 수 있는 방안에 대해 설명하시오.

> A유치원의 특수교육실무사는 10년 이상의 현장 경험이 있다. 부모님과 라포(rapport)가 충분히 형성되어 있으며 이를 바탕으로 매일 일과가 끝난 후 부모님과 간단한 상담을 진행한다. 유아를 지도하는 것에 어려움이 있는 특수교사에게 장애 유아를 지도하는 방법을 시범 보이기도 한다. 활동 중 장애 유아가 탈석 행동을 보일 때에는 잠시 장애 유아를 데리고 바람을 쐬러 운동장에 나갈 때도 있다. A유치원에 신규 발령을 받은 특수교사는 이 특수교육실무사와 어떻게 협력해야 할지 고민이 많다.

🐨 즉답형 1

발달지체를 보이는 수빈이는 친구들과 함께 게임 활동에 참여하는 것을 좋아한다. 그러나 일반교사는 수빈이를 게임 활동에 참여시키지 않고 점수판을 들고 서 있도록 하려고 한다. 이때 특수교사가 수빈이의 게임 활동 참여를 위하여 일반교사를 설득할 수 있는 근거 2가지를 시연하시오.

🐨 추가질의

수빈이의 게임 활동 참여를 위하여 특수교사와 일반교사가 함께 논의해야 할 사항에 대해 말하시오.

🐨 즉답형 2

만 5세 상범이의 부모는 여전히 상범이의 발달지체를 인정하지 않는 상황이다. 이러한 상황에서 특수교사가 상범이의 부모에게 특수교육의 필요성을 설득할 수 있는 방안에 대해 말하시오.

● 예상답안

구상형

● 서론

구상형 문항에 대하여 답변드리겠습니다. 특수교육은 특수교육대상자의 개별적 요구를 충족시키고 개인의 잠재력을 실현하는 것을 목적으로 합니다. 이러한 목적을 달성하기 위하여 특수교사는 우선적으로 유치원의 구성원들과 협력해야 합니다. 유치원의 구성원들 중에서도 특수교육실무사는 유아의 가까이에서 교육을 보조하는 중요한 인력이므로 특수교사와 특수교육실무사의 협력은 매우 중요합니다.

● 본론

A유치원의 사례에서 특수교사와 특수교육실무사의 잘못된 역할은 다음의 3가지입니다. 첫째, 특수교육실무사의 학부모 상담입니다. 유아의 교육에 관하여 학부모와 상담하는 것은 교사의 역할입니다. 따라서 특수교육실무사의 사전논의 되지 않은 부모상담은 잘못된 역할 수행입니다. 둘째, 특수교사의 낮은 교육주도성입니다. 유아에게 교육을 실시하는 것은 특수교사의 역할이며 특수교육실무사는 특수교사의 지시에 따라 유아의 교수학습활동을 보조해야 합니다. 따라서 특수교육실무사가 특수교사에게 유아를 교육하는 방법을 알려주거나 시범 보이는 것은 두 사람 모두가 자신의 역할을 제대로 이행하지 않고 있음을 의미합니다. 셋째, 잘못된 문제행동 중재입니다. 특수교사는 특수교육대상유아의 문제행동에 어떤 이유와 기능이 있는지 주의 깊게 관찰하지 않았습니다. 특수교육실무사는 유아가 문제행동을 보였을 때 특수교사의 지시 없이 단독적으로 유아를 운동장에 데리고 나가 행동을 중재했습니다. 따라서 이 역시 두 사람 모두가 자신의 역할을 제대로 이행하지 않고 있음을 나타냅니다.

이러한 상황에서 특수교사가 특수교육실무사와 성공적으로 협력하기 위하여 사용할 수 있는 방안은 다음의 2가지입니다. 첫째, 역할분장입니다. 즉 특수교육실무사가 유아를 위하여 어떤 역할을 해야 하는지, 교사의 어떤 업무를 보조해야 하는지 사전에 안내하는 것입니다. 이때 장애인 등에 대한 특수교육법을 근거로 특수교육실무사는 교사의 지시에 따라 교수학습활동, 신변처리, 급식, 교내외활동, 등하원 등을 보조해주어야 함을 안내할 수 있습니다. 둘째, 정기적인 협의입니다. 즉 교사와 특수교육실무사가 일정 및 시간을 정하여 유아의 수행, 행동문제, 교수에 대한 반응 등에 대해 이야기를 나누는 것입니다. 교사는 특수교육실무사의 경력을 인정하여 특수교육실무사가 관찰한 내용을 신뢰하고 수용해야 합니다. 다만 특수교육실무사가 상의되지 않은 교수행위를 하지 않고 유아에게 일관된 교수를 제공하도록 협조를 요청해야 합니다.

● 결론

특수교사와 유치원의 구성원들이 협력하는 것은 특수교육을 성공적으로 이끌기 위한 첫 단추입니다. 유치원 구성원들 중에서도 특수교육실무사는 특수교육대상자의 교육을 직접적으로 보조하는 사람으로서 특수교사와 긴밀하게 협력해야 하는 사람 중 하나입니다. 특수교사와 특수교육실무사가 역할분장 및 정기적인 협의회를 통해 긴밀하게 협력한다면 특수교육대상자는 유치원에서 성공적으로 기능할 수 있을 것입니다. 이상입니다.

즉답형 1

즉답형 1번 문항에 대해 답변드리겠습니다. 선생님, 오늘도 힘드셨죠. 아이들도 하원했으니 저희 차 한 잔 마시면서 이야기 나눌까요? 지난번에 보니까 수빈이가 선생님께서 준비하신 게임에 참여하는 걸 굉장히 좋아하는 것 같더라고요. 수빈이가 그렇게 신나게 게임하는 걸 처음 봐서 저도 깜짝 놀랐어요. 선생님이 아이들의 흥미를 잘 고려해주신 덕분인 것 같아요.

가끔 수빈이가 규칙을 정확히 이해하기 어려운 게임들도 있죠. 오늘 같은 경우에도 수빈이가 윷놀이 게임의 규칙을 정확히 이해하고 참여하는 데 어려움이 있긴 했잖아요. 그래서 선생님께서도 수빈이에게 뭔가 다른 역할을 부여하고자 점수판을 들고 있게 하신 것 같아요. 그런데 선생님, 조금 힘들 수 있지만 저는 수빈이가 점수판만 들고 있기보다 다른 아이들과 함께 게임 활동에 참여할 수 있었으면 해요.

첫 번째 이유는, <u>수빈이가 활동 목표를 성취할 수 있어야 하기 때문</u>이에요. 수빈이는 특수학급에 속하기도 하지만 통합학급의 구성원이기도 해서, 선생님이 게임 활동을 통해 아이들이 성취해야 한다고 생각하신 목표를 함께 성취해야 해요. 수빈이가 통합학급 아이들과 같은 목표를 성취하는 것이 어렵다고 판단될 때에는 게임 활동이 진행되는 동안 수빈이에게 개별적인 촉진을 제공할 수 있어요. 예를 들어, 통합학급의 게임 활동 목표가 '규칙을 지키며 게임에 참여한다'라면 수빈이가 게임의 규칙을 이해할 수 있도록 또래의 시범을 활용하거나, 교사가 규칙카드를 보여주며 규칙을 상기시킬 수 있어요. 수빈이의 발달 수준을 고려하여 수빈이가 통합학급의 활동에 함께 참여하는 데에 어떤 촉진과 수정이 필요할지 같이 고민해보아요.

수빈이가 아이들과 함께 게임활동에 참여해야 하는 두 번째 이유는, <u>수빈이의 성공적인 사회적 통합을 위해서</u>예요. 수빈이가 게임에 함께 참여하지 못하고 부분적인 역할만 수행하는 경우, 통합학급 아이들은 수빈이가 게임 활동에 참여할 능력이 없다고 생각할 수 있어요. 또한 게임 활동에 함께 참여하면 얻을 수 있는 자연스러운 또래 간 사회적 접촉이나 상호작용의 기회도 줄어들고요.

수빈이는 선생님의 게임 활동을 좋아하기도 하고 교사의 수정이나 촉진으로 충분히 게임 활동에 참여할 수 있는 능력이 있어요. 그래서 저는 더더욱 수빈이가 활동에 최대한 많이 참여할 수 있었으면 좋겠어요. 선생님과 제가 자주 협의하면서 어떻게 수빈이가 활동에 참여하면 좋을지 고민한다면 수빈이의 발달과 사회적 통합에 큰 도움이 될 것 같아요. 함께 노력해보아요. 이상입니다.

추가질의

● 서론

추가질의에 대하여 답변드리겠습니다. 특수교사와 통합학급 교사가 협력하는 것은 특수교육대상유아의 성공적인 발달과 성장을 위한 첫 걸음입니다.

● 본론

제시문에서 수빈이의 게임 활동 참여를 위해 특수교사와 일반교사가 함께 논의해야 할 사항은 다음의 3가지입니다. 첫째, <u>게임 활동의 보편적 학습 설계</u>입니다. 게임 활동의 보편적 학습 설계는 자신이 가진 특성에 관계없이 모두가 참여할 수 있는 게임을 구성하는 것입니다. 처음부터 모든 아이들이 참여할 수 있는 수준과 방법으로 게임을 구성한다면 수빈이는 별다른 수정 없이도 게임 활동에 적극적으로 참여할 수 있습니다.

둘째, <u>게임 활동의 교수적 수정</u>입니다. 교수적 수정은 게임의 환경, 자료, 내용, 방법, 집단 등을 수정하는 것을 말합니다. 예를 들어, 수빈이가 주의집중 유지에 어려움이 있어 게임 활동에 참여하지 못하는 경우 소음이 적고 주의집중을 분산할만한 교구들이 없는 장소에서 게임을 진행합니다. 또 다른 예로, 수빈이가 시력이 낮아 게임에 참여하기 어렵다면 게임 자료를 확대하여 활동 자료를 볼 수 있도록 수정해줍니다.

셋째, <u>게임 활동의 목표 수정</u>입니다. 목표 수정은 가장 마지막에 고려해보아야 하는 사항으로 교수적 수정으로도 통합학급들과 똑같이 게임 활동에 참여하는 것이 어려운 경우에 실시합니다. 예를 들어, 통합학급 아이들의 목표는 '윷놀이의 규칙을 이해한다'라면 수빈이의 목표는 '자신의 차례에 윷을 던질 수 있다'로 수정하여 활동 참여를 도울 수 있습니다.

● 결론

보편적 학습설계, 교수적 수정, 목표 수정 등과 같이 특수교사와 통합학급 교사가 특수교육대상유아의 활동 참여를 위해 협력한다면 특수교육대상유아는 유치원에서 진행되는 다양한 활동에 즐겁게 참여할 수 있을 것입니다. 이상입니다.

즉답형 2

● 서론

즉답형 2번 문항에 대하여 답변드리겠습니다. 유치원은 교육이 시작되는 첫 단추입니다. 유치원 교사는 유아의 첫 번째 교사이며 유아의 부모와 협력을 시작하는 첫 번째 전문가입니다. 따라서 교사는 유아의 발달을 돕고 유아에게 효과적인 교수를 제공하기 위하여 유아의 부모와 긴밀히 협력해야 합니다.

● 본론

유아에게 효과적인 교수가 제공되기 위해서는 교사와 부모가 유아의 특성과 발달 수준을 정확히 파악하고 서로가 알고 있는 정보들을 공유하며 긴밀히 협력해야 합니다. 그러나 유아의 부모가 유아의 장애 및 발달지연을 인정하지 않는다면 성공적인 협력이 어려울 수 있습니다. 이러한 상황에서 특수교사가 부모에게 특수교육의 필요성을 설득할 수 있는 방안은 3가지입니다.

첫째, <u>부모 대상 장애이해교육</u>입니다. 장애이해교육이란 부모가 바람직한 장애관을 가질 수 있도록 교육하는 것을 의미합니다. 부모가 유아의 장애 및 발달지체를 인정하지 않는 이유 중 하나는 부정적인 장애관 때문입니다. 즉 부모는 '장애'를 유아가 가진 특성들 중 하나로 인정하지 못하고 결핍, 공포, 실패 등 부정적인 단어들과 연관 지어 생각하고 있습니다. 따라서 교사는 부모 대상의 장애이해교육을 통하여 부모가 바람직한 장애관을 가지도록 도와야 합니다. 또 장애를 유아의 많은 특성들 중 하나로 여기고 유아들은 모두 강점을 가지고 있다는 것을 인식하도록 안내해야 합니다.

둘째, <u>부모교육</u>입니다. 부모가 유아의 장애 및 발달지체를 인정하지 않는 이유 중 하나는 조기교육 및 개별화교육의 중요성을 인식하지 못하고 있기 때문입니다. 즉 부모는 개별화교육을 하루라도 빨리 시작하는 것이 얼마나 중요한지를 인식하지 못하고 있습니다. 따라서 교사는 부모교육을 통해 학부모에게 조기교육 및 개별화교육의 중요성을 안내해야 합니다. 교사는 부모교육을 통해 조기교육 및 개별화교육을 받은 사례와 그렇지 않은 사례를 비교하여 부모가 조기교육과 개별화교육의 중요성을 인식하도록 도와야 합니다.

셋째, <u>정기적인 상담</u>입니다. 부모가 유아의 장애 및 발달지체를 인정하지 않는 이유 중 하나는 장애인을 더 이상 성장하지 못하는 존재라고 생각하기 때문입니다. 교사는 부모와의 정기적인 상담을 통해 유아의 성장 가능성을 보여줄 수 있습니다. 이때 유치원에서 교사가 실시한 교육과 그 교육으로 변화한 유아의 모습을 진도 점검하여 부모에게 정기적으로 알려주어야 합니다. 이를 통해 부모는 유아의 성장 가능성을 인식하고 유아의 장애를 조금 더 편안하게 수용할 수 있습니다.

● 결론

학부모와 교사가 협력하는 것은 특수교육이 시작되는 첫걸음입니다. 학부모가 유아의 장애 및 발달지체를 수용하고 교사와 협력하여 유아를 교육한다면 유아는 성장하여 미래 사회에서 성공적으로 기능하게 될 것입니다. 이상입니다.

(6) 기타

> 즉답형 1

자신이 특수교사가 되고 싶은 이유에 대해 말하시오.

> 즉답형 2

감명 깊게 본 영화와 그 영화가 자신의 교직관에 미친 영향에 대해 말하시오.

> 즉답형 3

자신이 존경하는 사람과 그 이유에 대해 말하시오.

> 즉답형 4

대학교 시절 자신이 겪은 어려움과 그 극복방안에 대해 말하시오.

예상답안

즉답형 1

• **서론**

　즉답형 1번 문항에 대하여 답변드리겠습니다. 특수교사란 특수교육대상자의 교육을 담당하는 교사를 말합니다. 저는 유아특수교사 임용고시를 준비하면서 어려움이 있을 때마다 특수교사가 되고 싶은 이유에 대해 생각했습니다.

• **본론**

　여러 생각과 고민을 한 결과, 제가 유아특수교사가 되고 싶은 이유는 크게 3가지였습니다. 첫째, 특정 분야의 전문가가 되고 싶어서입니다. 전문가란 특정 분야에 대한 많은 지식과 경험을 가져 비전문가는 할 수 없는 일을 하는 사람을 의미합니다. 유아특수교사는 특수교육적 지식, 유아교육적 지식, 법 지식, 공학 지식 등 포괄적인 전문성이 요구되는 직업입니다. 따라서 저는 포괄적인 전문성이 필요한 유아특수교사라는 직업에 매력을 느꼈습니다.

　둘째, 협력을 통해 진정한 통합교육을 실현해보고 싶어서입니다. 협력이란 어떠한 공동의 목표를 달성하기 위해 여러 사람이 힘을 합치는 것을 말합니다. 유아교육에서는 지식습득 위주의 교육을 하는 다른 학교급과 달리 놀이 및 활동중심으로 교육이 진행되기 때문에 장애 유아를 일반학급에 완전 통합하여 교육하는 것이 충분히 가능합니다. 이러한 환경에서 특수교사는 유아의 보호자, 일반교사, 특수교육실무사 등과 협력하게 됩니다. 따라서 저는 유아를 둘러싼 다양한 사람들과 협력하는 유아특수교사라는 직업에 매력을 느꼈습니다.

　셋째, 장애 유아의 권리 옹호자가 되기 위해서입니다. 옹호자란 두둔하고 편을 들어 지켜주는 사람을 의미합니다. 장애 유아는 스스로 자신의 목소리를 내기 어려운 경우가 많습니다. 세상에는 아직도 장애인들을 향한 편견과 차별이 만연합니다. 따라서 저는 유아특수교사로서 장애 유아의 편이 되어 세상의 편견과 차별로부터 유아들을 지키고 싶습니다.

• **결론**

　어떤 목표를 향해 나아가는 과정에서 동기를 가지는 것은 굉장히 중요합니다. 목표에 대한 확신을 가지고 노력한다면 더 쉽게 앞으로 나아갈 수 있기 때문입니다. 특수교사가 되고 나서도 특수교사가 되고 싶었던 이유를 되새기며 어려운 상황이 생길 때마다 이를 해쳐나갈 수 있는 동기로 활용하고 싶습니다. 이상입니다.

즉답형 2

● **서론**

즉답형 2번 문항에 대하여 답변드리겠습니다. 교사가 자신의 교직관을 바르게 정립하는 것은 교육을 성공적으로 해내기 위한 첫걸음이 될 수 있습니다. 교사는 교육과 관련된 또는 직접적으로 관련되지는 않았지만 의미 있는 다양한 영화를 보면서 자신의 교직관을 정립할 수 있습니다. 제가 본 수많은 영화 중 굿 윌 헌팅은 저의 교직관에 큰 영향을 미쳤습니다.

● **본론**

영화 굿 윌 헌팅은 마음의 상처가 있는 윌과 그 상처를 이해하기 위해 노력하는 숀의 이야기를 그린 영화입니다. 윌을 만났던 많은 정신과 전문가들은 윌을 그저 환자로만 보고 자신들이 가진 전문지식을 활용하여 윌을 치료하려 합니다. 그러나 숀은 달랐습니다. 영화에서 숀은 '고아에 대한 책이 고아 한 개인을 다 설명할 수 없다'고 말합니다. 즉 숀은 다른 전문가들과는 달리 윌이라는 한 개인에 대해 관심을 가지고 고아라는 하나의 특성에서 벗어나 윌과 인간 대 인간으로서 관계를 맺고자 합니다.

저의 교직관은 교사가 전문성을 발휘하는 교육이었습니다. 이에 따라 저는 특수교육의 전문가가 되고 싶다는 생각으로 특수교육에 관련한 많은 지식을 배우고 적용하는 데 초점을 두었습니다. 그러나 영화를 보고 지금까지의 교육 경험을 떠올려보니 아이들의 성장을 이끌었던 것은 특수교육에 대한 전문지식만이 아니라 유아들 개인에 대한 사랑과 관심이었습니다. 특수교육의 전문가가 되어 전문성을 발휘하고 싶다는 마음에는 변함이 없습니다. 그러나 저는 특수교육의 전문성을 발휘하면서도 유아 개개인에게 관심을 가지고 유아들을 사랑해주는 교사가 되기 위해 노력할 것입니다.

● **결론**

다양한 책을 읽거나 영화를 보는 것은 교사의 바람직한 교직관 형성에 도움을 줍니다. 교사가 여러 경험을 토대로 바람직한 교직관을 형성하고 유아들을 교육한다면 유아는 교사의 충분한 사랑 안에서 전인적인 발달을 이룰 수 있을 것입니다. 이상입니다.

즉답형 3

● 서론

즉답형 3번 문항에 대하여 답변드리겠습니다. 어떤 분야의 전문가가 되고자 할 때 그 분야의 전문가를 자신의 모델로 삼을 수 있습니다. 저 또한 특수교육 분야의 전문가가 되기 위하여 특수교육의 전문가들 중 한 선생님을 모델로 삼고 그 선생님과 닮아가려고 노력하였습니다.

● 본론

제가 존경하여 모델로 삼은 사람은 <u>교육실습을 나갔던 유치원의 특수선생님</u>입니다. 이 선생님은 특수교육대상유아의 성장을 위해 여러 전문가들과 최상의 협력을 이루었습니다. 협력의 사례를 다음의 3가지 측면에서 설명드리겠습니다.

첫 번째로 <u>부모 측면</u>에서, 선생님은 유아의 등·하원 시 항상 부모님과 짧은 면담 시간을 가졌습니다. 이때 가정과 유치원에서 유아가 보이는 행동과 발달 정도에 대한 정보를 공유하고 일관적인 중재를 위해 유치원에서 실행한 교수를 가정에서도 이어갈 수 있도록 협조를 요청했습니다.

두 번째로 <u>일반교사 측면</u>에서, 일반교사와 함께 팀티칭과 같은 심도 있는 협력교수를 실시했습니다. 또한 정기적인 협의를 통해 특수교육대상유아에게 실시할 수 있는 교수방법을 공유하였습니다. 선생님은 심도 있는 협력교수를 통해 일반교사와의 협력 관계를 더욱 다질 수 있었습니다. 또한 정기적인 협의를 통해 선생님이 통합학급에 없을 때도 일반교사가 유아에게 일관된 중재를 제공할 수 있도록 도왔습니다.

세 번째로 <u>다른 전문가 측면</u>에서, 유아의 치료지원을 담당하는 치료사들과 연락을 주고받았습니다. 치료사들과 연락하며 유아의 발달에 대한 정보를 주고받고 치료사들이 직접 유치원에 방문할 수 있도록 하여 유아가 자연스러운 환경에서 치료지원을 받을 수 있도록 하였습니다. 이러한 노력들로 특수교육대상유아는 여러 전문가들에게 일관된 중재를 받을 수 있었고 비교적 짧은 시간 내에 눈에 띄는 성장을 이뤄낼 수 있었습니다.

● 결론

제가 특수교사가 된다면, 제가 모델로 삼은 교육실습기관의 특수 선생님처럼 유아를 둘러싼 전문가들과 긴밀히 협력하며 유아를 일관적으로 교수할 것입니다. 또한 다른 예비특수교사들이 제가 근무하는 기관에 방문하여 저를 보았을 때 교육에 있어서 협력의 중요성을 인식할 수 있도록 노력할 것입니다. 이상입니다.

즉답형4

● **서론**

즉답형 4번 문항에 대하여 답변드리겠습니다. 많은 사람들은 살면서 여러 어려움에 부딪히지만 그럴 때마다 적절한 해결방법을 찾기 위해 노력합니다. 교사 또한 자신에게 주어진 어려움을 객관적으로 바라보고 적극적으로 해결할 수 있는 능력을 지니기 위해 끊임없이 노력해야 합니다.

● **본론**

저는 대학교 2학년 때 한 전공과목을 공부하는 데 어려움이 있었습니다. 그 과목은 대학교 3학년을 대상으로 개설되었지만 수강 인원이 부족하여 2학년들도 해당 과목을 함께 수강했어야 했습니다. 어려운 수업과 많은 양의 과제로 인하여 3학년 선배들도 버거워하는 강의였기 때문에 2학년인 저에게는 수업 내용이 더욱 어렵게 다가왔습니다. 그러나 어려운 수업임에도 불구하고 잘 해내고 싶다는 마음이 더욱 컸기에 함께 수업을 듣는 선배 및 동기들과 많은 고민을 했습니다.

여러 고민 끝에 저희는 한 가지 방법을 생각해냈습니다. 먼저 해당 과목에서 다루는 여러 내용 중 각자 자신 있는 부분이 달랐기 때문에 함께 모여 스터디를 결성했습니다. 그 후 전체 범위를 공부하되 본인이 자신 있는 부분을 상대방에게 설명할 수 있을 정도로 자세히 공부해오기로 했습니다. 모두가 공부를 하고 모이면 스터디 시간 동안 본인이 이해한 것을 쉽게 풀어서 서로에게 설명해주었습니다.

이러한 방법을 통해 저희는 수업에서 모두 만족스러운 결과를 얻었을 뿐만 아니라 함께 협력하여 효과적으로 공부하는 방법도 배울 수 있었습니다. 또한 어려운 상황에서 불평하거나 포기하기보다는 객관적인 시각에서 문제를 바라보고 적극적으로 해결하기 위해 도전하는 태도를 기를 수 있었습니다.

● **결론**

유아는 교사의 거울입니다. 즉 유아는 자연스럽게 교사의 태도와 행동을 배우고 따라하게 됩니다. 교사가 자신의 어려움을 해결하기 위해 적극적으로 노력하는 모습을 보인다면 유아도 그 모습을 본받아 자신의 어려움을 스스로 해결할 수 있는 사람으로 성장하게 될 것입니다. 이상입니다.

PART 03

수업실연

CHAPTER 01 기 초

01 수업실연 알아보기

(1) 수업실연 기본정보

시험과목	배점 특수학교(유)	문항수		시험시간	비고
수업실연	45점	수업실연	1문항	1인당 15분 이내	구상시간 15분
		반성적 성찰질문 (즉답형)	1문항		

    수업실연 또한 면접과 마찬가지로 각 시도 교육청 홈페이지에 올라오는 '제1차 시험 합격자 및 제2차 시험 시행계획 공고'를 주의 깊게 살펴보아야 한다. 제2차 시험 시행계획을 보면 시험과목, 배점, 문항 수, 시험시간, 비고(구상시간)에 대한 설명이 표로 제시되어 있다. 이중 유의하여 보아야 하는 부분은 문항 수, 시험시간, 비고의 구상시간이다. 수업실연 시험은 실제 수업실연 10분, 반성적 성찰(즉답형) 5분으로 구성되어 있다. 시간은 15분 00초부터 00분 00초까지 내려가는 스탑워치 형태로 제시된다. 스탑워치가 5분 00초를 가리키면 즉시 반성적 성찰을 시작해야 하므로, 수업실연 중간중간 스탑워치나 본인의 손목시계를 확인하여 수업을 10분 내로 끝내야 한다.

    수업실연 시험은 수업실연, 반성적 성찰의 2가지 유형으로 이루어져 있다. 첫째, 수업실연이다. 수험생은 수업실연 전 따로 마련된 구상실에서 수업할 내용에 대해 구상하는 시간을 갖는다. 구상시간은 15분이며 이 15분 동안 수업의 도입, 전개, 마무리를 어떻게 진행할지 계획하고 암기한다. 이때 놀이 지원 상황과 관련된 문제의 경우 주요 상호작용 장면만 실연하는 등 수업의 일부만 진행해야 할 수도 있으니 참고하자. 수업실연 중에 구상지를 참고할 수는 있지만 구상지를 너무 많이 보면 수업의 흐름이 끊기거나 유아들과의 상호작용이 어색하게 느껴질 수 있으므로 주의해야 한다. 예를 들어 동요나 동시 활동 시 최소 첫 구절과 마지막 구절은 암기해두는 것이 좋다.

    둘째, 반성적 성찰이다. 반성적 성찰은 면접관들 앞에서 질문을 열어보고 몇 초간 생각한 뒤 대답하는 형식으로 진행된다. 반성적 성찰 문항에 대한 답변은 면접의 즉답형 문항과 마찬가지로 종이에 구상할 수 없으며, 머리로 몇 초 간 생각한 뒤 남은 시간동안 답해야 한다. 이 질문에 답하는 5분은 수험생이 수업실연 중에 한 실수를 만회할 수 있는 기회라고 생각하면 된다. 따라서 반성적 성찰 질문을 보고 가능한 빨리 답변을 시작하여 답변에 최대한 긴 시간을 투자하는 것이 좋다. 연습을 많이 하다 보면 자신이 수업에서 자주 실수하는 부분들이 눈에 보일 것이다.

(2) 수업실연 고사실 구성

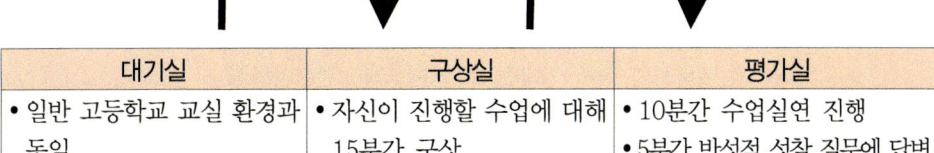

대기실	구상실	평가실
• 일반 고등학교 교실 환경과 동일	• 자신이 진행할 수업에 대해 15분간 구상	• 10분간 수업실연 진행 • 5분간 반성적 성찰 질문에 답변

수업실연 고사실은 크게 대기실, 구상실, 평가실로 나뉜다. 첫째, 대기실은 수험생들이 수업실연 시험을 보기 전에 본인의 차례를 기다리는 공간이다. 대기실에서는 수험생들 간에 대화를 나눌 수 없으며, 본인이 정리한 노트를 보지 못한다. 오직 물을 마시거나 약간의 간식을 먹는 것만 허용된다. 화장실은 한 명씩만 갈 수 있기 때문에 시험 시작 전에 미리 다녀오는 것이 좋다. 수업실연 시작 전에는 수험생들이 직접 순번을 뽑는데 이 순번으로 본인의 시험 시간을 대략적으로 예상할 수 있다.

둘째, 구상실은 제시된 수업 조건에 맞게 자신이 진행할 수업을 15분 동안 구상하는 공간이다. 수험생 인원에 따라 1개의 구상실에 1명의 수험생이 들어갈 수도, 2명의 수험생이 동시에 들어갈 수도 있다. 구상실 문을 열고 들어가면 문을 기준으로 앞 쪽 벽에 책상과 의자가 있고 감독관이 기다리고 있다. 스탑워치를 가지고 있는 감독관이 '시작'이라고 말하면 구상을 시작하게 된다. 이때 필요한 내용은 문제지에 메모할 수 있다. 수험생은 감독관이 가지고 있는 스탑워치를 볼 수 없기 때문에 별도로 시계를 가져가야 한다.

셋째, 평가실은 수업과 반성적 성찰을 하는 공간이다. 평가실 문을 열고 들어가면 문을 기준으로 왼쪽에 면접관 3명이 앉아있고, 한 면접관의 책상에는 수험생이 볼 수 있도록 스탑워치가 놓여있다. 수험생은 면접관과 마주보는 의자에 앉는다. 그 다음 본인이 작성한 구상지를 책상 위에 두고 수업실연을 시작한다.

〈대기실〉　　〈구상실〉　　〈평가실〉

(3) 인사법

면접의 인사법과 동일하므로 생략하겠다. 인사법은 178페이지를 참고하면 된다.

02 수업실연 팁

(1) 교사 발문 및 태도

① 유아에게 질문하고 잠시 기다린 후 답변 내용 재정리하기

수업 실연을 할 때는 앞에 유아들이 앉아서 수업을 듣고 있다고 가정한다. 따라서 교사 혼자서 끊임없이 발문을 이어가기보다는 가상의 유아에게 질문하고, 가상의 유아가 대답할 수 있는 잠깐의 시간을 제공한 후에, 이 대답을 반영하여 교사의 말로 재정리한다. 예를 들어 교사가 "○○이는 이 동시말을 어떻게 바꾸고 싶나요?"라고 질문 한 후 1~2초 가량을 쉰다. 이후 "○○이는 들판을 '유치원 마당'으로 바꾸고 싶었군요. 선생님이 들판을 유치원 마당으로 바꾸어 적어줄게요."라고 말하여 유아의 대답을 반영하여 활동을 진행하는 모습을 보여준다.

② 크고 분명한 동작 사용하기

유치원 교사는 보통 낮은 의자에 앉아서 수업을 진행하지만, 그렇다고 수업이 아무런 움직임 없이 정적으로 흘러가서는 안 된다. 즉 수험생은 앉은 상태에서도 다양한 동작을 활용해서 가상의 유아들이 활동에 집중할 수 있도록 돕고, 제시된 조건을 충족하는 모습을 면접관에게 분명히 보여주어야 한다. 보통은 준비된 활동 자료를 꺼낼 때, 융판에 자료를 붙일 때, 화이트보드에 글을 쓸 때, 빔 프로젝터나 노래 CD를 켤 때 등과 같은 상황에서 교사의 움직임이 두드러진다. 이때 실제 자료가 있다는 생각으로 마임을 하듯 크고 분명한 동작을 사용한다. 크고 분명한 동작을 활용하면 수업의 실제성과 유아들의 활동 참여도를 높일 수 있다.

③ 크고 많은 강화 제공하기

유아와 교사 간의 상호작용이 가장 잘 드러날 수 있는 방법 중 하나는 강화를 사용하는 것이다. 예를 들어 교사가 "모이자"라고 이야기했을 때 부지런히 모여준 학급 유아 전체를 대상으로 대집단 강화를 제공할 수 있다. 이때 교사의 칭찬과 같은 간단한 사회적 강화를 제공할 수도 있고, 부지런히 모인 옆 친구들과 하이파이브하도록 하여 집단 강화와 동시에 유아들 간의 사회적 상호작용을 증진시킬 수도 있다. 또 다른 예시로는 좋은 생각을 이야기해준 유아에게 학급 유아 모두가 칭찬의 박수를 쳐줄 수 있다. 활동을 진행하다 보면 강화를 제공할 수 있는 순간이 매우 많다. 이 순간을 잘 포착해서 본인이 개발한 흥미로운 칭찬법이나 강화제를 사용한다면 눈에 띄는 수업실연이 될 것이다.

④ 발화 속도와 목소리 크기 조절하기

교사가 10분 내내 같은 속도와 크기로 말을 한다면 수업이 지루해질 수 있다. 이때 발화 속도와 목소리 크기를 조절해보자. 유아들의 집중이 필요할 때에는 갑자기 목소리 크기를 낮춰서 속삭여보기도 하고, 칭찬을 제공할 때에는 더 활기차고 큰 목소리를 활용할 수도 있다. 일반적인 속도로 말하다가도 활동 중 함께 지킬 약속을 정하거나 새로운 게임 규칙을 설명할 때에는 유아들이 약속과 규칙을 기억할 수 있도록 교사가 더 천천히 말할 수 있다.

(2) 활동 진행 및 유의사항 충족

① 유아 간의 상호작용 촉진하기

유아들과의 수업에서 가장 중요한 것은 상호작용이다. 많은 수험생은 교사와 유아 간의 상호작용에만 초점을 두지만 유아 간 상호작용을 촉진하는 것 또한 매우 중요하다. 유아들 간의 상호작용을 촉진할 수 있는 방법은 다음과 같다.

Ex ○○이가 뭐라고 이야기했는지 △△이가 다시 한 번 말해주세요.

Ex 뱀의 움직임에 대해 잘 말해준 ○○이에게 옆에 앉은 △△이가 하이파이브해요.

Ex 앞치마 끈이 잘 묶여져 있는지 옆에 있는 친구들끼리 서로 확인해주세요.

Ex ○○이가 손으로 짚은 그림카드를 △△이가 읽어주세요.

② 제시된 조건을 충족시키는 모습은 명확하게 드러내기

수업실연 시 사전에 제시된 여러 조건들을 모두 충족해야 한다. 수업 중에 이러한 조건들을 자연스럽게 녹여낼 수도 있지만, 채점을 하는 면접관들이 파악할 수 있도록 조건을 충족하는 모습을 명확하게 드러내는 것이 좋다. 예를 들어 '창의성 요소를 충족하라.'는 조건이 제시된다면, "상자에 공을 담으면 된다니 ○○이가 정말 창의적인 이야기를 해주었어요."라고 '창의적'이라는 단어를 직접적으로 언급하여 조건을 충족하는 모습을 명확히 드러낸다. '착석에 어려움이 있는 유아를 중재하라.'는 조건이 제시된다면 "○○이가 제일 좋아하는 공룡 그림 의자에 허리를 쭉 펴고 바르게 앉아있네요."라고 '공룡 그림 의자'와 '바르게 앉아있다'를 직접적으로 언급하며 조건을 충족할 수 있다.

③ 활동유형 선정하기

놀이중심 교육과정이 강조되면서 수업 실연 문제 또한 변화하는 추세이다. 이에 따라 학급의 놀이 상황이나 아동 특성만이 제시된 후, 수험생이 직접 놀이 상황에 적절한 활동유형을 선정해서 수업 실연을 해야 하는 경우가 있다. 막막해 보이지만 사실 놀이 상황이나 아동의 특성만을 보고도 출제자가 유도하는 활동유형을 대략적으로 파악할 수 있다. 예를 들어, 문제에서 학급 유아들이 봄철에 볼 수 있는 꽃의 종류에 대해 관심을 갖고 있다고 설명하며, 손으로 붓을 쥐기 어려운 지체장애 유아, 촉각 스티커를 좋아하는 자폐성장애 유아, 색을 변별하고 선택하는 데 어려움이 있는 발달지체 유아 등의 특성을 동시에 제시하고 있다고 가정하자. 이 경우 봄꽃과 관련된 미술활동을 계획해볼 수 있다.

보편적이지 않은 창의적인 활동을 계획하기 위해서 남들과는 차별화되는 다른 활동유형을 선정하여도 관계없다. 문제에서 요구하고 있는 조건들만 모두 포함한다면 점수를 받을 수 있기 때문이다. 그렇기에 평소에 내가 어떤 유형의 활동을 가장 잘 실연하는지 파악하고 연습하는 것도 좋은 방법이다. 활동유형을 직접 선정해야 하는 문제가 나오면 내가 잘하는 활동유형을 선정하여 활동을 진행하되, 제시된 조건들을 모두 포함하여 창의적이면서도 성공적으로 수업실연을 마무리할 수 있다.

03 반성적 성찰

수업실연이 끝나면 책상 위에 놓인 파일을 열어 반성적 성찰 문항을 확인한다. 반성적 성찰이란 자신의 수업과 관련된 짧은 성찰형 질문으로 답변은 5분간 진행된다. 이때 면접 문항 답변 때와 마찬가지로 '첫째', '둘째'와 같은 수사를 붙이고 두괄식으로 답변하는 것이 좋다.

(1) 자신의 수업 의도에 대해 말하시오.

본인의 수업의 의도, 즉 활동 목표가 무엇인지, 또 이를 달성하기 위해 구체적으로 어떠한 활동들을 계획했는지를 말하는 문항이다. 특정 연도 시험에서는 '수업실연 시작 전에 본인의 수업 의도에 대해 1분 이내로 말하시오.'라는 조건이 제시되어 수험생들은 10분의 수업실연 시간 중 첫 1분을 활용해 본인의 수업 의도를 말하였다. 다른 연도의 시험에서는 수업 의도와 관련된 질문이 반성적 성찰에서 제시되었고, 또 다른 연도의 시험에는 수업 의도와 관련된 문항이 전혀 제시되지 않았다. 이렇듯 매해 해당 문항의 출제 여부를 알 수 없으나 1분 이내로 본인의 수업 의도와 구체적인 활동에 대해 설명하는 연습을 미리 해둘 필요는 있다.

(2) 자신의 수업에 대해 평가하고 보완할 점을 말하시오.

수험생 본인 수업의 우수한 점과 미흡한 점에 대하여 스스로 답하는 문항이다. 우수한 점에서는 개별 유아의 특성에 적합한 교수전략을 사용한 점, 제시된 유의사항을 충족한 점, 유아 간 상호작용을 촉진하기 위해 다양한 전략을 사용한 점, 유아의 참여를 증진시킨 점, 활동 목표에 적합하게 활동을 구성한 점 등 본인 수업의 장점에 대해 말할 수 있다. 미흡한 점에서는 사전에 계획을 했으나 시간 관계상 미처 보여주지 못한 점, 더 많은 칭찬을 제공하지 못한 점, 제시된 유의사항을 일부 충족하지 못한 점 등 수업에서 본인이 놓쳤던 점에 대해 말할 수 있다. 이때 미흡한 점만 나열하기보다는 미흡한 점을 개선할 수 있는 보완점에 대해서도 함께 언급해주어야 한다.

Ex 유아들의 참여도가 낮은 수업을 보여준 경우

: 유아들의 참여를 증진하는 여러 전략들을 사용하지 못했습니다. 유아가 앞에 직접 나와서 활동에 참여할 수 있는 기회를 제공하거나, 도우미 유아가 다른 유아들에게 직접 앞치마를 나누어주도록 역할을 부여했다면 더 좋았을 것 같습니다.

(3) 개별 장애 유아의 중재를 어떻게 놀이에 적용하였는지 설명하시오.

다양한 특성을 가진 개별 유아들에게 어떠한 교수전략을 사용했는지에 대해 답하는 문항이다. 제시된 한 가지 조건들을 충족할 때마다 점수가 주어진다는 것을 명심하고 모든 상세 조건들을 충족할 수 있도록 철저히 준비하자.

Ex 인공와우를 착용한 착석이 어려운 A 유아

: 먼저 A 유아의 측면에서 말씀드리겠습니다. 첫째, A 유아는 인공와우를 착용하기 때문에 활동 시작 전에 A 유아를 따로 불러 'ling의 6개음 검사'로 인공와우의 정상적인 매핑을 확인하였고, 교사의 입 모양이 잘 보이는 앞자리에 유아를 배치했습니다. 둘째, A 유아는 착석이 어렵기 때문에 A 유아가 좋아하는 공룡 그림 의자에 앉을 수 있도록 사전에 안내하였고, 활동 중간중간 바른 자세로 자리에 앉아있는 A 유아에게 사회적 강화제인 칭찬을 제공하였습니다.

(4) 놀이중심(유아중심) 교육과정을 어떻게 활동에 반영하여 실연하였는지 설명하시오.

교사가 유아들이 지속적으로 흥미를 보이는 주제나 상황을 어떻게 활동으로 연결하였는지, 놀이를 어떻게 지원하였는지, 유아들의 놀이를 어떻게 관찰하고 평가하였는지에 대해 답하는 문항이다. 따라서 수험생은 제시된 상황이나 유아들의 대화를 정확하게 분석하고 놀이지원자로서 교사가 어떤 역할들을 해야 하는지를 알고 있어야 한다.

Ex 놀이중심 교육과정을 활동에 반영하기 위하여 다음의 3가지 역할을 수행하였습니다. 첫째, 놀이관찰자의 역할입니다. 저는 제시문의 상황을 살펴보고 유아들의 동물에 대한 흥미와 관심을 파악하여 '동물원 만들기' 활동을 진행하였습니다. 둘째, 놀이지원자의 역할입니다. 놀이가 시작될 때 유아들에게 필요한 동물원 간판 자료 등의 놀이자료를 지원해주고 유아들의 놀이가 더욱 확장될 수 있도록 질문이나 제안을 통해 안내하는 역할을 했습니다. 셋째, 놀이평가자의 역할입니다. 저는 유아들의 놀이나 작품을 관찰하면서 유아들이 놀이를 통해 어떤 것을 얻고 얼마나 발달하였는지 평가하였습니다.

04 유형별 만능 틀

교수·학습과정안 작성 단원의 놀이 및 활동 유형별 진행 단계, 유아별 중재사항, 수업 조건 및 유의사항과 동일하므로 생략하겠다. 놀이 및 활동 유형별 진행 단계는 22페이지, 유아별 중재 방안은 26페이지, 유의사항은 31페이지를 참고하면 된다.

CHAPTER 02 실전 연습문제

01 놀이

(1) 쌓기놀이

〈수업 조건 및 유의사항〉

- 수업의 의도와 수업의 방향에 관해 수업 전 1분 동안 설명하시오.
- 유아의 놀이 흐름을 고려하여 활동유형은 자유롭게 선정하시오.
- 2019 개정 누리과정의 자연탐구 영역을 포함하여 실연하시오.
- 개별 장애 유아의 특성에 따른 적절한 교수전략을 포함하여 실연하시오.
- 교수 매체는 건축물 설계도, 다양한 블록 등을 포함하여 자유롭게 실연하시오.
- 특수교육실무사 1명이 배치되어 있다고 가정하고 실연하시오.
- 인성교육 내용(나눔, 협력)을 포함하여 실연하시오.
- 창의성 요소(동기적 요소-개방성)를 포함하여 실연하시오.

〈놀이 상황〉

유아들은 다문화 강사님과 함께 〈나의 집은 어디일까요?〉 동화를 읽고 세계 여러 나라의 전통가옥에 대해서 이야기를 나누었다. 이 중 이글루에 관심을 갖게 된 유아들은 다른 동화책에서 이글루 그림을 찾아보거나, 이글루 그림을 직접 그려보기도 하고, 여럿이 모여 어떻게 하면 크고 넓은 이글루를 만들 수 있을지 토의하기도 하였다.

〈개별 유아 특성〉

일반유아 4명	설계도에 대한 사전개념이 형성되어 있으며 쌓기놀이를 선호함. 통합경험이 없는 유아도 포함되어있음.
○○ (자폐성장애)	말로 하는 설명을 이해하기 어려워하며 특정 놀잇감에 집착하여 양보를 하지 않는 특성이 있음. 타인의 감정에 관심을 갖기 어려움.
△△ (지체장애)	근이영양증으로 인한 하체 근육의 퇴화로 바닥에 앉으면 균형을 잡지 못하고 소근육 조절이 어려우며 침을 많이 흘리는 특성이 있음. '아' 또는 '우' 수준으로 발화함.

〈반성적 성찰〉

1. 유아중심교육과정을 어떻게 놀이에 반영하여 실연하였는지 설명하시오.
2. 개별 장애 유아의 중재를 어떻게 놀이에 적용하였는지 설명하시오.
3. 자신의 수업에 대해 평가하고 보완할 점을 말하시오.

예상답안

도입		◎ 특수교육실무사와의 사전협의 – 특수교육실무사님 △△이가 활동 중 균형을 잡을 수 있도록 피더시트에 앉게 해주세요. ◎ 개별 특성에 따른 중재 – (자폐성장애 유아) 선생님이랑 같이 '○○이의 약속' 그림책을 봐요. 기쁨반의 놀잇감은 어떻게 사용하기로 했지요? 그래요. 다른 어린이들과 나눠서 쓰기로 했어요. ○○이가 혼자서만 놀잇감을 사용하면 친구 기분이 어떨까요? – (지체장애 유아) 선생님이 △△이 손목에 손수건을 묶어줄게요. 활동 중에 침이 나오면 △△이가 손수건으로 직접 침을 닦아요.
	주의집중	◎ '모여라' 노래로 주의를 집중시킨다. – '모여라 모두 모여. 기쁨반 모여라'
	전시활동 상기	◎ 동화책 표지로 '동화' 전시활동을 상기시킨다. – 지난 시간에 함께 〈나의 집은 어디일까요?〉 동화를 읽었어요. 읽고 친구들과 어떤 놀이를 했나요?
	동기유발	◎ '궁금상자'로 동기유발한다. – 상자 안에 무엇이 들어있을까요? – 어떤 소리가 들리나요? 어떤 냄새가 나나요?
	활동소개	◎ '쌓기놀이' 활동을 소개한다. – 기쁨반 어린이들이 좋아하는 다양한 블록으로 세계 건축물을 만들어요.
	강화예고	◎ '쌓기왕 뱃지'로 강화를 예고한다. – 약속을 잘 지키며 놀이한 어린이들에게는 '쌓기왕 뱃지'를 선물로 줄게요.
전개	활동1	◎ 설계도를 살펴본다. – 설계도가 무엇이었죠? – 어떤 건축물의 설계도일까요? – (자폐성장애 유아) 설계도를 보아요. 이글루를 위에서 보니 어떤 모양인가요? ◎ 재료를 정한다. – 어떤 블록을 이용해서 건축물을 만들 수 있을까요? 그래요. 어린이들이 정말 다양한 모양과 크기의 블록들을 이야기해주었어요. ◎ 크기를 정한다. – 어느 정도 크기의 건축물을 만들고 싶나요? / 블록이 몇 개가 필요한지 세어 보세요. ◎ 역할을 정한다. – 이글루의 맨 아래 부분을 만들어 줄 어린이 있나요? ◎ 약속을 정한다. – 모두가 재미있게 놀이하기 위해서는 어떤 약속이 필요할까요? – 첫째, 친구와 함께 협력해요. 둘째, 놀잇감을 나눠 써요.
	활동2	◎ 쌓기놀이한다. – (통합학급 유아) 친구와 함께 힘을 합쳐서 블록을 쌓아요. – (통합경험이 없는 유아) ○○이가 블록을 뺏으면 나눠 쓰자고 알려줘요. – (자폐성장애 유아) 이글루의 두 번째 줄은 어떤 블록으로 쌓는 것이 좋을까요? 설계도를 보면서 쌓아보세요. – (지체장애 유아) 더 큰 종이 벽돌 블록으로 쌓아요. 선생님이 옆에서 조금 도와줄게요. ◎ 정리한다. – 점심 먹고 이어서 놀이하고 싶은 어린이들이 있나요? 그렇다면 이글루는 그대로 두고 다른 어린이들에게 방해가 되지 않도록 교실 중앙에 있는 블록들만 정리해요.
마무리	평가	◎ '쌓기놀이' 활동을 평가한다. – (지체장애 유아) 어떤 건축물을 만들었나요? 이글루를 만들었으면 '아', 한옥을 만들었으면 '우'라고 대답해보세요.
	강화제공	◎ '쌓기왕 뱃지' 강화를 제공한다.
	확장활동 소개	◎ 확장활동에 대해 이야기 나눈다. – 세계 지도 게임을 하거나 '친구들의 집' 동화를 읽어봐도 좋아요.
	전이	◎ '점심시간'으로 전이한다. – 왼쪽에 앉은 어린이들부터 일어나서 화장실에서 손을 씻고 오세요.

(2) 역할놀이

〈수업 조건 및 유의사항〉

- 유아의 놀이 흐름을 고려하여 활동유형은 자유롭게 선정하시오.
- 도입-전개를 실연하시오.
- 개별 장애 유아의 특성에 따른 적절한 교수전략을 포함하여 실연하시오.
- 교수 매체는 역할놀이 소품 등을 사용하여 자유롭게 실연하시오.
- 특수교육실무사 1명이 배치되어 있다고 가정하고 실연하시오.
- 인성교육 내용(배려, 나눔)을 포함하여 실연하시오.
- 창의성 요소(동기적 요소-호기심)를 포함하여 실연하시오.
- 유아 간 상호작용 증진방안을 포함하여 실연하시오.

〈놀이 상황〉

지난 주 유아들은 교사와 함께 우리 동네를 돌아보며 현장체험을 하였다. 유아들은 우리 동네의 여러 가지 시설들 중에서 시장 내에 있는 다양한 가게들에 관심을 보였다. 유아들은 가게의 주인이 되어보고 싶다고 말하며 시장에서 받은 전단지를 살펴보기도 하고 다양한 가게의 소품들을 직접 만들어보기도 하였다.

〈개별 유아 특성〉

일반유아 6명	대부분이 1년 이상의 긍정적인 통합교육 경험이 있으나 기관 경험이 부족한 유아가 포함되어 있음. 우리 동네의 가게들에 관심이 있음.
○○ (지체장애)	상지능력이 양호하며 수용언어 능력은 좋으나 보완대체의사소통기기(AAC)를 사용하여 자신의 생각을 표현함. 무료할 때 머리를 때리는 상동행동을 함.
△△ (발달지체)	시각 및 청각 자료에 흥미를 갖지 못하며 교환 개념이 아직 형성되지 않았음. 옆에 있는 친구의 머리를 잡아당기는 행동 특성이 있음.

〈반성적 성찰〉

1. 놀이중심교육과정을 어떻게 반영하여 실연하였는지 설명하시오.
2. 유아 간 상호작용 증진을 위해 사용한 지도방안을 말하시오.
3. 자신의 수업에 대해 평가하고 보완할 점을 말하시오.

● 예상답안

도입		◎ 특수교육실무사와의 사전협의 - 특수교육실무사님, ○○이가 자신의 머리를 때리려 할 때 손으로 할 수 있는 다른 활동을 하게 도와주세요. ◎ 개별 특성에 따른 중재 - (발달지체 유아) △△이가 좋아하는 펭귄이 어떻게 하고 있지요? 그래요, 옆에 있는 친구의 머리를 잡아당기지 않고 손을 무릎에 두고 있어요. △△이도 오늘 활동 중에 친구 머리를 잡아당기지 않고 손을 무릎에 두기로 선생님과 약속해요.
	주의집중	◎ '사랑해' 노래로 주의를 집중시킨다. - 선생님은 ○○이를 사랑해, 사랑해! - (지체장애 유아) ○○이와 △△이가 함께 손을 잡고 모여주었어요. 부지런히 모여준 친구들을 위해 큰 소리로 박수 쳐줄까요? ○○이도 손으로 박수 쳐봐요.
	전시활동 상기	◎ 사진 자료로 '현장체험' 전시활동을 상기시킨다. - 지난 주 현장체험으로 어디를 다녀왔죠?
	동기유발	◎ '궁금상자'로 동기를 유발한다. - 궁금상자에 무엇이 들어있을까요? - (발달지체 유아) 나와서 상자 안에 있는 것을 만져보세요. - 기쁨반 어린이들이 모두 호기심 가득한 눈으로 선생님을 바라보고 있네요.
	활동소개	◎ '역할놀이' 활동을 소개한다. - 오늘은 어린이들이 직접 만든 다양한 소품들로 가게 놀이를 해볼 거예요.
	강화예고	◎ '으뜸왕 스티커'로 강화를 예고한다. - 약속을 잘 지키면서 놀이한 어린이들에게는 '우리동네 가게 스티커'를 선물로 줄게요.
전개	활동1	◎ 장소 및 소품을 정한다. - 어디서 놀이를 하면 좋을까요? - (지체장애 유아) AAC를 눌러주었네요. 선생님의 질문에 잘 대답해주었어요. - (통합학급 유아) ○○이가 방금 AAC로 어떤 단어를 눌러주었나요? 그래요. 친구가 하는 말을 주의 깊게 잘 들어주었어요. - (기관 경험이 부족한 유아) 교실에 있는 놀잇감들을 살펴보세요. 어떤 소품을 사용할 수 있을까요? ◎ 역할을 정한다. - 가게놀이를 위해서는 어떤 역할들이 필요할까요? ◎ 약속을 정한다. - 모두가 재미있게 놀이하기 위해서는 어떤 약속이 필요할까요? - 첫째, 친구를 배려하는 마음으로 고운 말을 사용해요. 둘째, 놀잇감을 나누어 사용해요.
	활동2	◎ 역할놀이를 한다. - (발달지체 유아) △△이가 좋아하는 과일을 사보세요. 과일 모형이 어디 있나요? 빨갛고 동그란 사과를 골랐네요. - (발달지체 유아) 물건을 사기 위해서는 어떻게 해야 한다고 했죠? 돈을 내야 하죠. 돈을 낸 다음에 물건을 가져올 수 있어요. - (기관경험이 부족한 유아) 친구와 함께 가게에서 여러 물건들을 골랐네요. 벽돌 모양 블록도 보이고 그림을 그릴 수 있는 색연필도 보이네요. - (지체장애 유아) 받은 돈은 어디에 둘까요? / 돈을 거슬러 줄까요? ◎ 정리한다. - 가게 소품을 더 만들어보고 싶은 어린이들을 위해 책상과 의자는 이 자리에 그대로 둘게요. - 다양한 물건들로 가게 놀이를 했더니 놀잇감들이 많이 섞여 있어요. - 옆의 친구들과 함께 힘을 합쳐서 바닥에 떨어진 놀잇감들을 정리해요. - 모두 열심히 정리해주었어요. 칭찬의 의미로 옆에 있는 친구와 하이파이브 해요.

(3) 바깥놀이

⟨수업 조건 및 유의사항⟩

- 유아의 놀이 흐름을 고려하여 활동유형은 자유롭게 선정하시오.
- 2019 개정 누리과정의 예술경험 영역을 포함하여 실연하시오.
- 개별 장애 유아의 특성에 따른 적절한 교수전략을 포함하여 실연하시오.
- 교수 매체는 자유롭게 사용하여 실연하시오.
- 특수교육실무사가 배치되어 있지 않다고 가정하고 실연하시오.
- 인성교육 내용(배려)을 포함하여 실연하시오.
- 창의성 요소(동기적 요소-몰입)를 포함하여 실연하시오.

⟨놀이 상황⟩

가을이 되어 점차 쌀쌀해지는 날씨와 계절에 관심을 가지게 된 유아들은 교사와 함께 ⟨가을⟩ 동시를 읊었다. 자유놀이 시간에 유아들은 그림책 속 가을의 모습을 살펴보기도 하고, 나무들이 날씨가 추워져 자신들처럼 옷을 갈아입었다고 표현하기도 하였다. 교사는 유아들이 가을의 자연물들을 직접 관찰할 수 있는 기회를 제공하고자 한다.

⟨개별 유아 특성⟩

○○ (시각장애)	10cm 내외의 사물을 인식할 수 있으며 새로운 사물을 탐색하는 것에 두려움을 느낌. 활동에 방해가 될 정도로 질문이 많으며 또래 시작행동에 어려움이 있음.
△△ (발달지체)	색의 이름을 말할 수 있으나 색 개념은 형성되어 있지 않으며 학습된 무기력으로 인해 활동참여에 소극적임.
□□ (자폐성장애)	무엇이든 입에 넣으려는 행동 특성을 보이며 이전 활동에 집착하여 다음 활동으로의 전이가 어려움.

〈반성적 성찰〉

1. 자신의 수업의 의도와 수업의 방향에 관해 1분 동안 설명하시오.
2. 유아중심교육과정을 어떻게 놀이에 반영하여 실연하였는지 설명하시오.
3. 자신의 수업에 대해 평가하고 보완할 점을 말하시오.

● 예상답안

도입		◎ 개별 특성에 따른 중재 - (시각장애 유아) 선생님이 질문 카드를 세 개 줄게요. 질문하고 싶을 때에는 이 카드를 내요. - (자폐성장애 유아) ㅁㅁ이가 좋아하는 토끼 파워카드예요. 토끼가 뭐라고 말하고 있지요? 주변의 물건을 입에 넣지 않아요. ㅁㅁ이도 토끼처럼 바깥놀이 나가서 함부로 물건들을 입에 넣지 않도록 해요.
	주의집중	◎ 하이파이브를 하며 주의집중시킨다. - 기쁨반 어린이들 모두 모였나요? 친구들이 모두 모였는지 옆에 있는 친구들과 하이파이브 해요.
	전시활동 상기	◎ '동시' 전시활동을 상기시킨다. - 오늘 유치원에 와서 동시를 읊어보았어요. 동시 제목이 무엇이었죠? - (발달지체 유아) 가을이라고 답해주었어요. 정말 잘했어요.
	동기유발	◎ '손인형'으로 동기를 유발한다. - (발달지체 유아) △△이가 좋아하는 호랑이 손인형이 무슨 말을 했나요?
	활동소개	◎ '바깥놀이' 활동을 소개한다. - 오늘은 바깥에 나가서 동시에 나왔던 가을의 모습을 살펴볼 거예요.
	강화예고	◎ '낙엽 입체 스티커'로 강화를 예고한다. - (시각장애 유아) 가까이서 스티커를 보고 직접 만져보세요. 어떤 모양인가요? - 약속을 잘 지키면서 놀이한 어린이들에게는 '낙엽 입체 스티커'를 선물로 줄게요.
전개	활동1	◎ 탐색/놀이할 것에 대해 이야기를 나눈다. - 유치원 앞마당에서 어떤 것들을 관찰하면 좋을까요? - 그래요. 여러 모양과 크기의 나뭇잎을 살펴봐요. ◎ 바깥놀이 시 지켜야 할 약속을 정한다. - 안전하게 놀이하기 위해서는 어떤 약속이 필요할까요? ◎ 바깥으로 이동한다. - (시각장애 유아) 선생님을 따라서 문 앞에 한 줄로 서요. ㅇㅇ이는 친구와 함께 손을 잡고 모였네요. 친구와 사이좋은 모습이 정말 보기 좋아요.
	활동2	◎ 탐색/놀이한다. - 선생님이 충분히 시간을 줄 테니 모두 몰입해서 관찰해보세요. - (시각장애 유아) 시간이 충분히 있으니 천천히 나뭇잎을 살펴봐요. 어떤 모양인가요? 가까이서 보니 어떤 색인가요? - (발달지체 유아) △△이가 말한 노란색 은행잎이에요. 단풍잎은 무슨 색일까요? 그래요. 빨간색이에요. 여기 빨간 단풍잎이 있네요. 정말 잘했어요. - (자폐성장애 유아) 멋진 토끼처럼 선생님이랑 한 약속을 잘 지키고 있네요. - (자폐성장애 유아) 이 모래시계가 다 떨어지면 다시 교실로 이동할 거예요. ◎ 실내로 이동한다. - (자폐성장애 유아) ㅁㅁ이가 선생님의 목소리를 듣고 부지런히 모여주었어요. 멋져요. - 화장실에서 손을 씻고 다시 교실 가운데에 모여 앉아요.
마무리	평가	◎ '바깥놀이' 활동을 평가한다. - 유치원 마당에서 어떤 가을 모습들을 살펴봤나요? - 어떤 기분이 들었나요?
	강화제공	◎ '낙엽 입체 스티커' 강화를 제공한다. - (시각장애 유아) 옆에 앉은 친구들에게 스티커를 하나씩 전달해줘요. - 친구를 배려하는 마음으로 스티커를 나눠준 ㅇㅇ이에게 "고마워"라고 이야기해요.
	확장활동 소개	◎ 확장활동에 대해 이야기 나눈다. - '가을' 노래를 부르거나 악기를 연주해요. 유치원의 가을 모습을 그릴 수도 있겠네요.
	전이	◎ 점심시간으로 전이한다. - 두 명씩 짝을 지어 화장실로 이동해요.

02 활동

(1) 이야기나누기

〈수업 조건 및 유의사항〉

- 수업의 의도와 수업의 방향에 관해 수업 전 1분 동안 설명하시오.
- 유아의 놀이 흐름을 고려하여 활동유형은 자유롭게 선정하시오.
- 2019 개정 누리과정의 의사소통 영역을 포함하여 실연하시오.
- 개별 장애 유아의 특성에 따른 적절한 교수전략을 포함하여 실연하시오.
- 교수 매체는 쌀로 만든 세계의 음식 사진 자료, 여러 종류의 쌀 사진 자료 등을 포함하여 자유롭게 실연하시오.
- 특수교육실무사가 배치되어 있지 않다고 가정하고 실연하시오.
- 인성교육 내용(다른 사람과 다른 문화에 대한 존중)을 포함하여 실연하시오.

〈놀이 상황〉

유아들은 찾아오는 체험학습 강사와 함께 〈알록달록 김밥 만들기〉 활동을 하였다. 김밥에 들어갈 밥을 짓기 전 쌀과 여러 가지 잡곡을 만지던 유아들은 아래와 같이 대화하였다.

유아1 : 하얀색은 쌀인 것 같은데, 검정색은 뭐지?
유아2 : 검정색도 쌀이야. 다른 나라 쌀이어서 그래.
유아3 : 아니야. 쌀은 다 똑같이 하얀 색이야. 검정색은 콩 같은 거야.

〈개별 유아 특성〉

일반유아 15명	세계 여러 나라 문화에 대해 관심을 가지고 있고 장애 유아들과 충분한 라포가 형성되어 있음. 결석으로 인해 전시활동에 참여하지 못한 유아가 포함되어 있음.
○○ (발달지체)	마음에 들지 않으면 우는 특성이 있고 또래와 함께 하는 활동 참여에 소극적임. 전형적인 언어발달을 보임.
△△ (자폐성장애)	기관 경험이 부족하여 착석에 어려움이 있으며 무료할 때 친구의 머리를 잡아당기는 행동특성을 보임. 교사의 구조화된 질문에 대해 1~2단어로 발화할 수 있음.

〈반성적 성찰〉

1. 놀이중심교육과정을 어떻게 반영하여 실연하였는지 설명하시오.
2. 장애 유아의 참여 증진을 위해 사용한 지도방안을 말하시오.
3. 자신의 수업에 대해 평가하고 보완할 점을 말하시오.

● 예상답안

도입		◎ 개별 특성에 따른 중재 - (발달지체 유아) ○○이가 좋아하는 호랑이가 그려진 파워카드예요. 호랑이가 뭐라고 말하고 있지요? 마음에 들지 않는 일이 있으면 울지 않고 손을 들어요. ○○이도 멋진 호랑이처럼 마음에 들지 않는 일이 있으면 울지 않고 손을 들어요. 그러면 선생님이 ○○이의 이야기를 들어줄게요. - (자폐성장애 유아) 심심할 땐 친구의 머리를 잡아당기지 않고 그림처럼 손을 들거나 박수를 쳐요.
	주의집중	◎ '모여라' 노래로 주의를 집중시킨다. - 모여라 모두 모여. 기쁨반 모여라. - (발달지체 유아) ○○이와 △△이는 사이좋게 손을 잡고 모여주었네요. 잘했어요. - (자폐성장애 유아) △△이는 △△이가 좋아하는 뽀로로 의자에 앉아요.
	전시활동 상기	◎ 사진 자료로 '요리' 전시활동을 상기시킨다. - 지난 시간에 무엇을 요리했나요? - (자폐성장애 유아) 김밥일까요, 초밥일까요? 의자에 바르게 앉아있는 △△이가 '김밥'이라고 말해줬어요. 그래요. 맛있는 김밥을 만들었어요. - (전시활동에 참여하지 못한 유아) △△이 덕분에 다른 어린이들이 모두 지난 시간에 어떤 활동을 했는지 떠올릴 수 있었네요.
	동기유발	◎ '퀴즈'로 동기를 유발한다. - 선생님이 다섯 고개 퀴즈를 낼게요. 잘 듣고 무엇을 설명하고 있는지 맞혀보세요.
	활동소개	◎ '이야기나누기' 활동을 소개한다. - 어린이들이 다른 나라의 쌀에 대해 궁금해했었죠. 그래서 오늘은 쌀로 만든 세계의 음식을 살펴보고, 우리나라와 다른 나라의 쌀이 어떻게 생겼는지 이야기 나눠봐요.
	강화예고	◎ '으뜸왕 목걸이'로 강화를 예고한다. - 약속을 잘 지키며 이야기 나눈 어린이들에게는 '으뜸왕 목걸이'를 선물로 줄게요. 다른 친구들의 이야기를 관심 있게 들어주고, 바르고 고운 말로 자신의 생각을 말하도록 약속해요.
전개	활동1	◎ 쌀로 만든 세계의 음식 사진 자료를 보고 이야기 나눈다. - 쌀로 만든 음식에는 무엇이 있을까요? - (자폐성장애 유아) 여러 음식을 말해준 친구를 위해서 큰 소리로 박수 쳐 줄까요? ◎ 여러 종류의 쌀 사진 자료를 보고 이야기 나눈다. - 우리나라/일본/베트남의 쌀은 어떻게 생겼나요? ◎ 우리나라와 다른 나라 쌀의 공통점과 차이점에 대해 이야기 나눈다. - 우리나라 쌀과 베트남 쌀은 어떤 점이 같나요/다른가요? - (발달지체 유아) ○○이가 베트남 쌀은 우리나라 쌀보다 얇다고 이야기해주었어요. - (자폐성장애 유아) 좋은 생각을 말해준 친구를 위해서 △△가 박수를 쳐주세요.
	활동2	◎ 우리나라와 다른 나라 쌀의 공통점과 차이점을 정리하여 표현한다. - 앞의 칠판에 우리나라/일본/베트남의 쌀이 어떻게 생겼는지 그림 그려줄 어린이가 있나요? 사진을 보면서 그려도 좋아요. - 나라마다 쌀의 모양과 크기가 모두 다르네요.
마무리	평가	◎ '이야기나누기' 활동을 평가한다. - 오늘 무엇에 대해 이야기 나누었나요?
	강화제공	◎ '으뜸왕 목걸이' 강화를 제공한다. - 다른 친구들의 이야기를 관심 있게 들어주고, 바르고 고운 말로 자신의 생각을 말해준 어린이들에게 '으뜸왕 목걸이'를 선물로 줄게요. - (발달지체 유아) ○○이가 직접 친구들에게 '으뜸왕 목걸이'를 나눠주세요. - '으뜸왕 목걸이'를 나눠준 ○○이에게 "고마워"라고 이야기해요.
	확장활동 소개	◎ 확장활동에 대해 이야기 나눈다. - 선생님이 세계 여러 나라의 쌀을 기쁨반 돋보기 아래에 둘 테니 쌀을 돋보기로 관찰해보세요. '쌀로 만드는 요리' 동화도 책장에 꽂아둘게요.
	전이	◎ '자유놀이시간'으로 전이한다.

(2) 미술활동

〈수업 조건 및 유의사항〉

- 유아의 놀이 흐름을 고려하여 활동유형은 자유롭게 선정하시오.
- 개별 장애 유아의 특성에 따른 적절한 교수전략을 포함하여 실연하시오.
- 교수 매체는 수막새 사진, 미술활동 자료 등을 포함하여 자유롭게 실연하시오.
- 특수교육실무사 1명이 배치되어 있다고 가정하고 실연하시오.
- 창의·인성요소를 반영하여 실연하시오.
- 안전의 요소를 포함하여 실연하시오.
- 유아 간 상호작용 증진방안을 포함하여 실연하시오.

〈놀이 상황〉

유아들은 한복을 입고 경복궁 체험학습을 다녀온 이후로 우리나라의 전통 옷과 집에 관심을 가지게 되었다. 그 중에서도 기와집에 관심을 갖게 된 유아들은 기와집 사진이 있는 책을 즐겨보기도 하고, 교사와 함께 학급 게시판의 테두리를 기와집 모양으로 꾸미기도 하였다. 교사는 기와집 모양 게시판에 유아들의 작품을 붙여주고자 한다.

〈개별 유아 특성〉

○○ (발달지체)	교사의 말로 하는 설명을 어려워하지만 친구를 좋아하고 미술 활동참여도가 높음.
△△ (자폐성장애)	특정 자료에 집착하여 양보를 하지 않는 특성이 있고 타인의 감정에 관심이 없으며 자신의 생각을 한 두 단어 수준으로 표현할 수 있음.
□□ (지체장애)	근이영양증으로 인한 하체 근육의 퇴화로 바닥에 앉으면 균형을 잡지 못하며 소근육 조절이 어려움. '아' 또는 '오' 수준으로 발화하며 활동 중 침을 많이 흘리는 특성이 있음.

〈반성적 성찰〉

1. 수업의 의도와 수업의 방향에 관해 1분 동안 설명하시오.
2. 유아중심교육과정을 어떻게 놀이에 반영하여 실연하였는지 설명하시오.
3. 자신의 수업에 대해 평가하고 보완할 점을 말하시오.

● 예상답안

도입		◎ 특수교육실무사와의 사전협의 – 전이할 때 ㅁㅁ이와 함께 이동하고 ㅁㅁ이가 코너체어에 앉을 수 있도록 안내해주세요. ◎ 개별 특성에 따른 중재 – (지체장애 유아) 손수건을 손목에 묶어 줄게요. 침이 나올 때는 팔을 들어서 스스로 침을 닦아요. 한 번 해볼까요?
	주의집중	◎ '사랑해' 노래로 주의를 집중시킨다. – 선생님은 ㅇㅇ이를 사랑해, 사랑해!
	전시활동 상기	◎ 사진자료로 '현장체험' 전시활동을 상기시킨다. – 지난 시간에 경복궁에서 우리나라의 전통 집인 '기와집'을 보고 이야기를 나누었어요.
	동기유발	◎ '부분 보고 전체 맞히기'로 동기를 유발한다. – 무슨 사진일까요? 부분을 보고 맞혀보세요. – 그래요. 부분만 보고 전체를 잘 추측해주었어요. 어제 이야기 나누었던 수막새예요.
	활동소개	◎ '미술' 활동을 소개한다. – 오늘은 기쁨반 어린이들이 선생님에게 이야기했던 것처럼 교실 벽면의 기와집에 붙일 수막새를 만들 거예요.
	강화예고	◎ '펭귄 비타민'으로 강화를 예고한다. – 약속을 잘 지키며 미술 활동을 하는 어린이들에게는 '펭귄 비타민'을 선물로 줄게요.
전개	활동1	◎ 재료를 탐색한다. – 어떤 미술 재료들이 있나요? – (자폐성장애 유아) △△이가 색연필이라고 말해주었어요. 그래요. 색연필도 있어요. ◎ 활동 방법에 대해 이야기 나눈다. – 수막새를 어떻게 만들 수 있을까요? – (발달지체 유아) 수막새 사진을 보고 이야기해보세요. – 정말 창의적으로 이야기 해주었어요. 여러분 말처럼 그림을 그려서 수막새를 완성해도 되고 도장을 찍거나 스티커를 붙여서 완성해도 되겠네요. ◎ 약속을 정한다. – 모두 안전하고 재미있게 수막새를 만들기 위해서는 어떤 약속이 필요할까요? – 첫째, 친구를 배려하는 마음으로 미술 재료를 나눠서 사용해요. – 둘째, 뾰족한 재료들은 위험하니 미술 재료들은 항상 책상 위에 두고 사용해요.
	활동2	◎ 앞치마를 나눠준다. – (발달지체 유아) 친구를 사랑하는 마음으로 친구에게 앞치마를 나눠줄 수 있나요? ◎ 미술 활동을 한다. – (지체장애 유아) 큰 손잡이가 달린 도장을 이용해서 수막새를 만들어요. – (발달지체 유아) ㅇㅇ이는 벌써 수막새를 다 만들었네요. 친구가 수막새 색칠하는 것을 같이 도와줄까요? – (자폐성장애 유아) 도와준 친구에게 어떤 말을 해야 할까요? 그 말을 들은 친구는 어떤 기분이 들까요? – (자폐성장애 유아) 약속을 잘 기억하면서 친구와 함께 미술 활동을 해요. ◎ 정리한다. – 모두 사용한 미술 재료와 도구를 정리하세요.
마무리	평가	◎ '미술' 활동을 평가한다. – 한 명 씩 자신이 만든 수막새를 친구들에게 소개해요. – (지체장애 유아) ㅁㅁ이가 만든 수막새를 손으로 가리켜 보세요. ㅁㅁ이가 "아"라고 말하면서 파란색 도장으로 만든 수막새를 손으로 가리켜주었어요. – 친구들이 모두 다양한 모양의 수막새를 만들어주었어요. 서로에게 박수쳐 주어요.
	강화제공	◎ '펭귄 비타민' 강화를 제공한다. – 약속을 잘 지킨 어린이들에게 '펭귄 비타민'을 선물로 줄게요.
	확장활동 소개	◎ 확장활동에 대해 이야기 나눈다. – 만든 수막새는 점심을 먹고 함께 교실 벽면의 기와집에 붙여보아요.
	전이	◎ '점심시간'으로 전이한다. – 왼쪽에 앉은 어린이부터 일어나서 화장실에서 손을 씻어요.

(3) 동화

〈수업 조건 및 유의사항〉

- 유아의 놀이 흐름을 고려하여 동화 활동을 실연하시오.
- 2019 개정 누리과정의 의사소통 영역을 포함하여 실연하시오.
- 개별 장애 유아의 특성에 따른 적절한 교수전략을 포함하여 실연하시오.
- 교수 매체는 동화 '위층, 아래층' 등을 포함하여 자유롭게 실연하시오.
- 특수교육실무사가 배치되어 있지 않다고 가정하고 실연하시오.
- 일반교사와의 협력교수를 활용하시오.

〈놀이 상황〉

주말 지낸 이야기를 하던 중 한 유아가 층간소음 때문에 아랫집 이웃이 방문해 부모님께 혼난 경험을 말하였다. 비슷한 경험이 있던 유아들은 이후 역할놀이 속에서 가족 내의 갈등뿐만 아니라 이웃 간의 갈등을 나타내기도 하였다. 그러나 유아들은 놀이 중에 이웃 간 갈등 장면만 나타낼 뿐 문제를 해결하려는 시도는 보이지 않았다.

〈개별 유아 특성〉

일반유아 11명	전학을 와서 통합교육 경험이 부족한 유아 1명을 제외하고는 대부분 통합교육 경험이 풍부하며 장애 유아의 특성에 대한 이해가 높음.
○○ (시각장애)	저시력 유아로 10~15cm 이내의 사물을 인식할 수 있음. 전형적인 인지, 언어 발달을 보이며 활동 중 끊임없이 질문하는 특성이 있음.
△△ (지체장애)	비대칭성 긴장성 경부반사(ATNR)를 보이며 옆의 친구에게 몸을 기대는 특성이 있음. 발화가 어려워 보완대체의사소통기기(AAC)를 사용하여 활동에 참여함.

〈반성적 성찰〉

1. 수업의 의도와 수업의 방향에 관해 1분 동안 설명하시오.
2. 놀이중심교육과정을 어떻게 반영하여 실연하였는지 설명하시오.
3. 자신의 수업에 대해 평가하고 보완할 점을 말하시오.

〈동화 '위층, 아래층'(경희유치원 글, 2012)〉

좁은 집에 살던 준희네 가족은 드디어 큰 집으로 이사를 가게 되었어요. "랄랄라~~ 우리 집 정말 넓구나." 엄마, 아빠가 말했어요. "와! 신난다. 이제는 맘껏 뛰어도 부딪치지 않겠어요." 준희와 서희는 집안을 뛰어다녔어요.

아빠, 엄마, 준희, 서희는 기뻐서 손을 잡고 빙글빙글 돌며 춤을 추었어요. 바로 그때 초인종 소리가 들렸어요. "손님이 오셨나 보네." 아빠가 문을 열며 말했어요. 문을 열자 한 할머니가 서 계셨어요. 할머니는 아래층에 사는 사람이라고 하셨어요. "아니, 도대체 왜 이렇게 시끄러운 거예요? 조용히 좀 해주세요. 천장이 다 무너지겠어요." 할머니는 큰 소리로 화를 내고 다시 아래층으로 내려가셨어요.

다음 날 준희와 서희는 술래잡기를 하며 집안을 뛰어 다녔어요. 그때 또 초인종 소리가 나서 엄마가 문을 열었어요. 어제 오셨던 할머니였어요. "왜 이렇게 시끄러운 거예요? 조용히 좀 해주세요." 준희와 서희는 항상 화를 내시는 할머니가 이해가 되지 않았어요.

준희와 서희는 날마다 집안을 뛰어다니며 놀았어요. 할머니는 더이상 준희네 집에 오시지 않았어요. 아파트 입구에서 만나도 할머니는 인사하지 않았어요. 그러던 어느 날 준희네 집에 쿵쾅쿵쾅 큰 소리가 났어요. "이게 무슨 소리지? 지진이 났나봐." "어? 천장에서 나는 소리잖아." 엄마와 준희는 위층을 찾아갔어요. "도대체 왜 이렇게 시끄러운 거예요? 조용히 좀 해주세요. 천장이 다 무너지겠어요." 엄마가 위층 아저씨에게 말했어요.

위층 아이들은 날마다 집에서 뛰어놀았어요. 준희는 여러 번 이야기 했지만 말을 들어주지 않는 아이들을 보며 화가 났어요. 그때 준희는 아래층 할머니 생각이 났어요. '나도 계속 뛰어다녔는데……. 할머니는 얼마나 속상하셨을까?' 준희는 할머니께 사과를 하러 아래층으로 찾아갔어요. "무슨 일이니?" 할머니가 말했어요. 준희는 할머니께 사과를 드렸어요. "할머니 그동안 뛰어다니며 놀아서 죄송해요. 다음부터는 조심할게요." 할머니는 웃으며 준희를 용서해주셨어요.

다음 날 아빠와 엄마는 거실에 카펫을 깔았어요. "카펫은 발소리를 덜 나게 해줄 수 있을 거야." 아빠가 말했어요. 준희는 그래도 할머니를 위해서 쿵쾅거리며 뛰지 않을 거라고 다짐했어요.

● 예상답안

도입		◎ 일반교사와의 사전협의 - 어제 협의했던 것처럼 첫 도입 부분과 동화 회상 부분은 제가 진행할게요. - 혹시 제가 활동을 진행하는 중에 △△이가 친구에게 몸을 기대려고 한다면 옆 친구와의 간격을 조금 띄워주시고, 어깨 위에 살짝 손을 올려주세요. ◎ 개별 특성에 따른 중재 - (시각장애 유아) 선생님이 질문카드 세 장을 줄게요. 동화를 들으면서 질문이 하고 싶을 때는 손을 들고 선생님에게 질문카드를 주세요. - (지체장애 유아) △△이는 교실 가운데에 있는 코너체어에 앉아 선생님을 바라보세요.
	주의집중	◎ 하이파이브를 하며 주의집중시킨다. - (지체장애 유아) △△이가 친구와 함께 △△이의 의자가 있는 곳으로 모여주었어요. 둘 다 정말 잘했어요. - 기쁨반 어린이들 모두 모였나요? 친구들이 모두 모였는지 옆에 있는 친구들과 하이파이브 해요.
	전시활동 상기	◎ '주말 지낸 이야기' 전시활동을 상기시킨다. - ○○이가 주말에 어떤 일이 있었다고 했나요?
	동기유발	◎ '기쁨반 우체통'으로 동기를 유발한다. - 우리 반 우체통에 편지가 왔네요. 친구와 함께 편지를 가져다 줄 어린이가 있나요? - 편지는 행복반 선생님이 읽어주실 거예요.
	활동소개	◎ '동화' 활동을 소개한다. - 오늘은 '위층, 아래층' 동화를 함께 읽어볼 거예요.
	강화예고	◎ '예절왕 목걸이'로 강화를 예고한다. - 바른 자세로 동화를 듣는 어린이들에게는 어린이들의 사진이 붙어있는 '예절왕 목걸이'를 선물로 줄게요. - (지체장애 유아) △△이가 선생님을 보고 바른 자세로 앉아있네요. 모두 △△이처럼 바른 자세로 앉아보세요.
전개	활동1	◎ 표지를 보고 이야기를 나눈다. - 행복반 선생님과 함께 동화책 표지를 보고 이야기를 나눌 거예요. - (시각장애 유아) ○○도 아이패드를 이용해서 동화책 표지를 보세요. ◎ 동화를 들려준다. - 큰 집으로 이사 온 준희의 기분이 어땠나요? - (지체장애 유아) △△이가 AAC로 잘 대답해주었어요. - (통합경험이 부족한 유아) △△이가 AAC로 뭐라고 대답해주었죠?
	활동2	◎ 동화를 회상한다. - 준희와 서희네 집에 어떤 일이 있었나요? - 카펫을 깔고 난 뒤에는 어떤 일이 일어날까요? 상상해보세요. - (시각장애 유아) ○○이가 카펫을 깔면 조용해질 것 같다고 말해주었어요. - 우리 기쁨반 어린이들이 선생님이 읽어주는 동화책에 관심을 갖고 뒷이야기를 상상해주었어요. - (시각장애 유아) ○○이가 질문카드를 들었네요. 어떤 것이 궁금한가요?
마무리	평가	◎ '동화' 활동을 평가한다. - 동화를 듣고 어떤 기분이 들었나요?
	강화제공	◎ '예절왕 목걸이' 강화를 제공한다. - 바른 자세로 앉아서 동화를 들은 어린이들에게 '예절왕 목걸이'를 선물로 줄게요.
	확장활동 소개	◎ 확장활동에 대해 이야기 나눈다. - 이웃과 사이좋게 지내기 위해 지켜야 할 약속을 담은 약속판을 만들어봐도 좋아요. - 책의 뒷이야기를 상상해서 그림으로 그려봐도 좋아요.
	전이	◎ '자유선택놀이'로 전이한다. - (지체장애 유아) 친구와 함께 손을 잡고 놀이하러 이동해요.

(4) 동시

〈수업 조건 및 유의사항〉

- 유아의 놀이 흐름을 고려하여 동시 활동을 실연하시오.
- 2019 개정 누리과정의 자연탐구 영역을 포함하여 실연하시오.
- 개별 장애 유아의 특성에 따른 적절한 교수전략을 포함하여 실연하시오.
- 교수 매체는 동시 '비 오는 날' 등을 포함하여 자유롭게 실연하시오.
- 특수교육실무사 1명이 배치되어 있다고 가정하고 실연하시오.
- 창의성 요소(동기적 요소-호기심)를 포함하여 실연하시오.

〈놀이 상황〉

최근 일주일 동안 자주 비가 내려 유아들은 자유놀이 시간만 되면 창문 근처에 모여 비가 내리는 것을 바라보곤 하였다. 뿐만 아니라 여러 가지 미술 도구를 사용하여 비가 내리는 풍경을 그림으로 나타내기도 하고, 새로 배운 노래 〈비가 왔어요〉에 맞춰 악기를 연주하기도 하였다.

〈개별 유아 특성〉

일반유아 8명	처음 통합학급을 경험하였으나 장애 유아와 라포 형성이 전반적으로 잘 되어 있음.
○○ (발달지체)	순서를 기다리는 데 어려움이 있고 한 두 단어 수준으로 발화할 수 있음. 친구에게 자주 참견하여 또래로부터 사회적으로 통합되는 것에 어려움이 있음.
△△ (자폐성장애)	교사와 또래를 모방하여 1음절 수준으로 발화할 수 있고 착석을 유지하는 데에 어려움이 있음. 빛에 대한 시각적 매료로 인해 손을 눈앞에서 흔드는 행동 특성을 보임.

〈반성적 성찰〉

1. 유아중심교육과정을 어떻게 놀이에 반영하여 실연하였는지 설명하시오.
2. 자신의 수업에 어떻게 창의성 요소(동기적요소-호기심)를 반영하였는지 말하시오.
3. 자신의 수업에 대해 평가하고 보완할 점을 말하시오.

〈동시 '비 오는 날(박진이)'〉

얼굴 위에 빗방울 보슬 보슬 보스슬
밖에 나온 지렁이 슬금 슬금 스르륵
우산 속에 내 얼굴 하하 호호 깔깔
젖은 신발 엄마 얼굴 화가 나도 허허허

예상답안

도입		◎ 특수교육실무사와의 사전협의 - 활동 시작 전에 교실의 커튼 치는 것을 좀 도와주시겠어요? △△의 빛에 대한 시각적 매료를 줄이기 위해서 교실 조도를 조금 낮추려고요. ◎ 개별 특성에 따른 중재 - (발달지체 유아) 선생님이랑 'ㅇㅇ이의 이야기'를 읽어요. 친구가 혼자서 할 수 있는 일을 옆에서 계속 도와주려고 한다면 친구가 어떤 기분이 들까요? 그래요. 속상해요. 친구가 혼자서 해볼 수 있도록 친구가 도와달라고 말하기 전까지는 기다려요. - (자폐성장애 유아) 선생님이 '모여라' 노래를 부르면 △△이가 좋아하는 초록색 나뭇잎 의자에 모여 앉아요.
	주의집중	◎ '모여라' 노래로 주의를 집중시킨다. - 모여라 모두 모여. 기쁨반 모여라. 친구와 손을 잡고 모여준 어린이들도 있네요.
	전시활동 상기	◎ '자유놀이활동'을 상기시킨다. - 기쁨반 어린이들은 오늘 어떤 놀이를 했나요? 비 내리는 풍경을 그림으로 그려본 어린이도 있고, '비가 왔어요' 노래에 맞춰 악기를 연주한 어린이들도 있네요.
	동기유발	◎ '퀴즈'로 동기를 유발한다. - 잘 듣고 무엇에 대한 설명인지 맞혀보세요. 첫 번째, 저는 여름에 자주 와요. 두 번째, ……. 함께 정답을 이야기해요. 하나, 둘, 셋! - 호기심이 많은 우리 기쁨반 어린이들이 모두 '비'라고 대답해줬어요. 맞아요.
	활동소개	◎ '동시' 활동을 소개한다. - 오늘은 동시 '비 오는 날'을 함께 읊어볼 거예요.
	강화예고	◎ '반짝이 빗방울 스티커'로 강화를 예고한다. - 바른 자세로 동시를 읊는 어린이들에게는 '반짝이 빗방울 스티커'를 선물로 줄게요. - (자폐성장애 유아) △△이가 좋아하는 반짝이 스티커네요. 바른 자세로 앉아있을 수 있죠?
전개	활동1	◎ 동시를 소개한다. - 오늘 읊어볼 동시는 박진이의 '비 오는 날'이에요. ◎ 교사가 배경음악을 틀고 동시를 읊어준다. - 선생님이 배경음악에 맞춰서 동시를 읊어줄게요. ◎ 느낌에 대해 이야기 나눈다. - 동시를 들으니 어떤 기분이 드나요? - (자폐성장애 유아) △△이가 엄지손가락을 척!하고 들고 있네요. 선생님을 따라서 말해요. 좋, 아, 요. ◎ 교사가 다시 배경음악에 동시를 읊어준다. - 동시를 다시 한 번 더 읊어줄게요. 동시말에 귀를 기울이며 잘 들어보세요. ◎ 동시말을 이야기하며 동시판을 완성한다. - 기억에 남는 동시말이 있나요? - 비가 오니까 지렁이가 어떻게 밖으로 나왔나요? 비는 어떤 모습으로 내렸나요? - (발달지체 유아) ㅇㅇ이가 친구의 말이 끝날 때까지 기다려주었어요. 잘했어요. ㅇㅇ이는 또 어떤 동시말이 기억에 남나요? '하하 호호'라는 말이 기억에 남았군요.
	활동2	◎ 다양한 방법으로 나누어 동시를 읊는다. - 빨간색 동시말은 선생님이, 파란색 동시말은 어린이들이 읊어보세요. ◎ 다 함께 동시를 읊는다. - 처음부터 끝까지 함께 읊어요.
마무리	평가	◎ '동시' 활동을 평가한다. - 동시를 읊어보니 어떤 기분이 들었나요?
	강화제공	◎ '반짝이 빗방울 스티커' 강화를 제공한다. - 바른 자세로 앉아서 동시를 읊어준 어린이들에게 반짝이 빗방울 스티커를 줄게요.
	확장활동 소개	◎ 확장활동에 대해 이야기 나눈다.
	전이	◎ '바깥놀이'로 전이한다. - 문 쪽에 앉은 어린이들부터 일어나서 화장실 다녀오고 선생님 앞에 한 줄로 모여요.

(5) 동극

〈수업 조건 및 유의사항〉

- 수업의 의도와 수업의 방향에 관해 수업 전 1분 동안 설명하시오.
- 유아의 놀이 흐름을 고려하여 동극 활동을 실연하시오.
- 2019 개정 누리과정의 사회관계 영역을 포함하여 실연하시오.
- 개별 장애 유아의 특성에 따른 적절한 교수전략을 포함하여 실연하시오.
- 교수 매체는 동화 '아낌없이 주는 나무'를 포함하여 자유롭게 실연하시오.
- 특수교육실무사 1명이 배치되어 있다고 가정하고 실연하시오.
- 안전 요소를 포함하여 실연하시오.

〈놀이 상황〉

아직 놀잇감을 나눠 쓰는 것이 어려운 유아들을 위해 교사는 동화 〈아낌없이 주는 나무〉를 들려주었다. 유아들은 동화가 마음에 들었는지 자유놀이 시간에 자주 동화책 속 삽화를 보기도 하고, 자유놀이 시간에 놀잇감을 나눠 쓰는 모습을 보이기도 하였다. 교사는 유아들이 좋아하는 동화책을 활용하여 동극 활동을 해보고자 한다.

〈개별 유아 특성〉

○○ (의사소통장애)	한 문장 발화가 가능하나 말을 더듬는 특성이 있으며 앞에 나서서 하는 활동 참여에 소극적임.
△△ (발달지체)	한두 단어 수준의 발화가 가능하며 선호하는 또래가 없고 교사의 관심을 받기 위해 바닥을 두드리는 행동 특성을 보임.
□□ (자폐성장애)	교사나 또래를 모방하여 한두 단어 수준의 발화가 가능하며 활동 전이에 어려움이 있음. 마음에 들지 않는 일이 있을 때 옆에 앉은 친구를 꼬집는 행동 특성이 있어 또래들로부터 자주 거부당함.

〈반성적 성찰〉

1. 놀이중심교육과정을 어떻게 반영하여 실연하였는지 설명하시오.
2. 자신의 수업에 안전 요소를 어떻게 반영하였는지 말하시오.
3. 자신의 수업에 대해 평가하고 보완할 점을 말하시오.

〈동화 '아낌없이 주는 나무'(쉘 실버스타인, 이재명 역, 시공주니어, 2000)〉

옛날에 아름다운 나무 한 그루가 있었습니다.
그 나무에게는 사랑하는 소년이 있었습니다.
소년은 나무를 무척 사랑했고 나무도 행복했습니다.
소년은 나무 그늘 아래서 쉬기도 하고, 나무를 타며 놀기도 했습니다.

시간이 흘러서 소년도 점점 나이가 들었습니다.
소년은 이전처럼 나무에게 와서 놀지 않았습니다.
그러던 어느 날, 소년이 찾아와서 말했습니다.

소년 : "내가 재미있게 놀려면 돈이 필요해."
나무 : "그럼 내 사과를 따다가 팔면 될 거야."
나무는 소년에게 자신의 사과를 주었습니다.
그리고 소년은 그 사과를 팔아서 돈을 벌었습니다.

시간이 흐르고 소년이 다시 찾아왔습니다.
소년 : "나는 아내와 가족이 필요하고 집도 필요해."
나무 : "그럼 내 나뭇가지로 집을 만들어."
그러자 소년은 나무의 가지를 모두 잘라 갔습니다.
그래도 나무는 소년을 도와줄 수 있어서 행복했습니다.

시간이 흘러 소년은 나이가 더 들었습니다.
소년 : "나는 이제 여행을 떠날 배가 필요해."
나무 : "그럼 나를 베어서 배를 만들어."
소년은 그 나무로 배를 만들어 여행을 떠났습니다.
나무는 이제 밑동만 남았습니다.

오랜 시간이 지난 후, 노인이 된 소년이 나무에게 찾아왔습니다.
소년 : "이제 나에겐 아무 것도 필요없어. 그저 앉아서 쉬고 싶을 뿐이야."
나무 : "그럼 나에게 앉아서 쉬렴."
나무는 정말 행복했습니다.

예상답안

도입		◎ 특수교육실무사와의 사전협의 – '사랑해' 노래를 부르면 ㅁㅁ이가 전이할 수 있도록 이동을 도와주세요. 또 활동 중 친구를 꼬집지 않도록 오늘 아침에 함께 읽었던 사회적상황이야기의 내용을 상기시켜주세요. ◎ 개별 특성에 따른 중재 – (발달지체 유아) △△이가 좋아하는 타요 버스가 어떻게 하고 있죠? 그래요. 선생님을 부르고 싶을 때 바닥을 두드리지 않고 손을 들어요. △△이도 타요 버스처럼 잘할 수 있죠? – (자폐성장애 유아) ㅁㅁ아, 우리 이제 곧 모일 거예요. 천천히 놀이를 정리해요.
	주의집중	◎ '사랑해' 노래로 주의를 집중시킨다. – 선생님은 ㅇㅇ이를 사랑해, 사랑해! – 옆에 모인 친구들을 한 번씩 안아줄까요?
	전시활동 상기	◎ 동화책을 보며 '동화' 전시활동을 상기시킨다. – 지난 시간에 읽었던 동화책의 제목이 기억나는 어린이 있나요? – (의사소통장애 유아) 선생님과 함께 천천히 말해요. 정말 잘했어요.
	동기유발	◎ '유아작품'으로 동기를 유발한다. – 어린이들이 직접 만든 동극 소품이에요. 소품을 만들어준 친구들에게 박수를 쳐줘요.
	활동소개	◎ '동극' 활동을 소개한다.
	강화예고	◎ '동극왕 목걸이' 강화를 예고한다. – 약속을 지키며 열심히 동극 하는 어린이들에게는 '동극왕 목걸이'를 줄게요. – (의사소통장애 유아) ㅇㅇ이가 가장 좋아하는 파란색 목걸이에요. 잘할 수 있겠죠?
전개	활동1	◎ 동화를 회상하고 대사를 연습한다. – 어느 날 소년이 나무에게 찾아와서 뭐라고 말을 했나요? ◎ 무대를 꾸민다. – 바위 소품은 어디에 두는 것이 좋을까요? – (자폐성장애 유아, 발달지체 유아) △△와 ㅁㅁ가 함께 바위 소품을 옮겨요. ◎ 역할을 정한다. – 나무 역할을 맡고 싶은 어린이 있나요? ◎ 약속을 정한다. – 모두가 안전하고 재미있게 동극을 하기 위해서는 어떤 약속이 필요할까요? – 첫째, 모두가 무대 위로 뛰어나가면 위험해요. 순서를 기다려서 차례대로 걸어 나가요. 둘째, 처음 해보는 동극이라 어려울 수 있어요. 친구와 서로 도우며 활동해요. ◎ 공간을 정한다. – 소년은 어디서 기다리고 있다가 등장하는 것이 좋을까요?
	활동2	◎ 역할을 소개하고 1차 동극을 한다. – 저는 해설을 맡은 기쁨반 선생님입니다. 한 명씩 자기소개를 해요. – (의사소통장애 유아) 선생님이랑 같이 소개해요. 저는 소년 역할을 맡은 ㅇㅇ입니다. 정말 잘했어요. – (자폐성장애 유아) 한 단어씩 선생님과 이야기해봐요. ◎ 1차 동극을 평가한다. – 첫 번째 동극을 해보니 어떤 점이 아쉬웠나요? – (발달지체 유아) 손을 번쩍 든 △△이가 이야기해보세요. △△이가 "나무, 나무 할래요"하고 말해주었어요. △△이가 나무 역할도 해보고 싶었군요. ◎ 무대를 정리한다.
마무리	평가	◎ '동극' 활동을 평가한다. – 동극을 하면서 어떤 점이 가장 재미있었나요?
	강화제공	◎ '동극왕 목걸이' 강화를 제공한다. – 약속을 지키며 동극을 해준 어린이들에게 '동극왕 목걸이'를 선물로 줄게요.
	확장활동 소개	◎ 확장활동에 대해 이야기 나눈다. – 두 번째 동극에 필요한 소품을 더 만들어봐도 좋아요. – 악기들을 이용해 동극에 어울리는 배경음악을 연주해봐요.
	전이	◎ '점심시간'으로 전이한다. – 소년 역할을 맡은 ㅇㅇ이 먼저 특수교육실무사님과 함께 화장실 가서 손을 씻어요.

(6) 과학

〈수업 조건 및 유의사항〉

- 유아의 놀이 흐름을 고려하여 활동유형은 자유롭게 선정하시오.
- 전개-마무리를 실연하시오.
- 2019 개정 누리과정의 자연탐구 영역을 포함하여 실연하시오.
- 개별 장애 유아의 특성에 따른 적절한 교수전략을 포함하여 실연하시오.
- 전개 단계에서 자폐성장애 유아가 문제행동을 보였다고 가정하고 실연하시오.
- 교수 매체는 자유롭게 사용하여 실연하시오.
- 특수교육실무사가 배치되어 있지 않다고 가정하고 실연하시오.
- 창의성 요소(인지적 요소-사고의 수렴)를 포함하여 실연하시오.

〈놀이 상황〉

물놀이를 좋아하는 유아들을 위해 교사는 자주 유치원 마당에 풀장을 설치하여 유아들이 물놀이를 즐길 수 있도록 준비해준다. 유아들은 물놀이 장난감뿐만 아니라 자신들이 좋아하는 장난감을 하나씩 가정에서 가져와 물놀이를 하고 있다. 유아들은 물 위에 떠있는 공을 물 아래로 가라앉히려 시도하기도 하고 물 아래에 가라앉은 블록을 물 위에 띄우려 시도하기도 하였다.

〈개별 유아 특성〉

○○ (지체장애)	하지 마비로 인하여 휠체어를 사용함. 보완대체의사소통기기를 활용하여 의사소통 하고 또래에게 관심이 많음.
△△ (발달지체)	착석에 어려움이 있고 활동 중 친구에게 기대는 특성이 있음. 2가지 이상의 행동이 포함된 교사의 지시를 따르는 데 어려움이 있음.
□□ (자폐성장애)	한 단어 수준으로 발화할 수 있으며 물에 집착하는 특성이 있음. 활동 중 무료할 때 큰 소리로 숫자를 세는 문제행동을 보임.

〈반성적 성찰〉

1. 유아중심교육과정을 어떻게 놀이에 반영하여 실연하였는지 설명하시오.
2. 자폐성장애 유아가 문제행동을 보였을 때 사용한 중재방안을 말하시오.
3. 자신의 수업에 대해 평가하고 보완할 점을 말하시오.

● 예상답안

전개	활동1	◎ 준비물과 도구를 탐색한다. – 어떤 준비물들이 있나요? – (지체장애 유아) ○○이가 AAC로 '물'이라고 이야기해줬어요. – (발달지체 유아) 토끼 의자에 바른 자세로 앉아있는 △△이도 이야기해보세요. – (자폐성장애 유아) ㅁㅁ이도 '블록'이라고 이야기해줬네요. 약속을 잘 기억하면서 바른 자세로 앉아있는 ㅁㅁ이 정말 잘했어요. – 기쁨반 어린이들이 말해준 것처럼 수조, 물, 공, 클립, 블록이 준비되어 있어요. ◎ 활동 방법을 예측한다. – 준비물들로 어떤 실험을 할 수 있을까요? – 그래요. 수조에 물을 담고 공, 클립, 블록을 넣은 후 어떤 것들이 물에 뜨는지 알아볼 거예요. ◎ 활동 결과를 예측한다. – 어떤 것들이 물에 뜰까요? 어떤 것은 물에 가라앉을까요? 왜 그렇게 생각했나요?
	활동2	◎ 실험 및 기록한다. – (자폐성장애 유아) 물에 클립을 넣어 보세요. 잘했어요. 약속판을 보면서 약속을 떠올려보세요. 클립을 넣었으니 이제 손을 무릎에 두고 앉아요. 물놀이가 하고 싶지만 약속을 떠올리고 꾹 참아준 ㅁㅁ이 참 잘했어요. – (발달지체 유아) 바르게 앉아있는 △△이 차례예요. 공을 물에 넣어요. 공을 손으로 가리켜보세요. 공이 물에 떴나요, 가라앉았나요? – 칠판의 수조 그림에 스티커를 붙여보세요. 탁구공은 물에 떴어요. 탁구공 스티커를 어디에 붙이면 좋을까요? – (자폐성장애 유아) 스티커를 붙이는 친구를 위해 큰 소리로 '하나, 둘, 셋' 숫자를 세어 주었네요. 자, 선생님이 '시작'이라고 하면 친구를 위해 함께 숫자를 세어 주기로 해요. 시작! 하나, 둘, 셋! ◎ 정리한다. – 실험했던 준비물과 도구들을 모두 정리할 거예요. – (지체장애 유아) 친구가 블록을 정리하는 것을 도와줄 수 있나요?
	활동3	◎ 실험 과정과 결과에 대해 이야기 나눈다. – 어떤 것이 물에 떴나요? 어떤 것이 물에 가라앉았나요? – 어린이들이 말해준 것처럼 탁구공은 물에 뜨고, 클립과 블록은 물에 가라앉았어요.
마무리	평가	◎ '과학' 활동을 평가한다. – 오늘 어떤 실험 활동을 했나요? – 실험을 하고 나니 어떤 기분이 들었나요? 새로 알게 된 점이 있나요?
	강화제공	◎ '실험왕 뱃지' 강화를 제공한다. – 약속을 잘 지키면서 과학 활동을 한 어린이들에게 '실험왕 뱃지'를 선물로 줄게요. – (발달지체 유아) 친구에게 기대지 않고 바른 자세로 앉아서 과학 실험을 한 △△가 친구들에게 뱃지를 나눠주세요.
	확장활동 소개	◎ 확장활동에 대해 이야기 나눈다. – 과학 실험 결과를 그림으로 그려봐도 좋아요. '무엇이 바다에 뜰까요?' 동화를 둘 테니 관심 있는 어린이들은 읽어보세요.
	전이	◎ '바깥놀이'로 전이한다. – (지체장애 유아) ○○이는 선생님이랑 같이 화장실 가서 손 씻고 바깥놀이 가요.

(7) 요리

⟨수업 조건 및 유의사항⟩

- 수업의 의도와 수업의 방향에 관해 수업 전 1분 동안 설명하시오.
- 유아의 놀이 흐름을 고려하여 요리 활동을 실연하시오.
- 개별 장애 유아의 특성에 따른 적절한 교수전략을 포함하여 실연하시오.
- 교수 매체는 요리 순서도, 요리 재료(밥, 삼색 파프리카, 참기름), 요리 도구(유아용 도마와 칼, 접시, 앞치마) 등을 포함하여 자유롭게 실연하시오.
- 특수교육실무사가 배치되어 있지 않다고 가정하고 실연하시오.
- 인성교육 내용(나눔)을 포함하여 실연하시오.
- 창의성 요소(성향적 요소-독립성)를 포함하여 실연하시오.
- 안전 요소를 포함하여 실연하시오.

⟨놀이 상황⟩

유아들은 몸에 좋은 음식에 대해 이야기를 나눈 후 역할을 나누어 식당 놀이를 하고 있다. 교사는 유아들이 사용할 수 있는 역할놀이 교구들을 놀잇감으로 제공하였다. 유아들은 더 나아가 미술용품이나 재활용품으로 요리에 필요한 재료나 도구를 직접 만들어 놀이에 활용하였다. 유아들은 교사와 놀이에 대해 성찰하며 실제로 음식을 만들어 보고 싶다는 이야기를 하였다.

⟨개별 유아 특성⟩

일반유아 6명	몸에 좋은 음식에 대해 말할 수 있고 통합경험은 풍부함.
○○ (발달지체)	손에 잡히는 물건을 입으로 가져가는 특성이 있고 섬세한 소근육 조절에 어려움이 있음. 학습된 무기력으로 인해 대집단 활동 참여에 소극적임.
△△ (자폐성장애)	손으로 새로운 재료를 탐색하는 것에 어려움이 있으며 초록색 파프리카를 싫어함. 한 단어 수준으로 발화하며 단어를 여러 번 반복해서 말하는 특성이 있음.

〈반성적 성찰〉

1. 유아중심교육과정 및 창의·인성 요소를 어떻게 놀이에 반영하여 실현하였는지 설명하시오.
2. 개별 장애 유아의 중재를 어떻게 놀이에 적용하였는지 설명하시오.
3. 자신의 수업에 대해 평가하고 보완할 점을 말하시오.

예상답안

도입		◎ 개별 특성에 따른 중재 – (발달지체 유아) ○○이가 좋아하는 펭귄 그림을 보세요. 어떻게 하고 있나요? 그래요. 물건을 입에 넣지 않고 두 손을 무릎에 두고 있네요. ○○이도 펭귄처럼 물건을 입에 넣지 않고 바른 자세로 앉아서 요리 활동을 할 수 있겠죠?
	주의집중	◎ 하이파이브를 하며 주의 집중시킨다. – 기쁨반 어린이들 모두 모였나요? 옆에 있는 친구들이 모두 모였는지 친구들과 하이파이브하며 확인해요.
	전시활동 상기	◎ '이야기나누기' 전시활동을 상기시킨다. – 지난 시간에 몸에 좋은 음식들에 대해 알아봤어요. 어떤 음식들이 기억나나요?
	동기유발	◎ '궁금상자'로 동기를 유발한다. – (자폐성장애 유아) 상자 안에 무엇이 있는지 생각해볼 수 있도록 충분한 시간을 줄게요. 냄새를 먼저 맡아보세요. 어떤 냄새가 나나요? 소리도 들어보세요.
	활동소개	◎ '요리' 활동을 소개한다. – 오늘은 맛있는 건강 삼색 주먹밥을 만들어볼 거예요.
	강화예고	◎ '요리왕 스티커' 강화를 예고한다. – 약속을 지키면서 주먹밥을 만드는 어린이들에게는 '요리왕 스티커'를 선물로 줄게요.
전개	활동1	◎ 요리 재료 및 도구를 탐색한다. – 건강 삼색 주먹밥을 만들기 위해서는 어떤 재료가 필요할까요? – (발달지체 유아) ○○이가 밥이라고 이야기해줬어요. 그래요. 밥은 주먹밥을 만드는 데 가장 중요한 재료예요. 좋은 생각을 이야기해준 ○○이에게 우리 모두 박수를 쳐줄까요? – (통합학급 유아) 어린이들이 말해준대로 몸에 좋은 파프리카와 참기름도 주먹밥 재료로 사용할 거예요. ◎ 요리 순서도를 보며 요리 방법을 소개한다. – 어떤 순서로 요리를 하면 좋을까요? 요리를 해본 적 없는 어린이들도 이 요리 순서도를 보면 스스로 요리할 수 있어요. 먼저 도마에 파프리카를 올려두고 칼로 썰어요. ◎ 약속을 정한다. – 모두가 안전하고 재미있게 요리하기 위해서는 어떤 약속이 필요할까요? – 첫째, 친구와 재료를 나눠서 사용해요. 둘째, 사용이 끝난 도구는 책상 위에 둬요. 도구를 바닥에 두면 모르고 밟을 수 있어서 위험해요. ◎ 손을 씻고 앞치마를 한다. – (발달지체 유아) 가장 먼저 손을 씻고 온 ○○이가 친구들에게 앞치마를 나눠주세요.
	활동2	◎ 요리 순서도에 따라 요리한다. – (자폐성장애 유아) △△이는 빨간색, 노란색 파프리카로 주먹밥을 만들어보세요. 이렇게 선생님처럼 손가락 끝으로 밥을 살짝 만져보세요. 어떤 느낌이 드나요? – (발달지체 유아) ○○이가 약속을 잘 기억하고 스스로 주먹밥을 만들고 있네요. 조금 더 세게 힘을 줘서 밥을 동그랗게 만들어보세요. 손바닥 전체를 사용해도 좋아요. 혼자서도 정말 잘하네요. ◎ 정리한다. – 완성된 주먹밥은 접시에 두고, 남은 재료와 도구를 정리해요. 친구들과 힘을 합쳐요. ◎ 요리한 음식을 맛있게 먹는다.
마무리	평가	◎ '요리' 활동을 평가한다. – 요리를 하니 어떤 기분이 들었나요? – (자폐성장애 유아) △△이가 '좋아. 좋아. 좋아.'라고 이야기했어요. △△이는 요리 활동이 정말 좋았나 보네요.
	강화제공	◎ '요리왕 스티커' 강화를 제공한다. – 약속을 잘 지키며 건강 삼색 주먹밥을 만든 어린이들에게 '요리왕 스티커'를 줄게요.
	확장활동 소개	◎ 확장활동에 대해 이야기 나눈다. – 교실에서 주먹밥 가게 놀이를 해요. 집에서 가족과 함께 주먹밥을 만들어요.
	전이	◎ '자유놀이시간'으로 전이한다.

(8) 음악 감상

〈수업 조건 및 유의사항〉

- 유아의 놀이 흐름을 고려하여 활동유형은 자유롭게 선정하시오.
- 2019 개정 누리과정의 예술경험 영역을 포함하여 실연하시오.
- 개별 장애 유아의 특성에 따른 적절한 교수전략을 포함하여 실연하시오.
- 교수 매체는 모차르트의 '장난감 교향곡' 1악장 음원 파일, 교실의 장난감 등을 포함하여 자유롭게 실연하시오.
- 특수교육실무사 1명이 배치되어 있다고 가정하고 실연하시오.
- 인성교육 내용(존중)을 포함하여 실연하시오.

〈놀이 상황〉

상황1

학기 초 유아들은 새로운 유치원 환경에 적응하는 중이다. 교실 환경과 교구들, 놀잇감 등에 관심을 갖기도 하고, 교실 내 재료들을 사용하여 직접 새로운 장난감들을 제작하기도 한다.

상황2

유아1 : 우리가 모두 자는 밤에 장난감들은 무엇을 하고 있을까?
유아2 : 의자에도 앉아보고 밖에도 나가볼 것 같아. 재미있는 펭귄게임을 할 수도 있겠다!

〈개별 유아 특성〉

○○ (청각장애)	작년에 인공와우 수술을 하였으며 활동 중 친구를 꽉 안으려는 행동 특성을 보임.
△△ (시각장애)	전맹 유아로 전형적인 인지발달과 언어발달을 보임. 상동행동으로 발을 구르는 특성이 있으며 큰 소리로 노래 부르는 것을 좋아함.
□□ (지체장애)	비대칭성 긴장성 경부반사(ATNR)가 있고 활동 중 자주 침을 흘림. AAC를 사용하여 자신의 의사를 표현할 수 있음.

〈반성적 성찰〉

1. 수업의 의도와 수업의 방향에 대해 설명하시오.
2. 유아중심교육과정 및 인성 요소를 어떻게 놀이에 반영하여 실현하였는지 설명하시오.
3. 자신의 수업에 대해 평가하고 보완할 점을 말하시오.

● **예상답안**

도입		◎ 특수교육실무사와의 사전협의 – 특수교육실무사님, 활동 시작 전에 ㅁㅁ가 고개를 좌우로 돌리지 않고 교실 정중앙에서 저를 볼 수 있게 도와주세요. 활동 중 흐르는 침을 스스로 닦을 수 있도록 팔목에 손수건을 매주세요. ◎ 개별 특성에 따른 중재 – (청각장애 유아) ㅇㅇ아, 잠시 선생님에게 와볼래요? 뒤로 돌아서 선생님이 내는 소리를 따라 내보세요. 음, 아, 쉬, 스, 우, 이. 잘 따라해 주었어요. ㅇㅇ아, 선생님과 활동 전에 항상 이야기하는 약속이 있죠? 그래요. 친구를 안고 싶을 때에는 친구에게 먼저 물어봐요. 또 친구를 안을 때는 친구가 아프지 않게 살살 안아주어야 해요.
	주의집중	◎ '모여라' 노래로 주의를 집중시킨다. – (시각장애 유아) 특수교육실무사님, △△이가 자리를 잘 찾아갈 수 있도록 △△이 등 뒤에서 이동 방향을 말로 안내해주세요. – (시각장애 유아) △△이가 큰 목소리로 씩씩하게 노래를 불러주었어요. 우리 △△이에게 '칭찬의 기차' 해줄까요?
	전시활동 상기	◎ 직접 제작한 교실의 장난감으로 '자유놀이시간'을 상기시킨다. – (지체장애 유아) ㅁㅁ이가 AAC로 자유놀이시간에 무엇을 했는지 이야기해주세요.
	동기유발	◎ '기쁨반 우체통'으로 동기를 유발한다. – 어제 기쁨반 어린이들이 모두 집에 갔을 때 장난감들이 우리에게 편지를 써두었어요.
	활동소개	◎ '음악 감상' 활동을 소개한다. – 오늘은 우리가 장난감과 관련된 음악을 감상해볼 거예요.
	강화예고	◎ '으뜸왕 스티커'로 강화를 예고한다. – 집중해서 음악을 감상하는 어린이에게는 선생님이 으뜸왕 스티커를 선물로 줄게요.
전개	활동1	◎ 음악에 관련된 경험을 떠올린다. – 기쁨반 어린이들은 어떤 장난감을 가지고 놀 때 기분이 가장 좋나요? – 친구와 함께 장난감을 사용해본 적 있나요? 친구와 장난감으로 어떤 놀이를 했나요? – (청각장애 유아) ㅇㅇ이는 기쁨반 친구들과 쌓기놀이를 할 때 블록으로 집을 만들었던 것이 가장 기억에 남았군요.
	활동2	◎ 음악을 감상한다. – 선생님이 음악을 들려줄 테니 귀를 쫑긋하고 잘 들어보세요 – (시각장애 유아) 선생님이 음악을 한 번 더 들려줄테니, 이번에는 기쁨반 어린이들이 모두 △△이처럼 박자에 맞춰서 발을 굴러볼까요? ◎ 음악 감상 후 느낀 점에 대해 이야기를 나눈다. – 음악을 들어보니 어떤 느낌이 들었나요? / 음악의 빠르기는 어떤가요? – (지체장애 유아) ㅁㅁ이가 AAC로 '신나요'라고 말해주었어요. – 신난다고 이야기해준 어린이도, 누가 빨리 달리는 것 같다고 이야기해준 어린이도 있어요. 기쁨반 어린이들이 모두 자신과 다른 생각을 한 친구들의 이야기를 존중하며 들어주었어요. 멋져요. ◎ 음악을 소개한다. – 이 음악은 사진에 보이는 '모차르트'라는 사람이 만든 '장난감 교향곡'이에요. ◎ 음악을 다시 감상한다. – 마지막으로 한 번 더 음악을 들려줄게요.
마무리	평가	◎ '음악 감상' 활동을 평가한다. – (시각장애 유아) 오늘 어떤 음악을 들어보았나요? ㅇㅇ이가 '장난감 교향곡'이라고 대답해주었네요.
	강화제공	◎ '으뜸왕 스티커' 강화를 제공한다. – 집중해서 음악을 감상한 기쁨반 어린이들 모두에게 으뜸왕 스티커를 줄게요.
	확장활동 소개	◎ 확장활동에 대해 이야기 나눈다. – 선생님이 자유놀이시간에 이 음악을 틀어줄게요. 음악을 듣고 상상되는 장면을 그림으로 그려보아도 좋아요.
	전이	◎ '자유놀이시간'으로 전이한다. – (지체장애 유아) 특수교육실무사님, ㅁㅁ이 휠체어 밀어서 먼저 이동해주세요. – (시각장애 유아) △△이는 ㅇㅇ와 손을 잡고 자유놀이 하러 이동하세요.

(9) 새노래배우기

⟨수업 조건 및 유의사항⟩

- 유아의 놀이 흐름을 고려하여 활동유형은 자유롭게 선정하시오.
- 2019 개정 누리과정의 자연탐구를 포함하여 실연하시오.
- 개별 장애 유아의 특성에 따른 적절한 교수전략을 포함하여 실연하시오.
- 교수 매체는 '가을길' 노래음원을 포함하여 자유롭게 실연하시오.
- 특수교육실무사가 배치되어 있지 않다고 가정하고 실연하시오.

⟨놀이 상황⟩

가을이 되자 유아들은 선선해진 날씨와 울긋불긋한 나뭇잎에 관심을 보였다. 계절 변화에 따른 자연의 변화에 호기심을 가진 유아들은 바깥놀이 시간에 유치원 앞마당을 산책하며 자연의 아름다움을 느끼기도 하고, 여러 색의 나뭇잎을 주워서 교실로 가져온 후 친구들과 함께 탐색하기도 한다.

⟨개별 유아 특성⟩

일반유아 11명	음악활동을 좋아하여 활동에 흥미를 가지고 참여하며 장애 유아에 대한 또래 수용도가 높음.
○○ (청각장애)	인공와우를 착용하고 있고 문장 수준으로 발화할 수 있으나 발음이 부정확함. 노래 부르는 활동을 좋아하지만 목소리 크기를 조절하는 데 어려움이 있어 매우 큰 소리로 노래를 부름.
△△ (자폐성장애)	큰 소리가 들리면 귀를 막고 소리를 지르는 행동 특성이 있음. 사물을 보고 해당하는 색을 한 단어로 말할 수 있고 활동 중 관심을 얻기 위해 박수를 치는 행동 특성을 보임.

〈반성적 성찰〉

1. 유아중심교육과정을 어떻게 놀이에 반영하여 실현하였는지 설명하시오.
2. 개별 장애 유아의 중재를 어떻게 놀이에 적용하였는지 설명하시오.
3. 자신의 수업에 대해 평가하고 보완할 점을 말하시오.

〈동요 '가을길(김규환)'〉

● **예상답안**

도입		◎ 개별 특성에 따른 중재 – (청각장애 유아) ○○아, 잠시 선생님에게 와볼래요? 뒤로 돌아서 선생님이 내는 소리를 따라 내보세요. 음, 아, 쉬, 스, 우, 이. 잘 따라해 주었어요.
	주의집중	◎ 하이파이브를 하며 주의집중시킨다. – 어린이들 모두 모였나요? 옆에 있는 친구들과 하이파이브하며 확인해볼까요?
	전시활동 상기	◎ 사진 자료로 '바깥놀이' 활동을 상기시킨다. – 가을이 되어 유치원 마당에 어떤 변화가 생겼나요?
	동기유발	◎ '궁금상자'로 동기를 유발한다. – 궁금상자에 무엇이 들었을까요? 어린이들이 모두 호기심 가득한 눈으로 보고 있네요. – (자폐성장애 유아) 선생님이 △△이에게만 살짝 색을 보여줄 테니, 어떤 색인지 친구들에게 말해줄래요? 그래요. 빨간색과 노란색이었어요. 우리 모두 색깔을 잘 이야기 해준 △△이에게 '멋지다 칭찬'해줄까요? – 어린이들이 가을을 맞아 변화한 아름다운 자연의 모습에 관심을 갖고 있네요.
	활동소개	◎ '새노래배우기' 활동을 소개한다. – 오늘은 '가을길'이라는 노래를 함께 배우고 불러볼 거예요. – (청각장애 유아) 노래를 부를 때 너무 큰 목소리로 부르면 친구가 어떤 기분이 들까요? 그래요. 노래 부르는 것이 좋은 어린이들도 친구를 배려해서 조금 작은 목소리로 노래를 불러요. – (자폐성장애 유아) 그런데 노래를 부르다가 너무 신이 나면 목소리가 커질 수도 있어요. 목소리가 큰 친구에게 어떻게 알려줄 수 있을까요? 그래요. 입술에 검지 손가락을 대서 알려줘요.
	강화예고	◎ '나뭇잎 모양 스티커'로 강화를 예고한다. – 친구를 배려하며 고운 목소리로 노래를 불러준 어린이들에게는 선생님이 '나뭇잎 모양 스티커'를 선물로 줄게요.
전개	활동1	◎ 교사가 전체 노래를 불러준다. – 선생님이 먼저 반주에 맞춰 처음부터 끝까지 노래를 불러줄게요. 머릿속으로 가을을 상상하며 노래를 들어보세요. ◎ 노랫말에 대해 이야기를 나눈다. – 노래를 들어보니 어떤 느낌이 들었나요? – 어떤 노랫말이 가장 기억에 남나요? – (청각장애 유아) △△이가 어떤 노랫말이 가장 기억에 남았다고 했나요? 그래요. 친구의 이야기를 잘 들어주었네요. 용기내서 말해준 ○○에게 우리 모두 '슈퍼맨 박수' 해줄까요?
	활동2	◎ 멜로디만 들어본다. ◎ 한 가지 소리로 노래를 불러본다. ◎ '가을길' 악보를 보고 노래를 다양한 방법으로 나눠 부른다. ◎ 처음부터 끝까지 노래를 부른다. ◎ 다양하게 확장하여 노래를 불러본다. – (자폐성장애 유아) 우리 다같이 △△이가 좋아하는 박수를 치며 노래를 불러볼까요?
마무리	평가	◎ '새노래배우기' 활동을 평가한다.
	강화제공	◎ '나뭇잎 모양 스티커' 강화를 제공한다. – (자폐성장애 유아) 오늘 기쁨반 어린이들이 노래 부르기 활동에 흥미를 갖고 친구를 배려하여 고운 목소리로 노래를 불러주었어요. △△이가 나와서 친구들에게 나뭇잎 모양 스티커를 나눠 주세요. – (통합학급 유아) △△이에게 나뭇잎 스티커를 받은 친구들이 '고마워'라고 인사했네요. 친구에게 감사 인사를 하는 기쁨반 어린이들의 모습이 정말 보기 좋아요.
	확장활동 소개	◎ 확장활동에 대해 이야기 나눈다. – 어린이들이 말해준 것처럼 노래에 맞춰 악기연주를 해보거나 가을 풍경을 그림으로 그려볼 수 있겠네요.
	전이	◎ '자유놀이시간'으로 전이한다.

(10) 악기연주

〈수업 조건 및 유의사항〉

- 수업의 의도와 수업의 방향에 관해 수업 전 1분 동안 설명하시오.
- 유아의 놀이 흐름을 고려하여 악기연주 활동을 실연하시오.
- 개별 장애 유아의 특성에 따른 적절한 교수전략을 포함하여 실연하시오.
- 교수 매체는 다양한 생활도구(냄비, 주걱, 페트병 등)를 포함하여 자유롭게 실연하시오.
- 특수교육실무사 1명이 배치되어 있다고 가정하고 실연하시오.
- 인성교육 내용(협력-긍정적인 상호의존성)을 포함하여 실연하시오.
- 유아 간 상호작용을 증진할 수 있는 방안을 포함하여 실연하시오.

〈놀이 상황〉

유아들은 친구들과 함께 교실의 악기를 연주하는 것에 흥미를 보였다. 그러나 악기의 수가 부족하여 고민이었다. 소리가 나는 다른 놀잇감들을 찾던 유아들은 일상생활 속 도구들 또한 다양한 소리가 나는 악기로 활용할 수 있다는 것을 알게 되었다. 유아들은 각자 집에 가서 소리가 나는 생활 도구들을 찾아본 후 다음 날 유치원에 가져와서 함께 연주해보기로 하였다.

〈개별 유아 특성〉

일반유아 14명	친구와 협력하여 활동하는 것을 즐기고 좋아함.
○○ (시각장애)	전맹 유아로 새로운 교구를 만지는 것을 두려워함. 의사소통에는 어려움이 없음. 또래와 긍정적인 관계를 형성하고 있음.
△△ (지체장애)	소근육 힘이 부족하여 사물을 쥐는 데 어려움이 있고 AAC를 사용하여 의사소통함. 활동 중 피곤하면 우는 특성이 있음.

〈반성적 성찰〉

1. 개별 장애 유아의 중재를 어떻게 놀이에 적용하였는지 설명하시오.
2. 유아 간 상호작용 증진 방안을 어떻게 놀이에 적용하였는지 설명하시오.
3. 자신의 수업에 대해 평가하고 보완할 점을 말하시오.

● 예상답안

도입		◎ 특수교육실무사와의 사전협의 – 특수교육실무사님, 악기연주 활동을 할 때 소근육 힘이 부족한 △△이가 페트병을 손에 쥐고 연주할 수 있도록 페트병에 손잡이를 끼워주세요. ◎ 개별 특성에 따른 중재 – (지체장애 유아) △△아, 활동을 하다가 피곤하면 뭐라고 말하라고 했지요? AAC로 눌러볼까요? 그래요. '쉬고 싶어요'라고 말하면 선생님이 휴식 시간을 줄게요.
	주의집중	◎ '사랑해' 노래로 주의를 집중시킨다. – 선생님은 ㅇㅇ이를 사랑해, 사랑해! – (시각장애 유아) ㅇㅇ이가 친구와 함께 손을 잡고 모였어요. 사이좋게 모인 두 친구를 위해 큰 소리로 박수 쳐줄까요?
	전시활동 상기	◎ 노랫말 판으로 '새노래배우기' 활동을 상기시킨다. – 우리가 지난 시간에 어떤 노래를 불러보았나요?
	동기유발	◎ 어린이들이 집에서 가지고 온 생활도구로 동기를 유발한다. – (시각장애 유아) 옆에 있는 친구는 어떤 생활도구를 가지고 왔을까요? ㅇㅇ이가 친구와 손을 잡고 천천히 만져볼까요?
	활동소개	◎ '악기연주' 활동을 소개한다. – 오늘은 어린이들이 좋아하는 '가을 길' 노래에 맞춰 어린이들이 집에서 가져온 생활도구들로 악기연주를 해볼 거예요.
	강화예고	◎ '모양 스티커'로 강화를 예고한다. – 친구와 협력하여 악기연주를 해준 어린이들에게는 악기를 꾸밀 수 있는 모양 스티커를 선물로 줄 거예요. 모두 협력하여 멋지게 연주하자는 의미로 옆에 있는 친구들과 하이파이브 해보아요.
전개	활동1	◎ 그림악보를 보며 노래를 부른다. – '가을 길' 노래를 먼저 불러보아요. ◎ 악기를 소개한다. – (시각장애 유아) ㅇㅇ이가 가져온 주걱은 어떻게 소리를 낼 수 있을까요? 그래요. ㅇㅇ이가 '손바닥과 주걱으로 박수를 쳐요'하고 말해주었네요. ◎ 악기를 탐색한다. – 악기를 크게/작게 연주해보아요. – 악기를 빠르게/느리게 연주해보아요. ◎ 악기연주 시 지켜야 할 약속을 정한다. – 악기를 연주할 때 어떤 약속이 필요할까요?
	활동2	◎ 그림악보를 보며 연주를 연습해본다. – 냄비/주걱/페트병은 그림악보의 어느 부분에서 연주할까요? ◎ 그림악보를 보며 악기를 연주해본다. – (지체장애 유아) △△이는 페트병으로 바닥을 두드려서 연주를 해주었어요. – 모든 어린이가 협력하여 연주하니 멋진 연주가 완성되었어요.
마무리	평가	◎ '악기연주' 활동을 평가한다. – 오늘 우리가 어떤 생활도구들로 악기연주를 해보았나요? – (지체장애 유아) △△이는 AAC로 '페트병'이라고 말해주었어요.
	강화제공	◎ '모양 스티커' 강화를 제공한다. – 오늘 모든 어린이가 자신만의 악기를 가지고 친구들과 협력하여 아름다운 연주를 해주었어요. 선생님이 모양 스티커를 모두에게 나눠줄게요.
	확장활동 소개	◎ 확장활동에 대해 이야기 나눈다. – 자유놀이시간에 선생님이 나눠준 모양 스티커로 자신의 악기를 꾸며 봐도 좋아요. – 오늘 사용한 그림 악보는 피아노 옆에 둘게요.
	전이	◎ '자유놀이시간'으로 전이한다.

(11) 신체표현

⟨수업 조건 및 유의사항⟩

- 수업의 의도와 수업의 방향에 관해 수업 전 1분 동안 설명하시오.
- 유아의 놀이 흐름을 고려하여 활동유형은 자유롭게 선정하시오.
- 개별 장애 유아의 특성에 따른 적절한 교수전략을 포함하여 실연하시오.
- 교수 매체는 민들레 홀씨 날리는 동영상, 음원 등을 포함하여 자유롭게 실연하시오.
- 특수교육실무사가 1명 배치되어 있다고 가정하고 실연하시오.
- 창의성 요소(성향적 요소-개방성)를 포함하여 실연하시오.
- 안전 요소를 포함하여 실연하시오.
- 유아 간 상호작용을 증진할 수 있는 방안을 포함하여 실연하시오.

⟨놀이 상황⟩

유아들은 바깥놀이 시간에 유치원 앞마당에 나가 민들레 홀씨를 관찰하였다. 민들레 홀씨를 관찰한 후 교실로 돌아와서 민들레와 관련된 동화책을 읽기도 하고, 민들레 홀씨를 그림으로 그리거나 천사 점토를 이용해 만들어보기도 하였다.

⟨개별 유아 특성⟩

일반유아 11명	기관경험이 처음이라 통합교육 경험이 없으며 개인공간과 공유공간에 대한 인식이 부족한 유아들이 포함되어 있음.
○○ (발달지체)	순서를 기다리는 데 어려움이 있으며 한 단어 수준으로 발화할 수 있음. 봄의 동식물에 관심이 많음.
△△ (자폐성장애)	빛에 대한 시각적 매료로 인하여 손으로 상동행동을 하며 착석에 어려움이 있음. '아' 또는 '우'로 발화할 수 있음.

〈반성적 성찰〉

1. 유아중심교육과정 및 창의성 요소를 어떻게 놀이에 반영하여 실현하였는지 설명하시오.
2. 유아 간 상호작용 증진 방안을 어떻게 놀이에 적용하였는지 설명하시오.
3. 자신의 수업에 대해 평가하고 보완할 점을 말하시오.

● 예상답안

도입		◎ 특수교육실무사와의 사전협의 – 특수교육실무사님, △△이가 빛을 보며 손을 흔들지 않고 활동에 집중할 수 있도록 커튼을 쳐서 교실 조도를 낮춰주세요. ◎ 개별 특성에 따른 중재 – (발달지체 유아) 선생님과 약속그림카드 볼까요? 하고 싶은 말이 있을 때 손을 들고 잘 기다리면 무엇을 준다고 했나요? 그래요. ○○이가 좋아하는 민들레 스티커를 줄게요. – (통합학급 유아) 순서를 기다리는 데 어려움이 있는 친구가 있으면 함께 손을 잡고 기다려 주어요.
	주의집중	◎ '모여라' 노래로 주의를 집중시킨다. – 모여라 모두 모여. 기쁨반 모여라! – (자폐성장애 유아) △△이가 허리를 쭉 펴고 바른 자세로 앉아있네요. 양 옆에 앉은 어린이들이 바르게 앉아있는 △△이에게 하이파이브 해주세요.
	전시활동 상기	◎ 사진 자료로 '바깥놀이' 활동을 상기시킨다. – 유치원 앞마당에서 무엇을 보았나요?
	동기유발	◎ '궁금상자'로 동기를 유발한다. – (자폐성장애 유아) 친구들이 이야기해준 대로 상자 안의 이 꽃이 민들레인가요? 맞으면 '아' 하고 말해주세요.
	활동소개	◎ '신체표현' 활동을 소개한다. – 오늘은 기쁨반 어린이들이 열심히 관찰했던 민들레 홀씨의 움직임을 몸으로 나타내볼 거예요.
	강화예고	◎ '민들레 스티커'로 강화를 예고한다. – 약속을 지키며 안전하게 신체표현을 하는 어린이들에게는 '민들레 스티커'를 줄게요.
전개	활동1	◎ 자료를 보고 앉아서 민들레 홀씨의 움직임을 표현한다. – 선생님이 민들레 홀씨가 날아가는 영상을 준비했어요. 민들레 홀씨가 어떻게 움직이고 있나요? 앉아서 몸으로 나타내보세요. ◎ 배경음악을 듣고 셈여림, 빠르기 등에 따른 움직임을 이야기하고 표현한다. – 음악을 들어보니 민들레 홀씨가 어떻게 움직이고 있는 것 같나요? – 다른 생각을 가진 어린이 있나요? – (발달지체 유아) 손을 들고 순서를 기다려준 ○○이가 '느려요'하고 말해주었어요. 음악이 느려서 민들레 홀씨도 천천히 움직이는 것 같아요. 우리 모두 ○○ 말처럼 천천히 몸을 움직여볼까요? ◎ 유아가 나와 시범을 보인다. – 앞에 나와 음악에 맞춰 민들레 홀씨의 움직임을 보여줄 수 있는 어린이 있나요? – (자폐성장애 유아) △△이도 앞에 나와서 친구들에게 시범을 보여주세요. 앉아있는 어린이들은 △△이가 움직이는 대로 따라해보세요. ◎ 약속을 정한다. – 친구들과 부딪히지 않고 안전하게 신체표현을 하려면 어떤 약속이 필요할까요?
	활동2	◎ 반집단으로 나누어 신체표현을 한다. – 바닥에 앉은 어린이들부터 민들레 홀씨의 움직임을 나타내볼 거예요. – 모두 팔을 벌려 친구와 닿지 않게 서보세요. 특수교육실무사님, 공간을 사용하는 데 어려움이 있는 어린이들이 있으면 떨어져 설 수 있도록 도와주세요. ◎ 다 함께 신체표현을 한다. – 이번에는 기쁨반 어린이들이 모두 다 같이 민들레 홀씨가 되어볼 거예요. 어린이들이 말해준 것처럼 친구와 두 명씩 짝지어서 움직여도 좋아요. – 모두 자유롭고 개방적으로 민들레 홀씨의 움직임을 나타내주었어요.
마무리	평가	◎ '신체표현' 활동을 평가한다. – 오늘 우리가 몸으로 어떤 것의 움직임을 나타내보았나요?
	강화제공	◎ '민들레 스티커' 강화를 제공한다.
	확장활동 소개	◎ 확장활동에 대해 이야기 나눈다. – 신체표현을 더 해보고 싶은 어린이들을 위해 바깥놀이 시간에 운동장에서 동요를 한 번 더 들려줄게요.
	전이	◎ '자유놀이시간'으로 전이한다.

(12) 율동

〈수업 조건 및 유의사항〉

- 유아의 놀이 흐름을 고려하여 활동유형은 자유롭게 선정하시오.
- 개별 장애 유아의 특성에 따른 적절한 교수전략을 포함하여 실연하시오.
- 교수 매체는 동요 '간다 간다'(김성균) 음원을 포함하여 자유롭게 실연하시오.
- 특수교육실무사 1명이 배치되어 있다고 가정하고 실연하시오.
- 창의성 요소(성향적 요소-개방성)를 포함하여 실연하시오.
- 일반교사와의 협력교수를 활용하시오.

〈놀이 상황〉

지난 주 유아들은 '간다 간다(김성균)' 새노래를 불러보았다. 이후 유아들은 직접 노랫말판을 만들고 꾸미기도 하고, 노래에 맞춰 악기를 연주하기도 하였다. 여러 명이 모여 노래를 천천히 또는 빨리 부르면서 몸을 움직이다 보니 위험한 상황이 관찰되기도 하였다.

〈개별 유아 특성〉

일반유아 11명	율동 활동을 좋아하며 노랫말에 적합한 율동 동작을 떠올릴 수 있음. 통합경험이 풍부함.
○○ (청각장애)	작년에 인공와우 수술을 했으며 전형적인 언어발달을 보임. 큰 소리가 들리면 놀라서 두 손으로 귀를 막는 행동 특성이 있음.
△△ (자폐성장애)	좋아하는 노래가 나오면 큰 소리를 박수를 치는 상동행동을 보이며 의자에서 자주 뒤를 돌아보고 앉음. 한 단어 수준으로 발화할 수 있음.
□□ (지체장애)	보완대체의사소통기기(AAC)를 사용하여 자신의 생각을 표현할 수 있음. 감각역치가 낮음.

〈반성적 성찰〉

1. 수업의 의도와 수업의 방향에 대해 설명하시오.
2. 유아중심교육과정 및 창의성 요소를 어떻게 놀이에 반영하여 실현하였는지 설명하시오.
3. 자신의 수업에 대해 평가하고 보완할 점을 말하시오.

〈동요 '간다 간다(김성균)'〉

예상답안

◎ 특수교육실무사와의 사전협의
- ㅁㅁ이에게 AAC를 가져다주세요. 또 ㅁㅁ이가 시각적 감각역치가 낮기 때문에 커튼을 쳐서 교실 조도를 낮춰주세요.

◎ 개별 특성에 따른 중재
- (청각장애 유아) 뒤로 돌아서 선생님이 내는 소리를 따라 내보세요. 음, 아, 쉬, 스, 우, 이. 잘 따라해 주었어요.
- (자폐성장애 유아) 선생님과 이야기 그림카드를 보아요. △△이가 큰 소리로 박수를 치면 다른 친구들의 기분이 어떨까요? 그래요. 놀라요. 친구를 배려하는 마음으로 좋아하는 노래가 나오더라도 작은 소리로 박수를 쳐요.

단계	세부단계	내용
도입	주의집중	◎ 하이파이브를 하며 주의집중시킨다. - (통합학급 유아) 친구들이 모두 모일 수 있도록 도와주어요. 친구들이 모두 모였는지 옆에 있는 친구들과 하이파이브 해요.
	전시활동 상기	◎ 노랫말 판으로 '간다 간다' 노래를 상기시킨다. - 어린이들이 직접 만든 노랫말 판이에요. 지난 주 어떤 새노래를 불러보았나요? - (지체장애 유아) ㅁㅁ이가 AAC로 자동차와 비행기를 말해주었어요. 그래요. 지난 시간에 '간다 간다' 노래를 불러보았어요.
	동기유발	◎ '기쁨반 우체통'로 동기를 유발한다. - (자폐성장애 유아) 오늘도 기쁨반의 요정 기쁨이가 우리에게 편지를 보냈어요. 뒤돌아보지 않고 바른 자세로 잘 앉아있던 △△이가 편지를 가져오세요.
	활동소개	◎ '율동' 활동을 소개한다. - 어린이들이 좋아하는 율동 시간이네요. 요정 기쁨이가 부탁한 대로 '간다 간다' 노래에 맞는 멋진 율동을 만들어요.
	강화예고	◎ '으뜸왕 스티커'로 강화를 예고한다. - 노랫말에 맞는 멋진 율동을 만들어준 어린이들에게는 으뜸왕 스티커를 줄게요.
전개	활동1	◎ 배운 노래를 불러본다. - (자폐성장애 유아) △△이처럼 박수를 치면서 노래를 불러볼 거예요. 대신 친구가 불편해하지 않도록 노래를 작게 부르고 박수도 작게 치도록 해요. - (청각장애 유아) 작은 소리로 노래를 불렀더니 ㅇㅇ이도 기분이 좋아보이네요. ◎ 앉아서 율동을 만들어본다. - 이제 행복반 선생님과 함께 다양한 율동 동작을 만들어보세요. - 어린이들이 개방적으로 하나의 노랫말에 맞는 여러 가지 동작들을 생각해주었어요. ◎ 유아가 시범을 보인다. - 앞에 나와 율동 동작을 시범 보여줄 어린이 있나요? ◎ 율동 활동 시 지켜야 할 약속을 정한다. - 이제 행복반 선생님과 함께 율동하며 지켜야 할 안전 약속을 정해요.
	활동2	◎ 반집단으로 나누어 일반교사와 협력교수한다. - 의자에 앉은 어린이들은 기쁨반 선생님과 문 앞에서, 바닥에 앉은 어린이들은 행복반 선생님과 피아노 앞에서 즐겁게 율동해요.
마무리	평가	◎ '율동' 활동을 평가한다. - 가장 기억에 남는 율동은 무엇인가요? - (청각장애 유아) ㅇㅇ이는 '팔로 아주 큰 비행기를 만들었어요'하고 대답해주었어요. - (자폐성장애 유아) △△는 '기차'라고 이야기했네요. 친구와 어깨동무가 기억에 남나 봐요.
	강화제공	◎ '으뜸왕 스티커' 강화를 제공한다. - 멋진 율동 동작을 생각해준 어린이 모두에게 으뜸왕 스티커를 줄게요.
	확장활동 소개	◎ 확장활동에 대해 이야기 나눈다. - 카세트를 피아노 옆에 둘 테니 율동을 더 하고 싶은 어린이는 해보아도 좋아요. - 대신 교실 전체를 뛰어다니면 앉아서 놀이하는 어린이들과 부딪혀 위험할 수 있어요. 어떻게 하면 좋을까요?
	전이	◎ '자유놀이시간'으로 전이한다.

(13) 게임

〈수업 조건 및 유의사항〉

- 유아의 놀이 흐름을 고려하여 게임 활동을 진행하시오.
- 개별 장애 유아의 특성에 따른 적절한 교수전략을 포함하여 실연하시오.
- 교수 매체는 자유롭게 활용하여 실연하시오.
- 특수교육실무사 1명이 배치되어 있다고 가정하고 실연하시오.
- 장애공감문화를 반영하여 실연하시오.

〈놀이 상황〉

지난주 유아들은 '친구와 함께 하고 싶은 놀이'에 대해 이야기를 나눈 후 투표를 하였다. 그 결과 '심부름을 해요' 게임이 1위를 차지하였다. 교사는 유아들의 앙케이트 조사 결과를 바탕으로 유아들이 규칙을 지키며 게임 활동에 참여할 수 있도록 지원할 예정이다. 구체적인 게임 방법과 규칙은 유아들과 함께 이야기 나누며 정하고자 한다.

〈개별 유아 특성〉

일반유아 10명	게임 활동을 좋아하고 승부욕이 강함. 오랜 기관 경험으로 인해 장애 유아의 특성에 대해 잘 알고 있음.
○○ (자폐성장애)	교사의 두 단어 수준의 지시에 따를 수 있으며 한 단어 수준으로 자신의 의사를 표현할 수 있음. 상황에 맞지 않게 웃거나 박수를 치는 행동 특성을 보임.
△△ (지체장애)	'아' 또는 '우'로 발화할 수 있으며 침을 뱉어 손으로 장난치는 것을 좋아함. 휠체어를 사용하여 활동에 참여함.

〈반성적 성찰〉

1. 유아중심교육과정 및 장애공감문화를 어떻게 놀이에 반영하여 실현하였는지 설명하시오.
2. 개별 장애 유아의 중재를 어떻게 놀이에 적용하였는지 설명하시오.
3. 자신의 수업에 대해 평가하고 보완할 점을 말하시오.

● 예상답안

도입		◎ 특수교육실무사와의 사전협의 – 특수교육실무사님, △△이가 침을 뱉어 손으로 장난치지 않도록 활동 중 약속 카드로 약속을 상기시켜주세요. ◎ 개별 특성에 따른 중재 – (자폐성장애 유아) 파워카드를 보세요. 펭귄이 어떻게 하고 있나요? 두 손을 무릎에 두고 바르게 앉아서 친구들의 이야기를 듣고 있어요. ○○이도 게임 중에 큰 소리로 혼자 웃거나 박수치지 않아요. 바르게 앉아요.
	주의집중	◎ '사랑해' 노래로 주의를 집중시킨다. – (지체장애 유아) 누가 ○○이의 휠체어를 밀어주면 좋을까요? 그래요. 오늘은 ○○이가 △△이의 휠체어를 밀어주세요.
	전시활동 상기	◎ 하고 싶은 놀이 '이야기나누기' 활동을 상기시킨다. – 지난 시간에 우리가 어떤 것에 대해 이야기를 나누었나요?
	동기유발	◎ '앙케이트 결과'로 동기를 유발시킨다. – 기쁨반 어린이들이 가장 하고 싶은 놀이는 무엇이었나요?
	활동소개	◎ '게임' 활동을 소개한다. – 오늘은 우리가 앙케이트로 직접 뽑은 '심부름을 해요' 게임을 할 거예요.
	강화예고	◎ '게임왕 스티커'로 강화를 예고한다. – 약속과 규칙을 잘 지키며 게임하는 어린이에게는 게임왕 스티커를 선물로 줄게요.
전개	활동1	◎ 게임자료를 탐색한다. – 이것은 무엇인가요? – (자폐성장애 유아) 그래요. ○○이가 '토마토'라고 말해줬어요. 이건 뭘까요? – (지체장애 유아) △△이가 '우'하고 말하며 손가락으로 바구니를 가리켰어요. 그래요. 교실에서 자주 보던 바구니도 있네요. ◎ 게임방법을 이야기 나눈다. – 어린이들이 이야기해준 대로 앞에 여러 과일 모형, 바구니, 과일 그림카드가 있어요. 이것들로 어떤 게임을 할 수 있을까요? – 그래요. 출발선에서 그림카드를 받고 카드에 그려진 과일을 가져와요. – (지체장애 유아) △△이는 어떻게 과일을 가지러 갈까요? 그래요. 어린이들이 이야기해준 것처럼 같은 팀 친구가 휠체어를 밀어주는 것도 좋은 방법이네요. ◎ 게임방법을 시범 보인다. – 앞에서 게임 방법을 시범 보여줄 어린이 있나요? ◎ 게임의 규칙 및 약속을 정한다. – 공정하게 게임을 하기 위해서 어떤 규칙이 필요할까요? – 안전하게 게임을 하기 위해서 어떤 약속이 필요할까요?
	활동2	◎ 1차 게임을 한다. – 오늘은 편을 나누지 않고 게임을 할 거예요. 시작해볼까요? – (자폐성장애 유아) 우와, ○○이가 친구들이 게임하는 것을 보며 박수를 쳐주었어요. 우리 모두 ○○이를 따라 박수치며 친구들을 응원해 볼까요? 기쁨반! 힘내라! ◎ 1차 게임을 평가한다. – 더 재미있게 게임을 하기 위해서 어떻게 해야 할까요? ◎ 2차 게임을 한다. ◎ 평가 및 정리한다.
마무리	평가	◎ '게임' 활동을 평가한다. – 오늘 어떤 게임을 해보았나요?
	강화제공	◎ '게임왕 스티커' 강화를 제공한다. – 약속과 규칙을 잘 지킨 모든 어린이에게 게임왕 스티커를 선물로 줄게요.
	확장활동 소개	◎ 확장활동에 대해 이야기 나눈다. – 어린이들이 이야기해준 것처럼 하고 싶은 놀이를 그림으로 그리거나, 부모님께 선물로 드릴 심부름 카드를 만들어볼 수 있겠네요.
	전이	◎ '자유놀이시간'으로 전이한다. – (지체장애 유아) △△이는 특수교육실무사님과 함께 먼저 이동하세요.

(14) 현장체험

〈수업 조건 및 유의사항〉

- 유아의 놀이 흐름을 고려하여 실연하시오.
- 개별 장애 유아의 특성에 따른 적절한 교수전략을 포함하여 실연하시오.
- 교수 매체는 전통 놀잇감 사진, 현장학습 질문목록 수첩, 이름표 등을 포함하여 자유롭게 실연하시오.
- 특수교육실무사 1명이 배치되어 있다고 가정하고 실연하시오.
- 창의성 요소(동기적 요소-호기심, 흥미)를 포함하여 실연하시오.
- 안전 요소를 포함하여 실연하시오.

〈놀이 상황〉

유아들은 전통문화 그림책을 읽고 조상들이 사용하던 전통 놀잇감과 유물들에 대해 관심을 갖게 되었다. 일반교사와 특수교사는 유아들의 흥미를 고려하여 여러 전통 놀잇감 사진 자료를 활용해 조상들의 놀잇감에 대해 이야기를 나누기도 하였다. 두 교사는 이를 계기로 유아들과 함께 가까운 전통 놀잇감 박물관으로 현장체험학습을 가고자 한다.

〈개별 유아 특성〉

일반유아 14명	전통 놀잇감에 관심이 많으며 현장체험학습을 좋아함.
○○ (발달지체)	안경 낀 남자를 보면 "아빠"라고 부르며 따라가는 특성이 있고 약속을 지키는 데 어려움이 있음. 노래 부르는 것을 좋아함.
△△ (자폐성장애)	발화에 어려움이 있어 보완대체의사소통기기(AAC)를 주요 표현 수단으로 활용함. 에스컬레이터를 타는 것에 집착하는 행동 특성이 있음.

〈반성적 성찰〉

1. 수업의 의도와 수업의 방향에 대해 설명하시오.
2. 유아중심교육과정 및 창의성 요소를 어떻게 놀이에 반영하여 실현하였는지 설명하시오.
3. 자신의 수업에 대해 평가하고 보완할 점을 말하시오.

● **예상답안**

도입		◎ 특수교육실무사와의 사전협의 – 특수교육실무사님, ○○이는 안경 낀 남자를 보면 아빠인줄 알고 따라가는 특성이 있어요. ○○이가 모르는 사람을 따라가지 않도록 바로 옆에서 주의하여 지켜봐주세요. ◎ 개별 특성에 따른 중재 – (자폐성장애 유아) △△이는 에스컬레이터를 엄청 좋아하지요. 오늘 친구들과 함께 에스컬레이터를 탈 거예요. 딱 한 번만 타고 선생님을 잘 따라오면 △△이가 좋아하는 멋쟁이 스티커를 줄게요. 할 수 있나요? AAC로 대답해보세요.
	주의집중	◎ '모여라' 노래로 주의를 집중시킨다. – (발달지체 유아) 선생님과 함께 ○○가 좋아하는 '모여라' 노래를 불러서 친구들을 모아요.
	전시활동 상기	◎ 전통 놀잇감 사진 자료로 '이야기나누기' 활동을 상기시킨다. – 우리가 지난 시간에 어떤 것에 대해 이야기를 나누었나요?
	동기유발	◎ '부분보고 전체 맞히기'로 동기를 유발한다. – 선생님이 사진의 부분만 가져왔어요. 어떤 전통놀잇감의 사진일까요? 어린이들이 모두 호기심 가득한 눈으로 사진을 보고 있네요.
	활동소개	◎ '현장체험' 활동을 소개한다. – 오늘 우리가 어디에 가나요?
	강화예고	◎ '멋쟁이 스티커'로 강화를 예고한다. – 안전 약속을 지키며 현장체험학습을 다녀오는 어린이에게는 선생님이 '멋쟁이 스티커'를 선물로 줄게요.
전개	활동1	◎ 질문목록을 만든다. – 전통 놀잇감에 대해서 궁금한 점이 있나요? ◎ 현장체험장소에 대해 이야기를 나눈다. – 선생님이 전통 놀잇감 박물관의 장소, 이동할 때 걸리는 시간, 가는 방법에 대해 이야기해줄게요. ◎ 약속을 정한다. – 안전하게 현장체험학습을 다녀오기 위해서 어떤 약속이 필요할까요? – (발달지체 유아) 기억하기 쉽게 약속을 노래로 만들어보아요. ◎ 화장실을 다녀온다. – 출발하기 전에 화장실을 미리 다녀오세요. ◎ 명단을 확인한다. – 모든 어린이들이 모였는지 확인해볼게요. 이름표를 모두 잘 매고 있나요? ◎ 안전띠를 확인한다. – (발달지체 유아) 약속대로 안전띠를 모두 맸나요? 안전띠를 매지 않은 친구가 있다면 안전띠를 매라고 알려주세요.
	활동2	◎ 질문목록을 바탕으로 현장체험을 한다. – 우리가 현장학습 질문목록 수첩에 기록한 질문들을 하나씩 읽어줄게요. – 이 질문의 답은 어디에 가면 알 수 있을까요? ◎ 화장실에 다녀온다. ◎ 유치원으로 돌아온다.
마무리	평가	◎ '현장체험' 활동을 평가한다. – 오늘 어디에 다녀왔나요? 어린이들이 정말 재미있게 현장체험을 다녀온 것 같아서 선생님도 기뻐요. – (자폐성장애 유아) △△이가 AAC로 '박물관'이라고 말해주었어요.
	강화제공	◎ '멋쟁이 스티커' 강화를 제공한다. – (자폐성장애 유아) 오늘 약속한대로 에스컬레이터를 한 번만 탄 △△에게 멋쟁이 스티커를 줄게요. – 안전약속을 지키며 현장체험학습을 다녀온 다른 어린이들에게도 멋쟁이 스티커를 줄게요.
	확장활동 소개	◎ 확장활동에 대해 이야기 나눈다.
	전이	◎ '자유놀이시간'으로 전이한다.

"예비 유아특수 선생님을 위한
　　　　　　　　　　임용 합격상자 열기"

PART 04

실전 모의고사

CHAPTER 01 1차 모의고사

(1) 교수·학습과정안 작성

〈놀이 상황 관찰 기록〉

〈상황1〉
4월이 되어 만 4세 유아들이 유치원에 잘 적응하였으나 김 교사는 여전히 걱정이 많다. 친구와 함께하는 활동에 소극적인 유아들도 있고, 혼자 놀이만 하는 유아들도 있으며, 놀이 중 서로의 다름을 이해하지 못하고 다투는 유아들도 있기 때문이다. 김 교사는 유아들이 친구에게 관심을 갖고 서로의 다양성을 존중할 수 있도록 재미있는 게임 활동을 계획하고자 한다.

〈상황2〉
김 교사는 교사의 지시에 따라 같은 특성을 가진 유아들이 서로 자리를 바꾸어 앉는 원게임을 진행할 것이다.

〈교사의 고민〉

일반교사는 유아들의 특성과 학급 분위기를 고려하여 유아들의 사회성을 향상할 수 있는 게임 활동을 진행하고자 한다. 특수교사는 특수교육대상유아들이 별다른 교수적 수정 없이도 게임 활동에 함께 참여할 수 있도록 일반교사와 협의하여 게임을 설계하고자 한다. 두 교사는 게임 중 어떤 자료를 사용할지, 공간의 크기는 어떻게 할지 고민이다.

〈개별 유아 특성〉

일반유아 15명	자신과 다른 사람의 생김새 및 행동 특성에 관심이 많으며 게임 활동에 적극적으로 참여함. 통합교육 경험이 없는 유아들이 일부 포함되어 있음.
○○ (발달지체)	교사의 한 문장 지시를 이해할 수 있으며 자신의 생각과 느낌을 한 두 단어 수준으로 표현할 수 있음. 또래를 좋아하며 활동에 적극적으로 참여하지만 활동에 방해가 될 정도로 질문이 많음.
△△ (자폐성장애)	말로 하는 설명을 이해하는 것에 어려움이 있고 한 문장 수준으로 발화할 수 있음. 자리를 이탈해서 빙글빙글 도는 상동행동을 보이고 친구에게 관심이 없음.
□□ (지적장애)	교사를 모방하여 한 음절 씩 발화할 수 있음. 활동 중 옆에 앉은 친구들에게 기대거나 껴안는 행동으로 애정 표현을 하며 규칙을 지키며 활동에 참여하는 것에 어려움이 있음.

〈수업 조건 및 유의사항〉

- 유아의 놀이 흐름을 고려하시오.
- 공간, 자료, 상호작용, 안전 관련 지원 방안을 포함하시오.
- 개별 장애 유아의 특성에 따른 중재방안을 한 가지씩 포함하시오.
- 협력교수를 실시하시오. 이때 교사 간 협의 내용과 각 교사의 역할을 포함하시오.
- 특수교육실무사 1명이 배치되어 있다고 가정하시오.
- 도입-전개-마무리를 포함하고, 전시활동과 확장활동을 안내하시오.

(2) 면접

〈구상형〉

특수교사가 일반교사와 협력하여 '놀면서 배우는 유치원'을 실천할 수 있는 방안에 대해 말하시오.

> 놀면서 배우는 유치원이란 유아-놀이 중심 교육과정을 운영함으로써 유아의 건강한 성장과 발달 지원하는 것이다. 이는 기초·기본에 충실하고 창의지성과 감성을 함양하는 맞춤형 교육과정으로 유아들이 유치원에서 놀이를 통해 전인발달을 이룰 수 있도록 돕는다.

〈즉답형 1〉

제시문을 읽고 세 교사에게 필요한 인성적 자질과 그 이유를 설명하시오.

> - 김 교사 : 저희 반 승민이는 학기 초부터 배변 훈련을 했는데 아직까지 화장실을 혼자 가지 못하네요. 아무리 가르쳐도 발전이 없는 것 같아 속상해요.
> - 박 교사 : 저는 학부모님들을 대하는 것이 가장 어려워요. 유치원에서 문제행동을 개선해도, 주말만 지나고 돌아오면 다시 문제행동을 보이더라구요. 이것 때문에 지난 번에 어머니와 상담도 했는데 가정에서 잘 협조해주지 않는 것 같아요.
> - 최 교사 : 같은 반에 있는 지민이는 벌써 유치원 일과에 적응을 했는데 선규는 아직 활동 전이에 어려움이 있네요. 둘 다 기관 경험이 처음인데 왜 이렇게 배우는 속도에 차이가 날까요? 저는 항상 똑같이 지도하는데… 이해가 되지 않아요.

〈추가질의〉

특수교사로서 자신에게 부족한 인성적 자질과 이를 극복할 수 있는 방안을 말하시오.

〈즉답형 2〉

지선이는 친구의 관심을 끌기 위해 친구의 머리를 잡아 당기는 행동을 보인다. 이러한 행동으로 인해 지선이는 또래로부터 종종 거부당하곤 한다. 지선이의 문제행동을 지도할 수 있는 방안을 말하시오.

(3) 수업실연

⟨수업 조건 및 유의사항⟩

- 수업의 의도와 수업의 방향에 관해 수업 전 1분 동안 설명하시오.
- 유아의 놀이 흐름을 고려하여 활동유형은 자유롭게 선정하시오.
- 개별 장애 유아의 특성에 따른 적절한 교수전략을 포함하여 실연하시오.
- 교수 매체는 다양한 모양과 크기의 블록, 동네 사진 자료 등을 포함하여 자유롭게 실연하시오.
- 전시학습 단계에서 우리 동네 현장체험활동을 다녀왔다고 가정하고 실연하시오.
- 특수교육실무사 1명이 배치되어 있다고 가정하고 실연하시오.
- 인성교육 내용(협력)을 포함하여 실연하시오.

⟨놀이 상황⟩

지난주 유아들은 우리 동네 현장체험학습을 다녀왔다. 우체국, 은행, 도서관 등을 방문하여 우리 동네 기관들의 위치, 간판이나 내부 환경, 기관에서 하는 일 등에 대해 새롭게 알게 되었다. 현장체험학습에서 돌아온 유아들은 은행 역할놀이를 하기도 하고, 직접 우체국 간판을 그림 그리기도 했다. 우리 동네를 소개하는 초대장을 만드는 유아들도 있었다.

⟨개별 유아 특성⟩

일반유아 5명	쌓기놀이 활동을 좋아하며 통합경험이 풍부함. 우리 동네의 다양한 기관들에 관심이 많음.
○○ (청각장애)	양이에 보청기를 착용하며 발음이 부정확하여 또래와의 활동 참여에 소극적임. 어려운 과제가 제시되면 성인에게 지나치게 의존하는 특성이 있음.
△△ (발달지체)	한 단어 수준으로 발화할 수 있음. 약속을 지키는 것에 어려움이 있고 쌓기놀이를 좋아하여 다음 활동으로의 전이가 어려움.
□□ (지체장애)	보완대체의사소통기기(AAC)를 사용하여 자신의 생각을 표현할 수 있음. 소근육 조절에 어려움이 있고 평소 휠체어를 사용함.

〈반성적 성찰〉

1. 유아중심교육과정을 어떻게 놀이에 반영하여 실연하였는지 설명하시오.
2. 개별 장애 유아의 중재를 어떻게 놀이에 적용하였는지 설명하시오.
3. 자신의 수업에 대해 평가하고 보완할 점을 말하시오.

CHAPTER 02 2차 모의고사

(1) 교수·학습과정안 작성

〈놀이 상황 관찰 기록〉

〈상황1〉
동화 '구름빵'을 읽은 유아들은 미술 재료를 활용하여 여러 모양의 빵을 만들었다. 교사는 유아들의 놀이를 확장해주기 위해 유아들이 직접 만든 빵을 가지고 놀이를 할 수 있도록 지원해주고자 한다.

〈상황2〉
유아들은 빵집에 어떤 사람들이 일하고 어떤 물건들이 있는지 궁금해 하였다. 교사는 유아들에게 실제 빵집 사진과 영상 자료를 제공해주었다.

〈교사의 고민〉

일반교사는 유아들이 동화 '구름빵'을 읽은 이후로 빵과 빵집, 제빵사 등에 관심을 가지는 것을 보고 이를 놀이로 확장해줘야겠다는 생각을 했다. 특수교사는 특수교육대상유아들의 선호도를 고려하여 통합학급에서 진행되는 놀이에 유아들이 함께 참여할 수 있도록 지원하고자 한다. 두 교사는 유아들의 놀이를 확장해주기 위해 어떤 놀이를 진행해야 할지, 유치원 내 어떤 공간에서 놀이할지, 어떤 자료들을 제공해야 할지 고민이다.

〈개별 유아 특성〉

일반유아 5명	협동놀이 경험이 풍부한 유아들이 많음. 놀이 후 스스로 정리하는 습관이 부족한 유아들이 일부 포함되어 있음.
○○ (발달지체)	간단한 문장으로 자신의 생각을 표현할 수 있음. 특정 또래에 대한 애착이 강하여 지속적으로 신체적 접촉을 하려는 경향이 있음. 약속을 지키며 활동에 참여하는 것에 어려움이 있음.
△△ (청각장애)	부정확한 발음이나 한 두 어절로 자신의 생각을 표현할 수 있음. 양이에 인공와우를 착용하며 소음이 많은 환경에서 귀를 막고 소리를 지르는 행동 특성을 보임.
□□ (지체장애)	간단한 문장으로 된 지시를 이해할 수 있으며 AAC를 사용하여 자신의 생각을 표현할 수 있음. 자주 침을 흘려 또래수용도가 낮고 오른쪽 편마비가 있음. 물건을 양보하지 않고 다가오는 친구를 때리는 문제행동을 보임.

〈수업 조건 및 유의사항〉

- 유아의 놀이 흐름을 고려하여 활동유형은 자유롭게 선정하시오.
- 공간, 자료, 상호작용, 안전 관련 지원 방안을 포함하시오.
- 개별 장애 유아의 특성에 따른 중재방안을 한 가지씩 포함하시오.
- 협력교수를 실시하시오. 이때 교사 간 협의 내용과 각 교사의 역할을 포함하시오.
- 특수교육실무사 1명이 배치되어 있다고 가정하시오.
- 도입-전개-마무리를 포함하고, 전시활동과 확장활동을 안내하시오.

(2) 면접

〈구상형〉

다음 제시문을 읽고 박 교사가 장애 유아의 성공적인 사회적 통합을 위해 실천할 수 있는 또래 중재 방안을 다섯 가지 말하시오.

> 박 교사는 자폐성장애 유아인 하늘이가 또래에게 사회적으로 통합되지 못하는 것 같아서 고민이 많다. 지난 주 이야기나누기 활동 중에 하늘이가 반복적으로 혼잣말을 하자, 일반유아인 종수가 "선생님 하늘이는 왜 매일 혼잣말 해요? 이야기나눌 때 너무 시끄러워요."라고 하였다. 오늘 자유놀이 시간에는 하늘이가 일반유아인 민희 옆에서 놀이하자 민희는 "난 너랑 같이 안 놀 거야."라고 말하고 자리를 옮겼다.

〈즉답형 1〉

제시문을 읽고 최 교사가 김 교사를 설득하는 장면을 시연하시오.

> 최 교사 : 김 선생님, 내일 악기연주 활동은 어떤 식으로 진행하면 좋을까요? 민수가 손에 쥔 물건을 던지는 특성이 있거든요. 민수의 악기연주 활동 참여를 위해서 사전 논의가 필요할 것 같아요.
> 김 교사 : 아, 민수가 악기연주 활동에 참여하기는 어렵지 않을까요? 악기를 던져버리니까요. 그 시간에 선생님께서 민수를 따로 데리고 특수학급에 가서 개별화 수업을 하시는 게 어때요?
> 최 교사 : _____.

〈추가질의〉

황 교사는 장애이해교육을 실시하기 위해 유아들 각 가정에 놀이꾸러미를 배부하고자 한다. 이때 황 교사가 어떤 교육 자료들로 놀이꾸러미를 구성할 수 있을지 설명하시오.

〈즉답형 2〉

유아에게 아동 학대 의심 정황이 파악된다면 어떻게 대처할 것인지 설명하시오.

(3) 수업실연

⟨수업 조건 및 유의사항⟩

- 유아의 놀이 흐름을 고려하여 활동유형은 자유롭게 선정하시오.
- 개별 장애 유아의 특성에 따른 적절한 교수전략을 포함하여 실연하시오.
- 교수 매체는 거울, 얼굴 반쪽 그림, 미술 재료 등을 포함하여 자유롭게 실연하시오.
- 특수교육실무사 1명이 배치되어 있다고 가정하고 실연하시오.
- 인성교육 내용(배려)을 포함하여 실연하시오.
- 창의성 요소(동기적 요소-호기심, 흥미)를 포함하여 실연하시오.
- 안전의 요소를 포함하여 실연하시오.
- 유아 간 상호작용 증진방안을 포함하여 실연하시오.

⟨놀이 상황⟩

학기 초 새로운 친구들을 만나고 함께 놀이하는 과정에서 유아들은 친구들의 각기 다른 얼굴과 생김새에 관심을 갖게 되었다. 유아들은 색종이에 친구의 얼굴 그림을 그려 선물하기도 하였다.

유아1 : 나는 어떻게 생겼어? 내 얼굴을 내가 그릴 수 있는 방법은 없을까?
유아2 : 아, 거울을 보면 알 수 있어!

⟨개별 유아 특성⟩

○○ (발달지체)	문장 수준으로 자신의 생각을 표현할 수 있으며 미술 활동에 적극적으로 참여함. 활동에 방해가 될 정도로 질문이 많고 또래와 함께하는 활동을 선호함.
△△ (지체장애)	근이영양증 유아로 한두 단어로 발화할 수 있음. 소근육 힘이 부족하여 활동 참여에 어려움이 있고 손을 사용하는 활동 참여에 소극적임.
□□ (시각장애)	저시력 유아로 10cm 이내의 사물을 식별할 수 있음. 교사의 간단한 지시를 이해하고 한 단어로 발화함. 피곤하면 활동 중 엎드려서 활동 참여를 거부함.
◇◇ (자폐성장애)	'아' 또는 '우'로 발화할 수 있으며 유치원 내의 모든 활동에 큰 관심이 없음. 손에 잡히는 물건을 던지는 행동 특성이 있고 다음 활동으로의 전이가 어려움.

〈반성적 성찰〉

1. 수업의 의도와 수업의 방향에 관해 1분 동안 설명하시오.
2. 유아중심교육과정을 어떻게 놀이에 반영하여 실연하였는지 설명하시오.
3. 자신의 수업에 대해 평가하고 보완할 점을 말하시오.

CHAPTER 03 3차 모의고사

(1) 교수·학습과정안 작성

〈놀이 상황 관찰 기록〉

〈상황1〉
주말지낸이야기 시간에 한 유아가 가족들과 산으로 캠핑 다녀온 사진을 가지고 왔다. 사진을 본 유아들은 겨울이 되어 달라진 사람들의 옷차림과 앙상해진 나무의 모습에 관심을 보였다.

〈상황2〉
유아1 : 이제 두꺼운 옷을 입어야 해. 너무 추워.
유아2 : 후~ 추워지니까 입에서 연기가 나는 것 같아.
유아3 : 이제 벌써 겨울인가봐. 유치원 앞마당의 나무들도 잎이 다 떨어졌을까?

〈교사의 고민〉

일반교사와 특수교사는 유아들이 겨울이 되어 달라진 사람들의 옷차림과 자연의 모습 등에 관심을 가지는 것을 보고 유아들과 계절의 변화에 대해 함께 이야기를 나누면 좋겠다는 생각이 들었다. 두 교사는 유아들이 실제 바깥에서 계절의 변화를 체감할 수 있는 기회를 주고자 한다. 그러나 유아들의 관심을 확장하기 위한 구체적인 방법과 공간 사용, 자료 등에 대해서는 고민이다.

⟨개별 유아 특성⟩

일반유아 20명	계절의 변화에 관심이 많으며 통합 경험이 풍부함. 또래와 함께 하는 활동들을 선호함.
○○ (발달지체)	문장 수준으로 발화할 수 있으나 존댓말 사용에 어려움이 있음. 친구와 함께 놀이하는 것을 좋아하나 놀이규칙을 이해하는 데 어려움이 있어 또래 관계에서 소외되는 경우가 많음.
△△ (자폐성장애)	한 두 단어 수준으로 말할 수 있으나 성인이나 또래의 상호작용 시도에 간헐적으로 반응함. 눈 맞춤이 어렵고 손의 감각이 예민함. 자동차에 제한된 관심을 보임.
□□ (지체장애)	한 단어 수준으로 자신의 의사를 표현할 수 있음. 고정된 물건을 짚고 서있을 수 있으나 독립 보행은 어려움. 교사가 안아주지 않으면 큰 소리로 울며 주저앉음.

⟨수업 조건 및 유의사항⟩

- 유아의 놀이 흐름을 고려하여 활동유형은 자유롭게 선정하시오.
- 공간, 자료, 상호작용, 안전 관련 지원 방안을 포함하시오.
- 개별 장애 유아의 특성에 따른 중재방안을 한 가지씩 포함하시오.
- 협력교수를 실시하시오. 이때 교사 간 협의 내용과 각 교사의 역할을 포함하시오.
- 특수교육실무사 1명이 배치되어 있다고 가정하시오.
- 도입-전개-마무리를 포함하고, 전시활동과 확장활동을 안내하시오.

(2) 면접

〈구상형〉

다음 제시문을 읽고 최 교사가 민규의 사회적 통합을 위해 할 수 있는 지원방안을 세 가지 이상 말하시오.

> 또래와의 상호작용에 어려움이 있는 민규를 위해 교사는 친구들과 함께 할 수 있는 게임 활동을 계획하였다. 민규의 차례가 되자 많은 친구들이 큰 소리로 민규를 응원해주었다. 그러나 큰 소리에 놀란 민규는 그 자리에 서서 손을 퍼덕이며 울기 시작했다. 응원을 하던 통합학급 유아들은 손을 퍼덕이며 우는 민규를 보며 교사에게 "선생님, 민규는 왜 매일 울어요?"하고 물었다.

〈즉답형 1〉

제시문을 읽고 두 교사가 유아들의 등·하원 교통안전에 대해 지도할 수 있는 방안을 세 가지 말하시오.

> 안 교사 : 홍 선생님, 어제 하원 시간에 제가 민채 어머니와 얘기를 하고 있었는데요. 민채가 주차된 차량 뒤에 앉아서 모래놀이를 하고 있더라고요. 깜짝 놀라서 일으켜 세우긴 했는데, 제가 그때 제대로 대처를 못한 것 같아서 걱정이에요.
> 홍 교사 : 그런 일이 있었군요. 주차된 차량의 뒤편은 사각지대라 큰일 날 뻔 했네요. 등·하원 시 교통안전에 대해서 어떻게 지도하면 좋을까요?

〈추가질의〉

안 교사와 홍 교사는 가정에 유아들의 등·하원 교통안전과 관련된 가정통신문을 배부하고자 한다. 가정통신문 내용을 어떻게 구성하면 좋을지 말하시오.

〈즉답형 2〉

민지 어머니는 민지가 특수학교 초등부, 초등학교의 특수학급 중 어디로 진학하면 좋을지 고민이다. 특수교사인 남 교사와 민지 어머니의 초등학교 진학 상담 장면을 시연하시오. 단, 민지의 현행수준은 자유롭게 가정하시오.

(3) 수업실연

⟨수업 조건 및 유의사항⟩

- 유아의 놀이 흐름을 고려하여 활동유형은 자유롭게 선정하시오.
- 개별 장애 유아의 특성에 따른 적절한 교수전략을 포함하여 실연하시오.
- 교수 매체는 자유롭게 사용하여 실연하시오.
- 특수교육실무사가 배치되어 있지 않다고 가정하고 실연하시오.
- 창의성 요소(성향적 요소-개방성)를 포함하여 실연하시오.
- 유아 간 상호작용 증진방안을 포함하여 실연하시오.

⟨놀이 상황⟩

교사는 지난 달 유아들과 함께 유치원 앞마당에 해바라기 씨앗을 심었다.

유아1 : 우와, 해바라기가 벌써 내 손보다 커졌어. 이러다가 내 키만큼 커지겠는 걸?
유아2 : 어떻게 작은 씨앗이 이만큼이나 컸을까? 이제 꽃이 피겠지?
유아3 : 아니야. 꽃은 내년이 돼야 펴.

⟨개별 유아 특성⟩

일반유아 13명	식물의 변화에 관심이 많으며 주변의 자연물을 관찰하고 기록하는 것을 좋아함. 통합경험이 풍부함.
○○ (청각장애)	작년에 인공와우 수술을 하였으며 전형적인 인지발달과 언어발달을 보이나 발음이 부정확함. 목소리 크기를 조절하는 것이 어려워 또래에게 거부당한 경험이 있음.
△△ (지적장애)	한 음절씩 모방하여 단어를 발화할 수 있음. 말로 하는 설명을 잘 이해하지 못하며 순서를 기다리는 데 어려움이 있음. 마음에 들지 않으면 옆에 있는 사람의 얼굴을 할퀴는 행동특성이 있음.

〈반성적 성찰〉

1. 수업의 의도와 수업의 방향에 관해 1분 동안 설명하시오.
2. 놀이중심교육과정을 어떻게 놀이에 반영하여 실연하였는지 설명하시오.
3. 자신의 수업에 대해 평가하고 보완할 점을 말하시오.

참·고·문·헌

참고문헌

교육과학기술부(2012). 3세 누리과정 교사용 지도서. 서울: 교육과학기술부.
교육과학기술부(2012). 4세 누리과정 교사용 지도서. 서울: 교육과학기술부.
교육과학기술부(2012). 5세 누리과정 교사용 지도서. 서울: 교육과학기술부.
교육부(2019). 유치원 교육과정. 서울: 교육부.
교육부(2019). 2019 개정 누리과정 해설서. 서울: 교육부.
교육부(2019). 2019 개정 누리과정 놀이이해자료. 서울: 교육부.
교육부(2019). 2019 개정 누리과정 놀이실행자료. 서울: 교육부.
국립특수교육원(2009). 특수교육학 용어사전. 안산: 국립특수교육원.
김영옥(2000). 유아의 협동작업을 위한 교수·학습모형 연구: 대안적 학습 형태의 설계. 유아교육연구, 20(2), 201-223.
박은혜(1999). 교사 발달에 적합한 장학의 이론과 실제. 서울: 정민사.
서울특별시교육청(2020). 2020 서울교육 주요업무.
서울특별시교육청(2020). 2020 서울인성교육 시행계획.
서울특별시교육청(2020). 2020 서울특수교육운영계획.
서울특별시교육청(2021). 2022학년도 공립(사립) 유치원·초등학교·특수학교(유치원·초등)교사 임용시험 제1차시험 합격자 및 제2차시험 시행계획 공고.
양명희(2016). 행동수정이론에 기초한 행동지원. 서울: 학지사.
엄정애(2009). 영유아 놀이와 교육. 파주: 교문사.
이소현(2011). 개별화 교육과정. 서울: 학지사.
이소현(2020). 유아특수교육. 서울: 학지사.
이소현, 박은혜(2011). 특수아동교육. 서울: 학지사.
이소현, 윤선아, 김미영, 허수연, 박병숙, 이명희 (2017). 유치원 통합교육 가이드북 개발 연구. 인천: 인천광역시교육청.
이소현, 이수정, 박병숙, 윤선아 (2018). 통합유치원 운영 모델. 천안: 교육부/국립특수교육원
이은화 외(2018). 유아교육개론. 서울: 이화여자대학교 출판부.
이현주 외(2020). 놀이중심 교육과정. 서울: 사단법인 아이코리아.
이화여자대학교 사범대학 부속이화유치원(2017). 국가수준 교육과정 바로 알기. 서울: 창지사.
이화여자대학교 이화어린이연구원(2016). 교사라면 꼭 알아야 하는 쌓기놀이 지도의 모든 것. 서울: 파란마음.
조부경(2015). 유아과학교육. 파주: 양서원.
지옥정(2017). 유아교육현장에서의 프로젝트 접근법. 서울: 창지사.
한국교육심리학회(2000). 교육심리학용어사전. 서울: 학지사.
한국과학창의재단(2011). 창의·인성교육 활성화 방안 연구.
Simpson, R. L. (2005). 자폐 범주성 장애: 중재와 치료 (이소현 역). 서울: 시그마프레스. (원저 2005년 출간)
Jean Jacques Sempe. (2018). 얼굴 빨개지는 아이 (김호영 역). 파주: 열린책들. (원저 1999 출간)
Johann Amos Comenius. (2015). 대교수학 (정일웅 역). 용인: 나눔사. (원저 1632 출간)

에듀콕스(educox)는 책에 관한 소재와 원고를 설레는 마음으로 기다리고 있습니다.
책으로 만들고 싶은 좋은 소재와 기획이 있으신 분은 이메일(educox@hanmail.net)로 간단한
개요와 취지, 연락처 등을 보내주시면 됩니다.

개정2판발행 2022년 11월 01일
공 편 저 남해인, 최은희

발 행 인 이상옥
발 행 처 에듀콕스(educox)
출판등록번호 제25100-2018-000073호
주 소 서울시 관악구 신림로23길 16 일성트루엘 907호
경기도 안양시 석수로 40 1동 1303호
팩 스 02)6499-2839
이 메 일 educox@hanmail.net

저자와의
협의하에
인지생략

이 책에 실린 내용에 대한 저작권은 에듀콕스(educox)에 있으므로 함부로 복사・복제할 수 없습니다.

정가 25,000원

ISBN 979-11-90377-76-8